예수 그리스도의
보병궁 성경

原題 The Aquarian Gospel of Jesus the Christ
原著者 Levi H. Dowling

譯 박정부

머리말

이 책을 안 지 30년은 족히 넘은 것 같습니다.

1. 이 책을 읽다 보면 도저히 말로 표현할 수 없을 정도로 깊은 감동의 물결이 다가옵니다. 이는 오랜 세월 후에도 그 깊은 감동은 여전합니다.

2. 이 책은 <u>전 세계인의 공통 교과목</u>으로 모든 교육과정 및 취업에서 구체적인 과목으로 채택되고 구체적 시험까지 치러져야 한다고 봅니다. 거의 모든 사람이 90점 이상 받을 수 있는 쉬운 객관식 항목이지만, 그러한 항목들은 우리들의 실생활에 매우 중요한 항목들입니다.

3. 이 책이 기존 성경책과 다른 점은 매우 '정확하다'라는 점입니다. 기존 성경책과 달리 불확실하거나 모호한 점이 전혀 없습니다. 이는 독자님께서 이 책을 직접 읽어보시면 아실 것 같습니다.

4. 예수님의 말씀은 "이 우주는 인과법이 작동되고 있으니, 먼저 자기 자신을 전심전력으로 사랑하고 똑 그만큼 자신 외 남을 사랑하라." 이것 같습니다. 적어도 이 우주 안에 사는 한, 정답을 알고 계시는 예수님 말씀대로 살아가야 한다고 저는 굳게 믿고 있습니다.

이 책에 언급된 단어의 빈도수 - love의 다양한 형태

man 1408, Jesus 1284. God 851. see 573. life 487. Christ 337.

light 244. holy 220. heart 205. earth 202. mind 202. time 201.

soul 200. pure 200. power 197. thought 179. right 158. heal 156. faith 155. pray 154. heaven 142. love 135. win 98. good 96. find 94. peace 86. believe 84. sun 84. body 81. help 81. honor 78. bless 75. tree 75. woman 70. serve 69. face 66. living 66. clean 61.

air 57. praise 55. free 52. journey 48. worship 47. think 44. joy 42. try 41. force 33. perfect 28. understand 28. silence 26. conscious 23. forgive 22. true 22. service 20. virtue 20. hope 19. delight 18 등

리바이 도우링 (Levi H. Dowling) (1844~1911)

리바이 도우링은 1844년 5월 18일 미국 오하이오주의 벨레빌 (Belleville)에서 태어났다. 그의 아버지는 개신교의 일파인 '그리스도의 사도들'의 열렬한 개척 전도사로서 활동했다. 리바이 도우링은 어린 학생 시절부터 항상 생명에 대하여 깊은 사색에 잠기곤 하였으며, 그가 13살이 되던 해에 그 당시에 쟁쟁했던 한 장로의 반대 관점에 서서 토론을 전개했고 16살에 강단에 서서 설교를 시작했으며 18살에는 한 작은 교회의 목사가 되어 활동했고 20살이 되자 미합중국의 군인으로 입대하여 1865년 남북전쟁이 끝날 때까지 군목(軍牧)으로 활동했다. 이어서 1866년부터 1987년까지 인디애나주에 있는 인다아나폴리스의 노스웨스턴 크리스천 종합대학에서 공부했으며 이듬해에는 '일요학교 문예 잡지'를 발간하였고 많은 시간을 금주운동에 할애하였다.

그는 두 곳의 의과대학을 졸업했으며 몇 년 동안 의사로서 개업하여 활동했다. 그러나 그는 결국 의업을 그만두고 창작에 착수했다.

리바이 도우링은 어린 소년 시절에 흰 도시를 세우라는 영감을 받았다. 이러한 영감은 수년에 걸쳐 간헐적으로 3번이나 계속되었다. 하얀 도시를 세우는 것이 바로 이 책 『The Aquarian Gospel of Jesus the Christ』를 집필하여 세상에 공개하는 일이었다. 이 책은 이른 아침 2시에서 6시까지 절대 엄정한 시간 속에서, 명상으로 접근 가능한 '아카식 레코드(Akashic Records)'라는 행성 주위의 에너지 벨트 속에 저장된 경험과 지식의 총체적인 에너지 저장고로부터 정보를 받아 기술한 것이다.

註. 아카식 레코드를 읽어낼 정도의 수준에 있는 분이라면, 보통 사람의 상상을 뛰어넘는, 매우 훌륭한 생각과 마음과 가슴을 가진, 맑고 밝은 분이라 여겨집니다.

목 차

예수님의 어머니 마리아의 탄생과 어린 시절

CHAPTER 1

1: 팔레스타인. 마리아의 탄생. 요아킴의 축하연. 마리아가 사제의 축복을 받음. 사제의 예언. 마리아 성전에 거함. 요셉의 약혼녀가 됨

1:1 아우구스투스 시저가 집권 중 헤롯 안티파스가 예루살렘의 지도자였습니다.

1:2 팔레스타인 땅은 유대, 사마리아, 갈릴리 3 지역으로 구성되었습니다.

1:3 요아킴은 유대 율법의 대가이자 부유한 사람으로서 갈릴리의 나사렛에 살았으며 그의 부인은 유대 부족의 안나였습니다.

1:4 그들 사이에서 착한 여자아이가 태어나, 그들은 기뻐하였으며 아이 이름을 마리아(Mary)라고 지어 주었습니다.

1:5 요아킴은 이 아이를 기리기 위해 잔치를 열었습니다. 그러나 그는 부자, 존경받는 사람, 대단한 사람은 초대하지 않고 가난한 자, 발 저는 자, 눈먼자를 초대하여 각 사람에게 의복과 음식과 그 밖의 다른 필요로 하는 것들을 선물로 주었습니다.

1:6 그가 말하기를 '주님께서 나에게 이런 재물을 주셨습니다. 나는 그분의 은혜로 그분의 대리인일 뿐입니다. 만약 내가 하느님의 자녀들이 필요로 할 때 그것들을 주지 않으면 그분은 이 재물을 저주하실 것입니다.'

1:7 어린아이가 3살이 되었을 때, 나이 많은 그녀의 부모님은 아기를 예루살렘으로 데리고 가서, 성전에서 사제들의 축복을 받았습니다.

1:8 선지자이자 예언자인 사제장은 아기를 보고 말하기를

1:9 '이 아이는 존경받는 선지자의 어머니요 율법의 주인이 될 것이며, 주님의 이 거룩한 성전 안에 거할 것입니다.'

1:10 마리아는 주님의 성전 안에 머물렀습니다. 그리고 산헤드린의 장인 힐렐이 그녀에게 유대인의 모든 계명을 가르쳤고 그녀는 하나님의

율법을 기뻐했습니다.

1:11 마리아가 성년이 되었을 때 나사렛의 목수인 야곱의 아들 요셉과 약
혼했습니다. (공통)

1:12 요셉은 곧고 바른 남자로, 독실한 에세네 사람이었더라. (공통)

예수님과 요한의 탄생과 유아 시절

CHAPTER 2

2: 사가랴와 엘리사벳. 마리아에 대한 가브리엘의 예언적 메시지. 요한의
탄생. 사가랴의 예언.

2:1 유다 산지의 헤브론 근처에 사가랴와 엘리사벳이 거주하고 있었습니다.

2:2 그들은 경건하고 의로워서, 오셔서 구원해 주실 사람에 대하여 말하
고 있는 율법서, 예언서, 시편을 매일 읽었고, 그 왕을 기다리고 있었
습니다.

2:3 사가랴는 사제장으로 예루살렘에서 성전 예배를 인도했습니다.

2:4 사가랴가 주님 앞에 서서 성소에서 분향할 때, 천사 가브리엘이 와서
그 앞에 섰습니다.

2:5 사가랴는 두려웠고 그는 유대인에게 어떤 큰 재앙이 오나 생각했습니다.

2:6 그러나 천사 가브리엘이 말하기를 '오, 하느님의 사람이여, 두려워 마
시오. 나는 그대와 온 세상에 선의의 메시지와 지상에 평화를 전합니
다. (공통)

2:7 보라, 그대가 찾고 있는 왕 평화의 왕자께서 곧 오실 것입니다.

2:8 예언서에 적혀 있기를 네 아내가 네게 아들을 낳아주리니

2:9 '보라, 내가 주님이 오시기 전에 다시 엘리야를 그대에게 보내리니,
그는 언덕을 낮게 하고, 골짜기를 메울 것이며, 구원하실 분을 위해

길을 닦으리라.'

2:10 태초부터 당신의 아들은 주님의 자비 곧 요한(John)을 받았느니라.

2:11 그는 하느님 앞에 영광 받을 것이고, 술을 마시지 않을 것이며, 태어날 때부터 성령으로 충만하리라.'

2:12 가브리엘 천사는 집에서 명상에 잠겨있는 엘리자벳 앞에 나타나 예루살렘에서 사가랴에게 말한 대로 말씀하였습니다.

2:13 사가랴는 사제 임무를 마치고 집으로 돌아와서 엘리사벳과 함께 기뻐하였습니다.

2:14 5개월이 지난 뒤, 가브리엘 천사는 나사렛에 있는 마리아의 집에 와서 말하기를 (공통)

2:15 '만세, 마리아여. 만세! 그대는 하느님의 이름으로 첫 번째 축복을 받았으며, 성령의 이름으로 두 번째 축복을 받았고, 그리스도의 이름으로 세 번째의 축복을 받았느니라. 그대는 가치 있는 사람이니라. 임마누엘이라는 아들을 임신하리라

2:16 그의 이름은 예수(Jesus)이니라. 왜냐하면, 그는 사람들을 그들의 죄로부터 구하기 때문이니라.' (공통)

2:17 요셉이 일과를 마치고 집으로 오자, 마리아는 가브리엘 천사가 그녀에게 들려준 모든 말들을 요셉에게 말해주었습니다. 그들은 기뻐하였습니다. 왜냐하면, 그들은 하느님의 사람인 가브리엘 천사는 진리의 말씀을 한다고 믿었기 때문입니다.

2:18 마리아는 서둘러 엘리사벳을 찾아가, 가브리엘 천사의 약속을 말해주고, 함께 기뻐하였습니다.

2:19 그리고 마리아는 사가랴와 엘리사벳 집에서 90일간 머문 후, 나사렛으로 돌아왔습니다.

2:20 사가랴와 엘리사벳 사이에서 한 아들이 태어났으며, 사가랴가 말하기를

2:21 '가장 큰 축복은 하느님의 이름에 있을지어다. 하느님께서 자기 백성 이스라엘을 위하여 축복의 샘을 열어주셨음이로다.

2:22 하느님의 약속은 이루어지리라. 그분께서는 옛적에 거룩한 선지자
들이 말한 말씀을 이루셨느니라.'

2:23 사가랴는 어린 요한을 보고 말하기를

2:24 '너는 거룩하신 분의 선지자라고 불리리라. 그리고 그분이 오기 전
에 나아가, 그분의 길을 예비할 것이다.

2:25 너는 이스라엘에 구원의 지식을 줄 것이고, 회개와 죄 사함의 복음
을 전하게 될 것이니라.

2:26 보라, 곧 높은 곳의 샛별이 우리를 방문하여 어둠의 그림자 땅에 앉
아 있는 사람들에게 길을 밝히고, 평화의 길로 우리들의 발을 인도
할 것이니라.'

CHAPTER 3

3: 예수의 탄생. 박사들 아기를 경배. 양치는 목동들도 기뻐함. 사가랴 와
엘리사벳이 마리아를 방문. 아기 예수가 할례를 받음

3:1 예수가 태어날 시간이 가까워지자 마리아는 엘리사벳을 보고 싶어하
여 그녀와 요셉은 유대의 언덕 쪽으로 그들의 발길을 돌렸습니다.

3:2 그들이 가는 길에 베들레헴에 도착했을 때때, 날이 이미 저물었으므
로, 그날 밤을 그곳에서 머물러야만 했습니다.

3:3 그러나 베들레헴은 예루살렘으로 가는 사람들로 붐볐습니다. 여관과
집들은 손님들로 가득 차 있었고, 요셉과 마리아는 가축을 넣어두는
동굴 외에는 장소를 찾을 수가 없었기에, 그곳에서 그들은 잠을 잤습
니다. (공통)

3:4 한밤중에 울음소리가 들렸습니다. 한 아이가 저기 동굴 가축들 사이에
서 태어났습니다. 보시오. 약속된 사람의 아들이 태어났습니다. (공통)

3:5 낯선 사람들이 작은 아기를 받았고, 마리아는 미리 준비한 고운 옷으
로 감싸서, 가축들이 먹이를 먹던 여물통 안에 그 아이를 눕혔습니다.

3:6 눈같이 흰 예복을 입은 세 사람이 들어와, 아기 앞에 서서 말했습니다.

3:7 '모든 힘, 모든 지혜, 모든 사랑이 그대 임마누엘의 것이 될 것이로다.'

3:8 한편, 베들레헴 언덕에는 많은 양 떼가 있었고 목동들이 그들을 지키고 있었습니다.

3:9 목동들은 신앙이 깊은 기도자들이었고, 그들은 강한 구원자가 오기를 기다리고 있었습니다.

3:10 약속된 아이가 태어났을 때 눈같이 흰옷을 입은 사람이 그들 앞에 나타나자 사람들은 두려워 뒤로 물러났습니다. 그 사람이 앞으로 나와 말하기를

3:11 '두려워 마시오. 보시오, 나는 그대들에게 기쁜 소식을 가지고 왔습니다. 한밤중에 베들레헴의 한 동굴에서 그대들이 그토록 오랫동안 기다리던 선지자이자 왕이 태어났습니다.'

3:12 양치는 목동들은 모두 크게 기뻐하였습니다. 그리고 모든 언덕은 빛의 사자들로 가득 찼으며, 사자들이 말씀하시기를 (공통)

3:13 '모든 영광은 높은 곳에 계시는 하느님께 있을지어다, 땅 위에는 평화, 평화. 사람들에게는 선의'

3:14 양치는 목동들은 서둘러 베들레헴 동굴에 와서, 임마누엘이라고 부르는 아기 예수를 보았고 경의를 표했습니다.

3:15 아침이 왔고, 인근에 집이 있는 여자 양치기가 마리아와 요셉, 그리고 아기를 위한 방을 준비하였습니다. 여기서 그들은 많은 날을 머물렀습니다.

3:16 요셉은 급히 사가랴와 엘리사벳에게 아기가 베들레헴에서 태어났음을 알리는 전령을 보냈습니다.

3:17 사가랴와 엘리사벳도 요한을 데리고 베들레헴에 와서 환호하였습니다.

3:18 마리아와 엘리사벳은 지금까지 일어난 모든 경이로운 일에 관하여 이야기했습니다. 그들과 함께한 사람들은 하느님을 찬양했습니다.

3:19 유대의 관습에 따라, 갓난아기는 할례를 받았습니다. 사람들이 '무엇이라고 아기 이름을 부를 것이냐?'라고 물어보자, 마리아는 '그의 이름은 하느님의 사람이 선언하신 대로 예수(Jesus)입니다'라고 했습니다. (공통)

4: 예수의 봉헌. 마리아가 희생 제물을 올림. 시메온과 안나의 예언. 안나가 아기를 숭배하여 책망받음. 가족들 베들레헴으로 돌아옴.

4:1 한편, 마리아는 어린 아기가 태어난 지 40일이 되었을 때 아기를 데리고. 예루살렘의 성전으로 갔습니다. 아이는 사제로부터 축성되었습니다. (공통)

4:2 그녀는 유대의 관습에 따라 그녀 자신을 위하여 희생 제물을 바쳤습니다. 그것은 어린양 한 마리와 어린 산비둘기 두 마리였습니다. (공통)

4:3 시므온이라는 이름의 신앙이 깊은 유대인이 성전에서 하느님께 봉사하고 있었습니다.

4:4 그는 어려서부터 임마누엘이 오기를 기다렸으며, 그 메시아가 육신으로 오심을 자기 눈으로 보게 되기까지는 떠나지 않을 것이라고 하느님께 기도하고 있었습니다.

4:5 그가 아기 예수를 보자 기뻐하면서 말하기를 '내가 왕을 보았으니 이제 나는 평화롭게 떠날 준비가 되어있습니다.' (공통)

4:6 그는 어린 아기를 두 팔에 안고 말하기를 '보시오! 이 아기는 나의 이스라엘과 온 세상에 칼을 가지고 올 것입니다. 그러나 그는 칼을 부수어버릴 것이고, 나라들은 더 이상 전쟁을 하지 않는 것을 배우게 될 것입니다.

4:7 나는 이 아기의 이마에서 대스승님의 십자가를 보았습니다. 그리고 그는 이 표시로 정복할 것입니다.'

4:8 성전에는 84살 난 과부가 있어 성전을 떠나지 않고 밤낮으로 하느님께 예배하고 있었습니다. (공통)

4:9 작은 일에 충성스러운 그녀가 아기 예수를 보고 외치기를 '임마누엘을 보세요! 그의 이마에 있는 메시아의 십자가 표시를 보세요!'

4:10 그녀는 경배하기 위해 무릎을 꿇고서는 우리와 함께하시는 하느님 임마누엘이라고 하니, 흰옷을 입은 한 스승이 나타나서 말하기를,

4:11 '착한 여인이여, 멈추고 무엇을 그대가 하는지 주의해 보십시오. 사

람을 경배해서는 안 됩니다. 이것은 우상숭배입니다.

4:12 이 아기는 사람이며 사람의 아들이며 칭찬할 가치는 있습니다. 그대는 하느님을 사모하고 경배해야 합니다. 단지 그분만 섬겨서야 합니다.'

4:13 그 여인은 일어나서 감사하는 마음으로 절하고 하느님께 경배했습니다.

4:14 마리아는 어린 예수를 데리고 베들레헴으로 돌아왔습니다.

CHAPTER 5

5: 세 명의 마기 사제가 예수를 경배·헤롯이 놀람. 유대인 회의를 소집. 선지자가 왕의 오심을 예언했다는 말을 들음. 헤롯이 아기를 죽일 결심. 마리아와 요셉은 어린 예수를 데리고 이집트로 도망감.

5:1 유프라테스강 넘어 마기승들이 살고 있었습니다. 그들은 현명하여 별들의 말을 읽을 수 있었습니다. 그들은 예루살렘 위에 떠 있는 그의 별을 보았고 대스승의 영혼이 태어났음을 신성시하였습니다.

5:2 마기 사제 중에는 오는 시대의 대스승을 보고자 갈망하는 3명의 사제가 있었습니다. 그들은 값비싼 선물을 들고, 새로 태어난 왕을 찾아 경배하기 위하여, 서둘러 서쪽으로 길을 재촉하였습니다.

5:3 한 사람은 고귀함의 상징인 황금, 다른 사람은 지배와 힘의 상징인 몰약, 또 다른 사람은 성인의 지혜의 상징인 유향을 가지고 있었습니다. (공통)

5:4 마기 사제들이 예루살렘에 도착하자 사람들은 놀랐으며 그들이 누구이며 왜 왔는지 경이로 와 했습니다.

5:5 그들이 어디에 왕으로 태어난 아기가 있느냐고 물을 때, 헤롯 왕좌가 흔들리는 듯 보였습니다.

5:6 헤롯왕은 신하를 보내어 마기 사제들을 그의 궁정으로 불러들였습니다.

5:7 그들은 대궐로 들어오면서 다시 묻기를 '어디에 새로 태어난 왕이 있습니까?' 그들은 말하기를 '유프라테스강 저 너머 있는 동안 우리는 그의 별이 떠오르는 것을 보고, 그를 경배하기 위하여 왔습니다.' (공통)

5:8 헤롯은 두려움에 얼굴이 창백해졌습니다. 그는 이들 사제가 유대인의

왕국을 재건하려고 모의하는 중이고, 왕으로 태어난 이 아기에 대하여 더 알아야 하겠다고 혼자 속으로 말했습니다.

5:9 그래서 그는 마기 사제들에게 잠시 도시에 머물고 있으면서, 그들에게 이 왕에 대한 모든 것을 말해 달라고 했습니다. (공통)

5:10 왕은 모든 유대 율법 스승들을 회의실로 불러 묻기를 '유대 선지자들은 이 사람에 대하여 무슨 말들이 있었느냐?'

5:11 유대의 스승들이 답해 말하기를 '오래전 선지자들은 이스라엘 부족을 지배하기 위하여 사람이 오는데, 이 메시아는 베들레헴에서 태어날 것이라고 예언했습니다.'

5:12 그들이 말하기를 '선지자 미가가 쓰기로는 오, 유대의 베들레헴 유대 언덕의 조그마한 장소이지만, 나의 백성 이스라엘을 통치할 왕이 나오리라. 네, 그는 아주 오랜 옛날부터 살았던 사람입니다' (공통)

5:13 헤롯왕은 마기 사제들을 다시 불러서, 유대의 율법 스승들이 한 말을 말했습니다. 그리고 그는 그들을 베들레헴으로 보냈습니다.

5:14 헤롯왕이 말하기를 '가서 찾으시오. 그리고 만약 그대들이 왕으로 태어난 어린 아기를 찾는다면, 돌아와서 나에게 모든 것을 말해주시오. 나도 가서 그를 경배할 수도 있소' (공통)

5:15 마기 사제들은 길을 떠나 양치기의 집에서 마리아와 같이 있는 아이를 찾았습니다.

5:16 그들은 아기 예수에게 경배하고, 귀중한 선물과 황금, 유향, 몰약을 바쳤습니다. (공통)

5:17 이들 마기 사제들은 사람의 마음을 읽을 수 있었습니다. 그들은 헤롯왕의 악한 마음을 읽고서는, 헤롯왕이 새로 태어난 왕을 죽일 것을 맹세하였다는 것을 알았습니다.

5:18 그들은 아기 예수의 부모에게 그 비밀을 말했고, 그들이 해를 미치지 않는 곳으로 도망가기를 명했습니다.

5:19 마기 사제들은 고향으로 갔는데, 예루살렘을 통하지 않았습니다. (공통)

5:20 요셉은 밤에 아기 예수와 그의 어머니를 데리고 이집트 땅으로 도망가

서, 엘리후와 살로메와 함께 옛 도시 조안에서 거주하였습니다. (공통)

CHAPTER 6

6: 헤롯이 요한의 사명을 앎. 헤롯의 명령에 따라 베들레헴의 어린아이들이 대량 학살됨. 엘리사벳이 요한을 데리고 피함. 사가랴는 아들 요한의 숨은 장소를 말하지 못했기에 살해됨. 헤롯이 죽음.

6:1 한편 마기 사제들이 왕으로 태어난 아이에 대하여 그에게 말하려고 돌아오지 않자, 헤롯왕은 격노했습니다.

6:2 그의 신하들은 베들레헴에 있는 또 다른 아이가, 사람들에게 전에 미리 가서, 왕을 영접하기 위한 준비를 위하여 태어났음을 헤롯에게 말했습니다.

6:3 이것은 헤롯왕을 더욱 화나게 하였고, 그는 근위병을 불러 베들레헴으로 가서 왕으로 태어난 예수와 마찬가지로 아기 요한도 죽이라고 명령했습니다.

6:4 그가 말하기를 ' 실수 없이 되어야 한다. 나의 왕위를 주장하는 자들은 죽여라. 이 고장에 있는 아직 두 살이 되지 않은 사내아이들은 모조리 죽여라.' (공통)

6:5 근위병들은 가서 헤롯 왕이 명한 대로 실행했습니다. (공통)

6:6 엘리사벳은 헤롯이 그녀의 아들을 죽이기 위해 찾고 있다는 것을 모르고, 아직도 베들레헴에 요한과 같이 남아 있었습니다. 그러나 그녀가 이를 알자, 아기 요한을 데리고 급하게 언덕으로 갔습니다.

6:7 그 죽이려는 근위병들이 가까이에 있습니다. 그들은 그녀를 심하게 압박해 왔지만, 그녀는 모든 그 언덕에 있는 비밀 동굴을 알고 있었기에, 그녀와 아기 요한은 그중 한 동굴에 들어가 근위병들이 갈 때까지 숨어있었습니다.

6:8 그들의 잔인한 임무는 끝났고, 근위병들은 돌아와 왕에게 그 이야기를 했습니다.

6:9 근위병들은 어린 왕은 죽인 것으로 알고 있으나, 선구자 아기 요한은

찾을 수가 없었다고 말했습니다.

6:10 왕은 그들이 아기 요한을 죽이지 못한 실패에 화를 내고 근위병들을 쇠사슬에 묶어 감옥으로 보냈습니다.

6:11 다른 근위병들이 하느님의 성소에서 일하고 있는 선지자의 아버지인 사가랴에게 보내졌습니다. 그들은 왕이 당신 아들이 있는 장소를 말하기를 요구한다고 말했습니다.

6:12 그러나 사가랴는 알지 못하여 대답하기를 '저는 하느님의 사도이자 성소의 종입니다. 어떻게 제가 어디에 그들이 그를 데려갔는지 알 수 있겠습니까?'

6:13 근위병은 돌아가서 왕에게 사가랴가 한 말을 전했습니다. 왕은 격노하며 말하기를

6:14 '나의 근위병들아, 돌아가서 그 교활한 사제에게 전하라. 그는 내 손 안에 있으며, 만약 그가 진실을 말하지 않고, 그의 아들 요한이 숨어 있는 곳을 밝히지 않으면, 너는 죽을 것이다'라고 전하라.

6:15 근위병들은 다시 돌아가서, 왕이 말한 대로 사가랴에게 말했습니다.

6:16 사가랴가 말하기를 '나는 진실을 위하여 내 목숨을 주는 것 이외에는 할 수 있는 것이 없습니다. 만약 왕이 나의 피를 흘리게 한다면, 주님이 나의 영혼을 구해 주시니라.'

6:17 근위병들은 다시 돌아가 사가랴가 한 말을 왕에게 말했습니다.

6:18 한편, 사가랴는 성소의 제단 앞에 서서 기도에 열중하고 있었습니다.

6:19 한 근위병이 다가가 단검으로 그를 찔렀습니다. 그는 주님 성전의 장막 앞에서 쓰러져 죽었습니다.

6:20 사가랴는 매일 사제들을 축복하는데, 축복할 시간이 되었는데도 그는 오지 않았습니다.

6:21 사제들은 오랫동안 기다리다가 성소에 가서 그의 시체를 발견했습니다.

6:22 온 땅은 깊은 슬픔에 잠겼습니다.

6:23 한편 헤롯왕은 그의 왕좌에 앉아서 움직이지 않은 듯 보여, 그의 신하들이 가보니 죽어 있었습니다. 그의 아들이 대신 집권하였습니다.

조안에서의 마리아와 엘리사벳의 교육

CHAPTER 7

7: 아켈라우스가 통치. 마리아와 엘리사벳은 아이들과 함께 조안에서 엘리후와 살로메로부터 배움. 엘리후의 서두 교훈. 해석자에 대하여 말함

7:1 헤롯의 아들 아켈라우스가 예루살렘을 통치했습니다. 그는 이기적이고 잔인한 왕이였고, 자기를 존경하지 않는 사람들은 모두 죽였습니다.

7:2 그는 가장 현명한 신하들을 모두 회의에 불러모아 왕위를 노리는 유아에 관하여 물었습니다.

7:3 회의참석자는 요한과 예수가 둘 다 죽였다고 말했습니다. 그러자 그는 만족하였습니다.

7:4 한편, 요셉과 마리아와 그들의 아들 예수는 이집트에 있는 조안에 있었으며, 요한과 그의 어머니는 유대의 언덕에 있었습니다.

7:5 엘리후와 살로메는 급히 엘리사벳과 요한을 찾기 위해 전령을 보냈습니다. 그들은 그들 2명을 찾아서 조안으로 데리고 왔습니다.

7:6 마리아와 엘리사벳은 그들이 구조된 것이 경이로웠습니다.

7:7 엘리후가 말하기를 '그것은 이상한 것이 아닙니다. 우연히 일어나는 일이란 없습니다. 법칙이 모든 사건을 지배합니다.

7:8 오래전부터 그대들은 우리와 같이 이 신성한 학교에서 가르침을 받도록 운명지어져 있었습니다.'

7:9 엘리후와 살로메는 마리아와 엘리사벳을 그들이 늘 교육하는 가까운 성스러운 숲속으로 데리고 갔습니다.

7:10 엘리후는 마리아와 엘리사벳에게 말하기를 '그대들은 오래전부터 약속된 아기들의 선택된 어머니들이므로 자신을 큰 축복을 받았다고 생각해야 합니다.

7:11 그는 완전한 사람의 성전이 놓일 확실한 기초석을 견고한 반석 위에 놓도록 운명 돼 있습니다. 이 성전은 결코 무너지지 않는 성전입니다.

7:12 우리는 순환 주기에 의하여 시간을 측정합니다. 그리고 각 시대를 여는 문은 인류가 가는 여행의 이정표라고 여기고 있습니다.

7:13 한 시대가 갔습니다. 다른 시대의 문은 시간이 되면 열립니다. 이 시대는 영혼의 준비시대, 인간 속에 하느님 시대, 임마누엘 왕국의 시대입니다.

7:14 그리고 당신들의 아들들은 이 소식을 처음 전하고, 사람들에게 선의의 복음, 지상에서의 평화를 설교하는 최초의 사람이 될 것입니다.

7:15 이 큰 과업은 그들 것입니다. 왜냐하면, 육의 인간은 빛을 원하지 않고 어둠을 사랑하여, 어둠 속에서 빛이 빛날 때도 그들은 그것을 이해하지 못합니다.

7:16 우리는 이러한 아들들을 빛의 계시자라고 부릅니다. 그러나 그들이 빛을 보여 주기 전에, 그들은 빛을 반드시 가져야만 합니다.

7:17 그대들은 당신들의 아들들을 가르치시어 그들의 영혼이 사랑과 신성한 열정으로 불타고, 사람의 아들에 대한 사명을 인식하게 해 주어야만 합니다.

7:18 하느님과 인간은 하나였으나, 육적인 사상과 말과 행동을 통하여, 인간은 스스로 하느님으로부터 멀리 떨어져 나가, 그 자신이 스스로 타락하게 했음을 그들에게 가르치시기 바랍니다.

7:19 성령이 조화와 평화를 회복하여 하느님과 인간을 다시 하나로 만들어준다는 것을 가르치시오.

7:20 사랑 이외에는 그 어느 것도 그들을 하나로 만들 수 없습니다. 하느님이 세상을 이토록 사랑하사 사람들이 이해할 수 있도록 그의 아들에게 육체의 옷을 입히셨습니다.

7:21 세상의 유일한 구세주는 사랑이며, 마리아의 아들 예수는 사람들에게 사랑을 보여 주기 위해서 왔습니다.

7:22 사랑은 그 길이 준비될 때까지는 나타날 수 없습니다. 바위를 부수고, 높은 언덕을 낮게 하고, 계곡을 메꾸어서 길을 준비하는 것은 순결 외에는 아무것도 없습니다.

7:23 그러나 사람들은 삶에 있어 순결을 이해하지 못하고 있습니다. 그리고 그것 역시 육체로 와야만 합니다.

7:24 그대 엘리사벳은 그대의 아들이 육체로 만들어진 순결이기 때문에 축복을 받았고 사랑의 길을 닦을 것입니다.

7:25 이 시대는 아직 순결과 사랑의 과업에 대해서 거의 이해하지 못하고 있습니다. 그러나 한 말씀도 잃어버리지 않습니다. 왜냐하면, 하느님의 기억 책은 모든 사상과 말과 행동으로 만들어져 있기 때문입니다.

7:26 세상이 이를 받아들일 준비가 되었을 때, 하느님께서는 한 명의 사자를 보내어 그 책을 펼쳐지는 모든 순결과 사랑 소식을 하느님의 신성한 책에 똑같이 옮겨 적을 것입니다.

7:27 지상의 모든 사람은 그들의 모국어로 생명의 말씀을 읽게 될 것이며, 빛을 보고 빛 속에서 걷고 빛이 될 것입니다.

7:28 그리하여 인간은 다시 하느님과 하나 될 것입니다.

CHAPTER 8

8: 엘리후의 교훈. 생명의 통일성. 두 개의 자아. 악마. 사랑은 인간의 구세주. 빛의 다윗. 어둠의 골리앗.

8:1 엘리후는 그의 제자들과 성스러운 숲속에서 만나 말하기를

8:2 '어떤 사람도 혼자서는 살 수 없습니다. 왜냐하면, 모든 생명체는 모든 다른 생명체들과 끈으로 연결되어 있기 때문입니다.

8:3 축복은 가슴속의 순수함에 있습니다. 왜냐하면, 그들은 사랑할 것이지만 보상으로서 사랑을 요구하지 않기 때문입니다.

8:4 그들은 남들로부터 받고 싶지 않은 것을, 남에게 행하려고 하지 않습니다.

8:5 두 가지 자아가 있습니다. 더 높은 자아와 더 낮은 자아.

8:6 더 높은 자아는 영혼으로 옷을 입은 인간의 정신이며, 하느님의 형태로 만들어진 것입니다.

8:7 더 낮은 자아, 육의 자아, 욕망의 몸은, 육신의 탁한 에테르에 의해 왜곡된 더 높은 자아의 반영입니다.

8:8 더 낮은 자아는 환상이며 사라져 없어질 것입니다. 더 높은 자아는 인간 속에 계시는 하느님이기에 사라지지 않을 것입니다

8:9 더 높은 자아는 진리의 구체화입니다. 더 낮은 자아는 진리가 거꾸로 된 것이며, 허위가 표시된 것입니다.

8:10 더 높은 자아는 정의, 자비, 사랑, 올바름이며, 더 낮은 자아는 더 높은 자아가 아닙니다.

8:11 더 낮은 자아는 증오, 중상, 음탕, 살인, 도둑질 등 해를 일으키는 모든 것입니다. 더 높은 자아는 미덕의 어머니이며 생명의 조화들입니다.

8:12 더 낮은 자아는 약속은 풍성하지만, 축복과 평화는 부족합니다. 그것은 쾌락과 즐거움과 만족을 제공해 주지만, 편치않음과 비참과 죽음을 가져다줍니다

8:13 그것은 사람들에게 눈으로 보기에는 사랑스럽고 향기에 있어 즐거움을 주지만, 그것들의 중심에는 쓰디쓴 사과를 줍니다.

8:14 만약 그대가 나에게 무엇을 내가 배워야 하느냐 묻는다면, 나는 당신 자신을 공부하라고 말할 것입니다. 그리고 만약 그대들이 스스로에 관하여 잘 공부한 뒤에, 다음에는 무엇을 공부해야 하느냐고 묻는다면, 나는 그대 자신들이라고 대답할 것입니다.

8:15 자신의 낮은 자아를 잘 아는 사람은, 세상의 환상을 알고 있으며 사라져 없어질 것을 알고 있습니다. 자신의 더 높은 자아를 아는 사람은 하느님을 알며 사라져 없어지지 않는 것을 알고 있습니다.

8:16 매우 축복받은 사람은, 순결과 사랑을 바로 자신의 것으로 만든 사람입니다. 그는 더 낮은 자아의 위험으로부터 해방되어, 그 자신이 그의 더 높은 자아입니다.

8:17 사람들은 악을 지옥의 살아있는 괴물이라고 여기고, 악에서 구원받기를 원하지만 그들의 신은 단지 악마가 위장한 신들입니다. 그들은 힘이 세지만 질투, 증오, 정욕으로 가득 차 역겨운 것입니다.

8:18 그들의 호의는 과일, 조류, 짐승, 인간 등 값비싼 희생으로 사야 합니다.

8:19 그런데 이러한 악의 신들은 들을 귀가 없으며, 볼 눈도 없고, 동정할

마음도 없으며, 구원할 힘도 없습니다.

8:20 이들 악은 신화입니다. 이들 신은 공기로 만들어졌으며, 생각의 그림자로 옷 입고 있습니다.

8:21 인간이 구원받아야 할 악마는 더 낮은 자아입니다. 만약 인간이 자신의 악마를 찾고자 한다면, 자신의 내부를 들여다보아야만 합니다. 그의 이름은 낮은 자아입니다.

8:22 만약 사람이 자기의 구세주를 찾아내고자 한다면, 자신의 내부를 반드시 보아야만 합니다. 악마의 자아가 왕좌에서 물러나면, 구세주인 사랑이 힘의 권좌에 기쁘게 오르게 될 것입니다.

8:23 빛의 다윗은 순결입니다. 그것은 어둠의 강한 골리앗을 죽이고, 구세주인 사랑을 옥좌에 앉힙니다.'

CHAPTER 9

9: 살로메의 교훈. 남성과 여성. 인간 분위기의 철학. 삼위일체. 하느님. 7 성령. 하느님의 도(道)

9:1 살로메가 그 날의 교훈을 가르쳤습니다. 그녀는 말했습니다. '모든 시대가 비슷한 것이 아닙니다. 오늘은 남성의 말이 최대의 힘을 가질 수도 있지만, 내일은 여성이 최고로 가르칩니다.

9:2 인생의 모든 길에서 남성과 여성은 서로 손잡고 걸어가야 합니다. 상대방이 없는 하나는 단지 반쪽입니다. 각자는 해야 할 일이 있습니다.

9:3 그러나 모든 만물은 가르치고 있습니다. 각각은 그 자신의 시간과 계절이 있습니다. 태양과 달은 사람들을 위하여 그들 자신의 교훈들을 가지고 있습니다. 그러나 각각의 하나는 정해진 시간에 가르치고 있습니다

9:4 만약 태양의 교훈이 달의 계절 안에 주어진다면, 그것은 개울 위의 떨어지는 시든 나뭇잎처럼 인간의 가슴에 떨어질 것입니다. 그렇게 달과 모든 별의 교훈들도 마찬가지입니다.

9:5 오늘 어떤 사람은 우울하여 낙심하고 억압되어 있지만, 내일 같은 사

람은 즐거움으로 가득합니다.

9:6 오늘은 하늘이 축복과 희망으로 가득 차 보이고, 내일이 되면 희망은 사라지고 모든 계획과 목적은 없어집니다.

9:7 오늘은 그가 밟고 있는 바로 그 땅을 저주하기를 원하지만, 내일은 사랑과 찬양으로 가득 차게 됩니다.

9:8 오늘은 그가 사랑하는 아이들을 미워하여 경멸하고 질투하고, 내일은 육적 자아 위에 올라가고 기쁨과 선의로 숨을 쉽니다.

9:9 사람들은 매일의 생활에서의 높이와 깊이, 빛나는 마음과 슬픈 마음이 수천 번 바뀜에 이상하게 생각합니다.

9:10 사람들은 모든 곳에 스승이 있다는 것을 모릅니다. 그들 각자는 하느님께서 지정해 주신 일을 열심히 하여, 진리를 인간의 마음속에 심어주려고 하는 것을 모릅니다.

9:11 그러나 이것은 진실이고, 모든 사람은 그가 필요한 교훈을 받습니다.'

9:12 마리아가 말하기를 '오늘 나는 큰 즐거움 속에 있습니다. 내 생각과 모든 나의 삶이 위로 올라가는 듯 보입니다. 왜 내가 이렇게 영감으로 차 있습니까?'

9:13 살로메가 대답하기를 '오늘은 고양의 날입니다, 숭배와 찬양의 날, 우리가 우리의 아버지 하느님을 다소라도 이해하는 날입니다.

9:14 우리 다 같이 하느님, 하나의 하느님, 3성령, 7성령을 공부해 봅시다.

9:15 세상이 형태가 이루어지기 전에는, 모든 만물은 하나의 대령(大靈), 우주 숨결이었습니다.

9:16 대령이 숨을 쉬자 형태가 없던 것들이 하늘의 불과 상념 각각 아버지 신, 어머니 신이 되었습니다.

9:17 하늘의 불과 상념이 같이 숨을 쉬자 그들의 아들, 유일한 아들이 태어났습니다. 이 아들이 바로 사람들이 그리스도라 부르는 사랑입니다.

9:18 사람들은 하늘의 상념을 성령이라고 부릅니다.

9:19 성 삼위일체의 하느님이 앞으로 숨을 쉬자, 보시오, 7성령이 하나님의 옥좌 앞에 서 있었습니다. 이들은 엘로힘. 곧 우주의 창조적 영들

입니다.

9:20 이들 7성령이 말하기를 인간을 만들도록 하자. 그리하여 그들의 형상대로 인간은 만들어졌습니다.

9:21 세상의 초기, 저 멀리 동방에 살고 있던 사람들의 도(Tao, 道)는 우주 숨결의 이름입니다. 옛날 책에서 우리는 읽습니다.

9:22 '큰 도란 아무런 표시도 형태도 없지만, 그것은 천지를 만들고 유지한다.

9:23 우리의 큰 도에는 아무런 열정도 없지만, 그것은 해, 달과 모든 별의 출몰에 영향을 끼친다.

9:24 큰 도에는 아무런 이름이 없지만, 그것은 만물을 키우고 씨 뿌리고 수확할 계절을 있게 한다.'

9:25 큰 도는 하나였습니다. 하나가 둘이 되고, 둘이 셋이 되었고, 셋은 일곱으로 진화하여, 그것은 현시되어 우주에 충만합니다.

9:26 큰 도는 만물에게 선악, 비, 이슬, 햇빛, 꽃 등을 주어, 그의 풍성한 창고에서부터 그는 모두를 먹여 살립니다.

9:27 우리는 옛날 책에는 사람에 대한 것을 읽을 수 있습니다. '사람에게는 큰 도와 연결된 영혼이 있다. 큰 도의 일곱 성령 속에서 사는 영혼이 있다. 육체의 땅에서부터 생겨나는 욕망의 몸이 있다.'

9:28 영혼은 순결, 선, 진실을 사랑하며, 욕망의 몸은 이기적인 자아를 칭송합니다. 영혼은 두 개 사이의 싸움터가 됩니다.

9:29 축복받은 사람은 그의 영혼이 승리를 거두어 낮은 자아가 순수해진 사람, 그의 영혼이 깨끗해져서 큰 도가 나타나는 회의실이 되기에 적합한 사람입니다.'

9:30 그렇게 살로메의 교훈은 끝났습니다.

CHAPTER 10

10: 엘리후의 교훈. 브라마교. 아브라함의 생애. 유대인의 성서. 페르시아의 종교

10:1 엘리후가 가르쳐 말하기를, '옛날 동방에 사는 한 민족이 하느님을 경배하고 있었습니다. 그들은 이 유일한 하느님을 브라마라 불렀습니다.

10:2 그들의 율법은 공정하고, 평화롭게 살았으며, 그들은 그들 내부의 빛을 보았으며, 지혜의 길을 걷고 있었습니다.

10:3 그러나 육적 목적을 가진 사제들이 일어나, 그들은 그들의 육적인 마음에 적합하게 율법을 바꾸어, 가난한 사람들에게 무거운 부담을 지우고, 올바름의 율법을 경멸하였으며, 그렇게 브라만교는 부패하기 시작하였습니다.

10:4 그러나 암흑시대에도, 약간의 훌륭한 스승들은 이에 동요되지 않고, 브라마의 이름을 사랑하여, 세기 전 그들은 세상의 대단한 등불이 되었습니다.

10:5 그들은 신성한 브라마의 지혜를 보존하였기에, 그대는 그들의 성전 속에는 이 지혜를 읽을 수 있습니다.

10:6 갈대아에서는 브라만교가 알려졌었습니다. 데라라는 경건한 브라만 신자가 우르국에 살고 있었습니다. 그의 아들은 브라만 신앙에 헌신하여, 아브라함(A-Brahm)이라고 불렸습니다. 그는 따로 분리하여 히브리 민족의 조상이 되었습니다.

10:7 한편 데라는 그의 아내와 자식들과 양 떼와 가축을 거느리고 서쪽의 하란에서 살다 그곳에서 죽었습니다.

10:8 아브라함은 그의 친족과 함께 양과 가축을 거느리고 더욱 서쪽을 향해 여행했습니다.

10:9 그는 가나안 땅의 모레의 참나무에 도착하여 천막을 치고 살았습니다.

10:10 기근이 땅을 휩쓸자 아브라함은 그의 친인척과 양 떼들과 가축을 데리고 이집트로 왔습니다. 그리하여 조안의 기름진 평야에 천막을 치고 여기에 살았습니다.

10:11 사람들은 아직도 평야를 지나 아브라함이 살았던 땅을 지목합니다.

10:12 그대는 왜 아브라함이 이집트 땅에 왔느냐고 묻습니다. 이곳이 처

음 시작한 요람지이기 때문입니다. 모든 비밀인 것들이 이집트 땅에 있고, 이것이 스승들이 온 이유입니다.

10:13 조안에서 아브라함은 별에 대한 그의 지식을 가르쳤으며, 그곳의 성전에서 그는 성현들의 지혜를 배웠습니다.

10:14 교훈을 모두 배운 뒤에, 그는 자기 친인척과 함께 양 떼와 가축들을 거느리고 다시 가나안으로 여행하여, 마므레의 평야에 천막을 치고 살다 죽습니다.

10:15 그의 생과 업적들, 그의 자손들, 이스라엘 부족에 대한 기록들은 유대의 성전들에 잘 보존되어 있습니다.

10:16 페르시아에서도 브라마는 알려졌고 두려운 존재가 되었습니다. 사람들은 그를 유일의 하느님, 모든 존재하는 만물의 원인 없는 대 원인으로 보고, 저 멀리 동방 사람들의 도처럼 그들에게 신성한 존재였습니다.

10:17. 사람들은 평화롭게 살았으며 정의가 지배했습니다.

10:18 그러나 다른 나라처럼 페르시아에서도 사제들이 자아와 자아의 욕망에 물든 나머지, 포스와 지혜와 사랑을 짓밟았습니다.

10:19 종교는 갈수록 부패하여 새, 들짐승, 기는 것들이 따로 신처럼 분류되기도 하였습니다.

10:20 시간의 흐름 속에서 조로아스터라고 높은 영이 육적 몸으로 왔습니다.

10:21 그는 고귀하고도 뛰어난 원인 없는 영혼을 보았으며, 모든 인간이 정한 신들의 약점을 보았습니다.

10:22 그가 말을 하면 페르시아의 모든 사람은 들었고, 그가 하나의 신, 하나의 민족, 하나의 신전을 말하면, 우상의 제단은 쓰러지고, 페르시아는 다시 제자리로 돌아왔습니다.

10:23 그러나 사람들은 인간의 눈으로 그들의 신을 보아야만 했기에, 조로아스터는 말했습니다.

10:24 '옥좌 근처에 서 있는 가장 위대한 영은 아후라 마즈다이며, 태양의 빛 속에 모습을 나타냅니다.'

10:25 그리하여 모든 사람은 태양 속에서 아후라 마즈다를 보고, 태양의 신전 앞에 엎드려 숭배하였습니다.

10:26 페르시아는 마기 교도들이 사는 땅이며, 그들 사제는 마리아의 아들이 태어난 장소를 표시하는 별이 뜨는 것을 보고, 평화의 왕자로서 그분을 환영한 최초의 사람들이었습니다.

10:27 조로아스터의 개념과 율법은 아베스타 경전 안에 보존되어 있으므로 그대들은 읽고 그대 자신의 것으로 만들 수 있습니다.

10:28 그러나 그대들은 그 말씀이 살아서 그 말씀이 내포하고 있는 교훈이 그대의 머리와 심장 일부가 되기까지는 그 말씀은 아무 가치가 없다는 것을 알아야만 합니다.

10:29 진리는 하나입니다. 그러나 어떤 사람도 자기 자신이 진리가 되기까지는 진리를 알 수 없습니다. 이것은 옛날 책에 기록되어 있습니다.

10:30 '진리는 하느님의 발효하는 힘입니다. 진리는 온갖 생명을 진리로 변화시킬 수 있으며, 모든 생명이 진리일 때 사람은 진리입니다.'

CHAPTER 11

11: 엘리후의 교훈. 불교와 부처의 계율. 이집트의 신비

11:1 엘리후가 가르치며 말하기를, '인도의 사제들은 부패했으며, 브라마는 거리에서 잊혀지고 사람들의 권리는 먼지 속에 짓밟혔습니다.

11:2 그때, 권능 있는 스승, 깨달음의 부처(Buddha, 註.BC560?~BC480?)가 왔습니다. 세상의 부와 명예를 버리고, 조용한 숲속과 동굴에서 고요를 발견하였으며, 그분은 축복받았습니다.

11:3 그분은 더 높은 생활의 복음을 전파하고, 인간을 존경하는 방법을 가르쳤습니다.

11:4 그분은 가르치기 위한 신에 대한 교리는 없고 단지 인간을 알았으며, 신조는 정의, 사랑, 올바름이었습니다.

11:5 그대를 위하여 부처께서 말씀하신 많은 도움 되는 말씀 중 몇 가지를 인용합니다.

11:6 '미움은 잔인한 말이니라. 만약 사람들이 그대를 미워한다 해도 그
대는 그것에 개의치 말지어다. 그대는 사람들의 미워하는 마음을 변
하게 하여 사랑, 자비, 선의로 돌릴 수 있느니라. 자비는 모든 하늘
만큼 크니라.

11:7 모든 것들을 위하여 충분한 선이 있어라. 선으로써 악을 파괴하라.
관용으로 탐욕을 수치스럽게 만들어라. 진리로 잘못 그어진 굽어진
선들을 바르게 하라. 왜냐하면, 잘못이란 단지 진실이 왜곡되어 길
을 잃어버린 데로 간 것이니라.

11:8 고통은 악한 생각을 품고 행하는 사람에게 마치 마차를 끄는 사람의
발에 바퀴가 따르듯이 따라오느니라.

11:9 자아를 극복한 사람은 전쟁에서 천명의 군사를 물리친 사람보다 더
위대한 사람이니라.

11:10 다른 사람이 마땅히 그렇게 해야 한다고 믿는 대로, 자신이 그렇게
하는 사람은 고귀한 사람이니라.

11:11 그대에게 나쁘게 하는 사람에게 순수한 사랑으로 보답하라. 그리하
면 그는 나쁜 행을 그만두게 되리라. 사랑은 사랑하는 사람의 마음을
순수하게 하듯 사랑받는 사람의 마음도 순수하게 하기 때문이니라.'

11:12 부처님의 말씀은 인도의 성전에 기록되어 있습니다. 그 말씀에 주
목하시오. 왜냐하면, 그것은 성령의 가르침 일부이기 때문입니다.

11:13 이집트 땅은 비밀스러운 것들의 땅입니다.

11:14 모든 시대의 수수께끼가 우리의 성전과 신전에 잠겨져 있습니다.

11:15 모든 시대와 나라들의 스승들이 배우기 위하여 여기 옵니다. 그대
들의 아들들이 성인으로 자라났을 때, 그들은 이집트의 학교에서
그들의 모든 공부가 끝날 것입니다.

11:16 나는 충분히 말했고, 내일 해가 뜰 때 우리 다시 만납시다.'

CHAPTER 12

12: 살로메의 교훈. 기도. 엘리후의 마지막 수업. 3년간의 연구 과정을 결

산. 제자들이 그들의 고향으로 되돌아감.

12:1 아침 해가 떠오르자 스승과 제자들은 모두 신성한 숲속에 있었습니다.

12:2 살로메가 먼저 말하기를 '떠오르는 태양을 보세요. 그것은 해, 달 그리고 별들을 통하여 우리에게 말씀하시는 하느님의 힘을 나타냅니다.

12:3 산, 언덕, 계곡, 꽃, 식물 그리고 나무를 통하여 우리에게 말씀하십니다.

12:4 하느님께서는 새, 현악기 그리고 인간의 목소리로 우리에게 노래하십니다. 그분은 바람과 비와 천둥을 통하여 우리에게 말씀하십니다. 왜 우리는 그분의 발밑에서 고개 숙여 숭배하지 않는 것입니까?

12:5 하느님께서는 가슴마다 따로 개별적으로 말씀해 주시며, 그러한 가슴들은 반드시 따로 개별적으로 그분께 말씀드려야만 합니다. 이것이 기도입니다.

12:6 하느님을 향해서 소리치고, 서 있고, 앉기도 하고, 또는 무릎을 꿇고, 죄에 대하여 모두 그분에게 말하는 것은 기도가 아닙니다.

12:7 그분이 얼마나 위대하고, 얼마나 선하며, 얼마나 강하고, 얼마나 동정심이 있는가를 성령에게 말씀하는 것이 기도가 아닙니다.

12:8 하느님은 사람의 칭찬으로 매수되지 않습니다.

12:9 기도란 우리가 하는 모든 일이 생명의 모든 길에 빛이 되고, 모든 행동이 선의 왕관을 쓰고, 모든 살아있는 것들이 번영되기를 바라는 열렬한 바람(wish)입니다.

12:10 고귀한 행위, 도움 되는 말이 곧 열렬하고도 효과적인 기도입니다.

12:11 기도의 원천은 가슴에 있습니다. 말이 아니라 생각입니다. 가슴은 하느님까지 운반돼서, 그곳에서 가슴은 축복을 받습니다. 그러면 우리 기도합시다.'

12:12 그들은 기도하였지만, 한마디 말도 없었습니다. 그러나 성스러운 고요 속에서 모든 마음은 축복을 받았습니다.

12:13 엘리후가 마리아와 엘리사벳에게 말하기를 우리들의 교훈은 다 말해졌습니다. 그대들은 여기에서 더 머무를 필요가 없습니다. 부르

심이 왔습니다. 그 길은 깨끗할 것입니다. 고향 땅으로 돌아가셔도 됩니다.

12:14 그대들이 해야 할 큰일이 주어졌습니다. 그대는 세상의 방향을 가르쳐주는 사람들의 방향을 가르쳐주어야 합니다.

12:15 그대의 아들들은 사람들을 올바른 사상과 말과 행동으로 이끌어가도록 따로 놓여있습니다.

12:16 사람들에게 죄의 사악함을 알게 하고, 사람들이 죄나 더 낮은 자아나 헛된 것을 경배하는 것에서, 하느님 속에 거하는 그리스도와 함께 살아가는 자아를 의식하게끔 만들어야 합니다.

12:17 그들의 사역을 준비하는 데 있어, 그대의 아들들은 반드시 많은 가시밭길을 걸어야만 합니다.

12:18 다른 사람들처럼 그들은 극심한 시험과 유혹을 만나게 될 것입니다. 그들의 짐은 가볍지 않을 것이고 지치고 의식을 잃을 것입니다.

12:19 그들은 굶주림과 목마름의 고통을 알 것이고, 이유 없이 조롱을 받고 감옥에 갇히며 매질 당할 것입니다.

12:20 많은 나라로 그들은 갈 것이고, 많은 스승의 발아래에 앉아 있을 것이고, 다른 사람들처럼 배워야만 합니다.

12:21 우리가 말한 것은 충분합니다. 하느님의 옥좌 앞에 서 계시는 3성령과 7성령의 축복이 그대들에게 언제나 영원히 임하실 것이 확실합니다.

12:22 여기에서 엘리후와 살로메의 교훈은 끝났습니다. 3년 동안 그들은 그들의 제자들을 성스러운 숲속에서 가르쳤습니다. 그리고 만약 그들의 가르침이 모두 한 권의 책으로 쓰였더라면, 보시오, 그것은 훌륭한 책이 되었을 것입니다. 그들이 말한 것 중 우리는 요약분입니다.

12:23 마리아와 요셉과 엘리사벳은 예수와 그분의 선구자와 같이 그들의 고향으로 출발했습니다. 그러나 그들은 아켈라우스가 지배하고 있기에 예루살렘 옆으로 가지 않았습니다.

12:24 그들은 사해 옆으로 여행하여, 엔게디 언덕에 도착하여, 가까운 친

인척인 요수아의 집에서 쉬었으며, 엘리사벳과 요한은 이 곳에서 머물렀습니다.

12:25 요셉, 마리아와 그의 아들은 며칠 동안 요단 길로 가서 나사렛에 있는 그들의 집에 도착했습니다.

Section 4 :

선구자 요한의 어린 시절과 교육

CHAPTER 13

13: 엔게디에서의 엘리사벳. 그녀의 아들을 가르침. 요한이 맛세노의 학생이 됨. 그는 요한에게 죄의 뜻과 용서의 율법을 가르치심

13:1 엘리사벳은 축복을 받았습니다. 그녀는 요한과 함께 시간을 보내면서, 엘리후와 살로메로부터 받은 교훈을 그에게 가르쳐 주었습니다.

13:2 요한은 그들 집의 야생 생활과 그가 배운 교훈에 기뻐하였습니다.

13:3 언덕에는 많은 동굴이 있었는데, 다윗의 동굴이 근처에 있어 엔게디의 은자가 살고 있었습니다.

13:4 이 은자는 사카라의 성전에서 온 맛세노라는 이집트의 사제였습니다.

13:5 요한이 7살이었을 때 맛세노는 그를 광야로 데리고 가서 다윗의 동굴에서 함께 살았습니다.

13:6 요한은 맛세노의 말한 것들에 설렜으며, 맛세노는 요한에게 날마다 생명의 신비를 알려주었습니다.

13:7 요한은 광야를 사랑했으며 그의 스승님과 간단한 음식을 사랑했습니다. 그들의 음식은 과일과 견과류, 벌꿀과 땅콩 빵이었습니다.

13:8 맛세노는 이스라엘 사람인데 모든 유대 축제에 참석하였습니다.

13:9 요한이 9살 때 나이든 맛세노는 그를 예루살렘의 대축제에 데리고 갔습니다.

13:10 사악한 아켈라우스는 이기적이고 잔인하였기에 왕위를 박탈당하고 먼 땅으로 추방되었습니다. 그러므로 요한은 두렵지가 않았습니다.

13:11 요한은 예루살렘을 방문하게 되어 기뻤습니다. 맛세노는 그에게 유대인의 제례 방법, 희생 제물의 의미, 의식의 의미에 대하여 모두 말해주었습니다.

13:12 요한은 주님 앞에서 동물과 새를 죽이고 불태움으로써 어떻게 죄가 용서를 받게 되는지 이해할 수 없었습니다.

13:13 맛세노가 말하기를 '하늘과 땅의 하느님께서는 희생 제물을 원하지 않으시니라. 이 잔인한 제도는 다른 땅의 우상 숭배자들로부터 가져온 것이니라.

13:14 어떠한 죄도 동물이나 새나 사람들의 희생 제물에 의하여 지워지지 않느니라.

13:15 죄란 인간이 죄악의 울타리 속으로 뛰어든 것이며, 만약 사람이 죄에서 벗어나려면 그는 반드시 걸어온 길을 다시 돌이켜 죄악의 울타리에서 벗어나는 자신의 방법을 발견해야만 하느니라.

13:16 돌아가서 사랑과 올바름으로 그대의 가슴을 순수하게 하여라. 그리하면 그대는 용서받을 것이니라.

13:17 이것이 선구자가 사람들에게 가져와야 할 복음의 내용이니라.'

13:18 요한이 묻기를 ' 무엇이 용서입니까?'

13:19 맛세노가 말하기를 '그것은 빚을 갚는 것이니라. 다른 사람에게 잘못한 사람은, 그가 잘못을 바르게 할 때까지 절대 용서받을 수가 없느니라.'

13:20 베다 경전이 말하기를 '나쁘게 한 그 사람 이외에는 그 누구도 나쁘게 한 것을 바르게 할 수 없다.

13:21 요한이 말하기를 '만약 그것이 사실이라면 자기 자신 안에 거하는 힘 외에 용서해 주는 힘은 어디에 있습니까? 인간은 자신을 용서할 수 있습니까?'

13:22 맛세노가 말하기를 '문은 조금 넓게 열려 있느니라. 그대는 사람들

의 올바른 길로 돌아오는 것과 죄의 용서함을 알고 있느니라.'

CHAPTER 14

14: 맛세노의 가르침. 우주 보편적 율법의 교의. 인간의 선택능력과 성취력. 대립의 이익. 고대의 성전. 세계사에서 요한과 예수의 위치

14:1 맛세노와 그의 제자 요한은 고대의 성스러운 경전과 그곳에 포함된 황금의 수칙에 관하여 이야기를 나누고 있었는데, 요한이 소리치기를

14:2 '이들 황금수칙은 매우 훌륭합니다. 무슨 다른 성전이 필요하겠습니까?'

14:3 맛세노가 말하기를 '경건한 하느님의 영께서는 모든 일을 적절한 시간에 오고 가게 하느니라.

14:4 태양과 달이 뜨고 지고, 별들이 생겨났다가 사라지고, 비가 오고 바람이 부는 것은 모두 그 자신의 때가 있느니라.

14:5 씨 뿌리고 수확하는 시간과 인간이 태어나고 죽는 시간도 때 가 있느니라.

14:6 이러한 권능의 영들은 많은 국가를 탄생시켜서, 요람에서 흔들고, 이를 길러서 가장 큰 힘을 가진 국가로 키우고, 그들의 과업들이 끝나면 그들을 감는 것으로 싸서 무덤에 눕히느라.

14:7 한 국가나 한 개인의 인생에도 사건은 많고, 그 기간 즐겁지 못하느니라 그러나 마침내 진리가 나타나고, 무슨 일이든지 최고가 오느니라

14:8 인간은 고귀한 부분을 위하여 창조되었으나, 지혜, 진리, 권능이 충만한 자유인은 만들어질 수가 없느니라.

14:9 만약 사람이 지나갈 수 없는 해협에 갇혀 있다면, 그는 단지 장난감이나 기계일 것이니라.

14:10 창조적인 영께서는 인간에게 의지를 주셨기 때문에, 인간은 선택할 힘을 가지고 있느니라.

14:11 사람은 최고의 높이에 도달할 수도 있으며, 가장 깊게 가라앉을 수도 있느니라. 왜냐하면, 사람은 얻고자 하는 그것을 얻을 힘을 가지고 있기 때문이니라.

14:12 만약 사람이 힘을 바란다면, 사람은 그 힘을 얻을 힘을 소유하게 되니라. 그러나 그러한 목표에 도달하기 위해서는 반드시 저항을 극복해야만 하느니라. 어떠한 힘도 게으름 속에서는 얻어지지 않았노라.

14:13 많은 면 투쟁의 소용돌이 속에서, 인간은 자기 자신을 해방하기 위하여 반드시 노력해야만 하는 위치에 놓여있게 되니라.

14:14 모든 투쟁 속에서 인간은 힘을 얻으며, 모든 것을 정복할 때마다 인간은 더 대단한 높이를 얻노라. 날마다 인간은 새로운 의무와 새로운 보살핌을 발견하느니라.

14:15 인간은 위험한 구덩이에서 빠져나가게 되거나, 그의 적을 극복하기 위하여 도움을 받지 않느니라. 인간은 그 자신이 군대이고, 칼이며 방패이니라. 또한, 인간은 그의 군대의 장군이니라.

14:16 신성한 하느님께서는 인간의 길을 단지 비추시니라. 인간은 길을 안내하여 비추어 줄 한 개의 횃불도 없이 버려지지는 결코 않았느니라

14:17 인간은 언제나 위험한 절벽, 흐린 강, 배신하는 웅덩이를 볼 수 있도록 손에 밝은 등불을 가지고 있느니라.

14:18 그래서 하느님께서 판단하셨노라. 인간들이 빛이 더 필요로 할 때, 스승님의 영혼이 빛을 주기 위하여 지상으로 오시니라.

14:19 베다 경전 시대 전에도, 세상은 길을 밝혀 주는 많은 성전이 있었노라. 그리고 인간이 베다 경전 이상의 빛을 필요할 때, 아베스타 성전과 훌륭한 도의 경전이 더 높은 곳을 보여 주기 위하여 나타났느니라.

14:20 적당한 장소에서 율법과 예언서와 시편이 있는 히브리 성서가 인간의 계몽을 위하여 나타났느니라.

14:21 그러나, 세월이 흐르면 사람들은 더 큰 빛이 있어야 하니라.

14:22 이제 높은 곳에서 온 샛별이 빛나기 시작했노라. 예수는 인간들에게 빛으로 보여 주기 위하여 육체로 만들어지신 전령이니라.

14:23 그대, 나의 제자 요한은 그대는 다가오는 날의 선구자로 정해져 있노라.

14:24 그러나 그대는 지금 그대가 간직하고 있는 가슴의 순결을 지켜야만

한다. 그리고 그대는 신성한 하느님의 제단 위에서 불타고 있는 석탄에서부터 바로 그대의 등불을 밝혀야만 하느니라

14:25 그대의 등불은 무한한 불꽃으로 변할 것이고, 그대는 사람이 사는 어디든지 그대의 빛을 비추는 살아있는 횃불이 되리라.

14:26 그러나 앞으로 올 시대에는, 인간은 더 큰 높이에 도달할 것이며, 더 강렬한 빛이 올 것이니라.

14:27 마침내 권능의 스승님의 영혼이 지상에 오셔서, 완전한 인간의 옥좌로 올라가는 길을 밝히리라.

CHAPTER 15

15: 엘리사벳의 죽음과 장례식. 맛세노의 교훈. 죽음의 임무. 요한의 사명. 세례의식의 제정. 맛세노가 요한을 이집트로 데리고 가서, 사카라 성전에 머무르게 하여, 8년간을 머뭄.

15:1 요한이 12살 되던 해에 그의 어머니께서 돌아가셨습니다. 이웃 사람들은 헤브론에 있는 그녀의 친인척 사이에 사가랴 묘지 가까이에 그녀의 시신을 안장했습니다.

15:2 요한은 깊은 슬픔에 잠겨 울었습니다. 맛세노가 말하기를 '죽음 때문에 우는 것은 좋지 않노라.

15:3 죽음은 사람의 적이 아니고 사람의 친구이니라. 인생의 일이 끝나면 세상과 연결된 인간의 작은 배의 줄이 끊어져 더욱 부드러운 바다 위에 항해하게 해주는 친구이니라.

15:4 어떤 언어도 어머니의 가치를 묘사할 수 없으며, 그대의 어머니께서는 노력하셨고 진실한 분이셨느니라. 어머니께서는 자신의 과업을 다할 때까지 부름을 받지는 않으셨느니라.

15:5 죽음의 부름은, 여기에서와 마찬가지로 저기에서도 문제를 해결할 수 있는 면에서는 좋은 것이니라. 자신의 문제를 제일 잘 해결할 수 있는 곳을 자신이 발견해야 하느니라.

15:6 땅을 떠난 영혼을 다시 부르고 싶게 만드는 것은 이기심일 뿐입니다.

15:7 어머니를 편하게 쉬시게 하는 것이 좋으니라. 그녀의 고귀한 삶이 그대에게 힘과 영감이 되도록 해주십시오.

15:8 당신의 삶에 위기가 찾아왔고, 당신은 당신이 하는 일에 대한 명확한 개념을 가지고 있어야 합니다.

15:9 시대의 현자들은 당신을 선구자라고 부릅니다. 선지자들이 너희를 보고 말하기를 그가 곧 다시 오신 엘리야라 하느니라.

15:10 여기서 당신의 임무는 선구자의 임무입니다. 당신은 메시아 앞에 가서 그의 길을 닦고, 백성이 왕을 맞을 준비하게 할 것이기 때문입니다.

15:11 이 준비는 마음의 순수함입니다. 마음이 청결한 자만이 왕을 알아볼 수 있습니다.

15:12 사람들에게 마음이 순수하도록 가르치려면 마음과 말과 행동이 순수해야 합니다.

15:13 그대는 어렸을 적에 서약을 통하여 나사렛사람이 되었었다. 면도날을 얼굴이나 머리에 대어서는 안 되고, 포도주나 독한 술을 마셔도 안 되느니라.

15:14 사람들은 그들의 삶에 대한 패턴이 필요합니다. 그들은 이끄는 것이 아니라 따르는 것을 좋아합니다.

15:15 길모퉁이에 서서 길을 가리키면서도 가지 않는 사람은 단지 좌표이기에, 나무토막도 똑같이 할 수 있느니라.

15:16 교사는 길을 밟고 지나가면, 그가 남기는 그의 발자취는 모든 땅 위에 분명히 남기 때문에, 모든 사람은 그들의 스승이 그 길로 갔음을 보고 신뢰할 수가 있느니라.

15:17 인간은 보고 행하는 것으로 내면의 삶을 이해합니다. 그들은 의식과 형식을 통해 하나님께 나아갑니다.

15:18 그러므로 당신이 사람들에게 삶의 순결함으로 죄가 씻겨진다는 것을 알게 하려고 할 때, 상징적 의식이 도입될 수 있습니다.

15:19 죄에서 돌아서서 삶의 순결을 위해 노력하는 사람들의 몸을 물로

씻으십시오.

15:20 이 정결의 의식은 준비의식이며, 이렇게 정결케 된 자들은 순결의 교회를 구성합니다.

15:21 그대는 말해야 하느니라. '그대들, 이스라엘 사람들이여 들어라. 회개하고 씻어라. 순수한 사람이 되어라. 그리하면 그대는 용서받으리라.

15:22 이 정결 의식과 이 교회는 삶의 순결에 의한 영혼의 정결과 하나님의 왕국을 상징할 뿐입니다. 영혼은 겉으로 드러나는 것이 아니라 내면의 교회입니다.

15:23 이제, 당신은 결코 길을 가리키거나 당신이 한 번도 해본 적이 없는 일을 군중에게 하라고 말할 수 없습니다. 하지만 먼저 가서 길을 보여 주어야 합니다.

15:24 당신은 남자들이 씻어야 한다는 것을 가르쳐야 합니다. 그러므로 당신은 길을 인도해야 하며 영혼의 정화를 상징하는 몸을 씻어야 합니다.

15:25 요한이 말하기를 '왜 제가 기다릴 필요가 있습니까? 즉시 가서 씻으면 안 될까요?'

15:26 맛세노가 말하기를 '좋다.' 그러고 그들은 요단강 나루터로 내려갔고, 이스라엘 백성들이 처음으로 가나안으로 들어갈 때 넘어간, 예리코의 동쪽으로 가서 잠시 머물렀습니다.

15:27 맛세노는 선구자에게 씻는 의식의 내적 의미를 설명해주고, 자신을 씻고, 민중을 씻는 방법을 설명해주었습니다.

15:28 요한은 요단강에서 씻겨지고 그들은 광야로 뒤돌아 갔습니다.

15:29 엔게디의 언덕에서 맛세노의 일은 끝이 나고, 요한과 함께 이집트로 내려갔습니다. 그들은 나일강 계곡에 있는 사카라 성전에 도착할 때까지 도중에 쉬지 않았습니다.

15:30 여러 해 동안 맛세노는 이 형제단 성전의 스승으로 있었습니다. 그리고 그가 요한의 생애와 사람의 아들로서 온 사명에 대하여 말할 때, 교리 해설자는 기쁘게 선구자를 받아들였고 형제 나사렛이라고

불렀습니다.

15:31 8년 동안 요한은 이 성전 문안에서 살고 일했습니다. 그리고 이곳에서 그는 자아를 정복했으며 스승의 마음이 되었고 선구자의 의무를 배웠습니다.

예수님의 어린 시절과 교육

CHAPTER 16

16: 요셉의 집. 마리아가 그의 아들을 가르침. 예수의 7번째 생일. 예수께서 그의 꿈에 관하여 이야기하다. 할머니의 해몽. 그의 생일 선물

16:1 요셉의 집은 나사렛의 마 미온 거리에 있었습니다. 여기서 마리아는 아들에게 엘리후와 살로메의 교훈들을 가르쳤습니다.

16:2 예수가 매우 좋아한 것은 베다의 찬가와 아베스타 경전이었습니다. 하지만 모든 것보다 더 좋아한 것은 다윗의 시편과 솔로몬의 신랄한 말을 읽는 것이었습니다.

16:3 유대의 예언서는 그의 기쁨이었습니다. 그리고 그가 일곱 살이었을 때는 모든 말을 기억 속에 외우고 있었으므로, 읽을 책이 필요하지 않았습니다.

16:4 어린아이 예수의 할아버지 요아킴과 할머니는, 손자 예수를 위하여 잔치를 베풀었고, 모든 가까운 친인척들이 손님들이었습니다.

16:5 소년 예수가 손님들 앞에서 서서 말하기를 '저는 꿈을 꿨습니다. 내 꿈에 나는 바다, 바닷가 모래밭 위에 서 있었어요.

16:6 파도의 물결은 높았고 폭풍우는 격렬했습니다.

16:7 누군가가 위에서 저에게 지팡이를 주었는데 그것을 잡아 모래를 건들었습니다. 모래의 모든 낱알은 살아있는(living) 것으로 바꿨고,

바닷가는 아름다운(beauty) 노래로 가득 찼습니다.

16:8 나는 발밑의 물을 건드렸습니다. 그랬더니 그들이 나무로, 꽃으로, 노래하는 새로 변하는 것이었어요. 그리고 모든 것들은 하느님을 찬양(praising)하였습니다.

16:9 그리고 나는 말하는 사람을 볼 수가 없었지만 누군가가 말했습니다. 나는 '죽음이란 없습니다'(There is no death)라고 말하는 소리를 들었습니다.'

16:10 할머니 안나는 손자를 사랑하여, 예수의 머리 위에 손을 얹고 말하기를 '나는 네가 바닷가에 서 있는 것을 보았단다. 모래와 물결을 건드리는 것도 보았지. 나는 그것들이 살아있는 것으로 변하는 것을 보고는 그 꿈의 의미를 알았단다.

16:11 삶의 바다는 높이 굴려 가고, 폭풍우는 대단한다. 군중들은 게으르고 무기력하고, 바닷가의 죽은 모래와 같이 기다린단다.

16:12 너의 지팡이는 진리이다. 이것으로 너는 많은 사람을 건드려, 모든 사람이 신성한 빛과 생명의 전령이 된단다.

16:13 네가 생명의 바다의 물결을 건드렸을 때, 그들의 요동을 멈추고 바로 그 바람은 찬양의 노래가 된단다.

16:14 진리의 지팡이가 가장 마른 뼈를 살아있는 것으로 변하게 하고, 정체된 연못에서 가장 사랑스러운 꽃을 피우게 하며, 가장 부조화를 조화와 칭송으로 변하게 하기에 죽음이란 없는 거란다.'

16:15 요아킴이 말하기를 '나의 손자야, 오늘 너는 일곱 살이 되니까, 너의 인생행로의 7번째 이정표를 통과하는 것이 되구나. 그래서 이날의 기념으로 무엇을 네가 원하든, 우리는 너에게 줄 것이야. 너를 가장 기쁘게 해주는 것을 골라보려나.'

16:16 소년 예수가 말하기를 '나는 선물을 원하지 않아요. 왜냐하면, 나는 만족하니깐요. 만약 내가 오늘 많은 어린이를 기쁘게(glad) 해 줄 수 있다면, 나는 더 크게 기뻐할 것이에요.'

16:17 지금 나사렛에는 배고픈 사내아이와 여자아이들이 많이 있는데, 이

잔치에서 우리와 함께 먹으며(eat) 즐거워할 수 있을 거예요. 그리
고 우리와 이날의 즐거움을 함께 나누고(share) 싶어 할 거예요.

16:18 할아버지께서 저에게 줄 수 있는 가장 풍성한 선물은 제가 나가서
빈곤한(needy) 어린이들을 찾아 데려와 그들이 우리와 함께 잔치
하는 것(feast with us)을 허락하시는 거예요.'

16:19 요아킴이 말하기를 '좋은 생각이구나. 나가서 빈곤한 어린이들을
찾아보고 여기에 데려오렴. 우리가 충분히 준비해 놓을 터이니.'

16:20 예수는 기다리지 않고 모든 누추한 오두막집과 고을의 오막살이집
에 달려가, 곧장 모든 곳에서 그의 임무를 다했습니다.

16:21 잠시 후 130명이나 되는 행복해하는 누더기 옷을 입은 소녀 소년
들이 마미온 거리에서 그를 따라 왔습니다.

16:22 손님들이 오니 축하석은 예수의 손님으로 가득 찼고, 예수와 그의
어머니는 손님 시중을 도와주었습니다.

16:23 음식은 충분했고 모두 기뻐하였습니다. 예수의 생일 선물은 올바름
의 왕관이었습니다.

CHAPTER 17

17: 예수님께서 나사렛 회당의 랍비와 대화. 유대 사상의 폭이 좁음을 비판.

17:1 나사렛 회당의 랍비 바라키아는 마리아의 아들을 가르치는 데 있어
도움을 주었습니다.

17:2 어느 날 아침, 회당에서 식이 끝난 후, 랍비는 조용한 생각 속에 앉
아 있는 예수에게 말했습니다. '무슨 계명이 십계명중 가장 큰 계명
인가?'

17:3 예수가 말하기를 '십계명 중 가장 큰 계명은 모르겠습니다. 저는 모
든 십계명을 단단히 묶고 십계명을 하나로 만들어 모두 것에 통해지
는 황금 코드(golden cord)를 알고 있습니다.

17:4 이 끈은 사랑(love)입니다. 그것은 모든 십계명의 모든 말에 들어 있
습니다.

17:5 만약 사람이 사랑으로 가득 차 있다면, 그는 하느님을 경배하는 것 외에 어떤 다른 것을 할 수 없습니다. 왜냐하면, 하느님은 사랑(for God is love)이기에 그러합니다.

17:6 만약 사람이 사랑에 충만하다면, 그는 죽일 수가 없습니다. 거짓 증거가 될 수 없습니다. 탐욕을 부릴 수 없습니다. 그는 하느님과 사람을 존경하는 것 외에 아무것도 할 수 없습니다. (he can do naught but honor God and man)

17:7 만약 사람이 사랑에 충만하다면, 그는 어떠한 종류의 명령도 필요하지 않습니다.'

17:8 랍비 바라키가 말하기를 '그대의 말은 위로부터 온 지혜의 소금으로 되어있구나. 어느 선생님이 너에게 이 진리를 가르쳐 주었느냐?'

17:9 예수가 말하기를, '어떤 선생이 저에게 이 진리를 가르쳐 주었는지 모르겠어요. 제가 보기에 진리는 결코 닫혀 있지 않아요. 진리는 항상 열려 있어요. 왜냐하면, 진리는 하나이며 그것은 모든 곳에 있기 때문입니다. (for truth is one and it is everywhere)

17:10 만약 우리가 우리의 마음의 창을 연다면, 진리는 우리 안에 들어올 것이고 편하게 쉴 것입니다. 왜냐하면, 진리는 어느 틈이든, 어느 창문이든, 어느 열린 문이든 관통하여 자신의 길을 발견할 수 있기 때문입니다.'

17:11 랍비가 말하기를 '어떤 손이 진리가 들어올 수 있도록 마음의 창이나 문을 충분히 열만큼 강한가?'

17:12 예수가 말하기를. '십계명을 하나로 묶을 수 있는 황금의 끈인 사랑 (love)은 진리가 들어와서 마음을 이해할 수 있도록 어떤 사람의 마음의 문을 열만큼 충분히 강하다(strong enough)고 생각합니다.'

17:13 한편 저녁에 예수와 어머니가 단둘이 남게 되자 예수가 말하기를

17:14 '랍비께서는 하느님은 사람의 아들을 취급하시는 데에 있어서 편파적이라, 모든 다른 사람보다 유대 사람을 선호하고 축복하고 있다고 생각하고 있는 듯합니다.

17:15 저는 어떻게 하느님께서 선호하시면서 동시에 공정하실 수 있는지 알지 못하겠습니다.

17:16 사마리아인, 그리스인, 로마인도 유대인과 똑같이 신성한 하나님의 자녀가 아닐까요? (Are not Samaritans and Greeks and Romans just as much the children of the Holy One as are the Jews?)

17:17 유대인들은 그들 주변에 벽(wall)을 쌓아, 그것의 다른 면은 아무것도 보지 못한다고 저는 생각합니다.

17:18 그들은 그곳에서도 꽃이 피고 있으며, 파종기와 추수기는 유대인뿐만 아니라 누구에게나 속합니다.

17:19 만약 우리가 이러한 장벽을 없앨 수 있다면, 하느님께서 우리를 매우 많이 축복하는 것과 마찬가지로 다른 자녀들을 축복하고 계시다는 것을 유대인들이 안다면 분명 좋을 것입니다.

17:20 저는 유대 땅을 떠나 나의 하느님 땅의 다른 나라에 사는 나의 친인척들을 만나고 싶어요.'

CHAPTER 18

18: 예수 예루살렘의 축제에서. 제물을 바치는 사람들의 잔인성을 보시고 슬퍼하심. 자신을 동정하는 힐렌에게 호소함. 예수께서 1년 동안 성전에서 거주

18:1 유대의 가장 큰 축제에 요셉과 마리아와 그들의 아들과 많은 그들의 친인척들은 예루살렘으로 갔습니다. 그 아이의 나이는 열 살이었습니다.

18:2 예수께서, 푸줏간 주인들이 양과 새들을 죽여, 하느님의 이름으로 제단에 태우는 것을 보았습니다.

18:3 그의 부드러운 마음은 이러한 잔인한 광경에 충격을 받았습니다. 그는 일하는 사제에게 묻기를 '짐승과 새의 살육 목적은 무엇인가요? 왜 당신들은 주님 앞에서 그들의 살을 태우는 것입니까?'

18:4 사제가 대답하기를 '이것은 우리들의 죄에 대한 희생 제물이란다.

하느님께서는 우리에게 이렇게 하라고 명하셨단다. 이러한 희생 속에서 우리의 모든 죄는 씻기어 나간단다.'

18:5 예수께서 말씀하시기를 '언제 하느님께서 죄가 어떤 종류의 희생 때문에 속죄를 받을 수 있다고 선언하셨는지 말씀해 주시겠습니까?'

18:6 다윗은 하느님은 죄를 위한 희생을 요구하지 않는다고 말했으며, 죄를 위한 봉헌물로 태워진 봉헌물을 그의 면전앞에 가져오는 그 자체가 죄라고 말하지 않았습니까? 이사야도 똑같이 말하지 않았습니까?'

18:7 사제가 답하기를, '나의 아이는 조금 이상한 것 같구나. 네가 이스라엘의 모든 사제보다 하느님의 율법에 대하여 더 많이 알고 있는가? 이곳은 아이들이 재능을 보여 주는 그런 장소가 아니란다'

18:8 예수께서는 이러한 조롱을 주의하지 않으시고, 산헤드린의 장인 힐렐에게 가서 말하기를

18:9 '선생님. 저는 선생님에게 말씀드리고 싶습니다. 저는 유월절의 이 행사에 마음이 혼란스러웠습니다. 저는 성전은 사랑과 친절이 거주하는 하느님의 집이라 생각했습니다.

18:10 선생님께서는 저 너머에서 들려오는 양들의 울음소리와 사람들이 죽이는 비둘기의 애원하는 소리를 들어보지 못하셨습니까? 그리고 살을 태우는 지독한 냄새가 느껴지지 않습니까?

18:11 사람은 친절하고 공정하면서도 어떻게 그렇게 잔인함으로 가득 차 있을 수 있습니까?

18:12 피를 흘리고 살을 태우는 희생 재물 속에서 기뻐하는 하느님은 나의 아버지 하느님이 아닙니다.

18:13 저는 사랑(love)의 하느님을 발견하기를 원합니다. 나의 스승님, 스승님은 현명하시므로 어디에서 사랑의 하느님을 찾을 수 있을는지 저에게 말씀해 주실 수 있을 것입니다.'

18:14 그러나 힐렐은 그 아이에게 대답할 수가 없었습니다. 그의 가슴은 동정심으로 동요되었고, 아이를 불러 그의 손을 소년의 머리 위에 놓고 울었습니다.

18:15 그가 말하기를, '사랑의 하느님이 계시니까, 너는 나와 같이 갈 수 있을 것이다. 우리 손 잡고 가서 사랑의 하느님을 찾아보자.'

18:16 예수께서 말씀하시기를 '왜 우리가 갈 필요가 있는 것인가요? (Why need we go?) 저는 하느님은 모든 곳(I thought that God is everywhere)에 계신다고 생각합니다. 우리는 우리들의 마음을 순결하게 하고 잔인과 모든 사악한 생각을 몰아내고, 그 안에 사랑의 하느님이 거할 수 있는 성전을 마련할 수는 없는 것인가요?'

18:17 산헤드린의 주인은 자신이 어린아이처럼 느껴졌고, 그 앞에는 더 높은 율법의 주인이 서 있다고 느꼈습니다.

18:18 속으로 이르되 '이 아이는 하느님이 보내신 선지자가 분명하다'라고 하였습니다.

18:19 힐렐은 그 아이의 부모를 찾아, 예수는 그들과 함께 거주하면서 율법의 계율과 성전 사도들의 모든 교훈을 배울 것인지 물어보았습니다.

18:20 예수의 부모님은 승낙했으며, 예수께서는 예루살렘의 성전 내에 머물렀고, 힐렐은 매일 예수를 가르쳤습니다.

18:21 그리고 힐렐은 매일 예수로부터 더 높은 삶에 대한 많은 교훈을 배웠습니다.

18:22 예수님께서는 힐렐과 같이 성전에 1년 동안 머문 후, 나사렛에 있는 그의 집으로 되돌아 왔습니다. 그곳에서 그는 목수인 아버지 요셉과 같이 일했습니다.

CHAPTER 19

19: 성전에서의 12살 예수. 율법 박사들과 논쟁. 예언서를 읽음. 힐렌의 요구로 예언 해석.

19:1 다시 예루살렘의 큰 축제일 때, 요셉과 마리아와 그의 아들 예수는 그곳에 있습니다. 그 아이 나이는 12살입니다.

19:2 예루살렘에는 유대인과 여러 나라에서 온 개종자들이 있었습니다.

19:3 예수께서 성전 장내에서 사제들과 박사들 사이에 앉아 있었습니다.

19:4 예수께서 예언서를 펼쳐 읽으셨습니다.

19:5 '다윗이 주둔하였던 아리엘에 화 있을진저! 재앙이 있을 것이로다. 내 아리엘의 무장을 해제하리라. 그리하여 아리엘은 슬피 한탄하게 되리라.

19:6 내 적대자인 자들이 진을 치게 하여 사면을 포위하게 하리라.

19:7 그리하여 진지를 구축하여 이를 낮게 하리니, 네 말소리는 땅으로부터 혼미하게 들려오리라. 네 소리는 땅에서 나는 혼백의 소리 같겠고, 웅얼거리는 네 소리는 먼지 속에서 들려오리라.

19:8 먼지 떼 같은 수많은 적이 그곳을 갑자기 엄습하리라.

19:9 만군의 주께서 천둥과 폭풍을 내시며 오리로다. 폭풍우와 지진과 벼락불을 동반하여 오리로다.

19:10 보라, 이들 백성은 모두 나를 버렸느니라. 그들은 말로만 나에게 가까운 척하였으며, 입술로만 나를 공경하였을 뿐 그 마음은 나로부터 멀어져 갔느니라. 그들이 나를 경외한다 하여도 단지 사람들에게서 배운 관습일 따름이니라.

19:11 그리하여 내가 나의 백성 이스라엘에 거친 역의 숨결을 불어넣어 놀랍고 기이한 일을 보이리라. 지혜롭다는 자의 지혜는 모두 사라지고 슬기로운 자의 총명은 사라지리라.

19:12 나의 백성들은 자기의 흉계를 들키지 않도록 이를 여호와의 눈에서 멀리 감추고자 하는 도다. 그들은 밤의 어둠 속에서 그들의 간악한 일들을 행하며 말하기를 '누가 지금 우리를 보고 있으랴, 누가 지금 불의를 행하는 우릴 알랴.' 하노라.

19:13 불쌍하도다. 어리석은 자들이여! 피조물이 자기를 만든 조물주에게 그는 소용이 없는 자이며 나는 나 자신을 스스로 만들었다고 어찌 말할 수 있을까 보냐.

19:14 또한, 어찌 옹기가 옹기장이에게 입을 열어 그대는 기술이 형편없다 그대는 알지를 못한다고 말할 수 있을까 보냐

19:15 그러나 이제 머지않아 레바논이 과수원이 되고 과수원이 숲으로 변

하고 말리라.

19:16 그날 귀머거리는 하느님의 음성을 듣게 될 것이며 장님은 하느님의 말씀을 기록한 생명서를 읽게 될 것이다.

19:17 그리고 고통받는 자들은 구원을 받아 기쁨으로 충만하게 될 것이며 온갖 부족한 자들은 그 욕구가 만족할 것이며 모든 어리석은 자들이 슬기로워지리라.

19:18 백성들은 돌아와서 하느님을 성스럽게 모시게 될 것이며 마음속에서 우러나오는 진정한 마음으로 이를 받아들여 경배하게 되리라.'

19:19 예수께서 여기까지 읽고 나서 책을 치워놓고 말씀하셨습니다. '여러분들, 율법 선생님들께서 이 선각자의 말씀을 알기 쉽게 설명해 주시겠습니까?'

19:20 그러자 율법 선생들 사이에 앉아 있던 힐렐이 앞에 나서서 말했습니다. '아마 그 말씀을 읽은 우리의 젊은 선생이 해석자가 될 것입니다.'

19:21 그리하여 예수님께서 말씀하시기를 '선각자가 말한 아리엘이란 우리가 사는 예루살렘입니다.

19:22 이기심(selfishness)과 잔혹성(cruelty)으로 이 백성들은 엘로힘에게까지 악취가 되었습니다.

19:23 선지자는 멀리서 이러한 날들과 이러한 시대를 보았으며 글로 적었습니다.

19:24 우리들의 박사들, 율법학자들, 제사장, 학자들은 가난한 자들을 억압하는데 그들 자신은 사치스럽게 살고 있습니다.

19:25 이스라엘의 희생이나 제물은 하느님에게는 단지 혐오스러운 것입니다. 하느님께서 요구하시는 유일한 희생은 자아입니다.

19:26 사람이 사람에게 이렇게 정의롭지 못하고 이렇게 잔인하므로, 하느님께서 이 국가에 대하여 말씀했습니다.

19:27 보라. 내가 뒤집을 것이니라. 그렇습니다. 내가 뒤집을 것입니다. 올바름을 가진 자가 와서 내가 그에게 맡길 때까지 더 이상 존재치 못하리라.

19:28 모든 세상 안에는 올바른 하나의 법이 있습니다. 이 법을 어기는 사람은 고통을 받을 것입니다. 왜냐하면, 하느님은 올바르기(just) 때문입니다.

19:29 이스라엘은 길을 잃고 멀리 떠났으며, 정의와 인간의 권리에 개의치 않고 있습니다. 그리하여 하느님께서는 이스라엘이 개혁(reform)하여 다시 성스러운(holiness) 길로 돌아오기를 요구하십니다.

19:30 만약 우리 백성들이 하느님의 목소리를 듣지 않는다면, 보시오, 멀리서 많은 나라가 와서 예루살렘을 약탈하고 우리의 성전을 부수고 우리의 백성을 외국 땅에 포로로 데려갈 것입니다.

19:31 그러나 이것은 영원하지 않을 것입니다. 비록 그들이 멀리 또 넓게 흩어져, 목동 없는 양과 같이 지상의 여러 국가 사이에서 여기저기 방황하더라도

19:32 하느님께서 포로된 무리를 다시 오게 하는 때가 올 것입니다. 왜냐하면, 이스라엘은 되돌아오고 평화 속에 살 것이기 때문입니다.

19:33 많은 세월이 흐른 뒤, 우리 성전은 다시 세워질 것이며 하느님을 경배하려는 자, 마음의 기쁨이 순수한 자가 와서, 하느님의 집을 영광스럽게 여기고, 올바름이 지배하게 될 것입니다.'

19:34 예수님께서 이같이 말씀하시고 그 옆자리로 갔습니다. 모든 사람이 놀라서 말했습니다. '이 사람은 분명 그리스도다.'

CHAPTER 20

20: 축제 뒤에 집으로 오다. 예수님의 실종과 찾음. 그의 부모님이 성전에서 발견. 함께 나사렛으로 돌아오다. 목수 연장들의 상징적인 뜻

20:1 유월절의 큰 축제가 끝나자, 나사렛 사람들은 그들의 집을 향해 여행하고 있었습니다.

20:2 그들이 사마리아에 도착했을 때 마리아가 이르되 '어디에 내 아들이 있나요?' 어떤 사람도 그를 본 사람은 없었습니다.

20:3 요셉은 갈릴리로 가는 친인척들 사이에서 찾아보았으나, 그들은 그

를 볼 수 없었습니다.

20:4 요셉과 마리아, 세베데의 아들이 되돌아가서 예루살렘 전부 다 찾아 보았으나 그를 찾을 수 없었습니다.

20:5 그들은 성전의 뜰로 올라가 경비병에게 물어보기를 '머리가 아름답 고 깊고 푸른 눈을 가진 열두 살 된 예수라는 사내아이를 이 뜰 근처 에서 본 적 있습니까?'

20:6 경비병이 대답하기를, '네, 그 애는 지금 성전에서 율법 박사들과 토 론하고 있습니다.'

20:7 그들이 들어가 보니 경비병이 말한 그대로 예수를 발견했습니다.

20:8 마리아가 이르되 '예수야, 어찌하여 부모의 마음을 이렇게 만드느 냐? 보아라, 우리가 너를 찾아 이틀이나 헤매었단다. 너에게 어떤 큰 해라도 생겼나 마음 졸였단다.'

20:9 예수께서 말씀하시기를 '제가 제 아버지의 일을 해야만 한다는 것을 모르십니까?' (공통)

20:10 예수님께서 한 바퀴 돌아서 모든 율법 박사들과 일일이 손을 붙잡 으며 말했습니다. '우리가 다시 만날 수 있기를 바랍니다.'

20:11 그리고 그는 자기 부모님들과 함께 나사렛으로 향했습니다. 그들이 집에 도착하자, 목수로서 아버지 요셉과 함께 일했습니다.

20:12 어느 날 예수는 일하는 연장들을 가져와서 말씀하시기를,

20:13 '이 연장들은 사상을 만들고 인격을 만드는 마음의 공장에서 취급 하는 것을 생각나게 합니다.

20:14 우리는 우리들의 모든 선을 재고, 구부러진 길을 똑바로 펴게 하고, 우리들의 행위에 사각 각도를 만드는 데, 자를 사용합니다.

20:15 우리는 우리의 정력과 욕망이 올바름의 한계를 지키는 원을 그리기 위하여, 컴퍼스를 사용합니다.

20:16 우리는 아무 쓸모 없고 불필요한 부분을 잘라내어, 인격의 균형 있 게 만들기 위하여, 도끼를 사용합니다.

20:17 우리는 진리를 본질로 몰아가서, 그것이 전체 중 일부가 될 때까지

두들기기 위하여 망치를 사용합니다.

20:18 우리는 진리의 성전을 세우러 갈 때, 널빤지의 거친 부분을 부드럽게 하고, 이은 곳과 사각 덩어리와 판자의 표면을 평평하게 하려고 대패를 사용합니다.

20:19 정, 줄, 먹통, 톱 등은 마음의 공장에서 모두 쓸모가 있습니다.

20:20 그리고 믿음과 소망과 사랑을 가진 세 층의 사다리가 있습니다. 그것을 타고, 우리는 삶의 순수 지붕으로 올라갑니다.

20:21 그리고 우리가 일생을 다하여 짓고자 하는 완전한 인간의 성전(the Temple of Perfected Man)의 꼭대기에 도달할 때까지, 우리는 12계단의 사다리 위로 올라갑니다.'

 Section 6 :

인도에서의 예수님의 삶과 일들

CHAPTER 21

21: 라반나가 성전에서 예수님을 보고 매혹됨. 힐렌이 그에게 그 소년에 대하여 말함. 라반나가 나사렛에서 예수님을 찾아봄. 그를 위하여 잔치를 베풀고, 그의 후원자가 되어, 인도로 브라만교를 공부하기 위하여 데려감.

21:1 남부의 인도 오릿사 지방의 왕자인 라반나는 유대인의 축하식에 있었습니다.

21:2 라반나는 부유했으며 공정한 사람이었습니다. 그는 브라만 사제들과 서방 세계의 지혜를 구하러 왔습니다.

21:3 예수가 유대인 사제들 사이에 서서 읽고 말하는 것을 라바나가 듣고는 깜짝 놀랐습니다.

21:4 라바나가 예수는 누구이며, 어디에서 왔으며, 무엇을 하는 사람이냐

고 물었을 때 사제장인 힐렐이 말하기를

21:5 '우리는 이 아이를 높은 곳에서 온 샛별이라 부르고 있습니다. 왜냐하면, 사람들에게 밝혀 주고 그의 동포 이스라엘을 구하기 위한 생명의 빛을, 사람들에게 주기 위하여 왔기 때문입니다.'

21:6 힐렐은 라반나에게 그 소년에 대한 예언, 태어나던 날 밤의 경이로운 사건들, 마기교의 사제의 방문 등 그 소년에 대한 모든 사실을 이야기해주었습니다.

21:7 악인의 분노로부터 목숨을 보호하기 위해 이집트 땅으로 피신한 일이며, 지금 나사렛에서 그의 아버지 요셉과 함께 목수로서 일하고 있는 것

21:8 라반나는 이 이야기를 듣고 황홀해져서, 그가 가서 그와 같은 사람을 하느님의 아들로서 존경하고 싶으니, 나사렛으로 가는 길을 가르쳐 달라고 요구했습니다.

21:9 그는 호화롭게 단장한 일행과 함께 여행길에 나서서, 갈릴리의 나사렛에 갔습니다.

21:10 그는 그가 찾고 있는 사람이 사람의 아들들을 위하여 거주하는 집을 짓고 있는 것을 알았습니다.

21:11 그가 예수님을 처음 본 것은 예수님이 12단 사다리를 올라가면서, 컴퍼스와 직각자, 도끼를 나르고 있을 때였습니다.

21:12 라반나가 말하기를' 안녕하세요. 하늘이 가장 총애하는 아들이시여'

21:13 여관에서 라반나는 마을의 모든 사람을 위한 축제를 벌였고, 예수님과 그의 부모님은 귀한 손님이었습니다.

21:14 이로부터 수일 동안 라반나는 마미온 거리에 있는 요셉의 집에 손님으로 있으면서, 그 아들 지혜의 비밀을 배우려 하였고, 그것은 그에게는 대단한 것이었습니다.

21:15 그는 소년의 후원자가 되어 동방으로 데리고 가서, 그곳에서 브라만교의 지혜를 배울 수 있다고 요청했습니다.

21:16 예수님께서도 가서 배우고 싶다고 갈망했으며, 여러 날 후 그의 부

모님께서도 동의하셨습니다.

21:17 라반나는, 자랑스러운 마음으로, 그의 일행과 함께 떠오르는 태양을 향해 여행길에 올랐습니다. 많은 날이 지난 후에, 그들은 신드를 지나 인도의 남부 올릿사 지방 왕자의 궁전에 도착하였습니다.

21:18 브라만 사제들은 그 왕자의 귀국을 즐거이 환영했으며, 유대 소년을 호의로 받아들였습니다.

21:19 예수님께서는 자간나트 사원의 학생으로서 입학했으며, 여기에서 베다 경전과 마니 법전을 배우셨습니다.

21:20 브라만교의 스승들은 소년의 청순한 개념에 놀랐으며, 그가 그들에게 법전의 의미를 설명해 줄 때 종종 매우 놀라워했습니다.

CHAPTER 22

22: 예수님과 라마아스의 우정. 예수님께서 라마아스에게 진리· 인간 힘· 이해· 지혜· 구원·신앙의 의미를 설명하심.

22:1 자간나트의 사제들 가운데 라마아스 브라마스로 알려진 스님은 그 유대 소년을 사랑한 사람 중 한 사람이었습니다.

22:2 어느 날 예수님과 라마아스가 자간나트 사원의 광장을 걷고 있을 때 라마아스가 물었습니다. '나의 유대 선생, 무엇이 진리(truth)입니까?'

22:3 예수님께서 말씀하시기를 '진리란 변화하지 않는 유일한 것입니다.'

22:4 모든 세상에는 두 가지의 것이 있습니다. 그 하나는 진리이며, 다른 하나는 거짓입니다. 진리란 있는 그대로의 것이며, 거짓이란 있는 것처럼 보이는 것입니다.

22:5 진리는 있음(aught)으로 원인은 없으나 모든 것의 원인입니다.

22:6 거짓이란 없는 것(naught)입니다. 그러나 있음으로 나타내고 있습니다.

22:7 이미 만들어진 것은 무엇이든지 없어지기 마련입니다. 시작한 것은 끝나지 않으면 안 됩니다. (begins must end)

22:8 사람의 눈으로 보이는 모든 것은 유(有)이자 무(無)이므로 사라져 없

어지게 마련입니다.

22:9 우리의 눈에 보이는 것은 단지 에테르(ether)가 진동하는 동안 단지 나타나는 반사작용일뿐이며, 에테르가 진동하여 조건이 바꿔면 사라집니다. (disappear)

22:10 성령(The Holy Breath)은 진리이며 과거, 현재, 미래를 통하여 영원히 존재하는 것입니다. 그것은 변화할 수도 사라지게 할 수도 없는 것입니다.'

22:11 라마아스가 말했습니다. '좋은 답이었습니다. 그럼 무엇이 인간 (man)입니까?

22:12 예수님께서 말씀하시기를 '인간은 진리와 거짓이 이상하게 혼합 (mix)된 것입니다.

22:13 인간이란 육체로 된 성령입니다. 그래서 그 사람 안에는 진리와 거짓이 결합하여 있습니다. 이는 서로 분투하고, 그리하여 없음은 가라앉고, 인간은 진리로써 남게 됩니다.'

22:14 다시 라마아스가 물었습니다. '무엇이 힘(power)입니까?

22:15 예수님께서 말씀하셨습니다. '파워는 표현된 결과, 곧 포스(force) 의 결과로서 없는 것입니다. 그것은 단지 환상(illusion)일 뿐 그 이상의 것이 아닙니다. 포스(force)는 변하지 않으나 파워(power)는 에테르가 변함에 따라 변합니다.

22:16 포스는 하느님의 의지이며 전능한 것입니다. 파워는 성령의 기운에 의하여 지도되어 표현된 하느님의 의지입니다.

22:17 바람에 파워가 있고, 파도에 파워가 있으며, 번갯불에 파워가 있고 사람의 팔과 눈에 파워가 있습니다.

22:18 에테르는 이와 같은 파워를 있게 만들고, 엘로힘, 천사, 인간, 그 밖의 다른 생각하는 것의 사상을 포스는 지도합니다. 그리고 포스가 그의 일을 마치면, 파워는 더 이상 없는 것입니다.'

22:19 다시 라마아스가 물었습니다. '이해(understanding)에 대해서는 어떻게 생각하십니까?'

22:20 예수님께서 말씀하시기를 '이해란 인간이 그 자신을 세우는 반석 (rock)입니다. 그것은 유와 무의 영정인식, 진리와 거짓의 영적인식(靈知, gnosis)입니다.

22:21 이해는 저급한 자아를 알아내고, 자신의 파워를 감지합니다.'

22:22 라마아스가 다시 물었습니다. '지혜(wisdom)에 대하여는 어떻게 생각하십니까?'

22:23 예수님께서 말씀하셨습니다. '그것은 인간은 있음 (man is aught)이며, 하느님과 인간이 하나임(God and man are one)을 인식(consciousness)하는 것입니다.

22:24 없음은 없음일 뿐이며 파워는 단지 환상입니다. 천국과 땅과 지옥은 위나 주위나 밑에 있는 것이 아니고 단지 내 안에 존재하는 것입니다. (heaven and earth and hell are not above, around, below but in) 있음(有, aught)의 빛 안에 있는 것들은 없음(無, naught)이 됩니다. 하느님은 모든 것(God is all)입니다.'

22:25 라마아스가 물었습니다. '계속해 주시겠습니까? 무엇이 신앙(faith)입니까?'

22:26 예수님께서 말씀하시기를 '신앙이란 하느님과 인간의 전능함(omnipotence)에 대한 확신이며, 인간은 신적(deific) 생활에 도달할 것이라는 확신입니다.

22:27 구원(Salvation)이란 인간의 가슴에서 하느님의 가슴으로 올라가는 사다리입니다.

22:28 구원에는 세 개의 단계가 있습니다. 믿음이 첫째인데 이것은 사람이 아마도 진리라고 생각하는 어떤 것을 대상으로 하는 것입니다.

22:29 신앙이 다음 단계인데 이것은 인간이 진리를 아는 것입니다.

22:30 완성이 마지막인데 이것은 인간 그 자신이 진리입니다.

22:31 믿음은 신앙 속에서 사라지며, 신앙은 완성 속에서 사라집니다. 인간은 신적인 삶에 도달했을 때, 하느님과 하나 될 때 구원받습니다. (Man is saved when he has reached deific life; when he and

God are one.)'

CHAPTER 23

23: 수드라와 바이샤의 사이에 있는 예수님과 라마아스. 베나레스에서 의사 우도라카의 제자가 됨. 우도라카의 가르침.

23:1 예수님과 그의 친구 라마아스는 오릿사지역의 모든 마을과 갠지스 강 주변의 골짜기를 돌아다녔으며 수드라와 바이샤 및 스승들로부터 지혜를 찾고 있었습니다.

23:2 갠지스강 가의 베나레스는 문화와 학문이 발달한 도시였으며 두 교사는 많은 날 머물렀습니다.

23:3 예수님께서 인도의 치료 예술을 배우고자 찾았으며, 인도 치료자 중 최고인 우드라카의 제자가 되었습니다.

23:4 우드라카는 물, 식물과 지상, 더위와 추위, 태양 빛과 그늘, 빛과 어둠의 사용법을 가르쳤습니다.

23:5 그가 말씀하시기를. '자연의 법칙은 건강의 법칙입니다. 이러한 법칙에 따라 사는 사람은 결코 병에 걸리지 않습니다.

23:6 이러한 법도를 위반하는 것이 죄이며, 죄를 지은 사람은 병에 걸리게 됩니다.

23:7 법칙에 순종하는 사람은, 신체의 모든 부분이 균형을 유지하게 되어, 이에 의하여 참다운 조화가 보장됩니다. 부조화가 병인 반면에 조화는 건강입니다.

23:8 인간의 모든 신체 부분에서 조화를 만드는 것이 건강을 보장하는 의학입니다.

23:9 몸은 현악기와 같아서, 그 줄이 너무 느슨하거나, 너무 팽팽하면, 현악기가 고장 나듯이 인간은 병이 듭니다.(The body is a harpsichord, and when its strings are too relaxed, or are too tense, the instrument is out of tune, the man is sick.)

23:10 한편 자연 속의 모든 것은 인간의 필요에 부응하도록 만들어져 있

어 모든 것은 의학적 신비입니다.

23:11 만약 인간의 현악기가 고장이 나면, 광활한 자연에서 해결책을 찾을 수 있습니다. 육체의 모든 병에는 치료법이 있습니다.

23:12 물론 인간의 의지는 최고의 치료 약(the will of man is remedy supreme)이므로, 의지를 강하게 작동시켜, 이완된 줄을 팽팽하게 당길 수도 있고, 너무 팽팽한 줄은 이완시킬 수도 있어, 그는 자신의 병을 고칠 수 있습니다. (may heal himself)

23:13 사람이 자연과 자기 자신 속에서 하느님에 대한 믿음을 가지는 수준까지 도달했다면, 그는 능력의 말씀(the Word of power)을 알게 됩니다. 그분의 말씀(his word)은 모든 상처의 향기가 되고, 생명의 모든 병을 치료합니다.

23:14 치유자는 믿음을 불러일으킬 수 있는 사람입니다. 혀는 인간의 귀에 말할 수 있지만, 영혼은 영혼에게 말하는 영혼에 의해 감동됩니다.

23:15 그는 영혼이 넓고, 영혼으로 들어갈 수 있는 강력한 사람이며, 희망이 없는 이들에게 희망을 불어넣고, 하나님과 자연과 인간에 대한 믿음이 없는 이들에게 믿음을 불어넣습니다.

23:16 평범한 삶의 길을 걷는 사람들을 위한 보편적인(universal) 향유는 없습니다.

23:17 수많은 것들이 조화를 이루지 못하고 사람을 병들게 합니다. 한편 수천 가지의 것들이 하프시코드를 조율하고 사람을 건강하게 만들 수 있습니다.

23:18 어떤 사람에게 약이 다른 사람에게는 독이 되며, 어떤 사람은 다른 사람을 죽일 수 있는 것으로 병이 치유됩니다.

23:19 한 개의 약초가 사람을 고칠 수 있고, 한 모금의 물이 사람을 고칠 수 있고, 한줄기 산바람이 절망적으로 여겨졌던 사람을 살릴 수도 있습니다.

23:20 숯불이나 한 줌의 흙으로 또 다른 사람들을 치료할 수 있으며, 어떤 사람은 흐르는 물 혹은 웅덩이 물에 씻어서 완치되기도 합니다.

23:21 손이나 숨결에서 나타나는 미덕은 천 명 이상의 병을 고칩니다. 하지만 사랑(love)은 여왕입니다. 사랑으로 강력해진 생각(thought)은 하나님의 위대한 주권적 향유입니다.

23:22 그러나 생명에 있어 많은 부서진 화음 영혼을 그렇게도 괴롭히는 불협화음은 대개 인간이 볼 수 없는 공중의 악령에 의해 야기되는 것입니다. 그것은 무지하게 인간을 만들어 자연과 하느님의 법칙을 깨뜨립니다.

23:23 이러한 힘들은 악마처럼 행동하고 말을 하며, 사람을 뒤흔들어, 절망으로 몰고 갑니다.

23:24 그러나 진정한 치료자는 영혼을 완전히 다스릴 줄 아는 사람이며, 의지의 힘으로 이러한 악한 영들을 조절할 수 있습니다.

23:25 공중에 있는 일부 악령은 사람의 힘만으로는 너무 강한 영들도 있습니다. 그러나 인간은 높은 영역에 도와주는 분들(helpers)에게 간청할 수 있으며 그분들은 악마를 쫓아내는데 도와줄 것입니다.'

23:26 이것이 이 위대한 의사가 말한 요약분입니다. 예수님께서는 이 스승의 영혼의 지혜를 인지하시고 머리를 숙여 절하고(bow), 길을 떠났습니다.

CHAPTER 24

24: 카스트의 브라만교의 교의. 예수님께서 그것을 거부하시고 인간의 평등을 가르치심. 사제들이 화를 내어 사원에서 쫓아냄. 예수님께서 천민 계급인 수드라와 함께 살면서 그들을 가르치심.

24:1 4년 동안 유대 소년은 자간나트 사원에서 머물렀습니다.

24:2 어느 날 그는 사제들 사이에 앉아서 그들에게 말하기를 '부디 카스트제도에 관한 당신들의 의견을 말씀해 주세요. 왜 당신들은 모든 사람은 하느님 관점에서 평등하지 않다고 말하는 것입니까?'

24:3 율법 스승이 앞으로 나서서 말하기를 '우리가 브라마라고 부르는 성스러운 분은, 그분에 맞추어 인간을 만들었기에, 인간은 불평해서는

안 됩니다.

24:4 인류 생명이 시작되는 날에 브라마가 말을 하자, 네 사람이 그 앞에 서 있었습니다.

24:5 파라 브라마의 입으로부터 첫 번째 인간이 나왔습니다. 피부색이 희고, 브라마 자신을 닮았기에, 브라만이라고 불리었습니다.

24:6 그는 키가 크고, 위를 바라다보고, 무엇보다 서 있는 것만 바랬으므로 그는 고역을 할 필요가 없었습니다.

24:7 그는 브라만 사제로 불리며, 지상의 모든 것에 대해 브라만을 위해 행동하는 경건한 사람이었습니다.

24:8 두 번째 사람은 피부색이 붉었고, 파라브라마의 손에서 나와, 샤트리아로 불리웠습니다.

24:9 그는 왕, 통치자, 전투자가 되게 만들어졌으며, 그에게 정해진 최고의 의무는 사제를 보호하는 일이었습니다.

24:10 파라브라마의 내부에서 세 번째의 사람이 왔습니다. 그는 바이샤라고 불리었습니다.

24:11 그의 피부색은 황색이었으며, 땅을 경작하고 목축을 하는 것이 그의 임무였습니다.

24:12 파라브라마의 발로부터 네 번째 사람이 왔으며, 피부색이 검었으며 가장 천한 계급 중 하나로 수드라라고 불렸습니다.'

24:13 수드라는 종족의 노예이며, 남에게 존경받을 권리가 없으며, 베다 경전 읽은 것을 들을 수도 없으며, 사제나 왕의 얼굴을 보는 것은 죽음을 의미하고, 그런 노예 상태에서 자유로 지는 것은 죽음뿐입니다.

24:14 예수님께서 말씀하시기를 '그러면 파라브라마는 정의롭고 올바른 신이 아닙니다. 왜냐하면, 그는 자신의 강력한 손으로 어떤 사람은 높이고, 다른 사람은 낮추기 때문입니다.'

24:15 예수님께서는 그들에게 더 이상 말씀 안 하시고, 하늘을 바라보고 말씀하시기를

24:16 '과거에 계셨으며 현재에도 계시고 미래에도 영원히 계시고, 당신

의 손안에 정의와 올바름의 저울대를 잡고 계시는 나의 하느님 아버지이시어!

24:17 한량없는 사랑의 하느님은 모든 인간을 평등하게 만드셨도다. 백색인, 흑색인, 황색인, 적색인 사람들이 그들의 얼굴을 들고 우리 하느님 아버지라 말합니다.

24:18 당신 인류의 아버지 시여, 저는 당신의 이름을 찬양하나이다.'

24:19 사제들은 예수님께서 하신 말씀을 듣고 화가 나서, 달려가 그를 붙잡고 해를 끼치려 하였습니다.

24:20 그러나 그때, 라마아스가 손을 들어 말했습니다. '그대 브라마의 사제들이여, 조심하시오. 당신들은 당신들이 무엇을 하는지 모르고 있습니다. 이 소년이 숭배하는 신을 알 때까지 기다려봅시다.

24:21 내가 이 소년이 기도할 때 보니 그의 주변에 태양 빛보다 밝게 빛났습니다. 조심하시오! 그의 신이 브라마신 보다 더 강할지 모릅니다.

24:22 만약 예수가 진리를 말하고 있고, 만약 그가 옳다면, 그대들은 강제로 그에게 중지하게 할 수 없습니다. 만약 그 말이 틀리고 당신들의 말이 옳다면, 그의 말은 없는 말이 될 것이오. 왜냐하면, 올바름은 힘입니다. 마침내는 올바름이 이길 것이기 때문입니다.'

24:23 사제들은 예수님께 가해하려 하는 것을 삼가하였으나, 그중의 한 사람이 말했습니다.

24:24 '이런 신성한 장소에서 이 무모한 젊은이가 파라 브라마에게 폭력을 행한 것 아닙니까? 율법에서는 분명히 브라마의 이름을 욕되게 하는 자는 죽어야 한다고 평이하게 쓰여 있습니다.'

24:25 라마아스는 예수의 살려달라고 간청하였습니다. 그래서 사제들은 그를 포승줄에 묶어 그 장소에서 쫓아내었습니다.

24:26 예수님께서는 그의 길로 가서, 흑인과 황인, 노예와 농부와 함께 은신처를 발견하였습니다.

24:27 그들에게 그는 처음으로 평등의 복음을 알게 했습니다. 그분은 그들에게 인간의 인류애와 하느님은 모든 인류의 아버지임을 말씀하

셨습니다.

24:28 보통사람들은 기쁨으로 그의 말씀을 들었으며, 하늘에 계신 우리 아버지라고 기도하는 법을 배웠습니다.

CHAPTER 25

25: 예수님께서 수드라와 농민들을 가르치심. 귀족과 그의 부당한 아들의 우화. 만인의 가능성을 알게 하심.

25:1 예수님께서는 많은 수드라와 농민들이 그의 말씀을 들으러 가까이 오는 그것을 보시고는, 비유를 들어서 그들에게 말씀하시기를

25:2 '재산이 많이 있는 한 귀족이 있었습니다. 그에게는 네 아들이 있었 으며 각기 자기들이 가지고 있는 모든 재능을 발휘하여 강하게 성장 하기를 바라고 있었습니다.

25:3 그리하여 그는 네 아들에게 그의 큰 재산을 나눠주고, 그들의 길로 가도록 명했습니다.

25:4 장남은 이기심으로 가득 찼으며, 야심가였고 약삭빠르고 기민하게 생각했습니다.

25:5 그는 혼잣말로 말하기를 '나는 장남이다. 그러니까, 내 동생들은 내 발밑에서 일하는 하인이어야만 한다.'

25:6 그는 형제들을 앞에 모아놓고 한 명을 꼭두각시 왕으로 만들어, 검 을 주면서 모든 땅을 지키라고 했습니다.

25:7 다른 한 명에게는 땅과 물이 흐르는 우물을 주어 사용하게 하고, 양 과 소의 가축 떼를 주고, 땅을 경작하게 하고, 가축들을 돌보고, 수 익물 중 최상의 것을 자기에게 가져오라고 말했습니다.

25:8 또 다른 한 명에게 말하기를 '너는 가장 나이가 어리다. 넓은 땅은 분할이 끝나서, 너는 어느 것 중 어떤 몫도 가지고 있지 않다.'

25:9 그리고 그는 쇠사슬을 집어 그의 동생을 버려진 평원의 빈 암벽에 묶어 놓고 말하기를.

25:10 '너는 노예로 태어났다. 너는 어떠한 권리도 가지고 있지 않으며,

너는 너의 운명과 싸워야만 한다. 왜냐하면, 네가 죽어서 여기서 떠날 때까지 너에게는 어떠한 해방도 없기 때문이다.'

25:11 몇 년 뒤에 소환의 날이 왔습니다. 귀족은 아들들을 불러 설명을 하도록 하였습니다.

25:12 그는 자기 장남이 모든 재산을 잡아 쥐고, 그의 형제들을 노예로 삼은 사실을 알자,

25:13 그는 장남을 붙잡아, 그의 승복을 찢어 내던지고, 감옥에 가두었고, 그곳에서 그는 그가 지은 모든 죄에 대해 속죄할 때까지 거기 갇혀 있었습니다.

25:14 그리고 단지 장난감에 불과하지만, 아버지는 꼭두각시 왕의 왕좌와 갑옷을 공중으로 던지고, 그의 칼을 부러뜨려 감옥에 가두었습니다.

25:15 그리고 그는 농부 아들을 불러 왜 버려진 평원에 증오스러운 쇠사슬로 묶여 있는 동생을 구하지 않았느냐고 물었습니다.

25:16 그 아들은 대답하지 않았으며 아버지는 가축과 땅과 흐르는 우물을 빼앗고,

25:17 그가 행한 모든 잘못에 대해 속죄할 때까지, 버려진 모래 위에 살게 하였습니다.

25:18 그리고 아버지는 가서 잔인한 사슬에 묶여 있는 막내아들을 발견하고는, 그 자신의 손으로 쇠사슬을 끊고, 가서 평화롭게 살라고 명했습니다.

25:19 이제 그 아들들은 자신의 모든 부채를 모두 갚고, 다시 와서 올바름의 법정 앞에 섰습니다.

25:20 그들 모두 그들의 교훈을 배웠습니다. 그리고 아버지는 다시 재산을 분배했습니다.'

25:21 그는 각자에게 똑같은 몫으로 주었고, 평등(equity)과 올바름(right)의 법을 인식하라고 명하고, 평화롭게(peace) 살라고 했습니다.'

25:22 한 명의 수드라가 말했습니다. '우리는 단지 노예로서 사제들의 변덕을 만족하게 해주기 위하여 짐승처럼 비하되고 있습니다. 우리는

누군가가 와서 우리의 사슬을 끊고 우리를 자유로이 해 줄 것이라는 희망을 품을 수 있습니까?

25:23 예수님께서 말씀하시기를 '성스러운 하느님께서는 모든 그의 자녀들은 자유롭게 되어야 하며, 모든(every) 영혼은 하느님의 자녀라고 말씀하셨습니다.

25:24 수드라도 사제처럼 자유롭게 되리라. 농부는 왕과 함께 손을 잡고 걸을 것이니라. 왜냐하면, 모든 세계는 인류애를 가지게 될 것이니라.

25:25 오, 사람들이여 일어나시오! 그대들의 힘을 인식하시오. 의지(will) 있는 사람들은 노예로 남을 필요가 없느니라.

25:26 그대는 그대의 형제가 살기 바라는 대로 생활하시오. 꽃이 피듯이 날마다 피어나시오. 왜냐하면, 땅이 그대의 것이며, 하늘이 그대의 것이기 때문이니라. (unfold each day as does the flower for earth is yours, and heaven is yours) 그리고 하느님께서는 그대를 그대 자신으로 인도하실 것입니다.'

25:27 모든 사람이 외쳐 이르되, 꽃처럼 우리도 피어서, 우리 자신에게로 돌아갈 길을 보여 주소서.

CHAPTER 26

26: 카타크에서의 예수님. 자간나트의 가마. 예수님께서 사람들에게 브라만 의식의 공허함과 사람 속에서 하느님을 보는 방법을 알려주심. 그들에게 희생의 신성한 율법을 가르치심.

26:1 오릿사의 모든 도시에서 예수님은 가르쳤습니다. 강변에 있는 쿠타크에서 가르쳤을 때, 수천 명의 사람이 그를 따랐습니다.

26:2 하루는 자간나트의 가마 행렬이 많은 열광된 사람들에 의하여 끌려갔습니다. 그러자 예수님께서 말씀하시기를

26:3 '보시오, 영혼이 없는 형태가 지나가고 있노라. 영혼 없는 육신, 불 없는 제단.

26:4 이 크리슈나의 가마는 빈 것이니라. 왜냐하면, 크리슈나는 거기에

없기(not there) 때문이니라.

26:5 이 크리슈나의 가마는 단지 육적인 술에 취한 사람들의 우상에 불과하니라.

26:6 하느님께서는 말의 소음에서 살고 있지 않노라. 어떠한 우상 사원에서도 그분에게 가는 길은 없노라.

26:7 인간이 하느님과 만나는 장소는 가슴속(in the heart)이니라. 하느님께서는 그가 말씀하실 때는 조용히 작은 목소리(still small voice)로 말씀 하시니라. 그리고 이 말씀을 듣는 사람도 고요(still)하노라.'

26:8 모든 사람이 말하기를 '가슴속에서 고요하고 조용한 목소리로 말씀하시는 신성한 하느님을 알 수 있도록 우리에게 가르쳐 주십시오.'

26:9 예수님께서 말씀하시기를 '성령은 인간의 눈으로 보이지 않노라. 또한, 어떤 사람도 하느님의 영을 볼 수 없노라. (can't see)

26:10 하지만 그들의 모습으로 인간은 만들어졌으므로, 사람의 얼굴(face of man)을 보는 이는, 사람의 마음속에서 말씀하시는 하느님의 모습을 보는 것이니라.

26:11 그리고 사람이 사람을 존경(honor)하는 것은 곧 하느님을 존경(honor)하는 것이며, 사람이 사람을 위하여 한 것(do)은 곧 하느님을 위하여 한 것(do)이노라.

26:12 그러기에 명심해야만 하노라. 생각이나 말이나 행동으로 어떤 사람이 다른 사람에게 해를 주는 것은, 그가 하느님에게 잘못하는 것이니라.

26:13 만약 그대가 가슴속에서 말씀하시는 하느님을 섬기시려면, 가까운 친인척, 친인척이 아닌 사람, 문 앞의 낯선 사람, 그대에게 해를 끼치려는 적에 대해서도 똑같이 섬겨야만(serve) 하노라.

26:14 가난한 사람들을 돕고(assist), 약한 자들을 도와주며(help), 어떤 것에도 해를 끼치지 말며, 그대의 것이 아닌 것은 탐내지 마시오.

26:15 그러면 거룩하신 하느님께서 그대의 혀를 통해서 말씀하실 것이며, 그대의 눈물 뒤에서 미소(smile)지을 것이며, 즐거움(joy)으로 그대

의 얼굴(countenance, 인상)을 밝히실 것이며, 평화로 그대의 마음을 채울 것이니라.'

26:16 사람들이 물었습니다. '누구에게 봉헌물을 올리며, 어디에다 재물을 바치오리까?'

26:17 그러자 말씀하시기를 '우리의 아버지 하느님께서는 초목, 곡물, 비둘기, 어린양을 쓸데없이 낭비하는 것을 구하지 아니하시느니라.

26:18 그대가 성전에 불태우는 것들은 그대가 버린 것이고, 굶주린 자의 입으로부터 음식을 빼앗아 불에 던진 자에게 어떠한 축복도 오지 않노라.

26:19 그대가 하느님께 희생물을 올리기 원한다면, 곡물, 고기의 선물을 가져다가 가난한 사람들(the poor)의 식탁 위에 놓도록 하라.

26:20 그것의 향기는 하늘까지 올라갈 것이고, 그것은 축복(bless)으로 그대에게 되돌아올 (return) 것이니라.

26:21 그대의 우상을 버리시오. 그들은 그대의 말을 듣지 못하노라. 모든 그대의 희생 제물 제단도 불피우는 연료로 바꾸시오.

26:22 인간의 마음(heart)을 그대의 제단으로 삼고, 사랑(love)의 불로써 그대의 희생 재물을 태우시오.'

26:23 모든 사람은 황홀(entrance)해 하며 예수님을 하느님으로 섬기려고 했습니다. 그러나 예수님께서 말씀하시기를

26:24 '나는 그대들의 형제(brother)이며, 단지 하느님께 가는 길을 보여 주기 위하여 왔습니다. 그대들은 인간을 숭배해서는 안 되니라. (not worship man) 하느님, 거룩한 하느님을 찬양(praise)하시오.'

CHAPTER 27

27: 예수님께서 베하르의 연회에 참석. 인간 평등에 대하여 혁신적인 설교하심. 부러진 잎사귀의 비유

27:1 선생으로서의 예수님의 명성은 온 땅에 널리 퍼졌으며, 사람들은 그의 진리의 말씀을 듣기 위하여 멀리서 또는 가까이에서 몰려왔습니다.

27:2 브라만교도들의 신성한 강에 있는 베하르에서 그분은 여러 날 동안 가르쳤습니다.

27:3 베하르의 부자 아크라는 그의 손님들을 위한 연회를 베풀고 모든 사람을 초대했습니다.

27:4 많은 사람이 왔는데, 그들 중에는 도둑, 강도, 창녀들도 있었습니다. 예수님께서는 그들과 함께 앉아서 가르쳤습니다. 하지만 그를 따라온 많은 사람은 그분이 도둑과 창녀들과 같이 앉았다는 이유로 몹시 화를 냈습니다.

27:5 그들은 그분을 책망하여 말하기를 '현명하신 선생님, 오늘은 당신에게는 악의 날이 될 것입니다.

27:6 선생님이 창녀와 도적들과 함께한다는 소문이 퍼져나가면, 사람들은 독사를 피하듯 당신을 피할 것입니다.'

27:7 예수님께서 그들에게 대답하여 말씀하시기를 '스승은 결코 평판(reputation, fame) 때문에 그 자신을 숨기지 않노라.

27:8 평판은 단지 하루뿐인 가치 없는 물거품이노라. 강 위에 빈 병처럼 떴다 가라앉았다 하는 것이니라. 그것은 환상(illusion)이며 사라져 버릴 것(pass away)이노라.

27:9 평판은 생각 없는 사람들이 생각하는 색인표이며, 사람들이 만드는 시끄러운 소리일 뿐이노라. 경박한 사람들은 소음에 의해 장점을 판단하노라.

27:10 하느님과 모든 스승은 사람을 있는 그대로에 의하여 판단할 뿐 그렇게 보이는 듯한 것들에 의하여 판단하지 않으며, 명성과 평판으로 판단하지 않노라.

27:11 이들 창녀와 도적들은 나의 하느님 아버지의 자녀들입니다. 그들의 영혼은 하느님의 견지에서는 그대나 브라마 사제의 영혼과 마찬가지로 그에게도 소중(precious)하니라.

27:12 그리고 그들은 당신들이 자신의 평판과 도덕적 가치에 대하여 스스로 자랑스레 여기며 일해 나가듯이, 똑같이(same) 일해 나가고 있노라.

27:13 <u>그들 중 일부는 그들을 멸시로써 바라보는 당신들이 해결한 것보다</u> 더 어려운 문제를 해결(solve)한 사람도 있는데, 너희는 그것을 경멸하는 눈으로 바라보고 있노라.

27:14 네. 그들은 죄인이며, 그들의 유죄를 고백하고 있노라. 반면에 그대들은 유죄임에도 그대들의 유죄를 감추기 위해 광채 나는 옷을 입고 약삭빠르게 행동하노라.

27:15 그대들은 이들 창녀, 주정뱅이, 도적들을 멸시하고, 자기 자신들은 가슴과 삶에서 순수하여, 그들보다 훨씬 낫다고 생각하고 있으나, 만약 그 사람들이 그대들이 누구인지 알게 된다고 가정해 보시오,

27:16 <u>죄는 원함(wish)과 바라는 마음에 있는 것이지, 행위(act)에 있는 것이 아니니라.</u>

27:17 그대들은 다른 사람의 부를 탐내고, 매력적인 모습을 보며, 그대 마음속 깊이 그들을 향하여 정욕을 품고 있노라.

27:18 당신은 매일 사기를 연습하고, 단지 당신의 이기적인 자아를 위해 금, 명예, 명성을 원합니다.

27:19 탐하는 자는 도둑이며, 정욕을 품는 여자는 창녀로다. 그대들 중 어느 사람이라도 그렇지 않다면 말해 보시오!'

27:20 어떤 사람도 말하는 사람이 없었으며 <u>비난하던 사람도</u> 침묵을 지켰습니다.

27:21 그러자 예수님께서 말씀하셨습니다. '오늘의 증거는 모두 비난하던 (accused) 사람들에 대하여 반박한 것이니라.

27:22 가슴이 순수한 사람은 비난하지 않노라. 신앙의 신성한 연막으로 그들의 유죄를 덮기를 원하는 가슴이 사악한 사람들은 술주정뱅이, 도둑, 창녀를 싫어 하니라.

27:23 이러한 싫어함과 경멸하는 것이야말로 비웃을 만하노라. 왜냐하면, 만약 명성이라는 번쩍거리는 코트가 벗겨지면, 목소리 큰 교수도 정욕과 사기 그 밖의 많은 숨겨진 죄에 빠진 것을 알게 될 것이니라.

27:24 <u>다른 사람의 잡초를 제거하는데(pulling other people's weeds)</u>

그의 시간을 소비하는 사람은, 그 자신의 잡초를 제거할 시간이 없으므로, 생명의 가장 좋은 꽃들은 곧 질식해 죽게 될 것이며, 독보리, 엉겅퀴, 가시 외는 어떤 것도 남아 있지 않을 것이니라.'

27:25 예수님께서 한 가지 비유를 들어 말씀하시기를 '보시오, 한 농부가 잘 익은 곡식이 있는 큰 들판을 가지고 있었습니다. 그가 보니 많은 밀대 잎이 굽어져 아래로 부러져 있었습니다.

27:26 그는 추수자를 보내어 말하기를 '우리는 부러진 잎이 달린 밀대는 거두지 말아야 할 것이다.

27:27 가서 부러진 잎이 달린 밀대는 잘라 태워버려라.'

27:28 많은 날이 지난 후 농부가 곡식을 점검하기 위해 가보니, 한 톨의 곡식도 볼 수 없었습니다.

27:29 그는 추수자들을 불러 말하기를 '어디서 내 곡식이 있느냐?

27:30 그들이 대답하여 말하기를 '우리는 당신 말대로 했습니다. 우리는 잎이 부러진 줄기들은 거두어서 불에 태워버렸습니다. 그러니 곡간에 운반할 줄기는 하나도 없습니다.'

27:31 예수님께서 말씀하시기를 '만약 하느님께서 잎이 부러지지 않은 사람들이나 그분의 관점에서 완전한 사람들만 구해 주신다면 누가 구원받겠습니까?'

27:32 비난하던 사람들은 부끄러워 머리를 떨구었으며, 예수님께서는 그곳을 떠나셨습니다.

CHAPTER 28

28: 우드라카가 예수님을 위하여 잔치를 베풂. 예수님이 하느님의 유일성과 삶의 인류애를 말씀. 사제제도를 비판. 농부의 손님이 되심

28:1 베나레스는 브라만교의 성지입니다. 베나레스에서 예수님은 가르쳤고 우드라카는 그 집의 주인이었습니다.

28:2 우드라카는 그의 손님들을 위하여 연회를 열었으며, 많은 상류계급의 힌두교 사제 율법학자들이 그곳에 있었습니다.

28:3 예수님께서 그들에게 말씀하시기를 '저는 생명, 생명의 인류 주의에 대하여 말하게 된 것을 매우 기쁘게 생각합니다.

28:4 우주 신은 한 분이시지만, 한 분 이상이니라. 모든 것은 신이며 모든 것은 하나이니라. (All things are God; all things are one.)

28:5 하느님의 향기로운 숨결에 의하여 모든 생명은 하나로 묶어져 있노라. 그러므로 만약 그대가 살아있는 것의 한 줄기 섬유를 건드린다면, 그대는 생명의 중심에서 외부의 경계까지 진동을 보내고 있는 것이니라.

28:6 그러므로 그대가 발밑에 가장 하찮은 벌레를 밟아도, 그대는 하느님의 옥좌를 흔드는 것이고, 올바름의 칼은 그의 칼집 속에서 떨리고 있노라.

28:7 새는 사람을 위하여 노래하고, 사람은 그 노래와 하나 되어 몸을 흔드니라.

28:8 개미는 집을 지으며, 벌꿀은 숨을 집을 만들고, 거미는 거미줄을 치며 꽃들은 그들의 향기로운 향수로 그들의 영을 숨 쉬게 하며, 그들에게 힘든 일을 할 힘을 주느니라.

28:9 인간과 새 그리고 짐승과 기어다는 것 등은 육으로 만들어진 하느님의 신성이니라. (men and birds and beasts and creeping things are deities, made flesh) 그런데 어떻게 인간이 감히 어떤 것을 죽일 수 있겠습니까? (how dare men kill anything?)

28:10 세상을 일그러뜨리는 것은 잔인한 것이니라. 사람이 살아있는 것들을 해칠 때, 그들이 그들 자신을 해치는 것임을 배웠다면(learned), 그들은 죽지 않을 것이며, 하느님이 만드신 것에 고통을 주지 않을 것이니라.'

28:11 한 율법학자가 말했습니다. '누가 당신이 말하는 신이며, 어디에 그 신의 사제들과 사원과 성전이 있습니까?'

28:12 예수님께서 말씀하시기를 '내가 말하고 있는 하느님은 모든 곳에 계시니라. 그분은 벽으로 한계 지울 수 없는 분이시며, 어떤 종

류의 경계로도 둘러싸일 수 없는 분이시니라. (The God I speak about is everywhere; he cannot be compassed with walls, nor hedged about with bounds of any kind.)

28:13 모든 사람은 오직 한 분이신 하느님을 숭배하고 있지만, 모든 사람은 하느님의 모습을 볼 수 없느니라.

28:14 이 우주 신은 지혜(wisdom), 의지(will), 사랑(love)이니라.

28:15 모든 사람은 삼위일체 신을 보지 않느니라. 어떤 이들은 그분을 힘의 신으로 보고, 다른 이들은 사상의 신으로 보고, 또 다른 이들은 사랑의 신으로 보느니라.

28:16 한 사람의 이상(ideal, 理想)은 그의 하느님이니라. 그리하여 사람이 펼쳐지는 대로 그렇게 하느님도 펼쳐 지시니라. 오늘의 하느님은, 내일의 하느님이 아니니라.

28:17 지상의 모든 나라는 각자 다른 견지에서 하느님을 보기 때문에, 하느님은 모든 사람에게 똑같은 형태로 보이지 않느니라. (not the same)

28:18 사람들은 그들이 보는 하느님의 일부를 부르는데, 그 사람에게는 그 일부가 그에게는 하느님의 전부이니라. 그러므로 모든 나라는 하느님의 일부를 보는 것이며, 모든 나라는 하느님의 이름을 가지고 있느니라.

28:19 그대 브라만들은 그분을 파라브라마라 부르고 있으며 이집트에서는 도오쓰라고 하며, 그리스에서는 제우스라 하며, 여호아는 히브리사람이 하느님을 부를 때의 말입니다. 그러나, 어디에서나 그분은 원인 없는 대원인이며, 만물이 자라난 근원 없는 근원이시니라.

28:20 사람들이 하느님을 두려워하고 적대시할 때, 그들은 다른 사람에게 화려한 옷을 입히고 그들을 사제라고 부릅니다.

28:21 그리고 기도로 신의 분노를 억제하도록 그들에게 책임을 지웁니다. 그리고 기도로 신의 호의를 얻지 못하면 동물이나 새를 희생 재물로써 신을 매수합니다.

28:22 사람이 아버지 하느님으로서, 자기 자신과 함께하는 하나 된 하느님으로서 하느님을 본다면, 그 사람은 어떠한 중간인도 필요 없으며, 간여하는 사제도 필요 없습니다. (When man sees God as one with him, as Father-God, he needs no middle man, no priest to intercede;)

28:23 그가 직접 그분께 가서 나의 아버지 하느님이시여! 라고 말하고, 하느님의 손위에 그의 손을 얹으면 그것으로 모든 것은 잘된 것이니라. (He goes straight up to him and says, My Father-God! and then he lays his hand in God's own hand, and all is well.)

28:24 이것이 하느님이니라. 그대는 각자(each man)가 사제(a priest)이니라. 단지 그대를 위한 사제이니라. 그리고 하느님께서는 피의 희생을 원치 않으시니라.

28:25 모든 생명에 희생적인 섬김(serve)으로 자신의 삶을 주는 바로 그것을 하나님께서는 즐거워하시니라.'

28:26 예수님께서 이렇게 말씀하시고 물러나시니, 사람들은 깜짝 놀랐으며, 그들 사이에 말이 많았습니다.

28:27 어떤 이는 그가 성스러운 브라마에게서 영감을 받았다고 말하는가 하면, 다른 이은 제정신이 아니라고 말하기도 하고 또 다른 사람은 그는 귀신이 들려서 악마가 말하듯 말한다고 말하는 사람도 있었습니다.

28:28 그러나 예수님께서는 지체하지 않으셨습니다. 마음이 너그럽고 진리 탐구자이며 예수님의 말씀을 사랑하는 농부가 있었는데, 예수님께서는 그와 함께 그의 집으로 가서 머무르셨습니다.

CHAPTER 29

29: 라호르 출신 사제 아자이닌이 예수님을 보기 위해 베나레스로 와서 사원에 머묾. 예수님께서는 사원으로 방문해 달라는 요청을 거절. 아

자이닌이 밤에 농부의 집을 방문하여 예수님을 만나 그의 철학을 받아 들임

29:1 베나레스의 사원에 있는 사제 중 라호르에서 온 아자 아닌 이라는 사제가 있었습니다.

29:2 상인들로부터 아자이닌은 그 유대 소년과 그의 지혜로운 말을 듣고, 그 소년을 만나 그의 이야기를 들어보려고 채비를 하고서 라호르에서 왔습니다.

29:3 브라마 사제들은 예수님께서 가져오신 진리를 받아들이지 않고, 우드라카의 연회석에서의 그분의 말씀에 많이 화가 나 있었습니다.

29:4 그러나 그들은 그 소년을 본 적이 없었으므로, 그분이 말하는 것을 몹시 듣고 싶어하여, 그들은 그 소년을 사원의 손님으로 초대하였습니다.

29:5 그러나 예수님께서 그들에게 말씀하시길 '빛은 가장 풍부(abundant)하여 만물을 위하여 빛나고 있느니라. 만약 그대들이 빛을 보고 싶다면 빛이 있는 곳으로 오시오.

29:6 만약 그대들이 신성한 하느님께서 인간들에게 주기 위하여 나에게 주신 복음을 듣고자 한다면, 나에게 오시오.'

29:7 사제들은 예수님께서 하신 말씀을 듣고 화내었습니다.

29:8 아자이닌은 그들처럼 화내지 않고, 그 농부의 집에 예수님에게 줄 값비싼 선물을 지닌 다른 전령을 보냈는데, 그는 그 선물을 이 편지를 같이 보냈습니다.

29:9 '간청하오니 제 말씀을 들어주시기 바랍니다. 브라만 율법에서는 어떠한 사제이든 신분이 낮은 사람의 집에 들어가는 것이 금지되어 있습니다. 그러나 선생님은 우리에게 올 수 있습니다.

29:10 그리고 저는 이들 사제가 그대가 하시는 말씀을 즐거이 들으리라 확신합니다. 오늘 그대가 오셔서 우리와 같이 식사를 하기를 기도합니다.'

29:11 그러자 예수님께서 말씀하시기를 '신성하신 하느님께서는 모든 사람을 동등하게 여기시느니라. 지금 내가 거주하는 곳은 어떤 모임

에도 충분히 좋습니다.

29:12 만약 그대가 계급(cast) 제도에 대한 자존심을 버리지 않는다면, 그대는 빛을 볼 자격이 없습니다. 나의 아버지 하느님께서는 사람의 법에 개의치 않으십니다.

29:13 그대의 선물은 돌려(return)드립니다. 황금이나 귀한 선물로 하느님의 지식을 살 수는 없습니다.'

29:14 이러한 예수님의 말씀은 사제들을 더욱 화나게 하였습니다. 그래서 그들은 어떻게 그를 이 땅에서 쫓아낼까 의논하기 시작했습니다.

29:15 아자이닌은 그러한 계략을 하는 그들과 함께하지 않고, 밤에 사원을 떠나 예수님이 거주하시는 집을 찾았습니다.

29:16 예수님께서 말씀하시기를 '해가 비치고 있는 곳은 밤은 없습니다. 나는 전할 비밀 복음은 없습니다. (no secret messages) 빛 속에서 모든 비밀은 드러납니다.'

29:17 아자이닌이 말하기를 '저는 고대의 지혜와 선생님께서 말씀하신 이 신성한 하느님의 왕국에 대하여 배우고자, 아주 먼 라호르에서 왔습니다.

29:18 어디에 왕국이 있습니까? 어디에 왕이 계십니까? 누가 신하입니까? 무엇이 그 율법인지요?'

29:19 예수님께서 말씀하시기를 '이 왕국은 멀리 떨어져 있지 않습니다. 그러나 육안을 가진 인간은 그것을 볼 수 없습니다. 그것은 가슴 속에 있는 것입니다. (It is within the heart.)

29:20 그대는 땅이나 바다나 하늘에서 그 왕을 찾을 필요가 없습니다. 그분은 그곳에 계시지 않습니다. 그렇지만 그분은 모든 곳(everywhere)에 계십니다. 그분은 하느님의 그리스도입니다. 그분은 보편적인 사랑(universal love)입니다.

29:21 이 영역의 문은 높지 않습니다. 그곳에 들어가려는 사람은 무릎을 꿇어야만 합니다. 그 문은 넓지 않으므로 어떤 사람도 육적인 물건들을 가지고 들어갈 수 없습니다.

29:22 낮은 자아는 영적인 자아로 변형시켜져야 하며, 몸은 순수한 살아 있는 물에서 씻기어져야만 합니다.'

29:23 아자이닌이 물었습니다. '제가 이 왕의 신하가 될 수 있습니까?'

29:24 예수님께서 말씀하시기를 '그대 자신이 왕입니다. (You are yourself a king). 그대는 그 문을 통하여 들어갈 수 있고, 왕 중 왕의 신하가 될 수 있습니다. (be a subject of the King of king)

29:25 그러나 그대는 먼저 그대의 사제복을 옆에 놓고, 황금을 위해 하느님께 봉사하는 것을 반드시 그만두어야만 합니다. 그대의 삶과 그대가 가지고 있는 것을 주어야만 하고, 사람의 아들들을 기꺼이 섬겨(willing service)야만 합니다.'

29:26 예수님께서는 더 말씀하지 않으셨고, 아자이닌은 그의 길을 갔습니다. 그는 예수님께서 말씀하신 진리를 이해할 수는 없었지만, 전에 결코 본 적이 없는 것을 보았습니다.

29:27 그는 신앙의 영역을 탐험해 본 적은 없었지만, 그의 가슴속에는 신앙과 보편적 인류애의 씨앗을 뿌릴 좋은 땅을 찾아냈습니다.

29:28 그가 집으로 돌아가는 여행은, 어두운 밤을 통하여 잠자는 듯 보였지만, 그가 깼을 때는 올바름의 태양이 떠올랐으며 그는 왕을 발견하였습니다.

29:29 한편, 예수님께서는 베나레스에서 많은 날을 체류하면서 가르치셨습니다.

CHAPTER 30

30: 예수님께서 부친 요셉 별세 소식 받음. 모친 마리아에게 편지. 상인 편으로 보냄.

30:1 어느 날 예수님께서는 그의 일로 바쁘게 갠지스 강가에 서 있으니, 서쪽에서 돌아온 대상이 가까이 다가왔습니다.

30:2 한 사람이 다가와 예수님께 말씀하시기를 '우리는 바로 당신의 고향에서 왔고, 환영받지 못할 소식을 가지고 왔습니다.

30:3 귀하의 아버지께서 유명을 달리하셨습니다. 어머니께서는 슬퍼하고 계십니다. 누구도 그분을 위로해 드릴 사람이 없습니다. 어머니께서는 당신이 살아있는지 궁금해하십니다. 어머니께서는 당신을 다시 한번 보기를 원하고 계십니다.'

30:4 그러자 예수님께서는 머리를 숙이고 고요한 생각에 잠겨있다가 글을 썼습니다. 아래가 그분이 쓴 내용의 요약분입니다.

30:5 나의 어머니는 가장 고귀한 여성이십니다. 내 고향 출신의 어떤 사람이 나에게 아버지가 더 이상 육신을 갖고 있지 않으시며 당신들이 슬퍼하고 안타까워하고 있다는 소식을 나에게 전해주었습니다.

30:6 어머니, 모든 일은 잘되어 가고 있습니다. 아버지께서는 훌륭하셨으며 어머니께서도 훌륭하십니다.

30:7 지상에서의 아버님의 과업은 완성되었으며 고결하게 완성되었습니다.

30:8 삶의 모든 걸음 속에서 아버님이 사람을 속였다거나 정직하지 못했다거나 나쁜 의도를 가졌다거나 하는 사람은 아무도 없습니다.

30:9 이번 생에서 아버지께서는 많은 무거운 작업을 마쳤으며, 여기에서 떠나셔서 영혼의 문제를 해결하시기 위해 준비하고 계십니다.

30:10 우리의 아버지 하느님께서는 여기에서 아버지와 함께하셨던 것처럼, 그곳에서도 함께 하실 것입니다. 그곳에서는 아버지의 천사들이 아버지께서 길을 잃고 헤매지 않도록 지켜주십니다.

30:11 왜 우시고 계십니까? 눈물은 슬픔을 이길 수 없습니다. 슬픔에는 부서진 마음을 고치는 힘이 없나이다. (There is no power in grief to mend a broken heart.)

30:12 슬픔은 게으른 것과 같습니다. 바쁜 영혼은 결코 슬퍼할 수 없습니다. 슬퍼할 시간이 없습니다.

30:13 슬픈 마음에 밀려올 때는 자신을 잃어버리고 사랑(love)의 사역에 깊이 빠져보십시오. 그리고 슬픔은 아닙니다.

30:14 어머니께서는 사랑의 전도사이십니다. 그리고 모든 세상은 사랑을 갈구하고 있습니다.

30:15 과거는 과거와 함께 가도록 놓아두시고(the past go with the past), 세속적인 일들에 관한 관심에서 벗어나 살아있는 사람들을 위하여 어머니의 삶을 바치십시오.

30:16 그리고 만약 어머니께서 섬김 생활(serving life)에 당신의 삶을 바치신다면, 그 속에서 떠오르는 아침 해와 저녁 이슬과 새의 노랫소리와 꽃에서 밤하늘의 별을 발견하실 수 있을 것이 확실합니다.

30:17 머지않아 이 세상에서의 어머니의 문제들은 해결될 것입니다. 영혼의 큰 문제들을 풀기 위하여 더 넓은 분야로 가시는 것이 어머니에게 진정 즐거움이 될 것입니다.

30:18 만족하기에 힘쓰시고, 저는 황금이나 보석보다 더 풍성한 선물을 가지고 어느 날 어머니에게로 가겠습니다.

30:19 요한이 어머니를 잘 보살피고, 어머니께서 필요로 하는 것들을 잘 챙겨 드리리라 믿습니다. 그리고 저는 어머니와 항상 함께 있습니다. 예수 드림

30:20 예수님께서는 이 편지를 예루살렘으로 가는 한 상인 편에 보냈습니다.

CHAPTER 31

31: 브라만 사제들이 예수님의 가르침에 격노하여 인도에서 추방할 결심. 라마아스가 그를 위해 탄원. 사제들 예수님을 죽이기 위해 자객 고용. 라마아스가 경고하여 네팔로 피신.

31:1 예수님의 말씀과 행적은 그 땅에 불안을 일으켰습니다.

31:2 보통사람들은 그분의 친구가 되었으며, 그분을 믿었으며, 무리를 지어 그분을 따랐습니다.

31:3 사제들과 통치자들은 그를 두려워하였고, 그분의 이름 자체가 그들의 마음에 두려움을 일으켰습니다.

31:4 그분은 삶에서의 인류애와 평등권의 정당성에 대하여 설파하셨고, 사제들의 무용성과 희생의식의 무용성을 설파하셨습니다.

31:5 그는 브라만제도가 서 있는 모래밭 자체를 흔들어 놓았습니다. 그는

브라만의 우상들이 너무 작게 보이게 만들고, 신전에 바치는 제물은 죄투성이이며, 성전들은 모두 잊히게 했습니다.

31:6 사제들은 이 히브리 소년이 더 이곳에 머물러 있으면, 혁명이 일어나 일반 사람들이 들고일어나 사제들을 죽이고 사원들을 부수게 되리라고 선언했습니다.

31:7 그리하여 그들은 해외로 사람을 보내어 각 지방에서 사제들이 왔습니다. 그래서 베나레스는 브라만교의 열풍으로 불타올랐습니다.

31:8 자간나트 사원에서 온 라마아스는 일찍부터 예수님의 내부 생명을 잘 알고 있었으며, 사제 속에 있는데 그는 사제들의 고함을 들었습니다.

31:9 라마아스가 서서 말하기를 '나의 형제 사제 여러분, 주의하시오. 당신들이 하는 일을 주의하시오. 오늘은 기록을 세우는 날입니다.

31:10 세상이 보고 있습니다. 브라만교 사상의 생명 자체가 지금 시험 중입니다.

31:11 만약 우리가 이성을 잃고, 만약 오늘 편견이 왕이 된다면, 만약 우리가 야수적인 힘에 의존한다면, 브라마의 관점에서 우리의 손을 순박하고 순수한 사람의 피로 물들인다면,

31:12 브라마의 복수가 우리에게 임할 수도 있습니다. 우리가 서 있는 바위 자체가 우리의 발밑으로 부수어져서, 사랑하는 우리들의 사제직, 율법 그리고 사원들이 망하게 될 것입니다.'

31:13 그러나 그들은 그가 더 말을 못 하게 했습니다. 분노한 사제들은 그에게 몰려가서 때리고, 침을 뱉고, 역적이라 불렀으며, 집어 던져, 피투성이로 만들어서, 거리에 내던졌습니다.

31:14 그리고 혼란해져 사제들은 폭도로 변하고, 사람의 피를 본 것은 악마 같은 행위로 이어졌고 더 많은 것을 요구했습니다.

31:15 지도자들은 전쟁을 두려워하여 예수님을 찾아보니, 그분은 시장에서 조용히 사람들을 가르치고 있었습니다.

31:16 그들은 그분에게 떠날 것을 독려하여, 그분의 목숨을 건지라고 하

였으나, 그분은 떠날 것을 거부하였습니다.

31:17 사제들은 그분을 체포할 대의명분을 찾기 시작했으나, 그분에게는 아무런 범죄가 없었습니다.

31:18 그래서 거짓 고발이 있어 병사들은 그분을 법정으로 데리고 가려 했지만, 민중들이 그를 방어하고 서 있었기에 병사들은 두려워하였 습니다.

31:19 사제들은 혼란스러웠고 그래서 그들은 예수님을 몰래 죽이기로 했 습니다.

31:20 그들은 청부 살인자를 거래로 찾아내어, 그들의 분노의 목표물을 죽이기 위하여 밤에 청부업자를 보냈습니다.

31:21 라마아스는 그들이 음모와 계획을 듣고, 그의 친구 예수님께 주의 하라는 전령을 보냈습니다. 예수님께서는 서둘러 떠났습니다.

31:22 밤에 그분은 베나레스를 떠나, 북쪽을 향해 여행을 재촉했습니다. 가는 도중 모든 곳에서, 농부, 상인, 수드라 들은 그분을 도와드렸 습니다.

31:23 많은 날이 지난 후 그분은 히말라야 산맥에 도착했고, 카필라바스 투라는 도시에 머무르셨습니다.

31:24 불교도들은 그분을 위하여 사원의 문을 활짝 열었습니다.

CHAPTER 32

32: 예수님과 바라타는 함께 경전을 읽음. 예수님께서 불교의 진화설을 받아들이지 않으시고 인간의 참된 기원 밝힘. 비다파티와 동료됨

32:1 불교도 중 한 사람인 바라타 아라보는 예수님 말씀 속에서 고귀한 지혜를 본 사람입니다.

32:2 예수님과 바라타는 같이 유대 시편과 예언서를 읽고, 베다 경전과 아베스타 경전 그리고 고타마의 지혜를 읽었습니다.

32:3 그들은 인간의 가능성에 대하여 읽고 이야기했습니다. 바라타가 말 하기를

32:4 '인간은 우주가 경이로움입니다. 인간은 모든 것의 일부입니다. 왜냐하면, 그는 모든 생명의 단계를 겪은 살아있는 것이기 때문입니다.

32:5 인간이 존재하지 않았던 시기가 있었습니다. 그때 인간은 시간의 주형 속에 있는 형체 없는 실체였고, 그때는 원생체였는데 인간의 형태까지 도달하게 되었습니다.

32:6 우주 법에 따라, 만물은 완전한 상태로 가는 경향이 있습니다. 그리하여 원생체가 벌레가 되고, 파충류가 되고, 새와 짐승이 되고 마침내 사람의 형태에 이르게 되었습니다.

32:7 한편, 인간 자신은 마음이며, 마음은 경험으로 완전성을 획득합니다. 그리고 마음은 자주 육의 형태로 나타나고, 성장하기 위하여 가장 적합한 형태로 됩니다. 그래서 마음은 벌레, 새, 짐승, 혹은 인간으로 나타나게 됩니다.

32:8 생명의 모든 것은 완전한 사람의 상태로 진화될 것입니다.

32:9 그리고 인간이 완전한 인간이 된 후에, 인간은 생명의 더 높은 형태로 진화할 것입니다.'

32:10 예수님께서 말씀하기를 '바라타 아라보여 누가 그대에게 인간의 마음이 짐승, 새, 기는 것들의 육체로 나타날 수 있다고 가르쳤나요?'

32:11 바라타가 말하기를 '인간이 기억할 수 없는 시대부터, 우리들의 사제들이 그렇게 말해주었으므로, 우리는 그렇게 알고 있습니다.'

32:12 예수님께서 말씀하시기를 '현명한 아라보여, 그대는 스승의 마음이면서 사람은 들은 것만으로는 아무것도 모른다는 것을 알지 못하나요?

32:13 사람들은 다른 사람이 말하는 것을 믿을 수도 있겠지만, 그러나 그것으로 그는 결코 안다고 할 수가 없습니다. 만약 인간이 알고자 한다면, 그는 반드시 그가 아는 것들이 자기 자신의 것이 되어야만 합니다.

32:14 아라보여 언제 그대는 원숭이나 새 또는 벌레였을 때를 기억하시나요?

32:15 그런데 만약 그대가 사제들이 그렇게 말한 것보다 당신의 주장을 더 잘 증명할 수 없다면 당신은 알지 못하는 것입니다. 당신은 단순

히 추측(guess)할 뿐입니다.

32:16 그리고 어떤 사람이 말한 것들에 유념하지 마시오. 우리 육을 잊어버리고, 육이 없는 땅 마음으로 갑시다. 마음은 절대 잊지 않습니다.

32:17 몇 시대 거꾸로 갈 수 있는 훌륭한 마음들은 그들 자신의 걸어온 길을 추적할 수 있으며, 그래서 그들은 압니다.

32:18 인간이 존재하지 않았던 시대는 결코 없었습니다. (Time never was when man was not.)

32:19 시작하는 것은 끝이 있습니다. (That which begins will have an end) 만약 인간이 없었다면, 인간이 존재하지 않는 시대가 올 것입니다.

32:20 하느님 자신의 기록 책에서부터 우리는 읽습니다. '성 삼위일체의 하나님이 앞으로 숨을 앞으로 내쉬시니, 일곱 영이 그분 앞에 서 있었습니다.

32:21 그리고 이들은 그들의 무한한 힘으로 현재 존재하며 과거에 존재했던 모든 만물을 창조했습니다.

32:22 성 삼위일체 하느님의 이러한 영들은 무한한 공간의 영역으로 움직여서, 7개의 에테르(ether)가 생겨났으며, 모든 에테르는 그 생명의 형태를 가지고 있었습니다.

32:23 이러한 생명의 형태는 단지 그들 에테르 수준의 실체에 옷을 입힌 하느님의 사상입니다.

32:24 사람들은 이들 에테르의 단계를 원생체, 땅, 식물, 짐승, 사람, 천사와 상급 천사의 단계라고 부릅니다.

32:25 이러한 단계는 모두 하느님의 충만한 사상으로 가득 차서 인간의 육안으로는 결코 볼 수 없습니다. 그것들은 인간의 육안으로 보기에는 너무나 미세한 물질로 구성되어 있지만, 그것들은 모든 개체의 영혼을 구성하고 있습니다.

32:26 영혼의 눈으로 모든 창조물은 이 에테르계와 생명의 모든 형태를 봅니다.

32:27 모든 단계에 있는 모든 형태의 생명체는 하느님의 생각이기에, 모든 피조물은 생각하고, 의지를 갖고 있으며, 그 수준에서 선택할 수 있는 능력을 갖추고 있습니다.

32:28 그들의 차원에서, 모든 창조물은 그들 차원의 에테르에서부터 영양분을 공급받습니다.

32:29 그리고 의지가 부진한 의지가 될 때까지 모든 생명체가 그러했고, 그 후 원형질체, 땅, 식물, 짐승, 사람의 에테르가 매우 느리게 진동하기 시작했습니다.

32:30 에테르는 그 밀도가 더욱더 높아져서, 이러한 차원의 모든 생명체는 사람이 볼 수 있는 더 거친 옷, 즉 육체의 옷을 입었습니다. 그리하여 사람들이 육체라고 부르는 이 더 거친 표현이 나타났습니다.

32:31 이것이 소위 인간의 떨어짐(the fall of man, 타락)이라고 일컬어지는 것입니다. 그러나 인간만 떨어진 것은 아닙니다. 왜냐하면, 원생체, 땅, 식물과 동물은 모두 떨어짐에 포함됩니다.

32:32 천사들과 상급 천사들은 떨어지지 않았습니다. 그들의 의지는 언제나 강했기에, 그렇게 그들은 하느님과 조화롭게 그들 단계에서의 에테르를 유지하고 있었습니다.

32:33 그런데 에테르가 대기 수준에 도착하자, 이들 단계에 있는 모든 창조물은 대기로부터 음식을 얻어야만 할 때 갈등이 발생했습니다. 투쟁이 왔습니다. 유한한 인간이 최고만이 살아남음(survival of the best, 適者生存)이라고 부르는 것이 하나의 법이 되었습니다.

32:34 강한 자는 약한 자의 몸을 먹었습니다. 바로 이곳이 진화의 육체적 법칙이 생긴 곳입니다.

32:35 지금 인간은 철저한 철면피가 되어 짐승을 잡아먹고, 짐승은 식물을 먹고, 식물은 땅에서 번식하고, 땅은 원생물을 흡수합니다.

32:36 저기 영혼의 왕국에서는 이러한 육의 진화는 알려져 있지 않습니다. 거룩하신 분의 큰일은 인간의 유산을 회복하는 것이며, 그가 잃어버린 그의 영지로 그를 다시 데려오는 것이며, 그가 다시 올 때

그는 다시 본래 단계의 에테르 속에서 살게 될 것입니다.

32:37 하느님의 사상은 변하지 않습니다. 모든 단계에서의 생명의 현상은 그들 종류의 완성으로 나타납니다. 그리고 하느님의 사상은 결코 죽는 것(never die)이 아니므로, 성 삼위일체 하느님의 7성령, 일곱의 에테르의 존재 어느 것에도 죽음이란 없습니다. (no death)

32:38 그러므로 땅은 결코 식물이 아니며, 짐승, 새, 또는 기는 것들은 결코 인간이 아니며 또한 인간은 짐승, 새, 기는 것들이 아니며 그렇게 될 수도 없습니다.

32:39 이러한 일곱 가지 현시가 모두 흡수되고, 인간, 동물, 식물, 땅 및 원형질체가 구원될 때가 올 것입니다.'

32:40 바라타는 깜짝 놀랐습니다. 유대 성자의 지혜는 그에게 계시였습니다.

32:41 한편 인도의 가장 지혜로운 성자, 카필라바스투 사원의 원장 비댜파티는 바라타가 인간의 기원에 대한 예수님의 말씀을 듣고 말하기를.

32:42 '여러 사제는 내 말을 들으시오. 오늘 우리는 시대의 정점에 서 있습니다. 6번째 시간 전에 한 스승 영혼이 태어나서 인간에게 영광스러운 빛을 주었습니다. 지금은 여기 카필라바스투 사원에 현자가 서 있습니다.

32:43 이 히브리 선각자는 지혜의 떠오르는 별, 신성하신 분입니다. 그는 하느님의 비밀의 지식을 우리에게 가지고 왔습니다. 그리고 온 세상이 그의 말씀을 듣고, 주의를 기울이고, 그의 이름을 영광스럽게 할 것입니다.

32:44 카필라바스투 사제 여러분, 멈추시고 그가 말할 때 조용히 들으시오. 그는 하느님의 살아있는 신탁입니다.'

32:45 그리하여 모든 사제는 감사하였고, 이 광명의 부처를 칭송하였습니다.

CHAPTER 33

33: 예수님께서 샘터에서 보통사람들을 가르치심. 그들에게 행복으로 이르는 방법을 말씀. 돌밭과 숨겨진 보물 비유.

33:1 고요한 명상에 잠겨 예수님께서 흐르는 샘터 옆에 앉아 계셨습니다. 경건일 이였고, 많은 노비계급의 사람들이 그 장소 근처에 있었습니다.

33:2 예수님께서는 모든 이마와 손에 노역의 굳게 파인 선들을 보았습니다. 어떤 얼굴에서도 즐거운 모습은 없었습니다. 그 집단의 어느 한 사람도 힘든 고역 외에는 아무것도 생각할 수 없었습니다.

33:3 예수님께서 한 사람에게 말씀하기를 '왜 그대들은 모두 그렇게 슬픈가? 인생에 행복이 없나요?'

33:4 그 사람이 대답하기를 '우리는 그 단어의 의미를 거의 모릅니다. 우리는 살기 위해 힘들게 일하고 있습니다. 일하는 것을 제외하면 어떠한 희망도 없습니다. 우리는 우리의 노역을 끝낼 수 있는 날이 축복입니다. 그리고 우리는 망자의 부처님 세계에 우리를 내려놓는 것이 축복입니다.'

33:5 예수님께서는 이들 불쌍한 일꾼들에게 마음이 산란해져서 불쌍히 여기시고 사랑으로 말씀하시기를

33:6 '힘든 일(Toil)은 사람을 슬프게 하지 않습니다. 인간은 힘든 일을 할 때가 가장 행복합니다. 희망과 사랑이 힘든 일 뒤에 있을 때, 사람의 모든 것은 기쁨과 평화로 가득 차게 되고 이것이 바로 천국입니다. 그러한 천국은 당신을 위하여 있다는 것을 모르십니까?'

33:7 그 사람은 대답하기를 '천국에 대하여 우리는 들은 적은 있습니다. 그러나 그곳은 그렇게 멀리 떨어져 있기에 우리가 그곳에 도착할 수 있기 전까지는 그렇게 많은 생을 살아야만 합니다.'

33:8 예수님께서 말씀하시기를 '나의 형제여, 당신의 생각은 잘못되었습니다. 그대의 하늘나라는 멀리 떨어져 있지 않습니다. 그곳은 거리가 있거나 한계 지어진 곳이 아니며, 도착해야 할 지역도 아닙니다. 그것은 마음의 상태입니다. (your heaven is not far away; and it is not a place of metes and bounds, is not a country to be reached; it is a state of mind.)

33:9 하느님께서는 인간을 위하여 결코, 천국을 만들지 않으셨습니다. 그

분은 결코 지옥을 만들지 않으셨습니다. 우리가 창조자들이며, 우리가 우리 자신의 것을 만듭니다. (God never made a heaven for man; he never made a hell; we are creators and we make our own.)

33:10 지금 하늘에서 천국을 찾는 일을 중지하십시오. 바로 그대의 마음의 창문을 여시오. 그러면 빛의 물결처럼 천국이 다가올 것이고 그러면 힘든 일이 잔인한 일이 되지 않을 것입니다. (Now, cease to seek for heaven in the sky; just open up the windows of your hearts, and, like a flood of light, a heaven will come and then toil will be no cruel task.)

33:11 사람들은 깜짝 놀랐고 그 신기한 젊은 선생의 말을 듣기 위해 가까이 모였습니다.

33:12 아버지 하느님에 대하여, 인간이 지상 위에서 만들 수 있는 천국에 대하여, 한량없는 기쁨에 대하여, 그들에게 말해 달라고 그분에게 간청하였습니다.

33:13 예수님께서 비유를 들어 말씀하시기를 '어떤 사람이 밭을 가지고 있었는데 땅은 굳고 척박했습니다.

33:14 끝없는 노력으로 그는 겨우 궁핍에서 그의 가족을 먹일 수 있었습니다.

33:15 어느 날 땅속을 볼 수 있는 광부가 지나가다 이 가난한 농부와 그의 척박한 밭을 보았습니다.

33:16 그는 지친 노역자를 불러 말하기를 '나의 형제여, 그대는 이 메마른 땅속에 풍성한 보물이 숨겨져 있다는 것을 모릅니까?'

33:17 그대는 경작하고 씨 뿌리고 추수하고 있을 뿐, 매일 황금과 보석의 광산 위를 밟고 있습니다.

33:18 이 보물은 땅 위에는 없지만, 만약 그대가 돌 땅을 파헤쳐서 땅 깊이 파 들어가면, 그대는 더 이상 쓸데없이 땅을 경작할 필요가 없습니다.'

33:19 그 농부는 믿었습니다. 그가 말하기를 '그 광부는 분명 알고 있다. 나는 내 밭 속(in)에 숨겨져 있는 보물들을 발견할 것이다'

33:20 그리고 그는 돌 땅을 파고 땅속 깊이 내려갔고, 그는 금광이 발견했

습니다.

33:21 그리고 예수님께서 말씀하시기를 '사람의 자식들은 힘들여서 황무지나 타오르는 모래밭과 돌 땅을 파고 있습니다. 이것은 그들의 조상이 했던 대로 하고 있으며, 그들은 의미 있는 다른 것을 할 수 있다는 꿈을 꾸지 않습니다.

33:22 보시오, 스승이 와서 숨겨진 부유에 대하여 그들에게 말합니다. 세속적인 돌 땅 밑에는 어떤 사람도 셀 수 없는 보물들이 있다고 말합니다.

33:23 가슴속에는 가장 부유한 보석들이 넘칩니다. (That in the heart the richest gems abound) 의지를 가진 사람은 문을 열고 그들 모두를 찾을 수 있습니다.'

33:24 사람들은 '우리에게 가슴속에 있는 부를 발견하는 방법을 알 수 있도록 해주십시오'라고 말했습니다.

33:25 예수님께서는 그 길을 열었고, 노역자들은 생의 다른 면을 보았고, 고역은 즐거움이 되었습니다.

CHAPTER 34

34: 카필라바스투에서의 축제. 예수님께서 광장에서 가르치시고 사람들이 놀람. 돌보지 않은 포도밭과 포도주 담그는 사람 비유·사제들이 그의 말씀에 화를 냄.

34:1 성스러운 카필라바스투의 축제일이었습니다. 한 무리의 불교 신자들이 축제일을 축하하기 위하여 모였습니다.

34:2 인도 모든 지방에서 온 사제들과 스승들이 그곳에 있었고 가르쳤습니다. 그러나 그들은 작은 진리를 많은 말로 장식했습니다.

34:3 예수님께서 옛 광장에 나가서서 가르쳤습니다. 그는 아버지-어머니-하느님에 대하여 말씀하였으며, 인류애에 대하여 말씀하셨습니다.

34:4 사제들과 모든 사람이 그의 말씀을 듣고 놀라서 말했습니다. '부처님이 육신으로 다시 오신 것이 아닌가? 어떤 다른 사람도 그와 같이

간단하면서도 힘있게 이야기할 수 있는 사람은 없었다.'

34:5 예수님께서는 비유로 말씀하시기를 '전혀 돌보지 않은 포도밭이 있었습니다. 포도나무는 높이 자라나서 잎사귀와 가지가 무성하게 자랐습니다.

34:6 그 잎사귀들은 넓어서 포도나무로부터 햇빛을 차단했습니다. 포도는 시고, 거의 열리지도 않았고, 조그만했습니다.

34:7 가지 치는 사람이 와서 그의 날카로운 칼로 모든 가지를 잘랐습니다. 그리하여 한 잎사귀도 남지 않았고. 다만 뿌리와 줄기뿐이었습니다.

34:8 바쁜 이웃들이 하나같이 와서 매우 놀라, 가지 치는 사람에게 말하기를 '어리석은 사람이여, 포도밭이 망가졌네요.

34:9 황폐해졌네요. 아름다운 것이라곤 없군요. 수확기가 오면 어떤 열매도 발견할 수 없겠군요.'

34:10 가지 치는 사람이 말했습니다. '좋으실 대로 생각하시고 수확기에 다시 오셔서 보십시오.'

34:11 수확 때는 분주해졌고, 이웃들이 다시 와서 놀랐습니다.

34:12 벌거벗은 줄기는 가지를 뻗고 잎을 달았으며, 가지마다 탐스러운 포도송이가 매달려 있었습니다.

34:13 수확자는 매일 기뻐하면서 압력기에다 풍성한 열매를 운반했습니다.

34:14 주님의 포도원을 보라! 땅 위에는 인간의 포도나무가 펼쳐져 있습니다.

34:15 사람들의 화려한 형식들과 의식들은 가지이며, 그들의 말들은 잎사귀입니다. 그러한 것이 너무 크게 자라면, 햇빛은 더 이상 도달할 수 없어 과실은 없습니다.

34:16 보시오, 가지 치는 이가 와서 양쪽 날 칼로, 말의 가지와 잎사귀를 잘라냅니다(cut away).

34:17 그리하여 인간 생활의 적나라한 줄기(unclothed stalks)뿐입니다.

34:18 사제들과 보여 주기 좋아하는 사람들은, 가지 치는 사람을 꾸짖어서 일을 못 하게 막습니다.

34:19 그들은 인간 생활의 몸통의 아름다움을 볼 수 없고, 과실의 약속도 없습니다.

34:20 수확기가 올 것이고 가지 치는 사람(pruner)을 비웃던 사람들이 다시 와서 보고 놀랄 것입니다. 왜냐하면, 그들은 그렇게 생기 없던 몸통이 귀중한 열매를 맺은 것을 볼 것이기 때문입니다.

34:21 그리고 그들은 수확량이 많아 수확자가 기뻐하는 소리를 듣게 될 것입니다.'

34:22 사제들은 예수님의 말씀을 듣고 즐겁지 않았으나, 민중들을 두려워하여 예수님을 책망하지 않았습니다.

CHAPTER 35

35: 예수님과 비댜파티 다가오는 새로운 시대의 요구에 대하여 고려하심

35:1 인도의 성자와 예수님께서는 가끔 만나서, 많은 나라와 사람들이 필요로 하는 것, 다가올 시대에 가장 적절한 신성한 강령과 형식과 의식에 대하여 말씀했습니다.

35:2 어느 날 그들이 산길에 함께 앉아 있을 때, 예수님께서 말씀하시기를 '다가오는 시대에는 분명히 사제나 성전이나 산 제물이 필요하지 않을 것입니다.

35:3 짐승이나 새 등의 제물에는 사람을 신성한 삶을 사는 데 도와주는 힘이 없습니다.'

35:4 비댜파티가 말하기를 '모든 형식과 의식은 인간이 영혼의 성전 안에서 해야만 할 것들에 대한 상징들입니다.

35:5 거룩한 하느님께서는 사람이 사람을 위하여 기꺼이 희생하는 것에 그의 삶을 바칠 것을 바라십니다. 그리고 시간이 시작된 이후 제단이나 신전 위에 바치는 소위 제물이라 하는 것은, 그의 형제 인간을 구하기 위하여, 그 자신을 바치는 방법을 가르치기 위하여 비롯한 것입니다. 왜냐하면, 사람이 다른 사람을 구하는 데 자신의 삶을 바치지 않고서는, 결코 자기 자신을 구할 수 없기 때문입니다.

35:6 완전한 시대에는 형식이나 의식 또는 육적 희생 제물이 필요하지 않게 될 것입니다. 다가오는 시대는 완전한 시대는 아닙니다. 그러므로 사람들은 객관적 실물교육과 상징적인 의식을 요구하게 될 것입니다.

35:7 당신이 인간들에게 소개하려는 위대한 종교에서는, 약간의 간단한 씻는 의식이라든가 기념 의식이 요구되겠지만, 동물과 새의 잔인한 희생 제물은 하느님께서 요구하시지 않을 것입니다.'

35:8 예수님께서 말씀하시기를 '우리의 하느님은 사제들의 화려한 과시나 제사 물건 들을 싫어하십니다.

35:9 그들이 하느님의 종임을 나타내기 위해 보여 주는 식의 옷들로 입는다거나, 신앙심이나 어느 다른 일로 사람들부터 존경받기 위하여 촌스럽게 거드름을 피우며 새같이 걸을 때, 경건한 하느님께서는 분명히 혐오로 돌아서실 것입니다.

35:10 모든 사람은 우리 아버지 하느님에 속한 자(servant, 하인, 종업원)이며, 또한 모든 사람은 왕들이며, 모든 사람은 사제들입니다. (All people are alike the servants of our Father-God, are kings and priests.)

35:11 다가올 시대에는 사람들은 모든 다른 계급 제도(every other caste)와 불평등은 물론이고, 사제제도의 완전한 폐지까지도 요구하게 되지 않을까요?'

35:12 비댜파티가 말하기를 '앞으로 다가오는 시대는 영의 시대가 아닙니다. 사람들은 자신을 성자로 보이게 하려고 사제복을 입고 뽐낼 것이며 경건한 성가를 부를 것입니다.

35:13 당신이 소개할 단순한 의식은 당신을 따르는 사람들에 의해 찬양될 것이며, 브라흐마 시대의 사제 봉사보다 훨씬 더 화려하게 빛날 것입니다.

35:14 이것은 사람들이 풀어야만 할 문제입니다.

35:15 모든 사람이 사제가 되고, 그들의 경경함을 선전하기 위하여 특별한 옷을 입지 않는 완전한 시대가 올 것입니다.

티베트와 서인도에서의 예수님의 삶과 일들

CHAPTER 36

36: 라사에서의 예수님. 멘구스테를 만나 그의 도움으로 고서를 읽으심. 라다크로 가셔서 한 어린아이 고침. 왕의 아들에 대한 비유

36:1 티베트의 라사에는 한 스승의 사원이 있었는데, 수많은 고전의 원고들이 있었습니다.

36:2 그 인도 성자는 이미 이들 원고를 읽었고 예수님께 그것들에 내포된 많은 비밀교훈을 들어내 보여 주었습니다. 그러나 예수님께서는 직접 읽기를 원하셨습니다.

36:3 한편 멀리 동쪽의 가장 큰 성자 멘구스테가 이 티베트 사원에 있었습니다.

36:4 에모두스 고원을 횡단하는 길은 어려웠지만, 예수님께서는 출발했고 비댜파티는 그분에게 믿음직한 안내자 한 사람을 보냈습니다.

36:5 그리고 비댜파티는 멘구스테에게 편지를 보냈는데, 그 편지 속에서 그는 그 유대 성자에 대하여 말했으며, 그가 사원 사제들로부터 환영을 받을 수 있게 해 달라고 말했습니다.

36:6 많은 날이 지난 후, 위험 끝에, 그 안내자와 예수님께서는 티베트의 라사사원에 도착했습니다.

36:7 멘구스테는 사원의 문을 넓게 열었고, 사제들과 스승들 모두 나와 이 히브리의 성자를 환영하였습니다.

36:8 예수님께서는 멘구스테의 도움을 받아 친히 그 성스러운 고대의 원고들을 펼쳐 들고 전부 읽었습니다.

36:9 멘구스테는 예수님과 더불어 다가올 시대에 대하여 종종 말하였으며, 그 시대의 사람들에게 가장 적합한 봉사에 관하여도 이야기를 나누었습니다.

36:10 라사에서 예수님은 가르치지 않으셨습니다. 그가 사원 학교에서 공

부를 모두 끝마쳤을 때 그는 서쪽으로 여행하셨습니다. 많은 마을에서 한동안 머물러 가르쳐 주었습니다.

36:11 마침내 라다크 도시에 있는 레흐라는 마을에 도착하여 수도승, 상인과 낮은 계급의 사람들로부터 호의를 받았습니다.

36:12 그분은 수도원에 머무르며 가르치고, 시장에서는 보통사람들을 찾았고 가르쳤습니다.

36:13 그리 멀지 않은 곳에 한 여인이 살았는데, 그녀의 어린아이가 병이 들어 거의 죽게 되었습니다. 의사는 살아날 희망이 없으며 아이는 필히 죽을 것이라고 선고했습니다.

36:14 그 여인은 예수님이 하느님께서 보내신 선생님이라고 들었고, 그녀는 그분이 그녀의 아들을 치료할 힘을 가지고 있다고 믿었습니다.

36:15 그래서 그녀는 자기 팔에 죽어가는 어린아이를 끌어안고, 서둘러 달러와 하느님의 사람을 보기를 요청하였습니다.

36:16 예수님께서 그녀의 신앙을 보시고는 하늘로 눈을 들어 말씀하시기를

36:17 '나의 아버지 하느님, 신성한 능력이 나를 덮게 하여 주시옵고, 이 어린아이가 살 수 있도록 성령의 기운이 가득 차게 하소서.

36:18 그리고 그는 사람들 앞에서는 자기 손을 어린아이 위에 얹고 말씀하시기를

36:19 '착한 부인이여, 그대에게 축복이 있노라. 당신의 믿음이 당신의 아들을 구했노라.' 그러자 그 어린아이는 좋아졌습니다.'

36:20 사람들은 깜짝 놀라 말하기를 '이 사람은 확실히 하느님이 그의 육신을 만드신 분이 틀림없어. 왜냐하면, 인간은 홀로 그와 같이 열병을 꾸짖고, 어린애를 죽음으로부터 구할 수는 없을 터이니'

36:21 많은 사람은 환자를 데려고 왔고, 예수님께서는 말씀하셨고, 그들은 치유되었습니다.

36:22 라다크인들 사이에서 예수님께서는 많은 날을 머무르시며, 병을 치료하는 방법과 죄를 씻어내는 방법과 지상을 기쁨의 천국으로 만드는 방법을 가르쳐 주셨습니다.

36:23 사람들은 그의 말씀과 행한 일로 그를 사랑하였으며, 그가 떠나야만 했을 때, 그들은 마치 어머니가 떠날 때 아이들이 슬퍼하는 것처럼 슬퍼하였습니다.

36:24 출발하는 날 아침에 군중들은 그의 손을 잡기 위해 그곳에 있었습니다.

36:25 그분은 그들에게 비유로 말씀하시기를 '어떤 왕이 그렇게 그 땅의 사람들을 사랑하여 그는 모두에게 귀중한 선물을 주기 위하여 그의 외아들을 내보냈습니다.

36:26 그 아들은 모든 곳에서 아낌없이 선물들을 나누어주었습니다.

36:27 그러나 외국 신들을 모시는 사당을 관리하는 사제들이 있었는데, 그들은 왕이 사제들을 통하지 않고 선물 주고 있다고 불만이었습니다.

36:28 그들은 모든 사람이 그 아들을 미워할 대의명분을 찾아냈습니다. 그들이 말하기를 '이러한 선물들은 어떤 가치도 없으며 위조품이다.'

36:29 그래서 사람들은 귀한 보석이나 금은을 길거리에 던지고, 아들을 붙잡아 때리고 침을 뱉고 그들의 중심지에서 쫓아냈습니다.

36:30 그 아들은 그들의 가해와 잔인함을 화내지 않고, 되레 이렇게 기도하기를 ' 나의 아버지 하느님, 당신의 창조물인 이 사람들을 용서(forgive)하여 주소서. 그들은 단지 죄의 노예들입니다. 그들은 무엇을 그들이 하는지를 모릅니다.'

36:31 그들이 그를 때리는 동안에도 그는 그들에게 먹을 것을 주었으며 끝없는 사랑(boundless love)으로 그들을 축복하였습니다.

36:32 어떤 마을은 그 아들을 기쁨으로 영접하여 기꺼이 남아서 그 가정을 축복했을 것입니다. 하지만 그는 왕의 영역 내 모든 사람(every one)에게 선물을 운반해야만 하였기에, 지체할 수가 없었습니다.'

36:33 예수님께서 말씀하시기를. '나의 아버지 하느님은 모든 인류의 왕이니라. 그분은 비할 수 없는 사랑과 부로 나를 보내셨노라.

36:34 나는 모든 땅의 모든 사람을 위하여 생명의 물과 빵인 이러한 하느님의 선물(gift)을 가지고 가야만 합니다.

36:35 나는 나의 길을 가지만 우리는 다시 만나게 될 것입니다. 왜냐하면, 나의 아버지 나라에는 모든 사람을 맞이할 방이 준비되어 있기 때문입니다. 내가 그대들을 위한 장소를 준비하겠습니다.'

36:36 예수님께서는 고요의 축복 속에서 손을 들으셨고, 그곳을 떠났습니다.

CHAPTER 37

37: 예수님 낙타를 선물로 받음. 라호르로 가셔서 그가 가르치신 아자이닌과 함께 머물다. 유랑 음악가의 교훈. 여행을 다시 시작.

37:1 예수님께서 캐쉬미르 계곡으로 들어서자 한 무리의 상인들이 지나가고 있었습니다. 그들은 다섯 지류의 땅, 손 모양의 도시 라호르로 가는 중이었습니다.

37:2 상인들은 이 선각자에 대하여 들은 적이 있었고, 레흐에서 그분이 권능 있는 일들을 보았으므로, 그들은 그분을 다시 보게 된 것을 기뻐하였습니다.

37:3 그들은 예수님께서 라호르로 가서 신드를 지나 페르시아를 통하여 더 먼 서쪽으로 가야 하지만, 타고 갈 동물이 없다는 것을 알게 되었습니다.

37:4 그들은 그분에게 안장과 장비를 갖춘 귀한 쌍봉낙타를 그냥 드렸습니다. 예수님께서는 그들 대상과 함께 여행하게 되었습니다.

37:5 그가 라호르에 도착하자 아자이닌과 약간의 다른 사제들은 기쁨으로 그분을 맞이하였습니다.

37:6 아자이닌은 몇 달 전에 베니레스에 있을 때 밤시간에 찾아와서 진리의 말씀을 들은 사제였습니다.

37:7 예수님께서는 아자이닌의 손님이 되어, 그분은 아자이닌에게 많은 것을 가르쳤으며 병 치료 예술의 비밀도 전해주었습니다.

37:8 예수님은 공기, 불, 물, 지상의 영을 제어하는 방법을 가르치셨으며, 용서의 비밀과 죄를 씻어 없애는 방법에 대하여 그에게 설명하셨습니다.

37:9 어느 날 아자이닌과 예수님께서 사원의 정문에 앉아 있는데, 한 단

체의 유랑가수와 음악가들이 노래하고 춤추기 위하여 뜰 앞에 잠시 머물고 있었습니다.

37:10 그들의 음악은 정말 풍부하고 정교하여 예수님께서 말씀하시기를 '이 지역의 교양있는 사람들 가운데서도 우리가 듣는 이 거친 광야의 아이들이 노래하는 것보다 더 달콤한 음악을 들은 적이 없습니다.

37:11 어디에서부터 이 재능, 이 힘이 오는 것일까? 한 번의 짧은 인생에서는 조화와 음조의 법칙에 맞게 그렇게 아름다운 목소리를 낼 수는 없으리라.

37:12 사람들은 그들을 천재라고 부르리라. 그러나 어떤 천재도 있지 않습니다. (There are no prodigies.) 모든 일은 자연법의 결과입니다. (All things result from natural law.)

37:13 이 사람들은 젊지 않습니다. 천년의 세월 (A thousand years)도 이러한 신적인 표현력과 순수한 음성과 솜씨에는 충분치 않을 것입니다.

37:14 만 년 전에(Ten thousand years ago) 이 사람들은 조화를 완전습득했습니다. 오랜 옛날 그들은 분주한 인생살이를 하면서, 새들의 멜로디에 감지하고 그것을 완전한 형태의 하아프로 연주했습니다.

37:15 그들은 표현의 다양성에서 또 다른 교훈을 배우기 위하여 다시 왔습니다.

37:16 이 유랑단원들은 하늘나라 교향 악단 일부를 구성하였고, 완전한 땅의 천사들까지도 그들이 연주하고 노래하는 것을 듣고 기뻐할 것입니다.

37:17 예수님께서는 라호르의 일반 대중들을 가르쳤으며, 그분은 아픈 사람들을 고치고, 도와줌으로써 더 나은 생활을 할 방법을 그들에게 가르쳐 주었습니다.

37:18 그분이 말씀하시기를 '우리는 우리가 얻고 보유함(get and hold)으로 부자가 되는 것이 아닙니다. 우리가 지킬 수 있는 유일한 길은 사람들에게 주는 것 (give)입니다.

37:19 만약 그대들이 완전한 삶을 살고자 한다면, 그대의 친인척과 더 낮

은 삶을 사는 사람에 대한 섬김(service, 서비스제공, 도와줌)에 당신의 삶을 바치십시오.'

37:20 예수님께서는 라호르에서 더 머물 수가 없어서, 사제들과 다른 친구들에게 작별인사를 하였고, 낙타를 타고 신드를 행하여 길을 떠났습니다.

Section 8 :

페르시아에서의 예수님의 삶과 일들

CHAPTER 38

38: 예수님 페르시아에 가심. 많은 곳에서 가르치시고 병자 고침 세 명의 마기 사제들이 페르세폴리스 가까이에 있는 예수님과 만남. 카스파와 또 다른 두 사람의 페르시아 선생이 페르세폴리스에서 그를 만남. 7명의 스승 7일 동안 고요 속에 앉음

38:1 24살 때 예수님께서 고향으로 돌아가는 도중에 페르시아에 갔습니다.

38:2 그는 많은 마을과 그 이웃에서 잠시 멈추어 사람들을 가르치고 병자들을 고쳤습니다.

38:3 사제들과 지배계급들은 그를 환영하지 않았습니다. 왜냐하면, 예수님께서 그들의 하층민에 대한 잔인성에 대하여 비난하였기 때문입니다.

38:4 보통사람들은 무리를 지어 그분을 따라왔습니다.

38:5 때로는 지도자들이 과감하게 그를 방해하여, 예수님께서 가르치고 병 고치는 것을 금지했습니다. 그러나 예수님께서는 그들의 노골적인 위협에도 개의치 않으시고, 사람들을 가르치고 병자들을 고쳤습니다.

38:6 시간이 지나 그분은 페르세폴리스에 도착했습니다. 이곳은 페르시아 왕들이 묻혀 있는 것이며, 세 명의 현자들 호르, 룬, 메르가 살고

있는 곳이기도 합니다.

38:7 그들은 24년 전에 예루살렘의 하늘에 떠 있는 약속된 별을 보고, 새로이 태어난 왕을 찾기 위하여 서쪽으로 여행한 사람들이었습니다.

38:8 그들은 시대의 스승으로서 예수님을 존경한 첫 번째 사람들이었으며, 황금과 유황과 몰약을 선물로 바쳤습니다.

38:9 이들 세 명의 마기 교도들은, 스승들이 언제나 알듯이, 예수님께서 페르세폴리스에 다가오고 있다는 것을 알고 몸을 단정히 하고 그분을 만나려고 갔습니다.

38:10 그들이 만나자, 대낮의 햇빛보다도 더 밝은 빛이 그들을 둘러쌌습니다. 그리고 길가에 서 있는 네 명을 본 사람들은, 그들은 인간보다 신 같이 보였다고 말했습니다.

38:11 이제 호르와 룬은 나이가 들어 페르세폴리스로 가는 길에 두 사람을 자신의 낙타 위에 태우고, 예수님은 메르와 함께 앞장서서 걸으셨습니다.

38:12 네 사람이 박사의 집에 도착하자, 그들 모두 기뻐하였습니다. 그리고 예수님께서 그의 생활 중 긴장감 있는 이야기를 해 주셨고 호르, 룬, 메르는 아무 말하지 않고, 단지 하늘을 우러러 마음 깊이 하느님을 찬미할 뿐이었습니다.

38:13 한 편 북쪽에서부터 3명의 현자가 페르세폴리스에 와 있었습니다. 그들은 바로 카스파, 자라, 멜조온이었는데 카스파는 그들 마기 나라에서도 가장 지혜로운 스승이었습니다. 이들 세 사람은 예수님께서 도착했을 때 호르, 룬, 메르의 집에 와 있었습니다.

38:14 7일 동안 이들 7명은 아무 말 하지 않고, 고요인류애단(the Silent Brotherhood, 침묵형제단)과 밀접한 교신을 하면서, 집회실에서 고요 속에 앉아 있었습니다.

38:15 그들은 빛과 계시와 힘을 구했습니다. 다가오는 시대의 율법과 교훈은 세계의 현인들의 모든 지혜를 요구했습니다.

CHAPTER 39

39: 예수님께서 페르세폴리스의 축제에 참석. 사람들에게 마기 교의 철학을 재고하면서 말씀하심. 악의 기원을 설명. 기도자 속에서 밤을 보냄.

39:1 마기교의 신을 받드는 축제행사에 많은 사람이 페르세폴리스로 모여들었습니다.

39:2 축제의 큰 날에 마기교의 큰 스승이 말하기를 '이 신성한 벽 안에서는 자유가 있습니다. 누구든지 말씀하고 싶은 사람은 말씀하십시오.'

39:3 예수님께서 모든 사람 가운데 서서 말씀하시기를 '우리 아버지 하느님의 자녀인 나의 형제자매들이여

39:4 사람의 아들 중 여러분들은 오늘 가장 축복받은 분들입니다. 왜냐하면, 여러분들은 거룩하신 하느님과 인간의 개념을 공정하게 가지고 있기 때문입니다.

39:5 숭배와 삶에 있어 여러분들의 순수성은 하느님을 기쁘게 하실 것입니다. 여러분들의 스승이신 짜라투스트라에게 칭송이 있을 것입니다.

39:6 천지를 창조하신 7성령을 낳으신 위대한 하느님은 오직 한 분이시며, 해와 달과 별들 속에 있는 이 큰 영들이 사람의 아들들에게 나타난다고 여러분 모두는 잘 말씀하십시다.

39:7 그러나 여러분의 신성한 성전 책에서는 이들 일곱 성령 가운데 뛰어난 힘을 가진 두 영이 있는데, 그들 중 하나는 모든 선을 창조했으며, 다른 하나는 모든 악을 창조하였다고 읽었습니다.

39:8 바라옵건대 존경하는 스승 여러분, 어떻게 악한 것이 선한 것에서 태어날 수 있는지 말해주시기 바랍니다.'

39:9 한 마기 사제가 일어나 말하기를 '만약 당신이 내 말에 대답한다면, 당신의 문제는 해결될 것입니다.

39:10 우리는 모두 악의 사실을 인지하고 있습니다. 무엇이든 원인이 있기 마련입니다. 만약 하나이신 하느님께서 악을 만들지 않았다면, 악을 만든 신은 어디에 있습니까?'

39:11 예수님께서 말씀하시기를 '한 분이신 하느님께서 만드신 그것은 모

두가 선뿐입니다. 또한, 이 위대한 첫 번째 대원인(大原因, Cause) 같이, 일곱 성령도 모두 선입니다. 그들의 창조적 손에서 나오는 모든 것은 선입니다.

39:12 한편 모든 창조물은 자신들의 색채, 음조, 형태를 가지고 있습니다. 그러나 어떤 음조는 그들 자신은 선이고 순수하지만, 다른 것이 섞이면(mix) 부조화하고 음이 맞지 않게 됩니다.

39:13 그리고 어떤 것들은 그들이 선하고 순수하지만, 다른 것과 섞이게 되면, 부조화한 것들을 만들게 되며 그러한 독이 있는 일들을 사람들은 악한 것이라고 부릅니다.

39:14 그러므로 악이란 선의 색채, 음조, 형태 등의 부조화(inharmonies) 혼합물입니다.

39:15 사람은 완전한 지혜가 아닙니다. 그렇지만 사람은 그 자체의 것을 가지고 있습니다. 사람은 힘을 가지고 있어서, 그가 그것을 사용하여, 하느님이 창조하신 선한 것을 여러 가지 방법으로 혼합(mix)하여, 매일 불협화음과 악한 것들을 만듭니다.

39:16 그리고 모든 음조 또는 형태는 선하든 악하든 살아있는 존재- 악마, 정령, 선하거나 사악한 종류의 영이 됩니다.

39:17 인간은 이처럼 그의 악을 만들고, 악을 두려워하고 도망치니까, 그 악마들은 대담해져서, 인간을 따라가서 고통의 불길 속으로 던집니다.

39:18 악마와 타오르는 불길은 모두 인간(man)의 작품입니다. 이 둘을 만든 사람 외에는 누구도 그 불을 끄고 악한 자를 소멸할 수 없습니다.'

39:19 그런 다음 예수께서는 옆으로 서 계셨지만, 마기 사제 누구도 그분에게 답변하지 않았습니다.

39:20 그분은 군중들을 떠나 기도하시기 위하여 은밀한 곳으로 갔습니다.

CHAPTER 40

40: 예수님께서 마기 교도들을 가르치심. 고요와 고요에 들어가는 방법을 설명하심. 카스파가 예수님의 지혜를 칭찬. 예수님께서 싸이러스의

숲 속에서 가르치심.

40:1 아침 일찍 예수님께서 다시 오셔서 가르치시고 병자들을 고치셨습니다. 어떤 강력한 영이 그분을 덮은 것처럼 이해할 수 없는 빛이 보였습니다.

40:2 한 마기 사제가 이것을 주목하고 그분에게 그의 지혜가 어디서 왔으며, 그리고 이 빛의 의미가 무엇인지 말해 달라고 개인적으로 요청했습니다.

40:3 예수님께서 말씀하시기를 '영혼은 그의 하느님과 만나는 고요가 있습니다. 그곳에 지혜의 샘이 있습니다. 그곳에 들어가는 모든 사람은 지혜, 사랑, 힘으로 충만한 빛에 빠지게 됩니다.' (There is a Silence where the soul may meet its God, and there the fount of wisdom is, and all who enter are immersed in light, and filled with wisdom, love and power.)'

40:4 그 마기 사제가 말하기를 '이 고요와 빛에 대하여 말씀해 주십시오. 제가 그곳에 가서 머무르고 싶습니다.'

40:5 예수님께서 말씀하시기를 '고요는 주변이 한정되어 있지 않습니다. 벽이거나 절벽도 아니며, 칼 든 사람이 경호하지도 않습니다.

40:6 사람은 항상 그들의 하느님과 만날 수 있는 비밀장소를 가지고 다닙니다.

40:7 사람이 산꼭대기에 있든, 깊은 계곡 속에 있든, 시장에 있든, 조용한 집에 있든 그것이 중요한 것이 아니니라. 사람은 단번에 어느 시간이든 마음의 문을 활짝 열어 고요한 명상을 찾아내고 하느님의 집을 찾아냅니다. 그것은 영혼 속에 있습니다. (공통)

40:8 만약 사람이 혼자 골짜기나 산길로 가게 되면, 거래의 소음이나 사람들의 말소리나 사람들의 생각 등에 별로 방해를 받지 않을 것입니다.

40:9 그러므로 인생의 무거운 짐이 심하게 압박해 올 때는, 빠져나와 조용한 장소(quiet place)를 찾아 기도하고 명상하는 것이 훨씬 나을 (far better) 것입니다. (공통)

40:10 고요(The Silence)는 사람의 육안으로는 보이 지지 않는 영혼의 왕국입니다.

40:11 고요 안에 들어가면, 마음 전에 허깨비가 잠시 어린 거리지만, 그들은 모두 의지에 모두 굴복되며, 주인인 영혼이 이야기하면 그들은 물러갑니다.

40:12 만약 그대가 이러한 영혼의 고요를 발견하고 싶다면, 그대는 그 방법을 준비해야만 합니다. 가슴이 순수한 사람 외에는 누구도 여기에 들어갈 수 없습니다.

40:13 그리고 그대는 모든 마음의 긴장, 모든 세속적 걱정 근심, 일체의 공포, 일체의 의혹과 골칫거리 생각들은 옆자리에 놓아두어야 합니다.

40:14 당신 인간의 의지가 하느님의 신성 속으로 흡수돼야만 합니다. 그러면 그대는 신성한 의식으로 들어가게 될 것입니다.

40:15 그대는 신성한 곳에 있게 될 것입니다. 그리고 그대는 주님의 촛불이 빛나는 살아있는 성전을 보게 될 것입니다.

40:16 그대가 그것이 그곳에서 불타오르는 것을 볼 때, 그대의 두뇌(brain) 속에 있는 성전을 깊숙이 들여다보십시오. 그리하면 그대는 그것이 모두 이글이글 타오르고 있는 것을 보게 될 것입니다.

40:17 머리에서 발까지의 모든 부분에 초들이 놓이고, 사랑의 타오르는 횟불에 의하여 점화될 준비를 하고 있습니다.

40:18 그리고 모든 초가 불이 붙은 것을 보면 단지 살펴보시오, 영혼의 눈으로 그대가 그것을 들여다보면, 지혜의 샘물이 쏟아져 나오는 것을 보게 될 것입니다. 그러면 그대는 그 샘물을 마시고 거기에 머물 수 있습니다.

40:19 그리고 그 장막은 걷고, 그대는 모든 것 중 가장 신성한 곳에 있을 것입니다. 그곳에는 덮개가 자비인 하느님의 궤가 놓여있습니다.

40:20 두려워하지 말고 그 신성한 덮개 판을 들어 올리시오. 율법의 판은 궤 속에 있습니다.

40:21 그들을 집어서 잘 읽어보시오. 왜냐하면, 그것들은 인간이 지금까

지 필요로 하는 모든 가르침과 계명을 포함하고 있기 때문입니다.

40:22 그리고 그 궤 속에는, 예언의 마술 지팡이가 놓여있어 그대의 손을 기다리고 있습니다. 그것은 과거, 현재, 미래의 모든 숨겨진 의미에 대한 열쇠입니다.

40:23 그리고 보시오, 숨겨진 생명의 빵인 만나가 그곳에 있습니다. 그리고 이것을 먹는 사람은 절대로 죽지 않을 것입니다.

40:24 상급 천사가 모든 영혼을 위하여 이 보물 상자를 지켜 왔습니다. 누구든지 안으로 들어가서 그들 자신의 것을 찾을 수 있습니다.'

40:25 카스파는 그 유대 스승이 말하는 것을 듣고 나서 소리치기를 '보시오, 하느님의 지혜가 사람에게 왔습니다.'

40:26 예수님께서는 이곳을 떠나 싸이러스의 신성한 숲속으로 갔습니다. 그곳에서 군중을 만나셨고 가르치고 병자들을 고치셨습니다.

CHAPTER 41

41: 예수님께서 치유 샘터에 서 계심. 신앙이 치료의 주요요소라는 것과 많은 사람은 신앙에 의하여 병을 고쳤다고 말씀. 한 어린아이가 신앙의 큰 교훈 가르침

41:1 치유의 샘이라고 불리는 흐르는 샘터가 페르세폴리스 근처에 있었습니다.

41:2 모든 사람은 일 년 중 일정한 시간에 그들의 신이 내려오셔서 샘물에 영험을 주시고 그때 샘물에 들어가면 완치된다고 생각했습니다.

41:3 샘터에는 많은 사람이 와서, 신께서 오셔서 샘물에 효험을 나타나게 되기를 기다리고 있었습니다.

41:4 맹인, 절름발이, 귀머거리, 벙어리 그리고 귀신들린 사람들이 그곳에 모여 있었습니다.

41:5 그러자 예수님께서 그들 가운데 서셔서 '생명의 샘물을 보시오, 이러한 효능 없는 물들을 당신들은 하느님의 특별한 축복으로 존중하고 있습니다.

41:6 병 치료의 덕성은 어디에서부터 옵니까? 왜 당신들의 하느님은 그분의 선물에 그렇게도 불공평하십니까? 왜 그분은 오늘은 이 샘물을 축복하시고, 내일은 이 축복을 거두어 가십니까?

41:7 권능의 신성은 이 물을 치유의 미덕으로 가득 채울 수 있습니다.

41:8 그대 아프고 비탄에 잠긴 자들이여 내 말을 들으시오. 이 샘물의 효능은 하느님의 특별한 선물이 아닙니다.

41:9 신앙이 이 샘물에 있는 모든 물방울의 치료하는 힘입니다.

41:10 이 샘물에 씻으면 완전하게 되리라고 온 가슴으로 믿는 사람은 어느 시간이든(at any time) 씻으면 완전하게 될 것입니다.

41:11 하느님과 그대 자신 속에 이 신앙을 가진 모든 사람은 지금 이 샘물에 뛰어들고 씻으시오.'

41:12 그러자 많은 사람이 수정 같은 샘물에 뛰어들었고, 그들은 병을 고쳤습니다.

41:13 사람들은 신앙에 고무되어 몰려왔고, 개개인들은 모든 효능이 흡수되어버리기 전에 먼저 씻으려고 앞다투어 뛰어들었습니다.

41:14 예수님께서 한 어린아이를 보셨는데, 그 아이는 약하고 가냘프고 힘없어 보였으며 몰려드는 군중들 넘어 홀로 앉아 있었습니다. 그런데 그녀를 샘물까지 도와줄 사람은 아무도 없었습니다.

41:15 예수님께서 말씀하셨습니다. '나의 귀여운 아이야, 왜 그렇게 앉아 기다리기만 하는 것인지? 서둘러 샘물에 들어가 몸을 씻고 좋아지지 않으려나?'

41:16 그 어린 소녀가 대답하기를 '저는 서두를 필요가 없습니다. 하늘에 계시는 우리 아버지의 축복은 작은 잔으로는 측정할 수가 없습니다. 축복들은 결코 실패할 수가 없습니다. 그것의 효능은 언제까지나 변함이 없습니다.

41:17 신앙이 약한 사람들은, 그들의 신앙이 없어질까 두려워 급하게 병을 치료합니다. 그분들이 모두 치료된 때에도, 이러한 물은 저에게도 똑같이 효험이 있을 것입니다.

41:18 그런 후 저는 갈 수 있고, 그 축복의 샘터 속에서 오래오래 머물 수 있습니다.

41:19 예수님께서 말씀하시기를 '이 거장인 영혼을 보십시오! 이 소녀는 사람들에게 신앙의 힘을 가르치려고 이 땅에 왔노라.'

41:20 그러고 그분은 그 아이를 들어 올리시고 말씀하시기를. '왜 어떤 것을 기다리고 있습니까? 바로 우리가 숨 쉬는 있는 바로 이 공기(air)에는 생명의 향기로 가득 차 있습니다. 신앙 속에서 이 향기를 마시십시오. 그리고 온전하게 되십시오.'

41:21 그 아이는 신앙 속에서 생명의 향기를 마시고 좋아졌습니다.

41:22 사람들은 그들이 듣고 보고한 일에 대해 몹시 놀라 말하기를 '이 사람은 건강의 신이 육화된 것이 확실히 맞을 거야.'

41:23 예수님께서 말씀하셨습니다. '생명의 샘은 작은 연못이 아니니라. 그것은 하늘 공간만큼이나 넓은 (as wide as) 곳입니다.

41:24 샘물은 사랑이며 효능은 신앙입니다. 그리고 살아있는 신앙을 가지고 살아있는 샘물에 깊이 뛰어드는 사람은, 자기의 유죄를 깨끗이 씻어내고 완전하게 되어, 죄로부터 자유로이 됩니다.'

Section 9 :

아시리아에서의 예수님의 삶과 일들

CHAPTER 42

42: 예수님께서 마기 사제들과 작별 아시리아로 가심. 칼데아의 우르에서 사람들을 가르치심. 아시비나를 만나 함께 많은 마을과 도시를 방문, 가르치고 병자를 고치심

42:1 페르시아에서 예수님의 일은 이루어지고, 그분은 다시 고향을 향해 여행길에 오르셨습니다.

42:2 페르시아의 성자 카스파는 유프라테스강까지 그분과 같이 갔으며, 두 사람은 이집트에서 다시 만날 것을 약속하고 안녕 인사를 했습니다.

42:3 그리고 카스파는 카스피해 해변의 그의 집으로 갔으며, 곧 예수님께서 이스라엘의 요람의 땅인 칼데아에 계셨습니다.

42:4 그분은 아브라함이 태어난 우르에 잠시 머물면서 사람들에게 자신의 신분과 온 이유를 말하니, 사람들은 그와 말하기 위하여 가까이서 멀리서 왔습니다.

42:5 예수님은 그들에게 말씀하시기를 '우리는 모두 친인척입니다. 2,000년 이전에 우리의 조상 아브라함은 이곳 우르에 살았습니다. 그때 그는 한 분이신 하느님을 숭배하였으며, 이러한 신성한 숲속에서 사람들을 가르치셨습니다.

42:6 그는 크게 축복받았고, 이스라엘의 아버지가 되었습니다

42:7 아브라함과 사라가 이러한 길을 거닌 뒤 그렇게 많은 세월이 지났지만, 남은 친인척들은 아직도 우르에 살고 있습니다.

42:8 그리고 그들의 마음속에는 아직도 아브라함의 하느님이 추앙되고 있습니다. 그리고 신앙과 정의는 그들이 지은 돌들입니다.

42:9 이 땅을 보시오, 그것은 이제 아브라함이 그렇게도 사랑하던 풍요로운 땅이 아닙니다. 예전만큼 비가 내리지도 않습니다. 포도나무는 열매를 맺지 못하고 무화과나무는 시들었습니다.

42:10 그러나 이것이 영원히 가서는 안 됩니다. 사막이 기뻐하고, 꽃이 피고, 포도는 달콤한 열매로 아래에 늘어져 있고, 목동들이 다시 기뻐하는 때가 올 것입니다.'

42:11 예수님께서는 선의와 지상 평화의 복음을 그들에게 전파하셨습니다. 그리고 삶에 있어 인류애와 인간이 타고난 능력, 영혼의 왕국에 대하여 말씀하셨습니다.

42:12 예수님께서 이야기하고 있을 때, 아시리아에서 최고 성자 아시비나가 그의 앞에 서 있었습니다.

42:13 사람들은 그가 가끔 성전과 숲속에서 그들을 가르쳤기 때문에 그

성자를 알았습니다. 그들은 그의 얼굴을 보자 기뻐하였습니다.

42:14 아시비나가 말했습니다. '칼데아의 나의 자녀들이여, 들어보시오! 그대들은 오늘 큰 축복을 받았습니다. 살아있는 하느님의 선지자가 그대들에 왔기 때문입니다.

42:15 이 스승님이 말씀하시는 것을 주의를 기울이시오. 왜냐하면, 이분은 하느님이 이분에게 주신 말씀을 주실 것이기 때문입니다.'

42:16 예수님과 성자는 칼데아와 티그리스와 유프라테스강 사이에 있는 모든 마을과 도시에 갔습니다.

42:17 또한 예수님께서는 많은 병자를 고치셨습니다.

CHAPTER 43

43: 예수님과 아시비나가 함께 바빌론을 방문하여 그 황폐함을 인식. 두 스승께서 7일 동안 동행. 예수님께서 집으로의 여행을 다시 시작 나사렛에 도착. 마리아가 그를 위해 잔치를 베푸나 그의 형제들은 즐거워하지 않음. 예수님께서 어머니와 숙모에게 여행담을 이야기

43:1 파괴된 바빌론이 가까이에 있었고, 예수님과 그 성자는 문을 통하여 들어가 무너진 궁전 사이를 걸었습니다.

43:2 그들은 이스라엘 사람들이 한때 비천한 포로로 잡혀 있었던 거리를 걸었습니다.

43:3 그들은 유다의 아들, 딸들이 버드나무 가지에 하아프를 걸고 노래하기를 거부한 장소를 보았습니다.

43:4 그들은 다니엘과 히브리의 아들들이 신앙의 살아있는 증인으로서 서 있었던 장소도 보았습니다.

43:5 예수님께서는 그의 손을 들고 말씀하시기를. '보시오, 인간의 이 대단한 작업을

43:6 바빌론 왕은 옛 예루살렘의 주님의 성전을 파괴했습니다. 그는 그 성스러운 도시를 불태우고, 나의 동포와 나의 친인척을 쇠사슬로 묶어 노예로 이곳에 데려왔습니다.

43:7 그러나 보복(retribution)이란 옳습니다. 사람이 다른 사람에게 행한 것은 무엇이든지, 올바른 재판관이 그들에게 행할 것입니다.

43:8 바빌론의 태양은 내려갔고. 즐거움의 노래는 더는 성안에서 들리지 않을 것입니다.

43:9 모든 종류의 기어 다니는 것들과 깨끗하지 못한 새들이 이 폐허 속에서 그들의 집을 발견할 것입니다.'

43:10 벨루스의 신전 안에서, 예수님과 아시비나는 조용히 명상에 잠겨 서 있었습니다.

43:11 예수님께서 말씀하시기를 '이 바보 같고 부끄러운 기념비를 보시오.

43:12 인간은 하느님의 이 옥좌를 흔들려고 노력했습니다. 그리하여 그들은 하늘까지 이르는 탑을 짓는 어리석은 짓을 시도했습니다. 그런데 바로 그때 인간의 힘을 자랑하는 말속에서 인간의 언어가 사라졌습니다.

43:13 그리고 이 높은 꼭대기에는 사람의 손에 의하여 만들어진 이교도 바알이 섰습니다.

43:14 그 재단 위에서는 새, 짐승, 사람, 네. 어린아이들도 바알신의 끔찍한 희생물로 불태워졌습니다.

43:15 그러나 지금 피투성이의 사제는 죽고, 바로 그 바위들은 흔들려 내려앉고 이곳은 버려졌습니다. 이곳은 황량합니다.'

43:16 한편, 예수님께서는 시날의 평원에서 일주일 동안 머무르시면서, 아시비나와 함께 사람이 필요로 하는 것들과 성자들이 어떻게 다가오는 시대에 가장 잘 봉사할 것인가에 대하여 오랫동안 명상에 잠기셨습니다.

43:17 예수님께서는 그곳을 떠나, 많은 날이 지난 뒤 요단강을 건너 그의 고향 땅으로 돌아와, 즉시 나사렛에 있는 그의 집을 찾았습니다.

43:18 어머니 마리아의 가슴은 기쁨으로 가득 찼고, 마리아는 예수를 위해 잔치를 베풀고 그녀의 모든 친인척과 친구들을 초대했습니다.

43:19 그러나 예수의 형제들은 순전한 모험가라고 생각하는 사람에게 그런

관심을 기울이는 것을 기뻐하지 않아 잔치에 들어가지 않았습니다.

43:20 그들은 형제의 주장에 비웃었습니다. 그들은 그를 나태하고 야심적이며 헛된 사람이라고 불렀습니다. 쓸모없는 행운 사냥꾼, 명성을 얻기 위해 세계를 찾는 사람, 황금이나 재산도 없이 몇 년이나 지난 뒤 어머니의 집으로 되돌아온 자라고 비웃었습니다.

43:21 예수님께서는 어머니 마리아와 미리암을 따로 불러 동방 여행에 관하여 말해주었습니다.

43:22 그분은 그들에게 그동안 배운 교훈과 행한 일들을 말해주었으나, 다른 사람에게는 그의 인생 이야기를 하지 않았습니다.

Section 10 :

그리스에서의 예수님의 삶과 일들

CHAPTER 44

44: 예수님 그리스를 방문하고 아테네사람으로부터 환영받음. 아폴로를 만남. 원형극장에서 그리스 스승들에게 연설. 연설문

44:1 그리스의 철학은 신랄한 진리로 가득 차 있었기에, 예수님께서는 그리스의 학교에서 스승들과 함께 공부하기를 열망하였습니다.

44:2 그래서 그는 나사렛에 있는 집을 떠나서 갈멜 언덕을 넘어 항구에서 배를 타고 곧 그리스의 수도에 도착했습니다.

44:3 아테네의 사람들은 전부터 그가 선생이며 철학자임을 들였으며, 그들에게 온 예수님을 기쁘게 맞이하였으며, 그분으로부터 진리의 말씀을 들으려고 하였습니다.

44:4 그리스의 많은 스승 중 신탁의 수비자로 불리는 아폴로라는 사람은 그리스의 성자로서 많이 알려져 있었습니다.

44:5 아폴로는 예수님을 위하여 모든 그리스 학문의 문을 개방했습니다.

그분은 아레오파고스에서 가장 지혜로운 선생들이 말하는 것을 들었습니다.

44:6 그러나 예수님께서는 그들의 지혜보다 훨씬 뛰어난 것을 가지고 오셨기에 그들을 가르쳤습니다.

44:7 한번은 원형경기장에 서 있는데, 아폴로가 말할 기회를 주어 예수님께서 말씀하시기를

44:8 '아테네의 스승님들, 들으시오. 오랜 옛날, 자연법의 현자들이 지금 그대들의 도시가 서 있는 곳을 찾아냈습니다.

44:9 여러분들도 잘 알듯이, 크게 뛰는 가슴이 하늘을 향하여 에테르의 물결을 던지면, 하늘로부터 내려오는 에테르와 만나는 지구의 부분들이 있습니다.

44:10 밤하늘의 별처럼 여기는 영혼의 빛과 이해력이 빛납니다.

44:11 지상의 모든 부분 중 아테네보다 감수성이 있고 영적인 축복이 있는 곳은 없습니다.

44:12 네. 그리스 전체가 축복을 받았습니다. 어느 다른 땅도 당신들의 명성의 두루마리 그렇게 위대한 사상가를 가진 곳은 없습니다.

44:13 철학, 시, 과학, 예술의 방면에서 위대한 거인들이 그리스의 땅에서 태어났으며, 순수한 사상의 요람 속에서 성인으로 성숙하였습니다.

44:14 내가 이곳에 온 것은 과학이나 철학 또는 예술에 대하여 말하기 위해서가 아닙니다. 지금 여러분들이 그러한 것에 대해서는 세상 최고의 스승입니다.

44:15 그러나 당신들의 높은 성취들은 감각의 영역 위 세상으로 가는 디딤돌일 뿐입니다. 그것들은 시간의 벽을 스쳐 지나가는 단지 환상(illusive)의 그림자들입니다.

44:16 그러나 나는 너머에 있는 생명이며 안에 있는 생명에 대하여 말하고자 합니다. 이 진실한 생명은 스쳐 지나가지 않는 참된 생명입니다.

44:17 과학과 철학에는 영혼이 그 자신을 인지하기에 적합할 만큼 또는 하느님과 교통할 만큼 강한 힘이 없습니다.

44:18 나는 당신들의 큰 사상의 흐름을 막으려고 하는 것이 아니라, 그것들을 영혼의 통로로 바꾸려고 하는 것입니다.

44:19 지성의 업적은 우리가 보는 문제들은 푸는 경향은 있지만, 영혼의 숨결의 도움이 없다면 그 이상은 할 수 없습니다.

44:20 감각들은 단지 스쳐 지나가는 사물들의 단순한 그림의 모습을 마음에 가져오도록 정해져 있을 뿐, 그들은 실제적인 것을 다루지 않습니다. 감각들은 영원한 법을 이해하지 못합니다.

44:21 그러나 인간은 실체를 보기 위해 신비의 베일을 찢을 수 있는 그 무엇인가를 영혼 속에 가지고 있습니다.

44:22 우리는 이 무언가를 영혼의 자각 즉, 영각(靈覺, spirit consciousness라 부릅니다. 그것은 모든 영혼 안에 잠자고 있어서, 성령(the Holy Breath)이 환영받는 손님이 될 때까지 깨어나지 않습니다.

44:23 이러한 성령은 모든 영혼의 문을 두드리지만, 인간의 의지가 문을 활짝 열 때까지는 들어갈 수 없습니다.

44:24 지성에는 그 열쇠를 돌릴 힘이 없습니다. 철학과 과학은 베일 뒤를 힐끗 들여다보는 노력을 하였지만 실패하였습니다.

44:25 영혼의 문을 조금 열어주는 비밀의 샘물은 삶의 순수(purity), 기도, 성스러운 생각(thought) 이외에는 없습니다.

44:26 돌아오라. 오, 그리스 사상의 신비한 흐름이여. 그대의 깨끗한 물을 영적인 생활(Spirit-life)의 흐름에 섞으시오. 그러면 영각은 더 잠자지 않을 것이며, 인간은 알게 되고 하느님은 축복하실 것입니다.'

44:27 예수님께서 이렇게 말씀하시고 옆으로 물러났습니다. 그리스 스승들은 그의 말씀의 지혜에 놀라 아무도 대답하는 사람이 없었습니다.

CHAPTER 45

45: 예수님께서 그리스의 스승들을 가르침. 아폴로와 함께 델피 신전에 가셔서 신탁의 말씀을 들음. 신탁의 말씀이 예수님을 증언·아폴로와 함께 머무르면서 하느님의 산 신탁의 선각자임을 인정받으심. 아폴로

에 신탁 현상 설명함.

45:1 많은 날 동안 그리스의 스승들은 예수님께서 말씀하시는 깨끗하고 신랄한 말씀을 들었습니다. 비록 그들이 그가 말씀하신 것들을 충분히 이해할 수는 없었지만, 그들은 기뻤고 그의 철학을 받아들였습니다.

45:2 어느 날 예수님과 아폴로가 바닷가를 거닐고 있는데 델리 안내자가 급히 와서 말하기를 '아폴로 스승님, 신탁이 당신과 이야기하고 싶어 합니다.

45:3 아폴로는 예수님께 말씀하기를 '선생님 만약 당신이 델피 신전을 보고 싶어서 하시고 그것이 말하는 것을 듣고 싶다면 저와 같이 가실 수 있습니다.' 예수님은 그와 동행했습니다.

45:4 서둘러 델피 신전에 가보니, 큰 흥분이 가득했습니다.

45:5 아폴로가 신탁 앞에 서자, 그것은 말했습니다.

45:6 '그리스의 성자, 아폴로여. 종은 열두 시를 치고 시대의 한밤중이 왔도다.

45:7 자연이 자궁 속에서 시대들이 잉태 되니라. 그들은 떠오르는 태양과 같이 임신하고 영광 속에서 태어나지만, 태양이 지면 시대는 분해되고 죽노라.

45:8 델피의 시대는 영광과 명성의 시대였노라. 신들은 나무, 황금, 보석의 신탁을 통하여 인간의 아들들에게 말했었노라.

45:9 델피의 태양은 져 버렸구나. 신탁은 기울어질 것이며, 이제 사람들은 더 이상 그것의 목소리를 들을 수 없는 때가 가까워졌노라.

45:10 신들은 인간을 통하여 인간에게 말할 것이니라. 살아있는 신탁이 지금 이 성스러운 숲속에 있느니라. 높은 곳에서 로고스가 왔노라.

45:11 지금부터 나의 지혜와 나의 힘은 감소할 것이니라. 지금부터 임마누엘의 슬기와 힘이 더욱 증가하리라.

45:12 모든 스승은 머무르라. 모든 창조물은 임마누엘의 말을 듣고 그를 공경하라.'

45:13 그리고 그 신탁은 40일 동안 말하지 않았습니다. 그러므로 사제들

과 사람들은 매우 놀랐습니다. 그들은 멀리서 가까이에서 와서 살아있는 신탁이 신들의 지혜를 말하는 것을 들으려고 하였습니다.

45:14 예수님과 그 그리스의 성자는 돌아왔고, 아폴로의 집에서 그 살아있는 신탁은 40일 동안 말했습니다.

45:15 어느 날 둘이 남아 있게 되었을 때, 아폴로가 예수님에게 말하기를 '이 신성한 델피의 신탁은 그리스를 위하여 많은 도움 되는 말을 해 주었습니다.

45:16 무엇이 말하는지 그것은 천사, 인간, 살아있는 신입니까? 부디 말씀 바랍니다.'

45:17 예수님께서 말씀하시기를 '말하는 그것은 천사도 인간도 신도 아닙니다. 그것은 그리스 스승들의 마음이 하나 된 스승들의 마음으로 결합한 비할 수 없는 지혜입니다.

45:18 이 거대한 정신은 영혼의 실체를 스스로 받아들여서 생각하고, 듣고, 말합니다.

45:19 이것은 그리스 스승의 마음이 지혜, 신앙, 희망을 먹는 동안 살아있는 영혼으로 남을 것입니다.

45:20 그러나 그리스 스승들의 마음이 이 땅에서 사라질 때, 이 거대한 정신도 사라지게 될 것입니다. 그러면 델피의 신탁도 더 이상 말하지 않을 것입니다.'

CHAPTER 46

46: 바다의 폭풍우. 예수님께서 물에 빠진 많은 사람을 구조 아테네사람들이 우상에게 기도. 예수님께서 그들의 우상숭배를 책망하고 하느님이 도와주시는 방법을 말씀. 그리스인과의 마지막 모임. 화성 배를 타고 출항.

46:1 때는 성스러운 날이었습니다. 예수님께서는 아테네 해변을 거닐고 있었습니다.

46:2 폭풍우가 와서 배는 바다 한복판에서 장난감처럼 요동쳤습니다.

46:3 선원과 어부들은 물에 빠져 죽었으며, 바닷가에는 시체들이 널려 있었습니다.

46:4 예수님은 쉬지 않고 강한 힘으로, 많은 속수무책인 사람들을 구조하고, 여러 번 죽어가는 사람들을 소생시켰습니다.

46:5 한편, 바닷가에는 바다를 지배한다고 여겨지는 신들을 모셔놓은 제단이 있었습니다.

46:6 남녀들이 물에 빠진 사람들의 소리침에는 주의하지 않고, 그들의 신들에게 도움을 요청하면서, 그들의 재단 주변에 웅성거리며 모여 있었습니다.

46:7 마침내 폭풍은 가고 바다는 잠잠해졌습니다. 사람들은 다시 생각할 수 있었고 예수님께서 말씀하시기를

46:8 '그대, 나무로 만들어진 신을 섬기고 있는 사람들이여, 그대들의 열띤 기도로 이 격노한 폭풍이 가라앉았습니까?

46:9 어디에 그림으로 그려진 칼과 왕관으로 장식한 이 초라하고 세월에 찌든 신들의 힘이 있습니까?

46:10 그러한 작은 집에 깃든 신은 날뛰는 파리 한 마리도 거의 잡지 못할 터인데, 누가 그가 바다에서 바람과 물결의 신을 잡을 수 있으리라 생각하십니까?

46:11 눈에 보이지 않는 세계의 강력한 힘은 인간이 그들의 최선을 다할 때까지는 도움을 주지 않습니다. (The mighty powers of worlds unseen do not give forth their help till men have done their best.)그들은 단지 인간이 더 이상 할 수 없을 때 도움을 줍니다. (they only help when men can do no more.)

46:12 그대들은 이 신전 주위에서 고뇌하면서 기도했습니다. 그래서 그대들이 구조의 손질만 뻗쳤더라면 살릴 수 있었던 사람들을 빠져 죽게 했습니다.

46:13 구조하는 하느님은 당신들의 영혼 속에 거하셔서, 당신들의 발과 팔과 손을 사용하여 나타나십니다.

46:14 힘은 결코 게으름으로부터 나오지 않습니다. (Strength never comes through idleness.) 또한 누군가 와서 자신의 짐을 짊어지기를 바라거나, 자신이 해야 할 일을 다른 사람이 대신해주기를 기다림에서 힘은 나오지 않습니다.

46:15 그러나 최선의 힘을 다해서 자신의 짐을 지고, 그대의 일을 하면, 그대들은 하느님이 기뻐하시는 하나의 희생을 바친 것이 됩니다.

46:16 그리고 거룩하신 분은 너희의 타오르는 희생 숯불 위에 숨을 깊게 불어넣으시고, 그 불을 높이 타오르게 하여 당신의 영혼에 빛과 힘과 도와줌으로 채워 주실 것입니다.

46:17 인간이 어떤 종류의 신 앞에 바칠 수 있는 가장 효과적인 기도는, 도움을 필요로 하는 사람들에게 도움을 주는 것입니다. (The most efficient prayer that men can offer to a god of any kind is helpfulness to those in need of help.) 왜냐하면 그대들이 다른 사람을 위해 도움 준 것은, 나중 하느님께서도 그대들을 위해 도움을 주실 것이기 때문입니다. (for what you do for other men the Holy One will do for you.)

46:18 그렇게 하느님께서는 도와주시는 것입니다.'

46:19 그리스에서의 그분의 사역은 끝남. 예수님께서는 남쪽에 있는 이집트로 그의 발길을 옮겨야만 했습니다. 아폴로는 그 땅의 최고 스승들과 여러 계층의 많은 사람과 함께 히브리 성자가 떠나는 것을 보기 위해 바닷가에 서 있었습니다. 예수님께서 말씀하시기를

46:20 '사람의 이들은 지금까지 많은 나라를 방문해 보았으며 많은 외국의 신들을 모시는 신전에도 서 보았습니다. 그리고 종족과 언어가 다른 많은 사람에게 선의와 지상 평화의 복음을 전파했었습니다.

46:21 많은 가정에서 호의도 받았습니다. 그러나 그들 모두에서도 그리스는 최고의 주인이었습니다.

46:22 그리스 사상의 폭과 철학의 깊이 그리고 이기적이지 않은 열망의 수준은 훌륭한 것이어서 인간의 자유와 올바름의 대의명분에 최고

선수가 되기에 적합합니다.

46:23 그리스는 전쟁으로 정복당했습니다. 이것은 살과 뼈와 지식의 힘을 믿고, 국가와 그 힘의 원천을 묶어주는 영적 생명을 잃어버렸기 때문입니다.

46:24 그러나 그리스는 언제까지나 영원히 외국 왕의 신하로서 어두운 그림자의 땅속에 앉아 있지 않을 것입니다.

46:25 그리스 사람들이여, 머리를 드시오. 그리스가 성스러운 숨결의 에테르를 호흡하고 지상의 영적 힘의 원천이 될 때가 올 것입니다.

46:26 그러나 반드시 하느님이 그대의 보호자, 방패, 그대들 힘의 가장 높은 곳에 있어야만 합니다.'

46:27 예수님께서는 '안녕히'라고 말씀했습니다. 아폴로는 조용한 축복 속에 손을 들었고, 사람들은 눈물을 흘렸습니다.

46:28 크레타 배, 화성호를 타고 이 히브리 성자는 그리스 항구를 떠났습니다.

 Section 11 :

이집트에서의 예수님의 삶과 일들

CHAPTER 47

47: 예수님께서 엘리후와 살로메를 이집트에서 만남. 그들에게 그의 여행담을 말함. 엘리후와 살로메가 하느님을 찬양. 예수님께서 헬리오폴리스에 있는 사원에 가고 사원은 학생으로 받아줌.

47:1 예수님께서는 이집트 땅에 오셨고 모든 것은 순조로웠습니다. 그분은 바닷가에 머무르지 않고 즉시 엘리후와 살로메의 집이 있는 조안으로 갔습니다. 그들은 25년 전에 그들의 성스러운 학교에서 그분의 어머니를 가르쳤습니다.

47:2 세 사람은 다시 만나게 된 것을 기뻐하였습니다. 마리아의 아들 예수가 마지막으로 이 신성한 숲을 본 것은 그분이 아기였을 때입니다.

47:3 지금은 이제 한 사람은 온갖 풍파 속에 강건해졌습니다. 그는 많은 땅에서 수많은 군중의 마음을 휘저었던 스승입니다.

47:4 예수님께서는 그 나이든 선생님들에게 그의 생애에 대한 모든 것과 외국으로의 여행, 많은 스승과 만남, 군중들에게 친절히 대접을 받는 일에 대하여 말했습니다.

47:5 엘리후와 살로메는 기쁘게 그의 이야기를 들었습니다. 그들은 하늘을 보고 말했습니다.

47:6 '우리의 아버지 하느님이시여, 우리가 당신의 영광을 보았나니 당신의 종들을 평화로이 가게 하여 주소서

47:7 또한 우리가 사랑의 전령이며, 지상의 평화를 기약하는 전령이며, 인간들에게는 선의의 전령인 그와 이야기를 나누었습니다.

47:8 임마누엘을 통하여 지상의 모든 나라는 축복을 받게 될 것입니다.'

47:9 예수님께서는 많은 날 조안에 머무시고, 사람들이 헬리오폴리스라고 부르는 태양의 도시에 가서 신성한 인류애 성전에 입학하기를 원했습니다.

47:10 인류애 회의가 소집되었습니다. 예수님께서는 신비 의식의 사제 앞에 섰습니다. 그는 모든 질문에 맑고 힘있게 대답했습니다.

47:11 그 사제가 외치기를. '선생이시여 왜 당신이 이곳에 오셨습니까? 당신의 지혜는 신의 지혜입니다. 왜 사람의 모임에서 지혜를 구하십니까?'

47:12 예수님께서 말씀하셨습니다. '저는 지상 생활의 모든 길을 걸어보고 싶습니다. 배움의 모든 강당에 앉아보고 싶습니다. 누군가가 이미 얻은 수준까지 저도 오르고 싶습니다.

47:13 누군가가 고통받은 것을 저도 같이 겪고 싶고 그것으로 내 형제들의 슬픔, 실망, 쓰라린 유혹을 알고 싶습니다. 또한, 무언가 필요로 하는 사람들을 구할 방법까지도 알고 싶습니다.

47:14 바라건대, 형제들이여, 부디 그대들의 침울한 지하 예배당에 들어
　　　가게 해 주시오. 그리하면 저는 그대들의 가장 어려운 시험을 통과
　　　할 것입니다.'

47:15 그 스승이 말씀하기를 '그렇다면 비밀 인류애 서약을 하시오' 그리
　　　하여 예수님께서는 비밀 인류애 서약을 하였습니다.

47:16 스승이 말씀하기를. '가장 높은 정상은 가장 심오한 경지까지 도달
　　　한 사람에 의하여 획득됩니다. 그대는 가장 심오한 경지에 도달할
　　　수 있을 것이오.'

47:17 그리고 안내자는 샘터로 인도하여 예수님께서는 샘터에서 목욕하
　　　고 적절한 옷을 입고 다시 사제 앞에 섰습니다.

CHAPTER 48

48: 예수님께서 신비 의식의 사제로부터 그의 신비한 이름과 번호를 받으
　　심. 인류애 시험의 첫 번째 단계를 통과하시고 첫 번째 수준인 성실을
　　받으시리라.

48:1 그 사제는 온갖 사물의 속성과 특성이 내리 적혀 있는 두루마리를
　　　벽으로부터 내려놓으며 말했습니다.

48:2 '원은 완전한 인간의 상징이며 7은 완전한 인간의 상징입니다.

48:3 로고스는 창조하고 파괴하며 구원하는 완전한 단어입니다.

48:4 이 히브리 선생은 하느님의 로고스이며, 인류의 원이며, 시간의 7입
　　　니다. 로고스입니다.'

48:5 그리고 기록서에다 서기는 '로고스 원 7'이라 적었습니다. 그와 같이
　　　예수님은 알려지게 되었습니다.

48:6 사제가 말하기를 '로고스는 내가 하는 말에 주의를 기울이시오. 어떤
　　　사람도 자기 자신을 찾을 때까지 빛으로 들어갈 수 없습니다. 당신의
　　　영혼을 찾을 때까지 나가서 구하도록 하시오. 그 후에 돌아오시오.'

48:7 안내원은 이른 새벽의 빛처럼 희미하고 부드러운 빛이 있는 방안으
　　　로 예수님을 데리고 갔습니다.

48:8 그 방의 벽에는 신비한 기호, 신성문자, 신성한 성구 등이 적혀 있었습니다. 예수님께서는 혼자 그곳에서 많은 날을 지냈습니다.

48:9 그는 성구를 읽고, 상형문자의 의미를 생각하고, 자기 자신을 찾으라는 스승님이 말한 의미를 찾았습니다.

48:10 한 계시가 오고 그는 자기 영혼과 친숙해졌습니다. 그는 자기 자신을 찾았으며 그는 혼자가 아니었습니다.

48:11 어느 날 한밤중에 자고 있는데, 그가 알지도 못했던 문이 열리고 어두침침한 옷을 입은 사제가 와서 말하기를

48:12 '나의 형제여 예상치 못한 시간에 온 것을 용서하시오. 하지만 나는 당신의 생명을 구하려고 왔습니다.

48:13 당신은 잔인한 계략의 희생물이오. 헬리오폴리스의 사제들이 당신의 명성을 시기하여, 이 어두침침한 지하실 속에서 살아서는 떠나보낼 수 없다고 말하고 있습니다.

48:14 높은 사제들은 세상을 가르치기 위하여 나가지 않소. 그대는 신전의 노예로 일해야 할 운명이오.

48:15 이제 만약 그대가 자유로워지려면, 그대는 이들 사제를 속여야만 하며, 그대가 이곳에서 평생 머물겠다고 말해야만 하오.

48:16 그리고 그대가 바라는 모든 것을 얻었을 때, 나는 돌아올 것이고, 그대가 비밀 길로 평화롭게 나갈 수 있게 안내하겠소.'

48:17 예수님께서 말씀하시기를 '나의 형제여! 그대는 속임수를 가르치러 왔습니까? 내가 이 비열한 위선의 간계를 배우기 위하여 이 신성한 방 안에 있는 줄 아십니까?

48:18 아니요. 사람이여. 나의 아버지 하느님께서는 사기를 경멸하고 계십니다. 그리고 나는 그분의 뜻을 행하고자 여기에 있습니다.

48:19 이러한 사제들을 속인다고요! 태양이 빛나는 동안에는 아닙니다. 나는 내가 말한 것은 내가 말한 것입니다. 나는 그들과 하느님과 나 자신에게 진실할 것입니다.'

48:20 그 유혹자는 떠나고 예수님은 다시 혼자 되었습니다. 그러나 잠시

뒤 하얀 옷을 입은 사제가 나타나서 말하기를

48:21 '잘 되었습니다. 로고스가 이겼습니다. 여기는 위선의 시험실입니다.' 예수님은 안내돼서 판정석 앞에 섰습니다.

48:22 모든 형제는 서 있었으며, 사제가 와서 예수님의 머리 위에 손을 얹고, 그의 양손에 한 개의 두루마기를 놓았습니다. 그곳에는 '성실(SINCERITY)'이라는 단 한 단어만 적혀 있을 뿐, 다른 말은 적혀 있지 않았습니다.

48:23 안내인은 다시 나타나서 안내되어 학생들이 갈망할 만한 모든 것들이 가득 놓여있는 넓은 방으로 안내되어 쉬면서 기다리라고 예수님에게 명령을 했습니다.

CHAPTER 49

49: 예수님께서 두 번째 인류애 시험을 통과하시고 두 번째 수준인 정의를 받으심

49:1 로고스는 쉬고 싶지가 않았습니다. 그가 말씀하시기를 '왜 이런 호화로운 방에서 기다리게 하는 것입니까? 나는 쉴 필요가 없소. 나의 아버지의 과업이 무겁게 나를 억누르고 있습니다.

49:2 나는 가서 나의 모든 과제를 배우고 싶습니다. 만약 시험이 있다면 오게 하시오. 자아를 극복한 모든 승리는 더 큰 힘을 주기 때문입니다.'

49:3 그 뒤 안내인이 마치 밤과 같이 어두운 방에 그를 인도하여, 예수님은 홀로 남았는데 이 깊은 외로움 속에서 며칠이 지나갔습니다.

49:4 예수님께서 잠든 한밤중에, 비밀의 문은 열리고 승복을 입은 두 사람이 들어 왔는데, 각자는 깜빡거리는 작은 등불을 들고 있었습니다.

49:5 예수님께로 다가와 한 사람이 말하기를 '젊은이여, 당신이 이 무서운 지하실에서 겪는 고통으로 우리의 가슴은 무척 아픕니다. 우리는 당신을 빛으로 데려가, 자유의 길을 보여 주기 위하여 친구로서 온 것입니다.

49:6 우리도 한때 당신처럼 이 지하실에 갇혀 있었습니다. 그리고 이러한 이

상한 묘한 길을 통하여 축복과 힘에 도달할 수 있으리라 생각했습니다.

49:7 그러나 한 행운의 순간에, 우리는 속지 않고 우리의 모든 힘을 다하여 우리의 쇠사슬을 끊었습니다. 그리고 우리는 이러한 모든 과정이 위장된 부패라는 것을 알았습니다. 이곳의 사제들은 도망 중인 범죄자들입니다.

49:8 그들은 희생의식을 자랑하고, 그들의 신들에게 바치며, 살아있는 불쌍한 새나 짐승을 불태웁니다. 네. 어린이들, 부녀자들, 남자들까지도.

49:9 그리고 지금 그들은 당신을 이곳에 가두어 두고 있으나, 어떤 날에 당신을 희생 제물로 바칠 것입니다.

49:10 부디 그대에게 바라건대, 형제여, 쇠사슬을 부수고 우리와 같이 갑시다. 당신이 할 수 있는 동안 자유를 받으시오.'

49:11 예수님께서 말씀하시기를 '당신들의 약한 빛은 당신들이 가져온 빛을 나타내고 있습니다. 바라건대, 도대체 당신은 누구입니까? 사람의 말은 사람 그 자기 자신 만큼의 가치입니다.

49:12 이 사원의 벽들은 강하고 높은데 어떻게 하여 이곳에 들어왔습니까?'

49:13 그 사람들이 대답했습니다. '이들 벽 밑에는 많은 숨겨진 길들이 있습니다. 예전에 우리가 사제였을 적에, 많은 세월을 이러한 지하실에서 보냈기에 우리는 그것들을 잘 알고 있습니다.

49:14 예수님께서 말씀하시기를 '그렇다면 당신들은 배신자입니다. 배신자는 악마입니다. 다른 사람을 배신하는 사람은 결코 믿을 수 있는 인간이 아닙니다.

49:15 만약 인간이 한 번 배반의 단계에 도달하면, 사기 치는 것을 좋아하게 되고 그의 이기적인 자아를 위하여 친구도 배반하게 됩니다.

49:16 보시오, 당신들이 사람이든 무엇이든 간에, 당신의 말은 내 귀에 미미하게 들립니다.

49:17 당신이 배신자라고 고백하는 것을 들었는데도, 어떻게 내가 이 수백 명의 사제를 편견 해석하여, 나 자신과 그들에게 배신자로 돌아설 수 있다는 말입니까?

49:18 어떤 사람도 나를 대신하여 판단할 수 없습니다. 그리고 증언이 모두 들어 있을 때까지 판단한다면 나는 바른 판단을 내리지 못할 수도 있습니다.

49:19 아니오. 어느 길에서 왔는지는 모르나 왔던 길로 다시 돌아가시오. 나의 영혼은 당신들이 가져온 작은 깜박이는 불보다 무덤 속의 어둠을 더 좋아합니다.

49:20 나는 양심의 법리는 나의 형제들이 하는 말은 잘 듣고, 모든 증거가 있으면 결정할 것입니다. 그대들은 나를 위하여 결정하는 것입니다. 당신은 나를 대신하여 판단할 수 없고 나도 당신을 대신하여 판단할 수 없습니다.

49:21 돌아가 주시오. 그리고 이러한 매력적인 빛 속에 나를 남겨두시오. 왜냐하면, 태양이 비추지 않는 동안에도, 나의 영혼 안에는 해나 달을 능가하는 빛이 있습니다.'

49:22 그러자 교활한 유혹자들은 화를 내며 그를 해칠 것이라고 위협하면서 떠났고, 예수께서는 다시 혼자만 계셨습니다.

49:23 다시 하얀 옷을 입은 사제들이 나타나 길을 안내하였으며 예수님께서는 사제 앞에 다시 섰습니다.

49:24 아무 말도 하지 않고 '정의(JUSTICE)'라는 암시적인 말이 적혀 있는 두루마리를 예수님의 손에 놓아 주었습니다.

49:25 그리하여 예수님께서는 편견과 배신의 환영을 극복한 지도자가 되었습니다.

CHAPTER 50

50: 예수님께서 세 번째 인류애 시험을 통과하셨고, 세 번째 수준인 신앙을 받으심.

50:1 로고스께서 7일간을 기다리다 명예의 방에 안내되었습니다. 그곳은 실내장식이 호화롭게 장식되어 있었고, 금과 은 불빛으로 불을 밝혔습니다.

50:2 천장, 장식품, 가구용품, 벽돌의 색은 청색과 황금색이었습니다.

50:3 그 선반에는 스승의 책들로 가득 채워져 있었으며, 그림과 조각품은 가장 훌륭한 예술작품이었습니다.

50:4 그래서 예수님께서는 이러한 우아함과 사상의 명백한 표현에 마음이 끌리어 매료되었습니다. 그는 신성한 책들을 읽었고, 상징과 상형문자의 의미를 찾았습니다.

50:5 예수님께서 깊은 생각에 잠겨있을 때, 한 사제가 다가와 말하기를

50:6 '나의 형제여, 이곳의 영광을 보시오, 당신은 참으로 축복받은 사람입니다. 그렇게 젊은 나이에 그렇게 높은 명성을 얻은 사람은 세상에 거의 없습니다.

50:7 이제 만약 당신이 사람이 결코 이해할 수 없는 숨겨진 것들을 찾는데 당신의 인생을 허비하지 않는다면, 당신은 명성을 보장하는 사상계 한 학파의 창시자가 될 것입니다.

50:8 왜냐하면 당신의 철학은 플라톤보다 더 깊고, 당신의 가르침은 소크라테스의 가르침 이상으로 보통사람들을 즐겁게 해주기 때문입니다.

50:9 왜 이와 같은 옛 동굴 속에서 신비한 빛을 찾습니까? 나가서 사람들과 함께 거닐면서 사람들과 같이 생각하시오. 그리하면 사람들은 당신을 존경할 것입니다.

50:10 그리고 이러한 이상한 시작은 결국 신화가 될 수 있고, 당신의 메시아가 바라는 것은 당시의 저급한 환상일 뿐입니다.

50:11 내가 그대에게 조언하고 싶은 것은 불확실한 것들은 단념하고 확실한 명성으로 이끄는 길을 선택하라는 것입니다.'

50:12 이처럼 위장된 악마인 그 사제는 불신앙의 노래를 불렀습니다. 그리고 예수님께서는 그가 말한 것에 관하여 오랫동안 묵상했습니다.

50:13 그 갈등은 쓰라린 것이었습니다. 왜냐하면, 야망의 왕은 싸우는 데 있어 강력한 적이기 때문입니다.

50:14 40일 동안 더 높은 자아와 더 낮은 자아는 서로 싸웠고, 그 싸움은 승리였습니다.

50:15 신앙은 승리했고 불신은 그렇지 않았습니다. 야망이 얼굴을 가렸다가 도망가니 예수님께서 이르시되

50:16 '부귀, 명예, 그리고 지상의 명성은 단지 한 시간의 거품이니라.

50:17 지상에서의 이 짧은 삶이 다하면, 인간의 장신구는 그의 뼈와 함께 땅속에 묻힐 것이니라.

50:18 네 그렇습니다. 인간은 자신의 이기적인 자아를 위하여 행한 것은 인생의 신용 면에 아무런 표시도 남기지 않을 것이니라.

50:19 사람이 다른 사람들을 위하여 행하는 선행은, 그 영혼이 결코 소멸할 수 없는 하느님 자신의 부와 힘과 명예에 오르는 강한 사다리가 되니라

50:20 가난한 사람들을 저에게 주시고, 사랑 속에서 행해야 할 의무를 깨닫게 하시고, 나의 하느님이 승인해 주시면, 나는 만족할 것이니라.'

50:21 그는 하늘로 그의 눈을 들고 말했습니다.

50:22 '나의 아버지 하느님이시여, 이 시간 감사하나이다. 저는 저 자신의 영광을 구하지 아니하며, 흔쾌히 하느님의 왕국의 문지기가 되어 나의 형제들을 섬기(serve)겠습니다.'

50:23 다시 예수님께서는 사제 앞에 불려 나가 섰습니다. 한마디 말도 없이 그 사제는 예수님의 양손에 '신앙(FAITH)'이라고 쓰인 두루마리를 놓았습니다.

50:24 예수님께서는 머리를 숙여 겸손하게 감사의 인사를 하며 자리를 떠났습니다.

CHAPTER 51

51: 예수님께서 인류애 4번째 시험에 합격하여 4번째 수준인 박애를 받으시리라.

51:1 며칠 후, 안내자가 예수님을 '환락의 방'으로 안내했습니다. 방은 무척 부유하게 장식되어 있었으며, 육적 가슴이 바라는 모든 것으로 차 있었습니다.

51:2 최고의 진수성찬과 맛있는 술들이 테이블 위에 차려져 있었으며 화사하게 차려입은 아가씨들이 우아하고 즐거이 일을 거들고 있었습니다.

51:3 고귀하게 차려입은 남녀들이 그곳에 모여 있었습니다. 그리고 그들은 즐거움으로 가득 차서 환락의 술잔을 마셨습니다.

51:4 예수님께서는 잠시 고요 속에서 이들 행복한 무리를 지켜보고 있노라니까 성자의 옷차림을 한 사람이 나타나서 말하기를 '가장 행복한 사람은 꿀벌처럼 모든 꽃에서 달콤함을 모을 수 있는 사람입니다.

51:5 현명한 사람은 쾌락을 추구하고, 모든 곳에서 쾌락을 발견할 수 있는 사람입니다.

51:6 잘해봐야 지상에서의 인간의 수명은 짧아 죽으며, 죽어서 어디 갈지 알 수도 없습니다.

51:7 고로 우리 다 같이 먹고, 마시고, 춤추고, 노래합시다. 그리하여 인생의 즐거움을 느낍시다. 왜냐하면, 죽음은 빠른 속도로 오기 때문입니다.

51:8 다른 사람을 위하여 인생을 소비한다는 것은 단지 어리석은 짓입니다. 보시오, 모든 사람은 죽고 무덤 속에 같이 누워있습니다. 누구인지도 알 수 없고, 누구에게 감사를 표할 수도 없습니다.

51:9 그러나 예수님께서 대답하지 않으시고 환락에 빠져 있는 반짝이는 옷을 입은 사람들을 바라다보며 고요한 생각에 잠겼습니다.

51:10 그분은 손님들 가운데서 옷차림이 허름한 사람을 보았습니다. 그는 얼굴과 손이 고생과 가난으로 찌들어있었습니다.

51:11 들뜬 무리는 그를 학대하는 데에 즐거움을 찾아, 그를 벽에 밀어붙이고 그가 당황해 하는 것을 보고 웃었습니다.

51:12 이번에는 보기에도 가난하고 허약한 부인이 들어왔습니다. 그녀의 얼굴과 몸매에는 죄와 수치심의 표시가 드리워져 있었습니다. 그녀는 자비심도 없이 침 세례를 받고 조롱감이 되어 홀에서 쫓겨났습니다.

51:13 그러자 이번에는 소심하고 배고픈 모습의 어린아이가 들어와서 사

람들에게 단지 한 입 먹을 음식을 구걸했습니다.

51:14 그러나 그 어린 소녀는 누구의 관심이나 사랑받음 없이 쫓겨났습니다. 그런데도 유쾌한 춤의 행진은 계속되었습니다.

51:15 그리고 쾌락을 추구하는 사람들이 예수께 그들과 함께 기뻐하자고 권했을 때, 예수께서는 이렇게 말씀하셨습니다.

51:16 '다른 사람들이 곤궁에 있는 동안, 어떻게 내가 나의 즐거움을 추구할 수 있겠습니까? 아이들은 빵을 구하여 울고, 동정심과 사랑을 외치고 있는 때에, 어떻게 나 자신을 인생의 좋은 것들로 채울 수 있겠습니까?

51:17 내가 그대들에게 말하노니, 아니오입니다. 우리는 모두 친인척입니다. 우리 각자는 위대한 인간 마음의 한 부분입니다.

51:18 나는 당신들이 그렇게도 경멸하고, 벽 쪽에 모여 있는 불쌍한 사람들과 나 자신을 별도로 구분하여 생각해 볼 수 없습니다.

51:19 또한 동정심과 사랑을 구하기 위해서 악의 소굴에서 빠져나온 여인부터, 그대들에 의하여 그렇게 무자비하게 죄의 동굴로 다시 밀려 들어가게 된 여인까지

51:20 당신들이 당신들의 중심지에서 몰아 쫓아내 춥고 황량한 밤바람에 고통받는 저 어린아이까지, 나는 나 자신을 그들과 별도로 구분하여 생각해 볼 수 없습니다.

51:21 내가 그대들에게 말하노니, 그대들이 이들에게 나의 친인척에게 행한 일은, 곧 나에게 행한 것입니다.(I tell you, men, what you have done to these, my kindred, you have done to me.)

51:22 당신들은 당신의 집안에서 나에게 상처를 주었습니다. 더 이상 이곳에 머무를 수 없습니다. 나는 나가서 어린아이와 그 여인과 그 사람을 찾을 것입니다. 그리고 나의 생명의 피가 모두 말라 없어질 때까지 그들을 위하여 도움을 줄 것입니다.

51:23 나는 불쌍한 자를 돕고(help), 배고픈 자를 먹이고(feed), 헐벗은 자에게 옷을 입히고(clothe), 병든 자를 고치고(heal), 사랑을 받지

못하여 실망하여 낙담한 자에게 즐거운 좋은 말(speak)을 해줄 때 이를 쾌락이라 부릅니다.

51:24 당신들의 부르는 환락은 단지 밤의 망상(phantom, 환상, 유령)입니다. 관능적 욕구의 불꽃은 단지 시간의 벽 위에 그려진 것입니다.'

51:25 로고스가 말하고 있는 동안에 흰옷을 입은 사제가 나타나서 그에게 말하기를 모임이 당신을 기다리고 있습니다.'

51:26 그리하여 예수님께서는 또다시 심판대 앞에 서셨으며 신비 의식의 사제는 아무 말 없이 '박애(PHILANTHROPY)'라고 적혀 있는 두루마리를 그의 양손에 놓아주었습니다.

51:27 예수님은 이기적 자아를 극복하신 승리자가 되셨습니다.

CHAPTER 52

52: 예수님께서 사원 숲속에서 40일을 보내심. 인류애 5번째 시험을 통과. 5번째 칭호인 의결(HEROISM, 義烈, 영웅)을 받으심.

52:1 성전 숲에는 동상, 기념비, 사당이 많이 있었으며 예수님께서는 걷는 것과 명상을 사랑하셨습니다. (Jesus loved to walk and meditate.)

52:2 예수님께서 자아를 극복하신 뒤에 40일 동안 이러한 숲속에서 자연과 더불어 이야기했습니다. (And after he had conquered self, he talked with nature in these groves)

52:3 그러자 안내원은 그의 손과 발을 쇠사슬로 채워 결박하여 그를 굶주린 야수와 더러운 새들과 기는 것들이 득실거리는 굴로 던졌습니다.

52:4 동굴 속은 밤과 같이 어두웠으며 야수들은 울부짖고, 새들은 격한 소리를, 파충류들은 쉬쉬 소리를 냈습니다.

52:5 그러자 예수님께서 말씀하셨습니다. '누가 나를 이같이 묶어 놓았는가? 왜 나는 쇠사슬에 묶여 유순하게 앉아 있는 것일까?

52:6 내가 너희에게 이르노니, 어떤 것도 인간의 영혼을 붙잡아 매는 힘은 없느니라. 무엇으로 족쇄는 만들어졌는가?'

52:7 그의 힘으로 그분은 일어났습니다. 그의 생각에 쇠사슬이라고 생각
했던 것은 약한 줄이었고, 그가 만지니 산산조각으로(part) 분리되
어 나갔습니다.

52:8 그리고 그분은 크게 웃으시면서 말씀하셨습니다. '사람을 붙잡아 매
는 쇠사슬은 환상의 공장에서 주조한 것이니라. 이는 공기로 만들어
져서, 환상의 불로 용접한 것이니라.

52:9 만약 사람이 바로 일어나 서서, 의지의 힘을 사용하면, 그의 쇠사슬은
가치 없는 헝겊처럼 떨어집니다. 왜냐하면, 의지(will)와 신앙은 지금
껏 인간이 만든 가장 튼튼한 쇠사슬보다도 더 강하기 때문이니라.'

52:10 그리고 예수님께서 굶주린 야수와 새들 사이에 우뚝 서서 말했습니
다. '나를 둘러싼 이 암흑은 무엇인가?

52:11 '이것은 단지 빛의 부재. 그러면 빛이란 무엇인가? 이것은 단지 빠
른 생각의 리듬 안에서 움직이는 하느님의 숨결이니라.'

52:12 그리고 그는 빛이여 나타나라고 말씀하시고, 강력한 의지(will)로
에테르(ether)를 휘저으니(stir), 그 진동이 빛의 수준에 도달하자,
빛이 나타났습니다.

52:13 그러자 캄캄한 동굴은 새로이 태어난 날처럼 빛났습니다.

52:14 그런 뒤에 예수님께서 굶주린 야수들과 새와 기는 것들을 바라보시
니, 보시오, 아무것도 없습니다.

52:15 그리고 예수님께서 말씀하셨습니다. '영혼이 두려워하는 것은 무엇
인가? 공포(fear)는 사람을 죽음으로 태우고 가는 꽃수레이노라.

52:16 그가 시체실에 그 자신이 있음을 발견할 때 그는 속아왔던 것을 알
고는, 그의 꽃수레는 환영이며 죽음은 환상의 자식임을 알았노라.

52:17 그러나 언젠가 모든 사람은 교훈을 배울 것이고, 그 불결한 야수,
새, 파충류가 득실거리는 동굴에서부터, 빛 속을 걷기 위해 일어나
게 될 것이노라.'

52:18 예수님께서 황금으로 만들어진 사다리를 보시고 올라가니 위에는
흰옷을 입은 사제가 기다리고 있었습니다.

52:19 또다시 그는 심판대 앞에 섰으며 사제는 말없이 손을 뻗쳐 그를 축복해 주었습니다.

52:20 그 사제는 '의열(HEROISM)'이라고 쓰인 두루마리를 예수님의 손에 놓아주었습니다.

52:21 로고스께서는 공포와 모든 그의 환상 군단을 만나 싸워 승리하였습니다.

CHAPTER 53

53: 예수님 인류애 6번째 시험에 통과하여 6번째 수준인 성애(聖愛, LOVE DIVINE)를 받으심

53:1 이 나라의 모든 곳 중에서 태양의 사원에 있는 아름다운 거실보다 웅장하게 꾸며진 장소는 없습니다.

53:2 여태껏 이처럼 부유한 방에 들어가 본 수련생은 거의 없었을 것입니다. 사제들은 이에 대하여 경외심으로 그들 방을 '신비의 방'이라고 이름 지어 불렀습니다.

53:3 예수님께서 공포를 극복하는 승리를 이루였을 때, 그는 이 방에 들어갈 수 있는 권한을 얻었습니다.

53:4 안내원은 길을 안내하고, 부유하게 장식된 많은 방을 통과한 후, 그들은 조화의 방에 도착했습니다. 그리고 이곳에서 예수님은 혼자 남았습니다.

53:5 악기 중 하프시코드가 있었습니다. 예수님께서 그것을 바라보며 조용히 생각에 잠겨있을 때. 매혹적으로 아름다운 아가씨가 방안으로 조용히 들어왔습니다.

53:6 그녀는 예수님이 깊은 생각에 잠겨 앉아 있는 것을 알아차리지 못했습니다.

53:7 그녀는 하프시코드의 옆에 위치를 잡고, 가장 우아하게 줄을 만져서, 이스라엘 노래를 불렀습니다.

53:8 그러자 예수님께서는 황홀했습니다. 그러한 아름다움을 그는 결코

본 적 없고, 그러한 음악을 결코 들은 적도 없었습니다.

53:9 그 처녀는 그녀의 노래를 불렀습니다. 그녀는 누군가 가까이에 있다는 것을 모르는 듯 보였고, 그녀는 자기 길을 갔습니다.

53:10 그러자 예수님께서 혼잣말로 말씀하기를. '이 사건의 의미는 무엇인가? 나는 그처럼 황홀할 만큼 아름답고, 여왕 같은 사랑스러움을 가진 여인을 사람의 자식 가운데에서 지금까지 알지 못했노라.

53:11 나는 지금까지 사람에게서 이처럼 우아한 천사의 목소리가 나오고, 인간의 입술에서 천사의 음악이 나오게 되는지 알지 못했노라.'

53:12 여러날 동안 그분은 황홀한 상태로 앉아 있었습니다. 그의 사상의 흐름은 변했습니다. 그는 그녀와 그녀의 노래들 이외에는 아무것도 생각나지 않았습니다.

53:13 그는 다시 한번 그녀를 보기를 갈망했습니다. 며칠 뒤에 그녀는 왔습니다. 그녀는 말을 걸면서 그분의 머리 위에 그녀의 손을 얹었습니다.

53:14 그녀의 손길은 모든 그의 영혼을 전율케 하였으며, 그 시간 동안 그가 이곳에서 해야 할 일들을 잊게 했습니다.

53:15 그 여인은 거의 몇마다 안 하고는 사라졌습니다. 그러나 그때 예수님의 마음은 흔들렸습니다.

53:16 사랑의 불꽃이 그의 영혼에 불을 붙였습니다. 그는 자기 인생에 있어 가장 아픈 시련에 직면하게 되었습니다.

53:17 그는 잠도 잘 수 없었으며 먹을 수도 없었습니다. 여인에 대한 생각들이 밀려왔고 그 생각이 떠나지 않았습니다. 그의 육체적 관능은 그녀와의 교제를 크게 희구하였습니다. 애욕은 소리 높여 그녀의 관능적 애욕과 해후하기를 희구하였습니다.

53:18 그때 예수님께서 말씀하셨습니다. '보라, 나는 지금까지 만났던 모든 적을 정복했노라. 지금 이러한 관능적 사랑에 정복당할 수 있겠는가?

53:19 나의 아버지 하느님께서는 성애(聖愛)의 힘을 보여 주시기 위하여 여기에 나를 보내셨노라. 그 사랑은 모든 살아있는 것에 미치노라.

53:20 이 순수하면서도 보편적 우주적 사랑(universal love)이 육체적인

사랑(carnal love)에 모두 흡수돼야만 하나? 비록 그녀가 미와 순결과 사랑에 있어 이상향이라 할지라도, 내가 모든 다른 창조물들을 잊고 이 매혹적인 여인에게 내 인생을 잃어버려야만 하나?'

53:21 그분 영혼의 깊은 곳은 동요하였으며, 오랫동안 그는 마음의 천사우상과 싸웠습니다.

53:22 그러나 그날이 거의 끝나갈 때, 그의 더 높은 자아가 힘있게 일어났습니다. 그는 그 자신을 다시 찾았습니다. 그리고 말씀하셨습니다.

53:23 '설사 내 가슴이 부서진다고 하더라도, 나는 나의 가장 어려운 이 과제에서 실패하지 않으리라. 나는 육적 사랑(carnal love)의 승리자(victor)가 되리라.'

53:24 그 여인이 다시 와서 그에게 그녀의 매력적인 손과 가슴을 맡기자, 그는 말씀하셨습니다.

53:25 '아름다운 여인이여, 당신의 존재 그 자체가 나를 기쁨으로 몰아넣고. 당신의 목소리는 내 영혼의 축복입니다. 나의 인간적인 자아는 당신에게 날아가 당신의 사랑 속에서 만족하는구려.

53:26 그러나 모든 세상은 내가 보여 주고자 하는 사랑을 갈망하고 있습니다.

53:27 그래서 나는 그대에게 떠나 달라고 명령해야만 합니다. 그러나 우리는 또다시 만날 것입니다. 이 땅 위의 우리의 길은 서로 따로 분리되어 던져져 있지 않기 때문입니다.

53:28 나는 지상의 바쁜 군중들 속에서 사랑의 사신으로서(as minister of love) 당신을 봅니다. 그리고 사람들의 가슴을 더 나은 것으로 만드는 노래(song) 속에서 당신의 음성을 듣습니다.'

53:29 그러자 슬픔으로 울면서 그 여인은 자리를 떠났습니다. 그러자 예수님께서는 또다시 홀로 남게 되었습니다.

53:30 즉시 사원 안의 거대한 종이 울렸고, 노래하는 사람들은 새롭고도 새로운 노래를 불렀습니다. 그 동굴은 빛으로 빛났습니다.

53:31 사제가 몸소 나타나서 말했습니다. '만세! 승리의 로고스여, 만세!

관능적 애욕의 정복자는 높은 곳에 섭니다.'

53:32 그러자 그는 예수님의 손위에 '성애(聖愛, LOVE DIVINE)'라고 적혀 있는 두루마리를 놓아 주었습니다.

53:33 그들은 함께 아름다운 동굴에서 나왔으며 연회장에서는 축제가 베풀어졌습니다. 그리고 예수님께서는 그 연회의 주빈이었습니다.

CHAPTER 54

54: 예수님께서 사제의 학생이 되어 이집트의 신비를 배우심. 7번째의 시험에 통과하여 사자의 방에서 일하심

54:1 고급과정의 공부가 시작되어 예수님께서 그곳에 들어가 그 사제 밑에서 수련생이 되었습니다.

54:2 그는 이집트 땅의 신비한 밀교의 비밀을 배웠습니다. 삶과 죽음의 신비, 그리고 태양계 너머의 세계에 대하여도 배웠습니다.

54:3 그분은 수준 높은 모든 공부가 끝났을 때, 사자의 방에 들어갔습니다. 그곳에서 그는 시체 부패를 방지하는 고대 방법을 배웠고 그곳에서 일하였습니다.

54:4 그곳에 운반인들은 한 과부 외아들의 시체를 방부 처리하기 위해 실어왔습니다. 어머니는 가까이에 따라오면서 울었고 그녀의 슬픔은 컸습니다.

54:5 예수님께서 말씀하셨습니다. '훌륭한 부인이시여, 눈물을 거두시오. 당신은 단지 빈 집을 따라왔습니다. 당신의 아드님은 시신 안에 없습니다. (your son is in it not.)

54:6 당신 아드님이 죽어 당신은 울고 계십니다. 죽음이란 잔인한 말이지만, 당신의 아드님은 결코 죽을 수 없습니다. (your son can never die.)

54:7 그는 육신의 옷을 입고, 자기에게 맡겨진 모든 일을 다 했습니다. 그리고 지금은 육신은 저렇게 놓아두었습니다. 그는 이제 더 이상 육신이 필요 없기 때문입니다.

54:8 인간의 육안 저 너머에 그는 해야 할 또 다른 일이 있습니다. 그는 그

것을 잘 할 것이며, 그러고는 다른 과업을 하기 위하여 옮길 것입니다. 머지않아 그는 완전한 생명의 면류관에 도달하게 될 것입니다.

54:9 당신의 아드님이 행한 일, 그가 아직 앞으로 해야만 할 일들을 우리 모두도 해야 합니다.

54:10 그런데 이제 만약 당신이 슬픔을 가득 품고 있다면 그것은 매일 더 커질 것입니다. 그것은 바로 당신의 생명을 빨아들일 것이며 마침내 당신은 쓰라린 눈물로 젖은 슬픔 외에는 아무것도 남는 것이 없게 될 것입니다.

54:11 그를 도와주는 대신 당신은 당신의 깊은 슬픔으로 당신의 아들을 슬프게 만듭니다. 그는 예전에 해왔던 것처럼 당신의 위로를 구하고 있습니다. 당신이 기쁠 때 기뻐하고 당신이 슬플 때 슬퍼합니다.

54:12 가서 당신의 비통을 깊이 묻히시오. 그리고 비통함에 미소지고, 다른 사람의 눈물을 거두는 데 그대를 바치십시오.

54:13 의무를 다하게 되면 행복과 기쁨이 옵니다. 그리고 기쁨은 사망하신 분들의 마음을 즐겁게 고무시켜줍니다.'

54:14 울던 부인은 바꿨고, 도와줌 속에서 행복을 찾기 위하여, 즐거움 속에서 그녀의 슬픔을 깊이 묻기 위하여, 그녀의 길로 갔습니다.

54:15 그때 다른 운반인들이 한 어머니의 시신을 시체실로 옮겨왔습니다. 그리고 단 한 명의 문상객이 따라 왔습니다. 그녀는 어린 소녀였습니다.

54:16 그리고 이 행렬이 입구에 가까이 다가왔을 때, 그 어린 소녀는 부상을 입은 한 마리 새가 심하게 고통 속에 있는 것을 보았습니다. 한 잔인한 사냥꾼의 화살이 새 가슴을 찔렸던 것이었습니다.

54:17 그러자 그녀는 죽은 자의 시체를 따라가지 않고, 살아있는 새를 도와주려고 갔습니다.

54:18 부드러움과 사랑으로 그녀는 상처를 입은 새를 가슴에 안은 뒤 급히 예전 자리로 되돌아 왔습니다.

54:19 그러자 예수님께서 그녀에게 말씀하셨습니다. '왜 상처 입은 새를

구하기 위하여 어머니 곁을 떠났느냐?'

54:20 그 소녀가 대답하기를 '죽은 육신은 더 이상 나의 도움이 필요 없기 때문입니다. 그러나 나는 생명이 있는 것은 도울 수 있습니다. 저희 어머니가 저에게 이렇게 가르치셨습니다.

54:21 저희 어머니께서는 슬픔과 이기적인 사랑, 그리고 희망과 공포들은 단지 보다 낮은 자아의 반영이라고 말씀하셨으며,

54:22 우리가 느끼는 것은 생명의 큰 굴러감 중에 단지 작은 물결에 불과하다고 가르쳐 주셨습니다.

54:23 이러한 것들은 모두 지나갈 것입니다. 그들은 사실이 아닌 것들입니다.

54:24 눈물은 육신의 마음에서부터 흐릅니다. 영혼은 절대 울지 않습니다. 그리고 저는 눈물이 씻겨나간 곳, 빛 속에 거닐게 될 날을 갈망하고 있습니다.

54:25 우리 어머니께서는 모든 감정은 인간의 사랑, 희망, 공포에서 일어나는 물보라라는 것과 완전한 축복은 우리가 이러한 것을 극복할 때까지는 우리 것이 될 수 없다고 가르쳐주셨습니다.'

54:26 그러자 예수님께서는 소녀 앞에서 공손히 절(bow)을 하고 말씀하셨습니다.

54:27 '나는 며칠, 몇 달, 몇 년 동안 나는 인간이 지상에서 배울 수 있는 가장 높은 진리를 배우려고 노력했는데, 여기 지상에 온 지 얼마 되지 않은 신선한 아이에게, 뜻하지 않게 그 모든 것을 단숨에 들었노라.

54:28 다윗이 '주여. 주의 이름이 온 세상에 얼마나 뛰어나신지요!' 라고 한 것은 경이로운 말이 아니노라.

54:29 '어린아이와 젖먹이의 입을 통하여 당신의 권능을 보여줍니다.'

54:30 그리고 그는 소녀의 머리 위에 손을 얹으시고는 말씀하셨습니다. '나는 나의 아버지 하느님의 축복이 영원히 이 아이에게 임할 것을 확신하노라.'

CHAPTER 55

55: 7번째 시험에 통과, 예수님께서는 최고의 칭호인 그리스도(THE CHRIST)를 받으심. 승리자가 되어 사원 떠남

55:1 사자의 방에서 그의 수행이 끝난 예수님께서 사원 자줏빛 방안에서 사제 앞에 섰습니다.

55:2 그분은 자줏빛 예복을 입었으며, 모든 형제는 일어섰고 사제가 일어나서 말하기를

55:3 '오늘은 이스라엘 모든 사람에게 경사스러운 날입니다. 우리는 그들의 선택된 아들을 위하여 유월절 큰잔치를 축하하는 바입니다.'

55:4 그는 예수님께 말하기를 '형제여. 그대는 사람들 가운데서 가장 탁월하며, 모든 성전 시험에서 그대는 이겼노라.

55:5 그대는 여섯 번이나 그대는 올바름의 심판대 앞에서 판결을 받았노라. 여섯 번이나 그대는 인간이 받을 수 있는 가장 높은 영예를 받았노라. 그리고 지금 그대는 마지막 수준을 받기 위하여 서 있노라.

55:6 그대의 이마 위에 이 왕관 머리띠를 주노라. 그리고 이제 그대는 하늘과 땅의 큰집에 거하는 그리스도(THE CHRIST)이니라.

55:7 이것이 그대의 유월절 행사입니다. 그대는 이제 더 이상 수련생이 아니고 이제부터는 대스승의 마음이십니다.

55:8 이제 인간은 더 이상 할 것이 아무것도 없습니다. 그렇지만 하느님께서는 말씀해 주실 것이며 그대의 자격과 칭호를 확증해 주실 것입니다.

55:9 그대의 갈 길로 가시오. 그대는 사람들에게 선의의 복음과 땅 위의 평화를 전해야만 되기 때문입니다. 그리고 또한 감옥의 문을 활짝 열고 죄인들을 풀어주어야만 하기 때문입니다.'

55:10 그 사제가 말하는 동안 사원 종소리가 울려 퍼졌으며, 하얀 비둘기가 내려와 예수님 머리 위에 앉았습니다.

55:11 그러자 성전을 진동할 만큼의 큰 한 소리가 '이분은 그리스도이십니다.'라고 말하고, 살아있는 존재들은 '아멘'이라고 하였습니다.

55:12 그 신전의 웅장한 문이 조금 열리자, 예수 그리스도께서는 승리자

로서 여행길에 올랐습니다.

세상의 일곱 성현의 회의

CHAPTER 56

56: 세계의 7성현이 알렉산드리아에 모임. 집회의 목적. 개회사

56:1 시간이 시작된 이후 시대마다 7명의 성자가 살았습니다.

56:2 모든 시대의 처음에 이 현인들은 국가, 민족, 종족 및 언어의 행로를 주목하기 위해 모입니다.

56:3 인류가 정의, 사랑, 정의를 향해 얼마나 멀리 나아갔는지 주목하기 위해

56:4 다가오는 시대에 가장 적합한 법률, 종교적 가정 및 통치 계획을 공식화하는 것입니다.

56:5 한 시대가 지나갔습니다. 보시오, 다른 시대가 왔습니다. 그리하여 성자들이 모여야만 합니다.

56:6 알렉산드리아는 세계 최고의 사상의 중심지였습니다. 그리고 이곳 파일로의 집에서 그 성자들이 모였습니다.

56:7 중국에서는 멘구스테, 인도에서는 비댜바찌, 페르시아에서는 카스파, 아시리아에서는 아시비나, 그리스에서는 아폴로가 왔고, 맛세노는 이집트의 성자였습니다. 그리고 파일로는 그리스 사상의 주요인물이었습니다.

56:8 시간이 되었고, 회의는 열려 일동은 7일 동안 고요 속에 앉아 있었습니다.

56:9 멘구스테가 일어나서 말하기를 '시간의 바퀴가 한 번 더 돌아, 인류는 이제 보다 사상의 더 높은 수준에 있습니다.

56:10 우리의 조상들이 짠 옷은 낡았습니다. 천사는 하늘의 옷감을 짰습

니다. 그리하여 우리 손안에 그 옷감이 있으며 이제부터 우리는 사람들을 위하여 새로운 옷을 만들어야만 합니다.

56:11 사람의 아들들은 더 큰 빛을 찾고 있습니다. 더 이상 그들은 나무로 깎은 신이나 흙으로 만든 신들을 좋아하지 않습니다. 그들은 손으로 만들지 않은 신을 찾고 있습니다.

56:12 그들은 다가오는 시대의 빛을 봅니다. 그러나 그들은 아직 그것을 이해하지 못하고 있습니다.

56:13 이 시간은 무르익었고 우리는 인류를 위한 이러한 의복들을 유행에 맞게 잘 만들어야 합니다.

56:14 우리는 사람들을 위하여 정의, 자비, 올바름, 사랑의 새로운 옷을 만들어, 다가오는 시대의 진리의 빛이 빛날 때 그들의 나체를 가려주도록 합시다.'

56:15 비댜바찌가 말하기를 '우리의 사제들은 모두 미쳤습니다. 그들은 광야에서 악마를 보고 그에게 등불을 내 던져 패배 당했으며, 어떠한 사제도 사람을 위하여 한 줄기 빛도 주지 못하고 있습니다.

56:16 밤은 어둡습니다. 인도인의 가슴은 빛을 구하고 있습니다.

56:17 사제제도는 개혁될 수가 없습니다. 그것은 이미 죽었으며 가장 필요로 하는 것은 무덤이며 장송곡입니다.

56:18 새로운 시대는 자유를 요구합니다. 각 사람을 사제로 삼아 혼자 갈 수 있게 하고 하나님의 성소에 제물을 드리는 그런 종류의 것입니다.'

56:19 카스파가 말했습니다. '페르시아에서는 사람들이 두려움 속에서 걷고 있습니다. 그들은 나쁜 짓을 행하는 것이 두려우므로, 좋은 일을 행하고 있습니다.

56:20 악마가 우리 땅에서는 가장 큰 힘입니다. 그리고 이것은 꾸민 이야기이지만, 악마는 젊은이와 나이 든 사람 모두 자기 무릎 위에 놓고 흔들어대고 있습니다.

56:21 우리 땅은 어두우며, 악이 어둠 속에서 번성하고 있습니다.

56:22 공포는 모든 산들바람에 올라타고 삶의 모든 형태에 숨어들어 옵니다.

56:23 악의 두려움 그것은 신화이고 환상이며 올무입니다. 그러나 어떤 강력한 힘이 나타나 에테르를 빛의 세계로 끌어올릴 때까지는 살아 남을 것입니다.

56:24 이 일이 일어나면 마기교 땅은 빛을 자랑할 것입니다. 페르시아의 영혼은 빛을 요구합니다.'

CHAPTER 57

57: 성자들의 모임 계속됨. 개회사. 예수님 도착. 7일간의 명상

57:1 아시비나가 말하기를 '아시리아는 의심의 땅입니다. 우리나라 사람 대부분이 타고 있는 마차는 의심이라는 딱지가 붙어 있습니다.

57:2 일단 신앙이 바빌론으로 걸어나갔을 때 그녀는 총명하고 아름다웠 습니다. 그러나 그녀는 정말 아름다운 옷을 입고 있었기에 사람들은 그녀를 두려워하였습니다.

57:3 그리고 모든 바퀴가 돌기 시작했고, 의심은 그녀와 전쟁을 벌여 그 녀를 땅에서 몰아냈고 그녀는 더 이상 돌아오지 않았습니다.

57:4 형식적으로는 사람들은 유일하신 하느님을 섬기고 있지만, 마음속 으로는 하느님의 존재를 확신하지 못하고 있습니다.

57:5 신앙은 보이지 않는 성전에 예배하지만, 의심은 하느님의 모습을 보 아야만 합니다.

57:6 모든 아시리아에게 가장 필요한 것은 신앙입니다. 존재하는 모든 것 을 확실하게 만드는 믿음입니다.'

57:7 아폴로가 말하기를 '그리스인에게 가장 필요한 것은 하나님에 대한 진실한 개념입니다.

57:8 그리스의 신의 계보에는 방향타가 없습니다. 왜냐하면, 모든 사상이 신이 될 수 있고 신으로 받들어지고 있기 때문입니다.

57:9 생각의 단계는 넓고 날카로운 적대자들로 가득 차 있습니다. 그리하 여 신들의 집단은 적대감, 전쟁, 비열한 음모로 가득 차 있습니다.

57:10 그리스는 그런 신들 위에 서는 주도적인 커다란 정신이 필요합니

다. 사람들의 생각을 많은 신에서 멀어지게 하여 하나의 신이 필요합니다.

57:11 우리는 빛이 언덕을 넘어오고 있다는 것을 알고 있습니다. 하나님은 그 빛을 빠르게 합니다.'

57:12 맛세노가 말하기를 '이 신비의 나라, 죽은 자의 이집트를 보시오,

57:13 우리의 신전들은 오래전에, 모든 것이 숨겨진 시간의 무덤으로 변했었습니다. 우리의 신전, 지하실, 동굴은 어둡습니다.

57:14 빛 속에서는 어떤 비밀도 없습니다. 태양은 숨겨져 있는 모든 진리를 드러내 줍니다. 하느님 앞에서는 숨겨진 신비가 없습니다.

57:15 떠오르는 태양을 보시오, 그 빛은 모든 문으로 들어옵니다. 네. 미즈라임의 비밀 지하실의 모든 틈으로도 들어옵니다.

57:16 우리는 빛을 환영합니다. 모든 이집트인은 빛을 갈망하고 있습니다.

57:17 파일로가 말하기를 '히브리의 사상과 생명이 필요로 하는 것은 자유입니다.

57:18 히브리의 선지자, 예언가, 율법 제정가들은 힘 있는 사람들이며 신성한 사상을 가진 사람들이어서, 우리에게 이상이라고 하는 철학 체계를 주었습니다. 이것은 우리의 국민을 완전이란 목표로 이끌어 가기에는, 충분히 강하고 좋은 것이었습니다.

57:19 그러나 육신적인 마음은 거룩함을 거부했습니다. 이기심으로 가득 찬 사제제도가 생겨났고 마음의 순결은 신화가 되었고 사람들은 노예가 되었습니다.

57:20 사제제도는 이스라엘의 저주입니다. 그러나 오실 분이 오시게 되면, 그분께서는 노예해방을 선언하실 것이며 우리 국민은 자유롭게 될 것입니다.

57:21 보시오, 하느님께서는 지혜와 사랑과 빛의 육체로 만들어서, 그는 임마누엘이라고 불렀습니다.

57:22 그분에게는 새벽을 여는 열쇠가 주어졌습니다. 그리고 사람으로서 이곳에서 우리와 함께 걷고 있습니다.'

57:23 그때 회의실 문이 열리더니 로고스께서 세상의 성현들 사이에 서 있었습니다.

57:24 다시 성현들은 일 주일간 고요 속에 앉아 있었습니다.

CHAPTER 58

58: 성현들의 모임이 계속됨. 7개의 보편적 원리가 제시됨

58:1 명상에 잠겼던 성현들은 재충전되어, 생명의 책을 열고 읽었습니다.

58:2 그들은 인간 생활, 인간의 모든 투쟁, 이해, 손실에 관한 이야기를 읽고, 과거 사건과 필요성에 비추어, 다가오는 시대에 인간들을 위한 최선이 무엇인가를 보았습니다.

58:3 그들은 그의 재산에 가장 적합한 종류의 법률과 계율을 알고 있었습니다. 그들은 인류가 이해할 수 있는 하느님의 이상을 보았습니다.

58:4 이들 성현이 명문화하려고 하는 7개의 조항 위에, 다가오는 시대의 가장 훌륭한 생활철학과 예배철학이 남아 있도록 해야 했습니다.

58:5 가장 연장자인 성자 멘구스테가 의장직을 맡아서 말하기를

58:6 '인간은 신앙에 의하여 살만큼 충분히 발전되어 있지 않습니다. 그들은 자신의 눈에 보이지 않는 사실들을 이해할 수 없습니다.

58:7 그는 아직 어린아이이기에, 다가오는 모든 시대에는 그림, 상징, 의식과 형태로써 가르침을 받지 않으면 안 됩니다.

58:8 그들의 하느님은 인간 하느님이어야만 합니다. 그들은 신앙에 의해서 하느님을 볼 수가 없습니다.

58:9 그리고 그는 그 자신을 다스리지 못합니다. 왕이 지배해야 하며 인간은 그를 섬겨야 합니다.

58:10 이 시대 뒤에 오는 시대는 인간의 시대, 신앙의 시대가 될 것입니다.

58:11 이 축복 받은 시대에는 인류는 육적인 눈의 도움 없이도 보게 될 것이며, 소리 없는 소리를 들을 것이며, 하느님을 알게 될 것입니다.

58:12 우리가 들어가는 시대는 준비시대입니다. 그러므로 모든 학교와 정부와 신앙의식은 인간이 이해할 수 있는 간단한 방법으로 구성돼야

합니다.

58:13 그리고 인간은 창시할 수 없습니다. 그는 자신이 본 패턴에 따라 건
물을 짓습니다. 그러므로 이 회의에서 우리는 다가올 시대를 위한
모형을 만들어야 합니다.

58:14 그리고 우리는 영혼의 제국에 대한 영지(gnosis, 靈知)를 공식화해
야 합니다. 이는 7가지 가정에 기초합니다.

58:15 성현 여러분께서는 차례대로 각각 규정을 만들어주시기 바랍니다.
이들 모형은 완전한 시대가 도래할 때까지 모든 사람의 신조 기본
이 될 것입니다.'

58:16 멘구스테가 그 첫 번째 조항을 썼습니다.

58:17 모든 것은 생각(thought, 想念)입니다. 모든 삶은 생각 활동입니
다. 수많은 존재는 하나의 큰 생각이 현시된 국면일 뿐입니다. 보시
오, 하느님은 생각이고, 생각은 하느님입니다.

58:18 비댜바찌가 그 두 번째 조항을 썼습니다.

58:19 영원한 상념은 하나입니다. 본질적으로 그것은 지성과 힘 두 가지
입니다. 이것이 숨을 쉬어 자식이 태어났는데 이 자식이 바로 사랑
입니다.

58:20 그리하여 3위 일체의 신이 정립되었으며, 사람들은 이들을 성부,
성자, 성령이라고 이름 지어 부릅니다.

58:21 이러한 삼위일체의 신은 하나입니다. 그분은 본질적으로 빛이 하나
인 것과 같습니다.

58:22 삼위일체의 하느님이 숨을 내쉬니 보시오, 7성령이 그의 면전에 나
타났으며 창조적인 속성들이 있습니다.

58:23 사람들은 그들을 덜 중요한 신들이라고 부릅니다. 그리고 그들의
형상대로 그들은 인간을 만들었습니다.

58:24 카스파가 세 번째 조항을 썼습니다.

58:25 인간은 하느님의 생각이며, 7성령의 모습으로 만들어져, 영혼의 실
체 위에 옷을 입혔습니다.

58:26 인간의 소망은 강했으므로, 생명의 모든 단계에서 현시되기를 희구했고, 인간들은 인간 자신을 위하여 지상 형태의 에테르 몸을 만들었고, 그리고 지상으로 내려갔습니다.

58:27 이처럼 낮은 단계로 내려간 것으로, 인간은 태어날 때부터 가지고 있었던 천부적인 권리를 잃게 되었으며, 하느님과의 조화도 잃고, 생명의 모든 것을 부조화로 만들었습니다.

58:28 부조화와 악은 같은 것입니다. 악은 인간의 수작업작품입니다.

58:29 아시비나가 네 번째 조항을 썼습니다.

58:30 씨는 빛 속에서는 싹틀 수 없습니다. 그것들은 땅을 찾아서 빛으로부터 몸을 숨기기 전까지 성장하지 않습니다.

58:31 인간은 영생의 씨앗으로 진화하지만, 삼위일체 하느님의 에테르 속에서는 빛이 정말 강렬하여 씨앗은 성장하지를 못했습니다.

58:32 그리하여 인간은 육신의 땅을 구하여, 지구의 어두움 속에서 그는 싹트고 성장할 수 있는 장소를 찾아내었습니다.

58:33 그 씨앗은 뿌리를 내려 충분히 잘 성장하였습니다.

58:34 인간 생명의 흙이라는 토양에서 솟아나 자연법 아래에서 완전한 형태로 도달해 가고 있는 중입니다.

58:35 인간을 육의 생활에서 영적인 축복으로 승화시킬 수 있는 하느님의 초자연적인 행동은 없습니다. 그는 식물이 자라듯이 자라고 때가 되면 완전해집니다.

58:36 인간을 영적인 생활로 만들어주는 영혼의 본질은 순결입니다.

CHAPTER 59

59: 성인들의 만남이 계속됨. 남아 있는 조항들. 성인들 예수님을 축복함. 7일간의 고요

59:1 아폴로가 다섯 번째 조항을 썼습니다.

59:2 영혼은 4마리의 백마에 의하여 완전한 빛으로 이끌려갑니다. 이들은 의지, 신앙, 도와줌, 사랑의 말입니다.

59:3 인간은 하고자 하는 의지가 있으면 할 수 있는 힘을 갖습니다.

59:4 그러한 힘을 아는 것이 신앙이고 신앙이 움직일 때 그 영혼도 날기 시작합니다.

59:5 이기적인 신앙은 빛으로 이어지지 않습니다. 빛을 향해 가는 길에 외로운 순례자는 없습니다. 인간은 다른 사람이 높이 오르도록 도와줌으로써 높은 곳에 도달할 수 있습니다.

59:6 영적인 생활의 길로 인도하는 말은 사랑입니다. 순수한 비이기적인 사랑입니다.

59:7 맛세노가 6번째 조항을 썼습니다.

59:8 아폴로가 말한 우주 보편적 사랑은 지혜와 신성한 의지의 자식이며 하느님은 이를 인간에게 알리기 위해 육신으로 땅에 보내셨습니다.

59:9 성현들이 말하는 우주 보편적 사랑은 그리스도입니다.

59:10 모든 시대의 가장 큰 신비는 그리스도께서 마음 속에 거하는 방법에 있습니다.

59:11 그리스도는 육적인 것들의 끈적끈적한 굴에서 살 수 없습니다. 두려움, 자아, 감정, 욕망과 같은 육체적인 것들이 버려지기 전에 일곱 번의 싸움을 싸워야 하고, 일곱 번의 승리를 거두어야 합니다.

59:12 이 일이 이루어질 때 그리스도가 그 영혼을 소유하고, 과업이 완성되며, 사람과 하나님은 하나가 됩니다.

59:13 파일로가 7번째 항목을 썼습니다.

59:14 완전한 인간! 그대는 삼위일체 하느님 앞에 데려가기 위하여 자연이 만든 존재입니다.

59:15 이 완성은 생명의 신비에 대한 최고의 계시입니다.

59:16 육신의 모든 본질이 영혼으로 변하고, 영혼의 모든 본질이 성령으로 되돌아가고, 인간이 완전한 하나님으로 만들어지면, 창조의 드라마 결론을 내릴 것입니다. 그리고 이것이 전부입니다.

59:17 모든 성자가 '아멘'하고 말했습니다.

59:18 멘구스테가 말했습니다. '하느님께서 인간의 생각을 이끌기 위해,

셀 수 없이 많은 세월의 노력으로 빛을 받은 사람을 우리에게 보내셨습니다.

59:19 하늘과 땅의 모든 스승에 의하여 증명된 갈릴리 출신의 이 사람 예수, 이 예수님을 세상에 있는 모든 성자 중 최고로서 우리는 기쁘게 인정하는 바입니다.

59:20 그분이 사람들에게 선물로 가져온 지혜를 인정하며, 우리는 연꽃 다발로 그에게 왕관 수여하겠습니다.

59:21 우리는 세상의 일곱 성현의 모든 축복을 그분에게 보냅니다.'

59:22 그러자 모든 성현은 예수님의 머리 위에 손을 얹고 한목소리로 '하느님을 찬양할지어다'라고 말했습니다.

59:23 그리스도여, 지혜와 존귀와 영광과 능력과 부와 축복과 힘이 영원히 당신의 것이로소이다.

59:24 모든 살아있는 창조물들은 '아멘'하고 말했습니다.

59:25 그리고는 성현들은 일주일 동안 고요 속에 앉아 있었습니다.

CHAPTER 60

60: 예수님 7 성현들에게 말씀. 말씀들. 예수님 갈릴리로 가심

60:1 7일 동안의 고요는 지나가고 예수님께서는 성현들과 같이 앉아서 말씀하셨습니다.

60:2 '생명의 역사는 이러한 불멸의 원리 속에 잘 요약되어 있습니다. 성스러운 도시가 건설될 7개의 언덕이 있습니다.

60:3 이것은 보편 교회가 서게 될 일곱 개의 확실한 기초석입니다.

60:4 나는 나에게 주어진 과업을 완수하는 길에서의 위험들을 충분히 인식하고 있습니다. 그 잔은 쓸 것이며, 인간 본성으로는 움츠러들 수 있습니다.

60:5 그러나 나는 성령 속에 나의 의지를 맡겼고 성령에 의해 말하고 행할 것입니다.

60:6 내가 말하는 말씀들은 나 자신의 것들이 아닙니다. 그 말씀들은 내

가 행할 뜻을 행하시는 그분의 말씀입니다.

60:7 인간은 우주 교회를 이해할 만큼 신성한 사상에 있어서 충분히 진보하지 못하였으므로, 하나님께서 나에게 하라고 맡기신 일은 교회를 짓는 일이 아닙니다.

60:8 나는 앞으로 있을 교회의 그 시대가 이해할 수 있는 패턴을 만들기 위해 파견된 모델 제작자입니다.

60:9 모델을 만드는 사람으로서 나의 임무는 나의 고국 안에 있습니다. 그리고 그곳에서 사랑(love)은 하느님의 아들이라는 것과 내가 사랑(love)을 보여 주기 위하여 왔다는 가정 위에 모델교회(Model Church)가 세워질 것입니다.

60:10 그리고 신분 낮은 사람 중에서 나는 12개의 불멸의 사상을 대표하는 12명의 사람을 고를 것입니다. 그리고 이들이 모델교회가 될 것입니다.

60:11 내 육신의 친척인 유다 집은 이 세계에 대한 나의 사명을 거의 이해하지 못할 것입니다.

60:12 그들은 나를 배척하고, 경멸하고, 거짓 고소하며, 나를 묶을 것입니다. 인간의 재판관에게 데려가 나를 유죄 선언하여 십자가 위에서 죽일 것입니다.

60:13 그러나 인간은 결코 진실을 죽일 수 없습니다. 추방되었지만 더 큰 힘으로 다시 올 것입니다. 진리가 세상을 정복할 것이기 때문입니다.

60:14 모델교회는 살아남을 것입니다. 비록 육적인 사람들이 이기적인 목적을 위하여 신성한 율법 상징적인 의식과 형태를 더럽혀 그것이 단지 겉 보여 주기식으로 만들지라도, 소수의 사람(the few)은 그것을 통하여 영혼의 왕국을 발견할 것입니다.

60:15 더 나은 시대가 오게 되면, 보편 교회는 7개 조항의 원리 위에 서게 될 것이며, 주어진 패턴에 따라 세워지게 될 것입니다.

60:16 시간이 되어서 나는 살아있는 신앙의 힘과 그대들이 주신 힘으로 예루살렘으로 들어갑니다.

60:17 그리고 우리 아버지 하느님의 이름으로 영혼의 왕국은 일곱 개의 언덕 위에 세워질 것입니다.

60:18 그리고 지상의 모든 백성 부족과 언어가 들어올 것입니다

60:19 평화의 왕자가 힘의 왕좌를 차지할 것이며, 그때 삼위일체의 하느님은 모든 것 중 모든 것이 될 것입니다.'

60:20 모든 성현은 '아멘'하고 말했습니다.

60:21 예수님께서는 그의 길을 갔으며, 많은 날이 지난 후, 예루살렘에 도착하였고 그리고 그는 갈릴리 집에 갔습니다.

Section 13 :

선구자 요한의 사명

CHAPTER 61

61: 선구자 요한이 헤브론으로 돌아옴. 광야에서 은둔자로서 생활 예루살렘을 방문하여 사람들에게 이야기함.

61:1 사가랴와 엘리사벳의 아들인 요한은, 이집트의 여러 학교에서 그의 공부를 마치고 헤브론으로 돌아와 며칠간 머물렀습니다.

61:2 그는 수년 전에 이집트의 현자로부터 가르침을 받은 적이 있었던 다윗의 동굴을 광야에서 찾아내어 집을 만들었습니다.

61:3 어떤 사람들은 그를 엔게디의 은둔자라고 불렀고, 다른 사람들은 언덕의 야생인이라고 불렀습니다.

61:4 그는 짐승의 가죽으로 옷을 해 입고 캐럽, 꿀, 견과류나 과일이었습니다.

61:5 요한이 30살이 되었을 때, 그는 예루살렘으로 가서 시장 바닥에서 7일간 고요 속에 앉아 있었습니다.

61:6 일반 시민과 제사장 그리고 율법학자들과 바리새인들이 그 언덕의

고요의 은둔자를 보기 위하여 많이 몰려 왔으나, 어떤 사람도 그가 누구냐고 용기 있게 물어보는 사람은 없었습니다.

61:7 그러나 고요의 단식이 끝나자 그는 모든 사람 가운데 서서 말하기를

61:8 '보라, 왕이 오셨느니라. 선지자들이 그에 대하여 말하였느니라. 현자들은 오랫동안 그를 찾았노라.

61:9 준비하라 오, 이스라엘아 그대의 왕을 만날 준비해라'

61:10 이것이 그가 말한 모든 것이었습니다. 그리고 그는 사라졌으며 어떤 사람도 그가 어디로 갔는지 알지 못했습니다.

61:11 모든 예루살렘은 크게 불안했습니다. 지도자들은 언덕의 은둔자에 관한 이야기를 들었습니다.

61:12 그들은 앞으로 다가올 왕에 대하여 알고자 심부름꾼을 보내어 그와 이야기하려 하였으나 그를 찾을 수 없었습니다.

61:13 며칠 뒤에 그가 다시 시장으로 돌아왔으며, 모든 사람은 그가 말하는 것을 듣기 위해서 모여들었습니다. 그가 말하기를,

61:14 '왕국의 통치자들이여, 방해하지 마십시오. 다가오는 왕은 적대자가 아닙니다. 그는 지상의 어떤 왕좌에도 앉으려고 하지 않습니다.

61:15 그는 평화의 왕자, 올바름과 사랑의 왕으로 오십니다. 그의 왕국은 영혼 안에 있습니다.

61:16 사람의 눈으로는 그것을 볼 수가 없으며, 마음이 순수한 자 외에는 들어갈 자가 없습니다.

61:17 준비하라 오 이스라엘아, 당신의 왕을 만날 준비해라'

61:18 다시 그 은둔자는 사라졌습니다. 사람들이 그의 뒤를 따라가려고 애썼으나, 그의 주변에는 장막이 있었기에 사람들은 그를 볼 수가 없었습니다.

61:19 유대의 축제일이 왔습니다. 예루살렘은 유대인과 팔레스타인의 모든 곳에서부터 모여든 개종자들로 가득 찼습니다. 요한이 성전 뜰에 서서 말하기를

61:20 '준비하라 오 이스라엘이여 그대의 왕을 만날 준비해라

61:21 보라, 당신은 죄 가운데 살았습니다. 가난한 자들이 네거리에서 부르짖으나 너는 그들을 돌아보지 아니하였습니다.

61:22 당신의 이웃은 누구입니까? 당신은 친구와 적 모두를 속였습니다.

61:23 당신들은 목소리와 입으로만 하느님을 공경할 뿐, 마음은 멀리 떨어져 황금에 마음이 있습니다.

61:24 당신 사제들은 감당하기 너무 힘든 짐을 사람들에게 지게하고, 자신들은 가난한 자들이 힘들게 번 돈으로 쉽게 살고 있습니다.

61:25 그대의 법률가, 박사, 율법학자들은 쓸모없는 땅의 방해꾼입니다. 그것들은 나라의 몸에 있는 종양일 뿐입니다.

61:26 그들은 일도 하지 않거니와 실잣기도 않으면서 시장 사람들이 번 돈을 받아 마구 소비하고 있습니다.

61:27 그대들의 지도자들은 당신의 지도자는 어떤 사람의 권리도 고려하지 않은 간음자, 강탈자, 도둑입니다

61:28 그들 강도는 신성한 성전에서 그들의 부름을 수행합니다. 당신들은 거룩한 성전을 도둑들에게 팔았습니다. 그들의 동굴들은 기도하기 위하여 따로 마련된 성소 안에 있습니다.

61:29 들라! 들라! 예루살렘의 사람들이여! 회개하라, 악의 길을 버려라. 그렇지 않으면 하느님께서 그대들을 버릴 것이며 멀리서 이교도들이 와서 아직 남아 있는 그대의 영예와 명성은 순식간에 날아가 버릴 것이노라.

61:30 준비하라 예루살렘이여, 그대들의 왕을 만날 준비해라.'

61:31 그는 더 이상 말을 하지 않았습니다. 그는 성전 뜰을 떠났으며 누구도 그가 떠난 것을 보지 못했습니다.

61:32 제사장, 박사, 율법학자들은 모두가 분개하였습니다. 그들은 요한을 찾아내어 해를 끼치려고 하였으나 그를 찾을 수가 없었습니다.

61:33 일반 백성들은 그를 방어하는 편에 서 있었으며, 그들은 그 은둔자가 말한 것은 진리라고 말했습니다.

61:34 제사장, 박사, 율법학자들은 몹시 두려워하여, 아무 말도 못 하였고

멀리 숨어 버렸습니다.

CHAPTER 62

62: 선구자 요한이 다시 예루살렘 방문. 사람들에게 말함. 7일 후 길갈에 서 만나기로 약속. 베다니에 가서 연회에 참석함

62:1 다음날 요한은 사원 뜰에 가서 말하기를

62:2 '준비하라 오 이스라엘이여, 그대의 왕을 만날 준비해라!'

62:3 사제장과 율법학자들은 그가 하는 말의 의미를 알고자 하여 말하기를

62:4 '당돌한 사람아, 무엇이 이스라엘에 전하고자 하는 이 메시지의 의 도인가? 만약 당신이 선각자라면 누가 그대를 이곳에 보냈는지 분명 히 말해주시오.'

62:5 요한이 대답하기를 '나는 광야에서 외치는 사람의 목소리이노라. 길 을 준비하라. 길을 똑바로 만들어라, 왜냐하면 보라, 평화의 왕자가 사랑으로써 통치하시기 위해 올 것이니라.

62:6 그대들의 선각자 말라키가 하느님의 말씀을 기록해 놓았구나.

62:7 '보라, 응징의 날이 오기 전에, 내가 엘리야를 너희에게 보내어 다시 금 사람들의 마음을 하느님에게 돌리게 하리라. 그리고 만약 그들의 마음을 돌리지 않으면, 보라, 내가 그들을 저주로써 치리라.'

62:8 이스라엘 사람들아; 당신은 당신의 죄를 알고 있습니다. 내가 지나 갈 때 나는 상처 입은 새 한 마리가 여러분의 거리에 쓰러져 있는 것 을 보았습니다. 모든 계층의 남자들이 그것을 몽둥이로 때리고 있었 습니다. 그리고 나서 나는 정의(Justice)가 그 이름이라는 것을 알았 습니다.

62:9 내가 다시 보니 동료가 이미 죽었는데 올바름(Righteousness)의 순 수한 하얀 날개들이 먼지 속에 짓밟혀 있었느니라.

62:10 내가 그대들에게 이르노니, 그대들의 가공할 유죄는 부정의 시궁창 을 만들었고, 하늘까지 두려운 악취를 보내고 있도다.

62:11 회개하라 오 이스라엘이여, 회개하라 그대의 왕을 만날 준비해라.'

62:12 요한이 방향을 돌려 떠나면서 말하기를

62:13 '7일 후에 보라. 나는 요단강 나루터에 있는 길갈에 서 있겠노라, 그 곳은 이스라엘이 언약된 땅으로 들어올 때 처음 지나간 곳이로다.'

62:14 그리고 요한은 성전 뜰을 떠나서 더는 오지 않았습니다. 많은 사람은 베다니까지 멀리 그를 따라갔습니다. 요한은 그의 친척인 나사로의 집에 머물러 있었습니다.

62:15 걱정하는 사람들은 그의 집 주위에 모두 모여들어 떠나가지 아니하였습니다. 그때 요한이 나서서 말하기를

62:16 '회개하라! 오오. 이스라엘이여 회개하라! 그대의 왕을 만날 준비해라.

62:17 이스라엘의 죄는 제사장이나 율법학자들 문 앞에만 있는 것은 아니니라. 유대의 죄인들 모두 지도자들이나 부유한 사람들 가운데 있다고만 생각해서는 안 되니라.

62:18 사람이 단지 가난하게 산다는 이유로 선량하고 순수한 사람이라는 표시는 없는 것입니다.

62:19 지상의 모든 무기력하고 의욕 없는 부랑자들은 대부분 가난하고 구걸하고 있도다.

62:20 내가 사제들이나 율법학자들이 사람들에게 불공정을 저지르고 있다고 말한 것을 듣고 기뻐하는 바로 그 사람이, 거리에서 불쌍한 정의에 돌을 던지고 때리는 것을 보았노라.

62:21 나는 그들이 가련하게 올바름의 죽은 새를 짓밟는 것을 보았노라.

62:22 그대들 보통사람들이 나를 따른다 할지라도, 그대들의 죄는 율법학자나 사제들의 죄보다 적지 않노라.

62:23 회개하라, 그대 이스라엘 백성들이여, 왕이 오셨도다. 그대의 왕을 만날 준비해라.'

62:24 요한은 나사로와 그의 누이들과 함께 여러 날을 머물었습니다.

62:25 나사렛 사람들을 위한 연회가 벌어졌고, 모든 사람은 식탁 둘레에 서 있었습니다.

62:26 그 지방의 주요 인사들은 빛나는 술을 부어서 요한에게 주었습니

다. 요한은 잔을 받아, 공중에 높이 들어 올리며 말하기를

62:27 '술은 육욕적의 마음을 기쁘게 하나, 인간의 영혼을 슬프게 만드니라. 그것은 인간의 죽지 않는 영혼을 아픔과 괴로움 속에 빠지게 하노라.

62:28 나는 어렸을 적에 나사렛사람으로서의 서약을 하였고, 술 한 방울도 입술에 대 본 적이 없노라.

62:29 만약 그대들이 앞으로 오실 왕을 기쁘게 하려면, 사약을 피하듯이 술잔을 피하라.'

62:30 그리고 그는 그 반짝이는 술을 거리에다 쏟아버렸습니다.

CHAPTER 63

63: 선구자 요한이 예리코를 방문. 길갈에서 사람들을 만남. 그의 사명을 알리고 세례의식을 소개. 많은 사람에게 세례를 주고 베다니에 돌아가서 가르침. 요르단으로 복귀

63:1 요한은 예리코로 내려가서 알패오와 같이 머물렀습니다.

63:2 사람들은 그곳에 있다는 말을 듣고 그의 말을 듣기 위하여 많은 사람이 왔습니다.

63:3 요한은 어떤 사람에게도 말을 하지 않았으나, 시간이 다가오자 요단강 가로 내려가서 군중들에게 말하기를

63:4 '회개하라, 순수의 샘물에서 그대의 모든 죄를 씻어라. 왕국이 가까이 있도다.

63:5 내게로 와서 이 강물로 씻어라. 이는 영혼의 내부를 깨끗하게 하는 상징이니라.'

63:6 보시오, 수많은 군중이 요단강 가로 내려와서 씻음을 받고 각자가 자기 죄를 고백했습니다.

63:7 몇 개월 동안, 요한은 지방을 순회하면서, 순결과 올바름을 호소하고 며칠 후에 다시 베다니로 돌아와서 가르쳤습니다.

63:8 처음에는 소수였지만 정직한 구도자들이 왔습니다. 그러나 시간이 지나면서 이기적이고 사악한 자들은 전혀 회개하지 않고 찾아왔습니다.

63:9 요한은 회개하지 않는 바리새인과 사두개인들이 오는 것을 보고 말하기를

63:10 '그대 독사의 자손이여 기다리시오, 그대들은 다가올 격분의 소식 때문에 불안하시오?

63:11 가라, 가서 진실로 회개함을 증명할 만한 일 하시오.

63:12 그대들은 아브라함의 자손이라고 말하는 것만으로 충분한가요? 내가 말하노니 아니다.

63:13 아브라함의 자손도 이방인과 같이 나쁜 짓을 행하면 하느님의 견지에서는 똑같이 악한 것입니다.

63:14 도끼를 보시오, 좋은 열매를 맺지 못하는 나무는 뿌리까지 뽑혀서 불 속으로 던져지노라.'

63:15 군중들은 '무엇을 우리는 해야만 합니까?' 하고 물었습니다.

63:16 요한이 대답하기를 '모든 인류를 위해 도움 되는 일을 받아들이시오. 당신이 가진 모든 소유도 이기적 자아를 위해 낭비해서는 안 됩니다.

63:17 옷 두 벌 있는 사람은 옷 없는 사람에게 한 벌 주고, 당신이 가지고 있는 모든 음식 일부를 도움이 필요한 사람들에게 나누어 주시오.

63:18 세리가 와서 '무엇을 우리는 해야만 합니까?' 하고 묻자 요한이 그들에게 대답했습니다.

63:19 '당신의 일에 정직하십시오. 이기적인 이득을 위해 여러분이 받는 세금을 늘리지 마십시오. 당신의 왕이 요구하는 것 외에는 아무것도 받지 마십시오.'

63:20 군인들이 와서 묻기를. '무엇을 우리는 해야만 합니까? 선구자가 대답하기를

63:21 '누구에게도 폭력을 행하지 마시오. 잘못된 일을 행하지 마시오. 그리고 자신이 받은 임금에 만족하시오.

63:22 유대인들 가운데 그리스도가 올 것을 기다리는 사람들이 많았기고 그들은 요한을 그리스도로 여겼습니다.

63:23 그러나 그들의 질문에 요한은 대답하기를 '나는 영혼을 씻는 상징

으로 물로써 깨끗하게 합니다. 그러나 오실 분이 오실 때는 보시오. 그분께서는 성령으로써 깨끗하게 해 주실 것이며 불로 순수하게 하실 것입니다.

63:24 그분의 손의 도구는 밀과 겨를 고르고, 겨는 버리고 밀알은 모두 창고에 보관할 것입니다. 그것이 바로 그리스도입니다.

63:25 보라. 그분이 옵니다. 그리하여 그분은 그대들과 함께 걸을 것이지만 그대들은 그분을 알지 못할 것입니다.

63:26 그는 왕이십니다. 나는 그분의 신발 끈 하나 풀만 한 가치가 없습니다.'

63:27 요한은 베다니를 떠나 요단강 나루터로 갔습니다.

CHAPTER 64

64: 예수님 갈릴리로 오심. 요한에게 세례를 받으심. 성령이 그가 메시아임을 증명.

64:1 그 소문이 갈릴리에 도착하였으며, 예수님께서는 군중들과 함께 선구자가 나루터에서 설교하고 있는 곳으로 내려갔습니다.

64:2 예수님께서는 그 선구자를 보고 말씀하셨습니다. '하느님의 사람을 보시오. 가장 큰 선각자를 보시오. 엘리야가 돌아왔습니다.

64:3 길을 열기 위해 보내진 하느님의 사자를 보시오. 왕국이 가까이에 있습니다.'

64:4 요한이 예수님께서 군중들과 함께 서 있는 것을 보고 말했습니다. '하느님의 이름으로 오신 왕을 보라!'

64:5 예수님께서 요한에게 말씀하기를' 나의 영혼을 깨끗이 씻는 상징으로 저를 물로 씻어 주기를 바라오'. (공통)

64:6 요한이 대답했습니다. '그대는 씻을 필요가 없습니다. 왜냐하면, 그대는 생각과 단어와 행동이 순수하십니다. 만약 그대가 씻을 필요가 있다 할지라도, 저는 그 의식을 행할만한 가치가 없습니다.'

64:7 예수님께서 말씀하셨습니다. '나는 사람의 아들들을 위한 모범이 되기 위하여 왔습니다. 내가 그들에게 명령한 것을 내가 해야만 합니다. 그

리고 모든 사람은 영혼을 깨끗이 하는 상징으로 씻기어져야만 합니다.

64:8 이 물로 씻음을 의식으로 정하고, 지금 우리는 그것을 세례의식이라고 이름 지어, 그것은 그렇게 불리게 될 것입니다.

64:9 예언하는 선구자여, 그대의 과업은 길을 준비하고 숨겨진 일들을 나타내는 것입니다.

64:10 군중들은 생명의 말씀을 들을 준비가 되어있습니다. 그리고 나는 성 삼위일체 하느님의 선각자로서, 그리고 사람들에게 그리스도를 나타내기 위해 택함 받은 자로서 온 모든 세상에 알려질 것입니다.'

64:11 요한은 예수님을 강가에 있는 나루터로 데리고 내려가서, 사람들에게 그리스도를 나타내기 위해 그를 보내신 성스러운 하느님의 이름으로 세례를 주었습니다.

64:12 그들이 강물에서 올라오니 성령의 숨결이 비둘기의 형태로 변하여 내려오더니 예수님의 머리 위에 앉았습니다.

64:13 하늘에서의 하나의 목소리가 있어 말하기를 '이 사람은 하느님이 정말 사랑하시는 아들 그리스도, 하느님의 사랑이 나타난 것이니라'

64:14 요한은 그 소리를 듣고, 그 소리의 뜻을 알았습니다.

64:15 예수님께서는 그곳을 떠나셨으며 요한은 군중들에게 설교하였습니다.

64:16 악의 길에서 바른길로 바꾼 많은 사람이 그들의 죄를 고백하였으며, 선구자는 죄를 씻어내는 상징으로 올바름에 의하여 세례를 주었습니다.

예수님 그리스도 시대 서론으로서의 사역

CHAPTER 65

65: 예수님께서 자기 시험을 위하여 40일 동안 광야로 가심. 3가지의 유혹을 당하시고 극복하심. 요한의 작은집으로 돌아와 가르침 시작

65:1 선구자는 이미 길을 닦았습니다. 로고스께서는 사랑이 나타나신 것으로 사람들에게 소개되었으므로, 이제 그는 그리스도 임무를 시작해야 합니다.

65:2 그리하여 예수님께서는 하느님과 함께 홀로되기 위하여 광야로 가셨습니다. 그는 자신의 내적 마음을 지켜보시고, 그 마음의 힘과 가치를 보았습니다. (공통)

65:3 그는 자신에게 말하기를 '나의 낮은 자아는 강하다. 많은 끈에 의하여 나는 육욕적인 삶에 묶여 있다.

65:4 나는 극복할 힘이 가지고 있는가? 그리고 내 삶을 사람들을 위하여 흔쾌히 희생할 수 있나?

65:5 내가 사람들 앞에 서 있을 때, 그들이 구세주인 증거를 대라고 하면 무엇을 말해야 하나?'

65:6 그러자 시험하는 자가 와서 이르되, '만약 당신이 하느님의 아들이라면 이 돌이 빵으로 변하도록 명령하여 보아라.'

65:7 예수님께서 말씀하시기를 '누가 이 시험을 요구하는가? 단지 기적을 행했다는 이유만으로 하느님의 아들이라는 증거가 될 수는 없다. 악마도 큰일을 할 수 있기 때문이다.

65:8 검은 마술사도 파라오 앞에서 큰일을 하지 않았던가?

65:9 삶의 모든 면에서 나의 말과 행동(My words and deeds)은 나의 메시아 됨의 증거가 될 것이니라.'

65:10 그러자 유혹자가 말하되, '만약 네가 예루살렘으로 들어가 성전 꼭대기에서 땅으로 떨어지면 사람들이 당신이 하나님께서 보내신 메

시아임을 믿게 될 것이다.

65:11 이것은 당신이 확실히 할 수 있다. 왜냐하면, 다윗이 말하지 않았는 가? 하느님이 그대를 두고 천사들에게 명하여 그대가 떨어지지 않 도록 손으로 그대를 부축하리라고'.

65:12 예수께서 말씀하시기를 '나는 주, 나의 하느님을 유혹하지 않을 것 이니라.'

65:13 유혹자가 말했습니다. '세상을 보라. 그것의 명예와 명성을 보라! 그것의 즐거움과 부유함을 보라!

65:14 만약 당신이 이것들을 위하여 생명을 바친다면, 그것들은 모두 그 대의 것이 될 것이다'

65:15 그러나 예수님께서 말씀하기를 '모든 유혹하는 생각들은 나에게서 물러나라. 나의 마음은 정해졌노라. 나는 육욕적인 자아의 헛된 야 망과 자만심을 모두 물리치노라.'

65:16 40일 동안 예수님께서는 육적 자아와 싸웠습니다. 그분의 높은 자 아가 승리하였습니다. 그때 그는 배가 고팠습니다. 그러나 그의 친 구들이 그를 찾아내어 잘 도와주었습니다.

65:17 예수님께서 그 광야를 떠나셨으며, 성령의 인도로 요한의 진영지로 와서 가르쳤습니다.

CHAPTER 66

66: 요한의 6사도가 예수님을 따름. 예수님께서 그들을 가르침. 그들 고 요 속에 앉아 있음.

66:1 요한의 추종자들 가운데는 갈릴리에서 온 사람들이 많았습니다. 가장 독실한 사람이 안드레, 시몬, 야고보, 빌립과 벳새다의 형제였습니다.

66:2 어느 날 안드레, 빌립과 세베대의 아들이 선구자 요한과 이야기하고 있는데 로고스가 오니 요한은 그리스도를 보라! 고 외쳤습니다.

66:3 세 명의 사도가 예수님을 따라왔기에 그분은 '무엇을 찾고 있습니 까?' 하고 물으셨습니다.

66:4 사도들이 물었습니다. '어디에 사십니까? 예수님께서 대답하시기를 '와서 보도록 하라.'라고 말씀하셨습니다.

66:5 안드레는 그의 형제 시몬을 불러 말하기를 그리스도를 발견했으니 나와 같이 가자고 말했습니다

66:6 예수님께서 시몬의 얼굴을 보고 말했습니다. '바위를 보라! 베드로가 너의 이름이라.'

66:7 빌립은 나다니엘이 나뭇 옆에 앉아 있는 것을 보고 말했습니다. '내가 그리스도를 발견했소. 그는 나사렛에 살고 있소'

66:8 나다니엘이 말하기를 '나사렛에서 어떤 좋은 것이 나오겠소?' 빌립이 대답하기를 '와서 보시오'라고 대답했습니다.

66:9 예수님께서 나다니엘이 오는 것을 보시고 말씀하기를. '보라, 속임 없는 참다운 이스라엘 사람이로다.'

66:10 나다니엘이 말하기를 '어떻게 저에 대하여 그렇게 말씀하실 수 있습니까?'

66:11 예수님께서 말씀하시기를 '너의 형제가 너를 부르기 전에 내가 저기 무화과나무 밑에 앉아 있는 것을 보았노라.'

66:12 나다니엘은 그의 양손을 들어 올려 말하기를 '이 사람은 분명히 그리스도, 왕이시다. 이 사람에 대하여 선구자가 자주 증언하였다.'

66:13 요한은 앞으로 가서 그의 형제 야고보를 찾았고, 그리스도에게 데려왔습니다.

66:14 예수님과 함께 6명의 사도는 그가 거주하고 있는 곳으로 갔습니다.

66:15 베드로가 말하기를 '우리는 오랫동안 그리스도를 찾았습니다. 우리는 갈릴리에서 왔는데 요한에게 왔습니다. 우리는 그가 그리스도인 줄 알았는데, 그는 우리에게 자신은 그리스도가 아니라고 고백했습니다.

66:16 그는 단지 길을 깨끗하게 하려고 보내진 선구자이며, 앞으로 오실 왕이 쉽게 올 수 있는 길을 마련하기 위하여 보내진 선구자라고 고백했습니다. 그분이 오시자 그가 말하기를 '그리스도를 보라.'고 말했습니다.

66:17 우리는 당신, 주님이 가는 곳에는 즐거이 따라가겠습니다. 주여, 무엇을 해야 할지 말씀해 주십시오.'

66:18 예수님께서 말씀하시기를 '땅 위의 여우도 집이 있으며 새들도 둥지가 있는데, 나는 내 머리 뉘일 장소가 없노라. (공통)

66:19 나를 따르려는 사람은 자기의 모든 갈망을 버리고 생명을 구하기 위해 자기의 세속적인 삶을 버려야 하느니라.

66:20 나는 길 잃은 사람을 구하기 위하여 왔노라. 그리고 사람은 자기 자신부터 구원해야 구원을 받을 수 있노라. (man is saved when he is rescued from himself.) 그러나 사람들은 이러한 그리스도의 원리를 이해하는데 더디니라.'

66:21 그러자 베드로가 말하기를 '어떤 다른 사람에 대해서는 말할 수 없지만, 저 자신에 대해서는 말씀드릴 수 있습니다. 저는 모든 것을 버리고 당신이 이끄는 곳이면 어디든 따라가겠습니다.'

66:22 그러자 다른 사람들이 말하여 이르되 '당신은 진리의 말씀을 하고 있습니다. 당신은 하느님에게서 오셨습니다. 만약 우리가 당신의 발자취를 따른다면 길을 놓칠 수 없습니다.'

66:23 예수님과 여섯 제자는 고요함 속에서 아주 오랫동안 앉아 있었습니다.

CHAPTER 67

67: 예수님께서 요단에 있는 요한을 방문. 처음으로 사람들에게 그리스도 말씀 전파. 그 말씀. 그의 사도들과 함께 베다니로 가심

67:1 한편, 아침에 예수님께서 다시 오셔서, 요한과 함께 부둣가에 서 있었습니다. 요한이 말씀하시길 권했고 예수님은 앞에 나갔습니다.

67:2 '이스라엘 사람들이여, 들으시오! 왕국은 가까이 있습니다.

67:3 보라, 이 시대의 위대한 열쇠지기가 그대를 한가운데 서 계십니다. 그는 엘리아의 영을 가지고 왔습니다.

67:4 보라, 그가 열쇠를 돌렸습니다. 거대한 성문은 활짝 열려 있고, 왕을 맞이하려는 모든 사람은 왕을 맞이할 것입니다.

67:5 이 수많은 여인네, 어린이, 사나이들을 보십시오! 그들은 거리에 붐비고, 바깥뜰에도 붐비고 있습니다. 그들은 서로 왕을 가장 먼저 만나려고 하는 것 같습니다.

67:6 보시오, 검열관이 와서 누구든지 올 수 있다고 외칩니다. 하지만 오려는 사람은 자신의 모든 악한 생각을 스스로 잘라버려야만 합니다.

67:7 반드시 더 낮은 자아를 만족하게 하려는 욕망을 극복해야만 합니다. 그리고 길을 잃어버린 사람들을 구하기 위해서 자신의 삶을 버려야 합니다.

67:8 그대들이 하느님의 왕국의 문으로 가까이 갈수록, 방은 더욱더 넓어지지만 군중들은 가고 없습니다.

67:9 만약 사람들이 육적인 생각, 열정, 욕망 등을 가지고 하느님의 왕국을 들어갈 수 있다면, 그들의 모든 열정과 욕망이 들어설 방은 거의 없을 것입니다.

67:10 그들이 그 좁은 문을 통하여 방을 차지할 수 없을 때, 그들은 돌아갈 것입니다. 소수의 사람만이 하느님의 왕국으로 들어가서 왕을 만나게 될 것입니다.

67:11 보시오, 요한은 사람의 영혼을 낚는 힘센 어부입니다. 그는 큰 그물을 인간의 바다에 던집니다. 그가 그물을 끌어 올리면 그물은 가득 찰 것입니다.

67:12 그러나 잡탕들만 잡혔습니다. 게, 새우, 상어, 기는 것들 잡히고, 가끔 물고기 종류입니다.

67:13 보시오, 수천 명이 언덕 야생인의 말을 들으러 옵니다. 그들은 무리를 지어 와서 수정의 강물로 그들을 씻고 입술로 그들의 죄를 고백합니다.

67:14 그러나 내일이 오면 우리는 다시 악의 소굴에 빠진 그들을 봅니다. 요한을 욕하고, 하느님을 저주하며, 왕에게 무례한 모욕의 말을 퍼붓습니다.

67:15 그러나 마음이 순수(pure)한 사람들은 축복이 있나니 그들은 왕을

만나 볼 것이기 때문입니다.

67:16 또한 마음이 강한(strong) 사람도 축복받은 사람들이니라. 왜냐하면, 어떤 바람에도 흔들리지 아니하기 때문입니다.

67:17 변덕이 심하고 생각할 줄을 모르는 사람은 자신들의 식욕을 만족하게 하려고 부추와 약초를 찾아서 이집트로 되돌아갔으나, 마음이 순수한 사람은 왕을 찾았습니다.

67:18 비록 신앙이 약하고 세속적인 사람들일지라도 언젠가 다시 돌아올 것이고 즐겁게 왕을 만나 뵈러 올 것입니다.

67:19 오 이스라엘 사람들이여. 이 선지자가 말한 것에 귀를 기울이시오! 마음을 강(strong)하게 가질 것입니다. 마음을 순수(pure)하게 해야 합니다. 도와줌(helpfulness)에 열정적이어야 합니다. 하느님의 왕국은 가까이 있습니다.'

67:20 예수님께서 이처럼 말씀하시고 그곳을 떠나 그의 6 제자들과 함께 베다니로 가서 많은 날을 나사로와 함께 머무르셨습니다.

CHAPTER 68

68: 예수님께서 베다니에서 사람들에게 말씀. 그들에게 가슴이 순수해지는 방법을 가르쳐 주심. 예루살렘의 성전으로 가셔서 예언서를 읽으심. 나사렛으로 가심.

68:1 이스라엘 왕인 예수가 베다니에 왔다는 소문이 널리 퍼지자, 마을의 모든 사람은 왕을 반기기 위해 나왔습니다.

68:2 예수님께서 그들 가운데 서서 외치기를 '보라, 진실로 왕이 왔습니다. 그러나 예수는 왕이 아닙니다.

68:3 왕국은 진실로 가까이 있습니다. 그러나 사람들은 그것을 육안으로 볼 수 없습니다. 그들은 옥좌에 계신 왕을 볼 수가 없습니다.

68:4 이것은 영혼의 왕국입니다. (This is the kingdom of the soul.) 그 옥좌는 세상의 옥좌가 아닙니다. 그 왕은 사람이 아닙니다.

68:5 인간의 왕들이 여기에 왕국을 세운다면 그들은 무기의 힘으로 다른

왕들을 정복합니다. 하나의 왕국은 또 다른 왕국의 폐허 위에 세워
집니다.

68:6 그러나 우리 아버지 하느님께서 영혼의 왕국을 세우실 때는, 그분
은 올바름으로 지배하는 지상 왕들의 옥좌에 마치 비 내리듯이(like
rain) 축복을 쏟아부어 주십니다.

68:7 하느님께서 뒤집으려고 하는 것은 통치가 아닙니다. 그분의 칼은 불
의, 방탕, 범죄에 대항하여 들려집니다.

68:8 로마의 왕들이 정의, 사랑, 자비를 베풀고 그들의 하느님과 함께 겸
손하게 거니는 동안 삼위일체 하느님의 축복은 그들 모두 위에 임할
것입니다.

68:9 그들은 하느님께서 지상으로 보낸 전령을 두려워할 필요가 없습니다.

68:10 나는 시저가 지배하듯 왕위에 오르려고 보내진 것이 아닙니다. 그
리고 당신들은 유대의 지도자들에게 내가 왕위를 요구하는 자가 아
님을 말할 수 있습니다.

68:11 사람들은 나를 그리스도라고 부릅니다. 그리고 하느님께서도 그 이
름을 인정해 주셨습니다. 그러나 그리스도는 사람이 아닙니다. 그
리스도는 우주 보편적 사랑이며 사랑은 왕입니다. (The Christ is
universal love, and Love is king.)

68:12 나 예수는 많은 유혹과 시험을 극복하여, 사람들에게 나타날 수 있
는 성전이 되기에 가장 적합한 사람일 뿐입니다.

68:13 들으시오, 그대들 이스라엘 사람들이여 들으시오! 육적인 것을 바
라보지 마십시오. 그것은 왕이 아닙니다. 내부에 있는 그리스도
를 보십시오. 그리스도가 내 안에 형성돼 있듯이 그대 개개인들 마
음속에 만들어져야만 합니다. (Look to the Christ within, who
shall be formed in every one of you, as he is formed in me.)

68:14 그대는 신앙으로 그대의 마음을 순수하게 했을 때 왕은 그 안에 들
어올 것이고 그대는 그분의 얼굴(face)을 볼 수 있을 것입니다.'

68:15 사람들이 물었습니다. '우리의 몸들이 왕이 거하기 적합하게 하려

면 무엇을 우리는 해야만 합니까?'

68:16 예수님께서 말씀하시기를 '생각과 말과 행동을 순수하게 하는 것은 육신의 성전을 깨끗하게 하는 것입니다.

68:17 모든 사람에게 적용될 수 있는 규칙은 없습니다. 왜냐하면, 사람들은 죄에 대해서는 전문가이기 때문입니다. 각자는 그 자신에게 붙어 있는 죄가 있습니다.

68:18 그러므로 각자는 어떻게 하면 악으로 가는 경향을 올바름과 사랑의 경향으로 가장 잘 바꿀 수 있을까 스스로 연구해야만 합니다. (each must study for himself)

68:19 사람들이 더욱 높은 수준에 이르러, 이기심에서 벗어날 때까지 이 법칙은 최고의 결과(best result)를 줄 것입니다.

68:20 그대는 다른 사람들이 그대에게 해 주었으면 하고 바라는 대로 다른 사람에게 행하십시오.'(Do unto other men what you would have them do to you.) (공통)

68:21 많은 사람이 말하되 '우리는 예수는 그리스도요 오신 왕이신 줄 아노라 그 이름이 찬송하리로다.'

68:22 예수님과 그의 여섯 제자가 예루살렘을 향하여 가니 많은 사람이 그들을 따르니라.

68:23 알페오의 아들 마태가 먼저 달려가 예루살렘에 도착하여 말하기를 '보시오, 그리스도인들이 오고 있습니다.' 군중들은 왕을 보기 위해 나왔습니다.

68:24 그러나 예수님께서는 예루살렘 성전의 뜰에 도착할 때까지 아무에게도 말하지 않으셨습니다. 그리고 그는 책을 열어 읽으셨습니다.

68:25 '보라, 내가 내 사자를 보내도다. 그리고 그가 길을 마련하리라. 그리고 그대들이 기다리는 그리스도가 예고도 없이 그의 성전에 오리라'라고 만군의 주 하느님께서 말씀하시도다.'

68:26 그리고 책을 덮고 더 이상 말씀 없이 성전을 떠났습니다. 그리고 그의 6 제자들과 함께 나사렛으로 갔습니다.

68:27 그들은 예수님의 어머니 마리아 그리고 마리아의 누이 미리암과 함께 지냈습니다.

CHAPTER 69

69: 예수님과 나사렛 회당의 지도자. 예수님께서 공개장소에서 가르치지 아니하므로 사람들이 놀람

69:1 다음날 베드로가 나사렛 주변을 거닐고 있을 때, 그곳 회당의 지도자를 만났습니다. 지도자는 최근 나사렛에서 온 예수는 어떤 사람이냐고 물었습니다.

69:2 그러자 베드로가 대답하여 말하기를 예수님은 우리 선각자들이 기록한 그리스도이시다. 그는 이스라엘의 왕이시다. 그분은 어머니 마리아와 마미온 거리에 살고 있습니다.

69:3 지도자가 말하기를 '내가 그의 간청을 듣고 싶으니 회당으로 오라'라고 말해주시오.'

69:4 베드로는 달려가서 예수님께 지도자가 말한 것을 말해주었습니다. 그러나 예수님께서는 대답하지 않으셨으며, 회당에도 가지 않으셨습니다.

69:5 저녁에, 그 지도자는 마미온 거리에 왔습니다. 그리고 마리아의 집에서 예수님과 그의 어머니만 있는 것을 알았습니다.

69:6 지도자는 구세주인 증거를 묻고, 왜 회당으로 오라는 명령을 받고도 오지 않는 이유를 묻자 예수님께서 말씀하시기를

69:7 '나는 그 어떤 사람의 노예가 아닙니다. 나는 사제들에 의하여 이 직에 부름을 받은 것이 아닙니다. 사람들이 부르면 대답하는 것이 나의 임무가 아닙니다. 나는 하느님의 그리스도로 왔습니다. 나는 오직 하느님에게 대답할 뿐입니다.

69:8 누가 당신에게 나의 구세주에 대한 증거를 물어볼 권리라도 주었습니까? 나의 증거는 나의 말과 행동에 있으니 만약 당신이 나를 따른다면 증거가 부족함이 없을 것이오.'

69:9 그러자 회당장은 돌아가면서 '회당장을 무시하는 이 사람이 도대체 어떤 사람인가?'라고 자문했습니다.

69:10 마을 사람들은 그리스도를 보고 말씀도 듣기 위하여 떼를 지어 몰려 왔습니다. 예수님께서 말씀하시기를

69:11 '선지자는 자기 고향에서 자기 친척들 사이에 존경받지 못합니다.

69:12 나는 내가 다른 마을에서 가르친 말과 행동이 신앙인들에게 승리를 안겨줄 때까지, 나사렛에서 말하지 않을 것입니다.

69:13 사람들이, 하느님께서 영원한 사랑을 증명하기 위해서, 나를 그리스도로 만드신 것을 알 때까지, 나는 나사렛에서 말하지 않을 것이오.

69:14 나의 친족 여러분 잘 지내십시오. 나는 여러분에게 한량없는 사랑으로 축복하며 즐거움과 행복으로 말씀드립니다.'

69:15 그는 더 이상 말하지 않았으며, 모든 이들은 그가 나사렛에서 말하지 않았기에 놀랐습니다.

CHAPTER 70

70: 예수님과 그의 제자들 가나의 혼인 잔치. 예수님 결혼에 대하여 말씀. 물을 포도주로 바꾸심. 사람들이 매우 놀람

70:1 갈릴리의 가나에서 혼인 잔치가 있었습니다. 마리아와 그의 동생 미리암, 예수님과 그의 여섯 제자도 손님 중에 있었습니다.

70:2 연회의 주인장이 예수가 하느님이 보내신 대스승이라는 말을 들은 바 있어, 예수님께서 한 말씀 해 주시길 부탁했습니다.

70:3 예수님께서 말씀하시기를 '결혼의 결합보다 더 신성한 결합은 없습니다.

70:4 사랑으로 두 개의 영혼을 맺는 사슬은 하늘에서 만들어진 것입니다. 그리고 사람은 결코 그것을 둘로 잘라 버릴 수 없습니다.

70:5 둘 사이의 천한 육감이 물과 기름이 만났을 때처럼 둘의 결합을 맺게 할 수도 있습니다.

70:6 그때, 한 사제가 쇠사슬을 위조하여 두 사람을 묶어 놓습니다. 이것

은 진정한 결혼이 아닙니다. 그것은 위조품입니다.

70:7 두 사람은 간음죄입니다. 사제는 부분적으로 책임이 있습니다.' 이것이 예수님이 말씀하신 전부였습니다.

70:8 예수님께서 떨어져 서서 혼자 명상에 잠겨있을 때, 그의 어머니가 들어와서 말하기를 '포도주가 떨어졌는데 어떻게 하지?'

70:9 예수님께서 말씀하시기를 '포도주란 무엇입니까? 그것은 단지 포도 향이 나는 물입니다.

70:10 그리고 포도는 무엇입니까? 그것들이 나타난 어떤 종류의 생각일 뿐이고, 나는 그 생각을 나타낼 수 있으며, 그러면 물은 포도주가 될 것입니다.' (공통)

70:11 그는 하인들을 불러서 그들에게 말씀하기를 '친구들이여, 물 항아리 6개를 가져와서 각각 물을 가득히 채우시오.'

70:12 하인들은 물 항아리를 가져와 물을 가장자리까지 가득 채웠습니다.

70:13 그리고 예수께서는 강력한 생각으로 그 실체에 이를 때까지 에테르를 휘저으니 보라, 물이 붉어지고 포도주로 변했습니다.

70:14 하인들은 그 포도주를 들고 그것을 연회장 주인에게 주었습니다. 주인은 신랑을 불러서 말하기를

70:15 '이 포도주는 최상급이다. 대부분 사람은 처음에 최고의 술을 가져오는데 마지막까지 최고의 것으로 예약되어 있구나.'

70:16 주인과 손님들은 예수님이 생각의 힘으로 물을 포도주로 바꾸었다는 말을 듣고 깜짝 놀랐습니다.

70:17 그들이 말하기를 '이 분은 보통사람 이상이다. 그는 확실히 예전부터 장차 오리라고 선언된 선각자 그리스도이다.'

70:18 손님 중 많은 사람은 그를 믿고 즐거이 그를 따르려고 하였습니다.

CHAPTER 71

71: 예수님, 6 제자와 어머니는 가버나움으로 가심. 예수님께서 사람들을 가르치심. 지상의 왕과 하늘 왕의 차이점을 말씀.

71:1 가버나움은 갈릴리 바닷가 옆에 있었으며, 베드로의 집이 그곳에 있었습니다. 또한, 안드레, 요한, 야고보의 집도 근처에 있었습니다.

71:2 이들은 어부였고 그물을 돌보기 위해 돌아가야만 했고, 예수님과 그의 어머니를 설득 동행하게 되었고, 곧 그들은 빌립과 나다나엘과 함께 바닷가 옆에 있는 베드로의 집에서 쉬고 있었습니다.

71:3 유대의 왕이 왔다는 소식이 도시과 바닷가를 따라 전해지자 군중들은 그의 손을 잡으려고 가까이 다가왔습니다.

71:4 예수님께서 말씀하시기를 '나는 만약 그대들이 영혼의 눈으로 보지 않는다면 나는 그 왕을 보여 줄 수가 없습니다. 왜냐하면, 그 왕의 왕국은 영혼(soul) 안에 있기 때문입니다.

71:5 모든 영혼은 왕국이며 모든 사람에게는 왕이 있습니다. (There is a king for every man.)

71:6 이 왕은 사랑입니다. (This king is love.) 이 사랑이 생명의 가장 큰 힘이 될 때, 그것은 그리스도이며, 그리스도는 왕입니다.

71:7 그리고 그리스도께서 내 영혼에 거하시는 것처럼 모든 사람은 이 그리스도가 자기 영혼에 거하게 할 수 있습니다.

71:8 육신은 왕의 성전(The body is the temple of the king)이므로, 사람들은 경건한 사람을 왕이라 부를 것입니다.

71:9 자신의 죽을 수밖에 없는 운명의 육의 형태를 깨끗이(clean) 하여 순수하게 만든 사람은, 사랑과 정의가 깨끗하게 같이 그 벽 안에 거주하게 되어, 그가 바로 왕이 됩니다.

71:10 지상의 왕들은 왕의 옷을 몸에 걸치고, 사람들이 그들에게 두려움 속에서 보는 그런 상황 속에 앉아 있습니다.

71:11 하지만 하늘의 왕은 어부의 옷을 입고 시장에 앉아 있을지도 모릅니다. 땅을 일구고 밭의 이삭을 줍는 사람인지도 모르며 그는 쇠사슬에 묶여 있는 노예인지도 모릅니다.

71:12 사람들에게 범죄자로 판결받아, 감옥에서 고통받고, 십자가에서 처형당할 수도 있습니다.

71:13 사람들은 다른 사람들의 진실을 거의 알 수 없노라. 인간의 감각은 그럴싸하게 보이지만, 그럴싸한 것과 실제 있는 것과는 모든 면에서 다른 것입니다.

71:14 육적인 인간은 왕의 성전인 바깥쪽 인간을 보고, 그 제단을 우러러 보고 있습니다.

71:15 그러나 하느님의 사람은 마음이 순수합니다. 그는 영혼의 눈(eyes of soul)으로 왕을 봅니다.

71:16 그리고 그리스도의 의식 수준에 이르게 되면, 자기 자신이 왕 (he himself is king)이며, 사랑이며, 그리스도이며, 하느님의 아들임을 알게 될 것입니다.

71:17 그대, 갈릴리의 사람들이여, 그대의 왕을 맞을 준비를 하시오.'

71:18 예수님께서는 사람들과 같이 바닷가를 거닐면서 많은 교훈을 가르쳐주셨습니다.

Section 15 :

예수님의 그리스도로서의 사명 – 첫 번째 시대

CHAPTER 72

72: 예루살렘에서의 예수님. 성전으로부터 상인들을 쫓아냄. 사제들이 노하여 충실한 유대인의 관점에서 자신을 변호. 사람들에게 말씀.

72:1 유월절 축제가 왔으며 예수님께서는 어머니를 가버나움에 남겨두고 예루살렘으로 여행을 떠났습니다.

72:2 그는 유다라는 이름의 사두개인 중 한 사람의 집에 머물렀습니다.

72:3 그가 성전 뜰에 도착하니 군중들은 로마의 속박을 부수고 유대인의 왕국을 회복하여 다윗 왕위에 올라 지배할 것으로 생각되는 선각자를 보기 위하여 모여들었습니다.

72:4 사람들은 그분이 오시는 것을 보고 '만세, 왕을 보라!'라고 말했습니다.

72:5 그러나 예수님은 응답하지 않으셨습니다. 그는 하나님의 집에서 돈 바꾸는 환전상을 보고 슬퍼하셨습니다.

72:6 성전 뜰은 장터로 변하여, 사람들은 희생제물용으로 양이나 비둘기를 팔고 있었습니다.

72:7 예수님께서는 제사장을 불러서 말씀하기를 '보라, 하찮은 이익을 위하여 너희들은 주님의 성전을 팔아 버렸도다. (공통)

72:8 기도하도록 정해진 이 집은 이제 도둑의 소굴이 되었도다. 선과 악이 하나님의 뜰에 함께 거할 수 있겠습니까? 내가 말하건대, 아니요.'

72:9 그리고 끈으로 채찍을 만드시고 상인들을 쫓아내셨습니다. 그는 그들의 판자를 뒤집고 돈을 바닥에 던졌습니다.

72:10 그는 사로잡힌 새들의 새장을 열고 어린양을 묶은 줄을 끊어 놓아 주었습니다.

72:11 사도들과 율법학자들이 뛰어나와서 그에게 해를 가하려고 하였으나 그들은 쫓기어 되돌아갔습니다. 군중들이 그를 방어하여 서 있었기 때문입니다.

72:12 지도자가 말하기를 '너희가 왕이라 부르는 이 예수는 누구냐?'

72:13 사람들이 말하기를 '그분은 우리의 선각자가 기록한 그리스도입니다. 그는 이스라엘을 구원할 왕입니다.'

72:14 지도자들은 예수님께 말하기를, '만약 당신이 왕이거나 그리스도라면 증거를 보여라. 누가 당신에게 이 상인들을 내쫓을 권리를 주었는가?'

72:15 예수님께서 말씀하시기를 '경건치 않은 이 성전을 구하기 위하여 자신의 생명을 바치고 싶지 않은 유대인은 없을 것입니다. 이곳에서 나는 단지 충직한 유대인으로서 행동했고 당신들은 이 진실에 대한 증인이 될 것입니다.

72:16 내가 메시아라는 증거는 나의 말들(words)과 행동들(deeds)로 뒷받침이 될 것입니다.

72:17 그대들은 성전을 무너뜨려 부술지 모릅니다. 그러나 3일 만에 전보

다 더 영광스럽게 다시 세워질 것입니다.' (공통)

72:18 예수님은 그들이 그의 생명을 빼앗을 것이요, 성령의 성전인 육신을 멸할지라도, 그는 부활할 것이라는 뜻이었습니다.

72:19 유대인들은 예수님께서 말씀하신 의미를 모르고, 그의 주장을 경멸하면서 비웃었습니다. 그들이 말하기를

72:20 '수많은 사람이 46년에 걸쳐서 만든 이 집을, 이 낯선 사람이 60시간 안으로 세운다고 말하지만, 그의 말은 헛되고 그의 주장은 의미 없다'

72:21 그들은 예수님께서 상인들을 내쫓을 때 사용하였던 채찍을 집어 들고, 그를 내쫓으려고 하였으나, 그중에 축제에 참석하기 위하여 이집트에서 온 파일로가 일어서서 말하기를

72:22 '그대, 이스라엘 사람들이여 들으시오. 이 사람은 사람 이상의 존재입니다. 당신들이 하는 것에 주의하시오. 나는 직접 예수가 말하는 것을 들었고 모든 바람이 잠잠해졌습니다.

72:23 그리고 나는 그가 병든 사람들을 만지니 그들이 낫는 것을 보았습니다. 그는 세상의 현자들보다 더 높은 현자입니다.

72:24 그리고 당신은 그의 별이 떠오르는 것을 볼 것이며, 그것은 완전한 모양의 정의의 태양이 될 때까지 커질 것입니다.

72:25 서두르지 마십시오. 기다리기만 하면 당신은 그가 메시아라는 증거를 얻게 될 것입니다.

72:26 사제들은 회초리를 내려놓았습니다. 그리고 예수님께서 말씀하시기를

72:27 '준비하시오. 오 이스라엘 사람들이여, 그대의 왕을 맞을 준비를 하시오. 그러나 그대들은 죄를 그대들의 마음속에 그토록 소중한 우상으로 마음에 품고 있는 한 결코 왕을 볼 수가 없을 것입니다.

72:28 왕은 하느님이십니다. 마음이 순수한 자만이 하느님의 얼굴을 볼 수 있고 또 살 수 있을 것입니다.'

72:29 그러자 사제들은 외쳤습니다. '이 자는 자신을 신이라 주장하고 있소. 이것은 신성모독이 아닙니까? 그를 쫓아냅시다!'

72:30 예수님께서는 말씀하시기를 '어떤 사람도 내가 왕이라고 말한 것을 들은 사람은 없습니다. 우리의 아버지 하느님이 왕이십니다. 모든 충직한 유대인과 함께 나는 하느님을 경배합니다.

72:31 나는 길을 밝히기 위해 켜는 주님의 촛불입니다. 그리고 그대들은 그대들이 빛을 가진 동안 빛 속을 걸어가십시오.'

CHAPTER 73

73: 예수님께서 또다시 성전을 방문 사람들에게 호의를 받으심. 왕과 그 자식들에 대한 비유 말씀. 메시아의 정의

73:1 다음날 군중들은 예수님의 말씀을 들으려고 성전 뜰로 많이 몰려왔습니다.

73:2 그리고 그분이 오자 사람들은 '모두 만세! 왕을 보시오,' 라고 말하였습니다.

73:3 예수님께서 비유로 말씀하기를, '어떤 왕이 광대한 땅을 가지고 있었습니다. 그의 백성들은 모두 그의 친인척으로 평화롭게 살고 있었습니다.

73:4 이제 여러 해가 지난 후에 왕이 그의 백성에게 이르되, 이 땅을 차지하여 모두가 가지라. 그들의 가치를 향상하고 스스로 다스리고 평화롭게 사시오.'

73:5 백성들은 그들의 나라들을 세워 통치자와 소국 왕들을 뽑았습니다.

73:6 그러나 교만, 야망, 이기적인 탐욕심, 천박한 감사하지 않음이 빠르게 자라나 왕들은 전쟁하기 시작했습니다.

73:7 그들은 그들의 모든 법전 속에 '힘이 곧 정의'라고 기록했습니다. 강자는 약자를 멸망시키고, 혼란이 그 광대한 영토에 만연했습니다.

73:8 오랜 세월이 지난 후, 그 왕은 자신의 영토를 둘러 보았습니다. 그는 자기 백성들이 잔인한 전쟁 속에 있는 것을 보았으며, 그들이 아프고 심한 고통 당하는 것과 강자가 약자를 노예로 만든 것을 보았습니다.

73:9 그는 말했습니다.' 내가 재앙을 내릴까? 나의 백성을 다 멸망시켜 버

릴까?'

73:10 그러자 그의 마음이 가엾게 여겨져서 말했습니다. '나는 재앙을 보내지 않겠다. 내가 왕위를 계승할 내 외아들을 보내어 백성에게 사랑과 평화와 정의를 가르치게 하리라.

73:11 그는 자기 아들을 보냈습니다. 그러나 사람들은 그를 경멸하고 혹사하여 그를 십자가에 못 박았습니다.

73:12 그는 무덤에 묻혔지만 죽음도 그 왕자를 붙잡아 두기에는 너무 약했고 그는 다시 살아났습니다.

73:13 그는 사람이 죽일 수 없는 형태를 취하여 다시 사람들에게 사랑과 평화와 올바름을 가르치기 위하여 갔습니다.

73:14 이렇게 하느님께서는 인간을 처리하십니다.'

73:15 한 율법가가 와서 물었습니다. 메시아는 무엇을 의미합니까? 누가 인간 메시아를 만들 권리를 가지고 있습니까?

73:16 그러자 예수님께서 말씀하시기를 '메시아란 길을 잃은 자를 찾아 구원하기 위하여 하느님께서 보내신 사람입니다. 메시아는 사람에 의하여 만들어진 것이 아닙니다.

73:17 모든 시대의 초창기에 메시아는 길을 밝히러 오십니다. 부서진 마음을 치유하고, 죄수들을 풀어주기 위해. 메시아와 그리스도는 하나입니다.

73:18 어떤 사람이 자신이 그리스도라고 주장한다고 해서 그가 진짜 그리스도인 것은 아닙니다.

73:19 사람은 단단한 바위에서 물이 흐르게 할 수 있습니다. 마음대로 폭풍을 가져올 수 있습니다. 폭풍우가 계속될 수 있습니다. 병든 자를 고치고 죽은 자를 살릴 수도 있으나 하나님으로부터 보내심을 받지 아니할 수도 있습니다.

73:20 모든 자연은 사람의 의지에 복종하며, 선인처럼 악인도 모든 마음의 힘을 가지고 있으며 여러 요소를 제어할 수 있습니다.

73:21 머리는 참된 메시아라는 증거를 제시하지 않습니다. 왜냐하면, 사

람은 지성(intellect)을 통해서는 결코 하나님을 알 수 없고 자신을 메시아로 이끌 수 없기 때문입니다.

73:22 메시아는 머리에 거하지 않으며, 자비와 사랑의 자리인 가슴에 거하고 있습니다. (Messiah lives not in the head, but in the heart, the seat of mercy and of love.)

73:23 메시아는 결코 이기적인 이득을 위하여 일하지 않습니다. 그는 육적인 자아 위에 서 있으며 그의 말들과 행동들은 우주적 보편적 선을 위한 것들입니다.

73:24 메시아는 결코 왕이 되려고, 면류관을 쓰고 땅의 보좌에 앉으려고 하지 않습니다.

73:25 왕은 세속적인 지상의 것이며, 메시아는 하늘에서 보낸 사람입니다.'

73:26 그러자 법률가가 묻기를. '왜 당신은 왕으로 행세합니까?'

73:27 예수님께서 말씀하셨습니다. '어떤 사람도 내가 왕이라는 말을 듣지 못했습니다. 나는 시저의 자리에 앉아 있으면서 그리스도가 될 수는 없습니다.

73:28 시저의 것은 시저에게 주고, 그대 마음의 보물은 하느님께 드리시오.' (공통)

CHAPTER 74

74: 예수님께서 안식일에 병을 고치시고 바리새인들에게 비난을 받으심. 물에 빠진 아이를 구하심. 다친 개를 구조. 집 없는 아이를 돌봄. 친절의 법칙에 대하여 말씀

74:1 안식일 날, 예수님께서는 성전의 뜰과 신성한 내실에 모여 있는 군중들 사이에 서 계셨습니다.

74:2 눈먼 자, 귀먹어리, 말 못 하는 자, 그리고 귀신들린 자들이 그곳에 있었고 예수님께서는 말씀하여 그들은 치유되었습니다.

74:3 어떤 사람에게는 그의 손을 얹어서 그들의 병은 고쳐졌으며, 다른 사람에게는 그의 말씀을 통하여 그들의 건강은 완전히 회복됐습니

다. 그러나 또 다른 사람들은 어떤 웅덩이로 가서 씻어야만 했고, 또 어떤 사람들에게는 성스러운 향유를 발라 주었습니다.

74:4 어떤 의사가 그에게 왜 당신은 여러 가지 방법으로 병을 고치느냐고 물으니 예수님이 대답하시기를

74:5 '병이란 몸의 부조화를 이룬 상태이며 그 부조화는 여러 가지 방법으로 나타납니다.

74:6 인간의 육체는 현악기(harpsichord)입니다. 때로는 그 줄이 너무 이완(too relaxed)되어 부조화한 결과가 되고

74:7 때로는 그 줄이 너무 팽팽(too tense)하여 또 다른 부조화의 음이 나옵니다.

74:8 병은 많은 형태를 가지고 있으며, 신비한 현악기를 치료하고 조정하는 방법도 다양합니다.'

74:9 이때 바리새인들은 예수님께서 안식일에 병을 고쳤다는 말을 듣고 화가 나서 그곳을 떠나라고 명령했습니다.

74:10 예수님께서 말씀하시기를 '안식일에 맞추기 위하여 인간이 생긴 것입니까? 아니면 인간에게 맞추기 위하여 안식일이 생긴 것입니까? (공통)

74:11 만약 그대가 웅덩이에 빠졌는데, 보시오, 안식일입니다. 내가 길을 지나친다면 그대들은 소리칠 것입니다.

74:12 '나를 홀로 내버려 두라. 안식일 날 나를 구하는 것은 죄이다. 나는 내일까지 이 흙탕물 속에 있겠다'라고 외치겠습니까?

74:13 바리새인, 위선자들이여! 그대들은 안식일이든지 또 다른 날이든지 나의 도움을 받는 것을 좋아하는 것을 당신들은 알고 있습니다.

74:14 이 사람들은 모두 웅덩이에 빠져서 나에게 도와달라고 소리 지르는데, 내가 돌보지 않고 지나쳐 버린다면, 사람들과 하느님은 나를 저주할 것입니다.'

74:15 바리새인들은 기도자들에게 가서, 예수님이 그들의 말을 듣지 않는다고 예수님을 비난했습니다.

74:16 한편, 저녁에 예수님께서 웅덩이 옆에 서 있는데, 한 장난기 많은

아이가 물에 빠져 익사하였고 친구들은 시체를 운반했습니다.

74:17 예수님께서는 친구들을 불러 멈추고, 시체에 몸을 굽혀 생명의 숨결을 그의 입에 불어넣었습니다.

74:18 그리고 크게 소리쳐서 떠나간 영혼을 부르니 그의 영혼은 뒤돌아왔습니다. 그 어린아이는 되살아났습니다.

74:19 예수님께서는 다쳐 움직일 수 없는 개를 보았습니다. 그것은 길가에서 고통으로 신음하고 있었습니다. 그분은 개를 안으시고(arm) 자신이 머무는 집으로 데려갔습니다.

74:20 그는 상처에 치료 기름을 발라주고, 그것이 강해지고 좋아질 때까지 어린아이처럼 돌봐 주었습니다.

74:21 예수님께서는 집 없는 어린 소년이 굶주리고 있는 것을 보았습니다. 그 소년이 빵을 구할 때 사람들은 뒤돌아 피했습니다.

74:22 그러자 예수님께서는 그 소년을 잡고 그에게 빵을 주었으며, 그분은 자신의 따뜻한 외투로 그 소년을 감싸주고, 소년이 머물 집을 찾아 주었습니다.

74:23 그는 따라온 사람들에게 대스승님은 말씀하시기를 '만약 사람이 자신의 잃어버린 재산을 되찾고자 한다면, 생명 있는 것의 형제 관계를 존중하지 않으면 안 됩니다.

74:24 모든 생물 즉, 사람, 짐승, 새, 기어 다니는 것까지 친절을 베풀지 않는 사람은 거룩하신 분의 축복을 기대할 수 없습니다. 왜냐하면, 우리가 베풀어주는 것과 같이, 그렇게 하느님은 우리에게 베풀어주시기 때문입니다.'(for as we give, so God will give to us)

CHAPTER 75

75: 니고데모가 밤중에 예수님을 방문. 예수님께서 그에게 거듭남과 하늘 왕국의 의미 밝히심.

75:1 니고데모는 유대의 지도자로서 열성적이고 학식 있고 헌신적이었습니다.

75:2 그는, 그분이 말씀하실 때, 그의 얼굴에서 대스승의 증표를 보았지

만, 그의 신앙을 공개적으로 고백할 만큼 용기가 없었습니다.

75:3 그리하여 밤에 그는 예수님과 이야기를 나누기 위하여 집을 방문하였습니다.

75:4 예수님께서 그가 오는 것을 보시고 말씀하셨습니다. '마음이 순결한 사람들에게는 가득 찬 축복이 있노라.

75:5 2배로 축복받은 사람들은 두려움이 없고 마음이 순결한 사람들이니라.

75:6 3배로 축복받은 사람들은 두려움이 없고 마음이 순결하고 최고 법정 앞에서 감히 자신의 신앙을 고백할 수 있는 사람들이니라.'

75:7 니고데모가 말했습니다. '안녕하십니까? 대스승님, 저는 주님께서는 하느님으로부터 보내진 스승이라고 알고 있습니다. 왜냐하면, 사람은 결코 주님이 가르친 것처럼 가르칠 수 없으며, 주님께서 행하신 일을 결코 할 수가 없습니다.'

75:8 그러자 예수님께서 말씀하시기를 '사람은 다시 태어나지 않고서는, 왕을 볼 수가 없노라. 다시 태어나지 않은 사람들은 내가 한 말의 의미를 이해할 수가 없도다.' (공통)

75:9 니고데모가 말했습니다. '어떻게 인간은 다시 태어날 수 있습니까? 자궁 안으로 거꾸로 갔다가 다시 태어날 수가 있습니까?'

75:10 예수님께서 말씀하시기를 '내가 말하는 생일은 육신의 생일을 말함이 아니오

75:11 사람은 물과 성령으로 태어나지 않고서는, 성스러운 하느님의 왕국으로 들어갈 수 없습니다.

75:12 육신에서 태어나는 것은 사람의 자녀이며 성령으로 태어나는 것은 하느님의 자녀입니다.

75:13 바람은 멋대로 불어도 사람은 그 소리를 듣고 그 결과를 알 수 있지만, 바람이 어디에서 와서 어디로 가는지 알지 못합니다. 그렇듯 성령으로 태어나는 자도 모두 이러합니다.'

75:14 그 지도자가 말했습니다. '저는 이해하지 못하겠습니다. 당신이 의미하는 바를 평이하게 제발 말씀해 주십시오.'

75:15 그러자 예수님께서 말씀하셨습니다. '성스러운 하느님의 왕국은 영혼(soul) 속(in)에 있습니다. 인간은 육신의 눈으로는 그것을 볼 수가 없습니다. 그리고 사람의 이성적인 힘으로도 그것을 이해할 수 없습니다.

75:16 그것은 하느님 속에 깊이 숨겨진 생명입니다. 그것을 인식하는 것은 내적 인식(inner consciousness)에 관한 일입니다.

75:17 세상의 왕국은 눈에 보이는 왕국이지만, 성스러운 하느님의 왕국은 신앙의 왕국이며, 그 왕은 사랑입니다. (its king is love)

75:18 인간은 표현되지 않은 하느님의 사랑을 볼 수가 없습니다. 그리하여 우리의 아버지 하느님께서는 육신에다 사랑의 옷을 입혔습니다.

75:19 따라서 세상이 이 사랑의 표현을 보고 알기 위해서는 사람의 아들은 들어 올려져야만 할 필요가 있습니다.

75:20 모세가 광야에서 육신의 병을 고치기 위하여 뱀을 들어 올린 것과 같이 사람의 아들도 들어 올려져야만 합니다.

75:21 먼지 속의 뱀, 육적 삶 속의 뱀에게 물린 모든 사람은 살아날 수 있습니다.

75:22 그를 믿는 사람은 영원한 생명을 얻을 것입니다.

75:23 이것은 하느님께서 세상을 이토록 사랑하사, 사람들이 하느님의 사랑을 알 수 있도록, 하느님의 유일한 아들을 들어 올려보냈습니다.

75:24 하느님께서 세상을 심판하기 위해서 그의 아들을 보내신 것이 아니라 세상을 구원하시고 사람들을 빛으로 인도하기 위하여 그를 보내셨습니다. (공통)

75:25 그러나 사람들은 빛이 그들의 악함을 드러내기 때문에 빛을 사랑하지 않고 어둠을 사랑하고 있습니다.

75:26 진리를 사랑하는 모든 사람은 빛으로 나아가며 그는 자기 일들이 표시되어 밖으로 나타나더라도 두려워하지 않습니다.'

75:27 빛은 이미 왔으며 니고데모는 그의 길을 가고, 그는 성령 탄생의 의미를 알았습니다. 그는 자기 영혼 속에 대령(大靈)의 존재를 느꼈습

니다.

75:28 예수님께서는 여러 날 동안 예루살렘에 머물면서 병자들을 가르치고 고치셨습니다.

75:29 보통사람들은 즐거이 그의 말씀을 듣고, 많은 사람은 그들의 모든 세속적인 것을 버리고 그를 따랐습니다.

CHAPTER 76

76: 베들레헴에서의 예수님. 양치기들에게 평화의 제국 설명. 이상한 빛이 나타남. 양치기들이 예수님을 그리스도로 인정

76:1 로고스께서 베들레헴으로 가셨습니다. 많은 사람이 그를 따랐습니다.

76:2 그분은 어린 아기였을 때 요람이 있었던 그 양치기의 집을 찾아서 머물렀습니다.

76:3 30년 전에 양치기 목자가 양 떼를 지키면서 평화의 전달자가 외치는 것을 들은 언덕 위로 올라갔습니다.

76:4 '한밤중 베들레헴의 한 동굴에서 평화의 왕자가 탄생하셨다.'

76:5 양치는 목자는 여전히 그곳에 있었으며, 양들도 여전히 언덕에서 풀을 뜯고 있었습니다.

76:6 근처의 계곡에는 눈처럼 흰 비둘기 무리가 이곳저곳으로 날고 있었습니다.

76:7 목자들은 사람들이 왕이라고 부르는 예수님께서 오셨다는 것을 알고는 그분과 이야기를 나누려고 가까이서 멀리서 왔습니다.

76:8 예수님께서는 그들에게 말씀하시기를 '순결하고 평화로운 삶을 보시오!

76:9 흰색은 미덕과 순수의 상징이고 어린양은 순결, 비둘기는 평화의 상징입니다.

76:10 이러한 광경 가운데에서 사랑은 인간의 형태로 오는 것이 적절합니다.

76:11 우리의 조상 아브라함은 골짜기를 걸으면서, 그리고 바로 이 언덕에서, 그는 자기 양 떼와 소 떼들을 보았습니다.

76:12 그리고 여기 평화의 왕자, 살렘 왕이 왔습니다. 인간의 모습을 한 그리스도, 그는 아브라함보다 훨씬 위대한 사람입니다.

76:13 그리고 여기에서 아브라함은 그가 가진 모든 것의 십일조를 살렘 왕에게 주었습니다.

76:14 이 평화의 님은 곳곳에서 벌어지고 있는 전쟁터로 나갔습니다. 그는 칼도 없고, 방어할 갑옷도 없고, 공격할 무기도 없습니다.

76:15 그러나 그는 사람들을 정복하였으며, 모든 나라는 그의 발밑에서 떨었습니다.

76:16 이집트의 수많은 사람은 이 올바름의 건장한 왕 앞에서 겁을 먹고, 이집트의 왕들은 그의 머리 위에 그들의 왕관을 얹어주고

76:17 그의 손에 모든 이집트 땅의 지배권을 넘겨주었습니다. 한 방울의 피도 흘리지 않았고, 한 사람의 포로도 쇠사슬로 묶지 않았습니다.

76:18 모든 곳에서 이 정복자는 감옥 문을 활짝 열고 포로를 석방하였습니다.

76:19 그리고 다시 한번, 평화의 왕이 오셨고, 이 축복받은 언덕에서 그는 다시 싸우러 갑니다.

76:20 그는 흰옷을 입었으며, 그의 칼은 진리(truth)이며, 그의 방패는 신앙(faith)이며, 그의 투구는 순결(innocence)이며, 그의 숨결은 사랑(love)이며, 그의 암호는 평화(peace)입니다.

76:21 그러나 이것은 육신의 전쟁이 아닙니다. 그것은 사람이 사람과 싸우는 전쟁이 아니라, 잘못과 올바름이 싸우는 전쟁입니다.

76:22 사랑은 장군이며, 사랑은 전사이며, 사랑은 갑옷이며, 사랑은 모든 것입니다. (Love is all) 그리고 사랑은 승리할 것입니다. (love shall win)'

76:23 그때 다시 베들레헴의 언덕은 빛으로 가득 찼습니다. 전령이 다시 외쳤습니다.

76:24 '평화, 지상에는 평화. 사람에게는 선의'

76:25 예수님께서는 사람들을 가르쳤으며 병자들을 고치고 성스러운

하느님의 왕국을 가르치셨습니다.

76:26 많은 사람이 말하기를 '그분은 그리스도다. 오기로 예정된 왕이 오셨도다. 하느님을 찬양합니다.'

CHAPTER 77

77: 헤브론에서의 예수님. 베다니로 가심. 룻에게 가정불화에 대하여 조언

77:1 세 제자와 함께 예수님께서는 헤브론으로 가서 7일 동안 머무르시면서 가르치셨습니다.

77:2 그분은 베니다로 가서 나사로의 집에서 가르쳤습니다.

77:3 저녁이 왔고 군중은 사라지고 예수와 나사로와 그의 누이들인 마르다, 룻, 마리아만 남았습니다.

77:4 룻은 심히 고뇌하였습니다. 그녀의 집은 예리코에 있었으며, 그녀의 남편은 여관집 주인으로 그의 이름은 아셔벤이었습니다.

77:5 아셔는 엄격한 태도와 사상을 지닌 바리새인이었습니다. 그리고 그는 예수님을 무시하는 사람이었습니다.

77:6 아내 룻이 그에게 그리스도에 대한 신앙을 고백하자 그는 아내를 집에서 내쫓아 버렸습니다.

77:7 그러나 룻은 저항치 않고 말하기를 '만약 예수가 그리스도라면 그분은 그 길을 알 것입니다. 나는 그분이 그리스도라는 것을 확신합니다.

77:8 나의 남편이 격노하여 나의 육체를 죽인다고 하여도 그는 나의 영혼은 죽일 수 없습니다. 그리고 내 아버지의 많은 집 중에 내가 거할 수 있는 집도 있습니다.

77:9 룻은 예수님께 모든 것을 말했습니다. 그리고 그녀는 말했습니다. 무엇을 제가 해야 하나요?

77:10 예수님께서 말씀하시기를 '그대의 남편은 고의로 잘못한 것은 아닙니다. 그는 신앙이 깊고 아버지 하느님께 기도하는 사람입니다.

77:11 그의 종교적 열망은 강렬합니다. 그러나 이것이 그를 제정신이 아니게 몰고 갔으며, 그는 그리스도라는 이단에 의하여 그의 집을 더

럽히지 않는 것이 옳다고 믿고 있습니다.

77:12 그는 당신을 내쫓는 것은 그가 하느님의 뜻을 행한 것이라고 확신하고 있습니다.

77:13 참지 못함은 성숙한 무지(ignorance)입니다.

77:14 빛이 언젠가 그에게 올 것이고, 그러면 그는 당신의 모든 마음의 고통, 슬픔, 눈물에 대해 보상해 줄 것입니다.

77:15 그리고 롯이여, 당신은 비난에서 자유로울 수 있다고 생각해서는 안 됩니다.

77:16 만약 그대가 지혜의 길로 걷고, 그대의 평화를 유지하였다면 이 슬픔은 당신에게 오지 않았을 것입니다.

77:17 빛이 편견의 껍질 속으로 부수고 들어가는 데는 기나긴 시간이 걸리므로, 인내(patience)는 그대가 꼭 배울 필요가 있는 교훈입니다.

77:18 끊임없이 떨어지는 물방울은 가장 딱딱한 돌도 닳아 없애버리리라.

77:19 신성한 삶의 향기롭고도 신성한 향기는, 가장 뜨거운 불길이나 가장 강력한 타격보다 더 빠르게 참지 못함을 녹일 것입니다.

77:20 조금 더 기다리시오. 그리고 동정심과 사랑을 마음에 품고 돌아가시오. 그리스도나 하느님의 왕국에 대하여 말하지 마시오.

77:21 단지 신성한 삶을 살아가시오. 그리고 그대의 말 중에 심한 말은 삼가하시오. 그러면 그대는 그대의 남편을 빛으로 인도하게 될 것입니다.'

77:22 그리하여 그것은 그렇게 되었습니다.

CHAPTER 78

78: 예리코에 있는 예수님. 아셔의 하인을 고침. 요단강으로 가셔서 사람들에게 말씀. 사제지간의 서약으로서 침례의식을 행함. 6명의 제자과 여러 사람에게 세례를 베풂.

78:1 예수님께서는 아르고로 가서 아셔의 여관에 머무르셨습니다.

78:2 그 여관에 있는 한 하인이 병으로 거의 죽게 되었으나, 치료자들도 고칠 수 없었습니다.

78:3 예수님께서 오셔서 그 죽어가는 소녀를 만지시고는 '마론! 일어나라!' 하시니 순식간에 고통은 사라졌고, 열이 멈추고, 그 소녀는 좋아졌습니다.

78:4 그때부터 사람들이 그들의 병자들을 데리고 와서 그들은 병 고침을 받았습니다.

78:5 그러나 예수님께서는 예리코에 오랫동안 체류하지 아니하시고, 요한이 가르치곤 했던 요단강 가로 내려갔습니다.

78:6 군중들이 그곳에 있었으며 예수님께서 그들에게 말씀하시길 '보시오! 때가 왔노라. 하느님의 왕국은 가까이 있노라.

78:7 마음이 순수하지 않은 어떤 사람도 신성한 하느님의 왕국으로 들어갈 수 없습니다. 인류의 모든 자녀들은 악에서 돌이켜 마음이 청결한 자가 되라는 부르심을 받았습니다.

78:8 그리스도의 문을 통하여 신성한 하느님의 왕국으로 들어갈 결심을 하면 제자가 됩니다. 그리고 모든 사람은 그 자신이 제자의 신분을 서약해야 합니다.

78:9 요한은 성스러운 왕국으로 들어가기 위한 그리스도의 문을 열고 왕의 오심에 대한 준비로서, 그 영혼을 깨끗하게 하는 상징으로서, 강가에서 그대들의 몸을 깨끗이 씻었습니다.

78:10 요한은 권능 있는 일을 하였습니다. 이제 그리스도의 문은 열렸고, 세례가 그대들이 제자가 되는 맹세로써 자리 잡았습니다.

78:11 이 시대가 끝날 때까지 이 서약은 하나의 의식이 될 것이며, 세례의식으로 불리게 될 것입니다. 그리고 그것은 사람들에게 표시가 될 것이며, 하느님에게로의 도장이 될 것입니다.

78:12 그대들, 모든 나라 사람들이여 들으시오! 내게로 오시오. 그리스도의 문은 열려 있습니다. 죄에서 돌아와 세례를 받으시오. 그리하면 문으로 들어가 왕을 뵐 것입니다.'

78:13 예수님을 따르던 여섯 제자가 가까이에 서 있었고, 예수님께서 그들을 앞으로 인도하시어, 요단강에서 그리스도의 이름으로 그분은

그들에게 세례를 주시고 말씀하셨습니다.

78:14 '나의 친구들이여! 그대들은 그리스도의 문을 통하여 신성한 하느님의 왕국으로 들어가는 최초의 사람들입니다.

78:15 내가 그리스도의 이름으로 그대들에게 세례를 준 것 같이, 그대들도 그리스도에 대한 믿음을 고백하고 그들의 죄를 버릴 모든 남자와 여자에게 그 신성한 이름으로 세례를 줄 것입니다.'

78:16 그리고 보시오, 많은 무리가 내려와 자기 죄를 버리고 그리스도에 대한 신앙을 고백하고 세례를 받았습니다.

CHAPTER 79

79: 살렘에서의 선구자인 요한. 한 율법학자가 예수님에 대하여 물음·요한은 대중에게 예수님의 사명을 설명.

79:1 선구자 요한은 물이 많은 살림 샘에 가서 죄를 고백하는 사람들의 몸을 씻어 주었습니다.

79:2 유대인 율법사가 요한에게 가서 말하기를 '당신이 씻은 그리스도라 일컫는 이 갈릴리 사람은 당신 원수가 아니냐?

79:3 그는 요단강 가에서 교회 같은 것을 짓고, 마치 당신이 한 그것처럼 사람들을 씻고 있다고 사람들이 말합니다.'

79:4 요한이 대답하기를 '예수님은 내가 길을 미리 닦던 바로 그 진정한 그리스도이십니다. 그분은 나의 적이 아닙니다.

79:5 신랑은 신부가 있습니다. 그의 친구들이 가까이 있습니다. 그들은 그의 목소리를 들을 때, 모두 기뻐합니다.

79:6 하느님의 왕국은 신부이며, 그리스도는 신랑입니다. 선구자로서의 나는 그들이 크게 번성해 가는 것을 보고 기쁨으로 충만해 있습니다.

79:7 나는 내가 보내진 일을 수행하였습니다. 예수님의 일은 이제 막 시작됩니다.'

79:8 요한은 군중에게 말하기를 그리스도는 올바름의 왕입니다. 그리스도는 신의 사랑입니다. 네, 그는 하느님입니다. 삼위일체의 성스러

운 사람 중 한 사람입니다.

79:9 그리스도는 순수한 모든 마음에 살고 있습니다.

79:10 지금, 요단강 가에서 설교하시는 예수님은, 인간의 삶에 있어 가장 어려운 시험을 받으셨으며, 육신의 몸으로서 모든 식욕과 정욕을 정복했습니다.

79:11 그리고 하늘의 가장 높은 궁정에서는 이 분이 이 땅에서 그리스도의 존재를 나타낼 수 있을 만큼 지극히 순결과 거룩함을 지닌 사람으로 선언되었습니다.

79:12 보시오, 신성한 사랑, 그것은 그리스도이며, 그분 안에 살고 있습니다. 그리고 그는 모든 인류의 본보기입니다.

79:13 그리고 모든 사람은 이기적인 자아의 모든 열정을 정복했을 때 모든 사람이 어떻게 될지 그분 안에서 볼 수 있습니다.

79:14 물가에서, 나는 영혼을 깨끗이 하는 상징으로써 죄를 멀리한 사람들의 몸을 물로 씻었습니다.

79:15 그러나 예수님께서는 성령의 살아있는 물속에서 영원히 목욕하셨습니다.

79:16 예수님은 사람들에게 세상의 구원자로 오십니다. 사랑은 세상의 구원자입니다.

79:17 그리스도 안에서 그들의 믿음을 두고 그리스도를 모범과 안내자로서 따르는 모든 사람은, 영원한 생명을 가질 것입니다.

79:18 그러나 그리스도를 믿지 않고 그들의 마음을 순수하게 하지 않아서, 그리스도가 그 안에 거하지 않는 사람은 결코 생명으로 들어갈 수가 없습니다.'

CHAPTER 80

80: 라마아스가 예수님을 보기 위하여 인도에서 옴. 살롬에서 요한의 가르침에 귀를 기울임. 요한이 그에게 예수님의 성스러운 사명을 말해 줌. 라마아스가 요단강에서 예수님을 찾음. 두 분이 서로 알아봄

80:1 브라만의 사제 라마아스는 예수님께서 자간나트 사원에 계셨을 때 친구였는데, 예수님과 여러 땅에서의 그분의 권능 있는 일들을 들었습니다. 그는 집을 떠나 그분을 찾아 팔레스타인에 왔습니다.

80:2 그리하여 그가 예루살렘을 향하여 여행했을 때, 살아있는 하느님의 예언자로서 여겨지는 선구자 요한의 이야기를 들었습니다.

80:3 라마아스는 살렘 샘에서 그 예언자를 발견하였습니다. 많은 날 그는 그가 가르치는 통렬한 진리의 조용한 경청자였습니다.

80:4 라마아스는 바리새인들이 요한에게 예수님과 그분의 권능 있는 업적에 대하여 말하는 것을 들었습니다.

80:5 그는 선구자의 대답을 들었습니다. 그가 그리스도라고 부르는 예수의 이름을 찬양하는 것을 들었습니다.

80:6 그가 요한에게 말하기를 '그대가 그리스도라고 부르는 이 예수님에 대하여 좀 더 말씀해 주시길 부탁합니다.'

80:7 요한이 대답하기를 그리스도는 하느님의 사랑이 표현된 것입니다.

80:8 보시오! 사람들은 탐욕적이고 더욱 이기적인 낮은 수준에서 살고 있습니다. 왜냐하면, 그들은 자아를 위하여 싸우고, 검으로써 정복하였습니다.

80:9 모든 땅에서 강한 자는 약한 자를 노예로 삼거나 죽이거나 합니다. 모든 왕국이 무기의 힘으로 일어납니다. 왜냐하면, 힘이 왕이기 때문입니다.

80:10 예수님은 힘의 철칙을 무너뜨리고 사랑을 권능의 보좌에 앉히기 위해 오셨습니다.

80:11 그리고 예수께서는 누구도 두려워하지 않으십니다. 그는 왕궁과 모든 곳에서 무력으로 얻은 승리는 범죄라고 담대하게 설교했습니다.

80:12 모든 가치 있는 목적은 평화의 왕자인 하느님의 사도 멜기세덱이 한 방울의 피 흘림도 없이 전쟁에서 용감한 승리를 쟁취한 것처럼, 부드러움과 사랑에 의하여 이루어질 것입니다.

80:13 그리스도의 성전이 어디에 있는지 묻고 있습니까? 그분은 손으로

짓지 않은 성소에서 섬기십니다. 그의 성전은 왕을 볼 준비가 된 거
룩한 사람들의 가슴입니다.

80:14 자연의 숲은 그분의 회당이며, 그분의 포럼은 세상입니다.

80:15 그분은 사람들에게 공경받기 위하여 꼭두각시 의상을 차려입은 제
사장이 아닙니다. 왜냐하면, 사람의 모든 아들은 사랑의 제사장이
기 때문입니다.

80:16 사람이 신앙으로 그의 마음을 순수하게 하면, 그를 중개할 중간인
은 필요 없습니다.

80:17 그는 하나님과 우호적인 관계를 맺고 있습니다. 그는 그분을 두려
워하지 않으며 자기 몸을 주님의 제단 위에 놓을 수 있고 담대합니
다.

80:18 그리하여 모든 사람은 제사장이며, 자기 자신이 살아있는 제물입니다.

80:19 그대는 그리스도를 찾을 필요가 없습니다. 왜냐하면, 그대의 마음
이 순수해지면 그리스도께서 오실 것이며, 영원히 그대와 함께 거
주할 것이기 때문입니다.'

80:20 라마아스는 계속 여행하여 예수님이 강가에서 가르치고 있을 때 다
가갔습니다.

80:21 예수님께서 말씀하시기를 '인도의 별을 보시오!'

80:22 라마아스가 말했습니다. ' 올바름의 태양을 바라보시오!' 그리고 그
는 그리스도 안에서 그의 신앙을 고백했습니다. 그리고 그분을 따
라갔습니다.

CHAPTER 81

81: 그리스도인들이 갈릴리를 향하여 여행. 그들은 잠시 야곱의 우물에
머묾. 그리고 예수님께서 사마리아의 여인을 가르치심

81:1 신성한 하느님의 왕국으로 들어가는 그리스도인의 문은 열려 있고,
예수님과 그의 여섯 제자와 라마아스는 요단강을 떠나서 갈릴리로
그들의 발길을 돌렸습니다.

81:2 여행 도중에 사마리아를 통하여, 그들은 젊은 시절에 야곱이 요셉에게 준 조그마한 땅 가까이에 있는 수가에 왔습니다.

81:3 야곱의 우물이 그곳에 있었습니다. 그리고 예수님께서는 고요한 생각 속에서 우물가에 앉아 계셨으며, 그의 사도들은 빵을 구매하기 위해 마을로 갔습니다.

81:4 마을의 한 여인이 우물에서 항아리를 채우기 위해 왔습니다. 예수님께서 목이 마르시어 여인에게 마실 물을 청하셨는데 그녀가 말하기를

81:5 '나는 사마리아 여자이고, 그대는 유대인입니다. 사마리아 사람과 유대인 사이에는 적개심이 있다는 것을 모르십니까? 그들은 서로 교통이 없습니다. 그런데 왜 그대는 나에게 마실 것을 요구하십니까?'

81:6 예수님께서 말씀하시기를 '사마리아인과 유대인은 모두 한 하느님, 우리 아버지 하느님의 자녀들입니다. 그리고 그들은 친인척입니다. (Samaritans and Jews are all the children of one God, our Father-God, they are kin.)

81:7 이러한 적개심과 미움을 낳는 것은, 단지 육신의 마음이 낳은 편견입니다.

81:8 나는 유대인으로 태어났지만, 생명의 형제 관계를 인지하고 있습니다. 사마리아인은 나에게 유대인이나 그리스인 만큼이나 소중한 것입니다.

81:9 그리고 만약 그대가 우리 하느님의 축복을 안다면, 그대는 나에게 물을 마시도록 청했을 것입니다.

81:10 나는 즐거이 생명의 큰 샘에서 그대에게 물 한잔을 드릴 것이며, 그대는 결코 다시는 목마르지 않을 것입니다.'

81:11 그 여인이 대답하기를 '이 우물은 깊지만, 당신은 물을 길을 아무것도 없습니다. 어떻게 당신이 말한 물을 얻을 수 있겠습니까.?'

81:12 예수님께서 말씀하시기를 '내가 말하는 물은 야곱의 우물에서 오는 것이 아닙니다. 그것은 절대 마르지 않는 우물에서 흘러나오는 것입니다.

81:13 보시오! 야곱의 우물에서 나오는 물을 마시는 모든 사람은 다시 목마를 것이지만, 내가 주는 물을 마시는 사람들은 결코 다시 목마르지 않을 것입니다. (공통)

81:14 왜냐하면 그들 자신이 스스로 우물이 되고, 그들 속에서 반짝이는 물이 솟아올라 영원한 생명 속으로 갑니다(For they themselves become a well, and from their inner parts the sparkling waters bubble up into eternal life.).

81:15 여인이 말하기를 '선생님, 저는 그 풍성한 생명의 우물에서 물을 마시겠나이다. 저에게 마실 물을 주어 더 이상 목마르지 않게 하십시오.'

81:16 예수님께서 말씀하시기를 '그대의 남편을 부르러 마을로 가시오. 그는 당신과 함께 이 생명의 물을 마실 수 있을 것입니다.'

81:17 여인이 대답하기를 '선생님, 저에게는 남편이 없습니다.'

81:18 그러자 예수님께서 말씀하시기를 '당신은 남편이 무슨 뜻인지 거의 알지 못합니다. 당신은 꽃에서 꽃으로 날아다니는 금빛 나비인 것 같습니다.

81:19 당신에게는 결혼 관계에 신성함이 없고 어떤 남자와도 친분을 맺습니다.

81:20 그리고 당신은 당신 친구들 남편으로 보이는 5명의 사내와 같이 살았습니다.'

81:21 그 여인이 말하기를 '내가 선지자나 예언자와 이야기하고 있는 것이 아닐까? 그대가 누구인지 저에게 말씀해 주시지 않겠습니까?'

81:22 예수님께서 말씀하시기를 '나는 내가 누구라는 것을 그대에게 말할 필요가 없습니다. 왜냐하면, 그대는 나에 대하여 언급한 율법, 예언서 그리고 시편을 읽었을 것이기 때문입니다.

81:23 나는 사람의 아들들을 갈라놓고 있는 벽을 부수기 위하여 온 사람입니다. (I am one come to break away the wall that separates the sons of men) 성령 안에는 그리스인도 없고 유대인도 없고 사마리아인도 없고 속박도 자유도 없습니다. 왜냐하면,

모두가 하나이기 때문입니다.' (for all are one)

81:24 그 여인이 묻기를, '왜 당신은 예루살렘에만 사람들이 기도해야 하며, 우리의 거룩한 산에서는 예배할 수 없다고 말씀하십니까?'

81:25 그러자 예수님께서 말씀하시기를 '그대가 말한 것을 나는 말한 바가 없습니다. 한 장소는 다른 장소와 마찬가지로 신성한 곳입니다. (as sacred as).

81:26 사람들은 마음의 성전 (the temple of the heart)에 계시는 하느님께 경배해야만 할 때가 왔습니다. 왜냐하면, 하느님이 마음속에 계시지 아니하면, 예루살렘에도 그대의 거룩한 산에도 계시지 않으며, 모든 가슴속에도 계시지 않기 때문입니다.

81:27 우리의 하느님은 큰 영(Spirit)이십니다. 그분께 경배하는 사람은 누구든지 영(in spirit)으로 또 진실 속에서(in truth) 경배해야만 합니다.'

81:28 그 여인이 말하기를, '메시아가 오시면 그분이 진리의 길로 우리를 인도해 주실 것을 알고 있습니다.'

81:29 예수님께서 말씀하셨습니다. '보시오! 그리스도가 이미 왔습니다. 메시아가 그대에게 말하고 있습니다.'

CHAPTER 82

82: 예수님이 가르치시는 동안, 제자들이 와서 사마리아 여인과 말하는 것을 경이하게 생각함. 수가에서 온 많은 사람이 예수님을 보기 위해 옴. 예수님께서 그의 제자들과 함께 수가에 가셔서 며칠 머무심

82:1 예수님께서 우물가에서 여인과 이야기하고 있는 동안 여섯 사도가 음식을 가지고 수가에서 왔습니다.

82:2 그들은 예수님께서 사마리아 여인, 창녀라고 생각되는 여인과 말하는 것을 보고 매우 놀랐습니다. 그러나 어떤 사람도 왜 그녀와 말하고 있는지 물어보지 않았습니다.

82:3 여인은 대승님의 말씀에 생각을 잃고 정말 감동하여, 그녀는 우물

에 왔던 심부름도 잊고 항아리도 놓아둔 채로 빠르게 마을로 뛰어갔습니다.

82:4 그녀는 야곱의 우물에서 그녀와 만난 선각자에 관한 모든 것을 사람들에게 말했습니다. 그녀는 그녀가 행한 모든 일을 그분께서 말씀해 주셨다고 말했습니다.

82:5 사람들이 그 사람에 대해 더욱 알고 싶다고 했을 때, 그녀가 말하기를 '가서 보십시오'. 군중들은 야곱의 우물로 갔습니다.

82:6 예수님께서 그들이 오는 것을 보시고, 그를 따르는 사람들에게 말씀 하셨습니다. '그대는 추수기까지 4개월 남았다고 말할 필요가 없습니다.

82:7 보시오, 추수기는 지금입니다. 눈을 들고 바라보시오, 들은 익은 곡식으로 황금색입니다.

82:8 보시오, 많은 씨뿌리는 자들이 생명의 씨를 뿌리기 위하여 갔습니다. 씨앗은 자라났습니다. 식목들은 여름의 햇볕에서 강해지고, 낟알들은 익었으며, 그리고 주인은 거두기 위하여 사람들을 불렀습니다.

82:9 그리고 그대들은 들에 나가서 다른 사람들이 뿌린 것을 거두어야 합니다. 결산인이 오면 씨뿌리는 자와 거둔 자 모두 함께 기뻐할 것입니다.'

82:10 빌립이 예수님께 말하기를 '잠시 일을 멈추시고, 이 올리브나무 밑에 앉으시어 음식을 조금 드시지요. 주님은 아침부터 아무것도 드시지 않아서 피곤하실 것입니다.'

82:11 예수님께서 말씀하시기를 '나는 피곤하지 않노라. 나에게는 그대들이 모르는 음식(food)이 있느니라.'

82:12 그러자 제자들이 그들끼리 이야기를 나누면서 '누가 주님에게 먹을 것을 가져다드렸을까?'

82:13 그들은 그가 에테르를 빵으로 만들 힘을 가지고 있는 것을 몰랐습니다.

82:14 그리고 예수님께서 말씀하시기를 '추수의 주인이 거두는 자를 보내

고서 그들을 먹이지 않는 일은 결코 없느니라.

82:15 인간 생명을 추수하는 들로 나를 보내신 나의 하느님은, 결코 나에게 부족함으로 나를 고통스럽게 하지 않느니라. 또한, 그분이 그대들을 섬기라고 불렀을 때 그분은 그대들에게 먹고 입고 피할 곳을 주실 것이니라.

82:16 사마리아 사람들을 향하여 예수님께서 말씀하시기를 '유대 사람인 내가 그대들에게 말하는 것을 이상히 생각해서는 아니 됩니다. 왜냐하면, 나와 그대는 하나이기 때문입니다. (for I am one with you.)

82:17 과거에 존재하셨고, 현재 존재하시고, 미래에도 영원히 존재하실, 우주 보편적 그리스도는 내 안에 나타나 있습니다. 그러나 그리스도는 모든 사람의 것입니다.

82:18 하느님은 그분의 후덕하신 손으로 그의 축복을 뿌려 주시고, 그분은 그의 손으로 창조하신 모든 것 중 하나를 다른 하나보다 더 친절하게 대하지 않습니다.

82:19 나는 막 유다의 언덕에서 왔는데, 그곳에서도 하느님의 태양은 여기에서처럼 빛났으며, 그분의 꽃들은 여기에서처럼 피어났으며, 밤이 되면 그분의 별들은 여기에서처럼 빛났습니다.

82:20 하느님은 한 아이도 버리지 않습니다. 유대인도 그리스인도 사마리아인도 그분의 눈에는 같습니다. (equal in his sight)

82:21 그런데 왜 남자와 여자들은 마치 놀고 있는 어린아이와 같이 안달하고 다툽니까?

82:22 사람의 아들들을 갈라놓는 선은 짚으로 만들어져 있습니다. 단 한 번의 사랑의 숨결은 그것 모두를 날려버립니다.'

82:23 사람들은 모르는 사람이 말한 내용에 매우 놀랐습니다. 많은 사람은 오실 그리스도가 확실히 오셨다고 말했습니다.

82:24 그들과 함께 예수님께서는 마을로 가서 며칠간 머무셨습니다.

83: 예수께서 수가의 사람들을 가르치심. 악령을 퇴치, 영혼을 본래의 거처로 보내심. 많은 사람 치유·예수님의 수가에서의 존재가 제사장들을 혼란스럽게 했지만, 그들에게 설파하시고 호의 받으심

83:1 예수님께서는 수가의 시장에서 사람들을 가르치셨습니다.

83:2 귀신들린 사람이 그에게 데려져 왔습니다. 그 사람을 점유하고 있는 악령은 폭력과 욕정으로 가득 찼으며, 자주 그 희생자를 땅 위에 던졌습니다.

83:3 이때 예수님께서 크게 말씀하셨습니다. '천한 영혼아. 이 사람의 중심을 잡은 것을 풀고 너 자신에게로 돌아가라.'

83:4 그러자 그 영혼은 가까이에 서 있는 개의 몸으로 들어가겠다고 애원했습니다.

83:5 그러나 예수님께서 말씀하시기를 '왜 이 의지 할 곳 없는 개에게 해를 끼치는가? 그것의 생명은 나의 생명이 나에게 소중한 것과 같이 그에게도 소중한 것이니라.

83:6 어떤 살아있는 것에게 너의 죄의 짐을 지우는 것은 네가 할 일이 아니니라.

83:7 너 자신(own)의 행위와 악한 생각으로, 그대가 이러한 모든 위험을 가져왔느니라. 너는 풀어야 할 어려운 문제를 가지고 있다. 그러나 너는 너 자신을 위하여 그것들을 풀어야만 하느니라.

83:8 이 귀신들린 사람에 의하여, 너는 너 자신의 조건을 이중으로 슬프게 만들고 있느니라. 너 자신의 영역으로 되돌아가라. 어떤 것을 해롭게 하는 것을 삼가라. 그리하면 점차 너 자신은 자유로워질 것이니라.'

83:9 악한 영이 그 사람을 떠나 그 자신에게로 갔습니다. 그 사람은 감사하는 마음으로 우러러보며 하느님을 찬미했습니다.

83:10 많은 사람은 그들의 병자들을 데리고 왔습니다. 예수님께서는 말씀하셨고 그들은 치유되었습니다.

83:11 회당의 지도자와 모든 사제는 예루살렘에서 온 예수가 마을에서 설

교하는 것을 들었을 때, 크게 곤궁했습니다.

83:12 그들은 그가 사마리아 사람들 가운데 개종자를 만들어서 분쟁을 일으키기 위하여 왔다고 생각했습니다.

83:13 그들은 그분이 마을에 있는 이유를 알기 위해 회당으로 오라고 관리를 보냈습니다.

83:14 예수님께서는 온 사람에게 말씀하시기를. '돌아가시오. 사제들과 회당의 지도자들에게 내가 죄를 범하는 데 가담하고 있지 않다고 전해주시오.

83:15 나는 부서진 마음들을 위로하고 병자를 고쳐주며 악령에 사로잡힌 사람을 쫓아내기 위하여 왔습니다.

83:16 그대들의 선지자들이 나에 대하여 말하였다고 말씀하시오. 내가 율법을 어기러 온 것이 아니요 오직 가장 높은 율법을 이루려 함입니다.'

83:17 그 사람은 되돌아가서 사제들과 회당의 지도자에게 예수님께서 말씀하신 것을 말했습니다.

83:18 지도자는 놀라서 사제들과 함께 예수님이 계신 시장으로 갔습니다.

83:19 예수님께서 그들을 보시고 말씀하시기를 '사마리아의 존귀한 사람들을 보라. 그들은 사람들을 옳은 길로 인도하도록 운명지어진 사람들입니다.

83:20 그리고 나는 그들을 도와주기 위하여 온 것이지 방해하기 위해서 온 것이 아닙니다.

83:21 사람의 아들들은 두 가지 분류가 있습니다. 정의, 진리, 평등, 정의의 확실한 초석 위에 인류를 세우려고 하는 자와,

83:22 성스러운 사원을 파괴하고, 그들을 따르는 자들을 가난과 죄악으로 빠뜨리는 자들입니다.

83:23 올바름의 성스러운 인류애단은 지금 격동의 분쟁 속에서 단결해야만 합니다.

83:24 그들이 유대인이든 사마리아인이든 아시리아인이든 그리스인이든 모든 투쟁, 모든 불화, 질투, 증오를 그들의 발아래 짓밟아 버리고,

인간의 인류애(brotherhood, 형제애)를 증명해야만 합니다.'

83:25 그리고 나서 예수님께서 회당의 지도자에게 말씀하시기를 '올바름의 대의명분을 위하여 뭉치면(unity) 살고, 분열되면(divide) 망합니다.' (공통)

83:26 그분은 지도자의 손을 잡았습니다. 사랑의 빛이 그들의 영혼에 충만했으며 모든 사람은 매우 놀랐습니다.

CHAPTER 84

84: 그리스도인이 다시 여행. 잠시 사마리아의 도시에 머문 예수님께서 회당에서 말씀. 영적인 능력으로 한 여인을 치유, 예수님 사라짐. 뒤에 나사렛으로 향할 때, 제자들과 함께함.

84:1 그리스도인들은 갈릴리 땅으로 방향을 돌렸으나, 그들이 사마리아의 도시에 도착했을 때, 군중이 그들 주위에 심하게 몰려와서, 잠깐이나마 자신들의 도시에 머물기를 간구 했습니다.

84:2 그들은 회당으로 갔고 예수님께서는 모세의 책을 펼치고 읽었습니다.

84:3 '너와 너의 자손에 의해서 세상의 모든 백성은 축복받을 것이니라.'

84:4 그분은 책을 덮고 말씀하시기를 '이 말은 주님이 아브라함에게 한 말씀입니다. 그리고 이스라엘은 모든 세계에 축복이 되었습니다.

84:5 우리는 그의 자손들입니다. 그러나 우리에게 소명된 큰일의 십 분의 일도 아직 이루지 못했습니다.

84:6 주님은 신과 인간의 결합을 가르치시기 위하여 이스라엘을 가르쳤지만 사람들은 자신에 삶에 있어서 나타나지 않은 것들은 가르치지 못합니다.

84:7 우리의 하느님은 대영(大靈)이십니다. 그리고 그 안에 모든 지혜와 사랑과 힘이 있습니다. (공통)

84:8 모든 사람에게는 이러한 신성한 속성이 싹트고 있습니다. 그리고 때가 되면 그러한 속성들은 펼쳐지게 될 것이고, 완성될 것입니다. 그리하여 사람들은 일체의 사실을 이해하게 될 것입니다.

84:9 그대 회당의 지도자와 그대 사제들은 만군의 주님의 명예로운 하인들입니다.

84:10 모든 사람은 삶의 방식에 있어서 안내(guidance)를 그대들에게 기대하고 있습니다. 예시(example)는 사제의 또 다른 이름입니다. 그러므로 사람들이 해야만 한다고 그대들이 여겨지는 것들을 그대들은 해야만 합니다.

84:11 단 하나의 단순하고 신성한 삶은, 순수함과 올바른 길에서 만인의 영혼을 이길 것입니다.'

84:12 모든 사람은 '아멘' 하고 말했습니다.

84:13 예수께서 회당에서 나가사 저녁 기도 시간에 신성한 숲으로 올라가시니 모든 백성이 다 그 거룩한 산을 향하여 기도했습니다.

84:14 그리고 예수님께서는 기도하셨습니다.

84:15 예수님께서 고요 속에서 앉아 계실 때, 한 영혼의 목소리가 도움을 간청하면서 그분의 영혼에게 말했습니다.

84:16 그러자 예수님께서 죽을 때의 아픔처럼 심한 고통 속에서 침상에 누워있는 한 여인을 보았습니다.

84:17 그녀는 말할 수는 없었지만, 예수님이 하느님의 사람이라는 말을 듣고, 가슴속에서 그는 그분의 도움을 요청했습니다.

84:18 예수님께서는 도와주셨습니다. 그분은 아무 말도 하지 않았지만, 섬광처럼 그의 영혼에서 나오는 강력한 미덕이 죽어가는 사람의 몸을 가득 채웠고, 그녀는 일어났고, 기도하고 있는 그녀의 친인척들과 합류하였습니다.

84:19 그녀의 친인척들은 깜짝 놀랐고 어떻게 완쾌되었느냐고 물어보니 그녀는 대답하기를

84:20 '모르겠습니다. 나는 단지 하느님의 사람에게 치료의 능력을 물어보았는데, 그 순간 나는 좋아졌습니다.'

84:21 사람들이 말하기를. '하느님이 확실히 이 땅 위에 오셨다. 왜냐하면, 사람은 생각으로 병 고칠 힘을 가지고 있지 않기 때문이다.'

84:22 예수님께서 말씀하셨습니다. '하늘과 땅 위에서 가장 큰 힘은 생 각(thought,想念)입니다. (The greatest power in heaven and earth is thought.)

84:23 하느님은 생각으로 우주를 만드셨고 그분은 생각으로 백합이나 장 미꽃을 그렸습니다.

84:24 내가 병 고침의 생각을 보내어 병과 죽음의 에테르를 건강과 생명 의 에테르로 바꾼 것을 왜 이상하다고 생각하십니까?

84:25 보시오, 그대들은 이보다 더 큰 것들을 보게 될 것입니다. 왜냐하 면, 신성한 생각의 힘으로, 나의 몸이 육체로부터 영혼 형태로 변할 것이고 그대들도 그렇게 할 수 있을 것입니다.'

84:26 예수님께서 이렇게 말씀하시고 곧 사라지셨습니다. 누구도 그분이 가는 것을 본 사람은 없었습니다.

84:27 제자들조차도 그 변화를 이해하지 못했고 그들의 대스승님이 어디 로 갔는지 알지 못했습니다. 그래서 그들은 그들의 길을 갔습니다.

84:28 그러나 그들이 그 일에 대하여 말하며 걸어가고 있을 때, 보시오. 예수님께서 오셔서 갈릴리의 나사렛까지 그들과 함께 걸었습니다.

CHAPTER 85

85: 선구자 요한이 헤롯왕의 사악함을 질책. 헤롯왕은 그를 마케루스의 감옥에 연금. 예수님께서는 하느님이 요한의 투옥을 허락한 이유를 말씀.

85:1 파라카와 갈릴리의 분봉왕 영주 헤롯 안티파스왕은 방탕하고 이기 적이고 폭군이었습니다.

85:2 그는 자기 아내를 집에서 내쫓고 헤로디아를 아내로 삼으려고 하였 으니 그녀는 자기와 같이 부도덕하고 불의한 여자요 가까운 친척의 아내였더라

85:3 갈릴리의 바닷가에 있는 티베리우스라는 도시에 헤롯의 집이 있습 니다.

85:4 한편, 선구자 요한은 갈릴리의 해변에서 사람들을 가르치기 위해서 살렘의 샘터를 떠났습니다. 그는 악한 지배자와 그의 훔친 부인의 모든 죄를 책망하였습니다.

85:5 헤로디아는 이 설교자가 감히 자기와 남편의 죄를 비난한 데 대하여 격분하였습니다.

85:6 그녀는 그 선구자를 체포하여 사해 인근 마케루스 성의 감옥에 보내도록 헤롯왕에게 설득했습니다.

85:7 헤롯은 그녀가 요구하는 대로 했습니다. 그 후 그녀는 모든 죄 가운데서도 평화롭게 살았습니다. 아무도 그녀를 다시 비난할 만큼 담대하지 않았기 때문입니다.

85:8 요한의 추종자들은 요한의 재판과 투옥에 대하여 말하지 말라는 경고를 받았습니다.

85:9 법정의 명령에 따라 그들은 공공장소에서 가르치는 것이 금지되었습니다.

85:10 그들은 헤롯이 요한의 이단이라고 불렀던 이 더 나은 삶에 대해 말할 수 없었습니다.

85:11 요한이 영주 법정에 의해 투옥된 것이 알려졌을 때, 예수님의 친구들은 그분이 갈릴리에 머물지 않는 것이 최선이라고 생각했습니다.

85:12 그러나 예수님께서 말씀하시기를 '나는 두려워할 필요가 없습니다. 나의 때는 아직 오지 않았습니다. 어떤 사람도 나의 일이 끝날 때까지는 나를 머물게 할 수가 없습니다.'

85:13 그들은 왜 하느님께서 헤롯이 요한을 투옥함을 허락했는지 묻자 그분은 말씀하기를

85:14 '저기 밀집을 보십시오! 그것은 낟알들이 충분히 익게 되면, 더는 가치가 없어져서, 땅에 떨어져 나온 땅의 일부가 됩니다.

85:15 요한은 황금 밀집입니다. 그는 모든 지상에서 가장 풍성한 낟알을 충분히 익게 하였습니다. 그의 일은 완수되었습니다.

85:16 만약 그가 다른 말을 한다면, 지금의 고귀한 삶의 균형에 손상이 갈

수도 있습니다.

85:17 그리고 나의 일이 끝날 때, 지도자들은 그들이 요한에게 했던 것 이상으로 나에게 행할 것입니다.

85:18 모든 이와 같은 사건은 하느님 자신의 계획의 일부입니다. 악인이 권세를 잡는 동안 무고한 사람은 고통을 당할 것입니다. 그러나 무죄한 자들에게 고통을 끼치는 자들에게는 화가 있을 것입니다.'

CHAPTER 86

86: 그리스도인들 나사렛에 있음. 예수님이 회당에서 말씀. 사람들이 그분의 말씀에 화가 나서 죽이려고 시도. 그분은 신비하게 사라지셨다가 그 회당으로 되돌아옴.

86:1 그리스도인들은 나사렛에 있었습니다. 안식일에 예수 그리스도께서는 회당에 올라갔습니다.

86:2 책 관리인이 예수님께 한 권의 책을 주자 그분은 그것을 펴고 읽으셨습니다.

86:3 '주의 영이 내게 임하도다. 그가 나에게 기름을 부으시고 가난한 자에게 복음을 전파하고 포로를 해방하고 안 보이는 자의 눈을 뜨게 하고

86:4 억압받은 자, 상처받은 자를 구원하고, 은총의 해가 왔음을 선언하시다.'

86:5 예수님께서 이러한 글들을 읽으시고 책을 덮고 말씀하시기를 '이 글이 오늘 그대들의 면전에서 이루어지고 있습니다. 이스라엘이 세상을 축복할 시간이 왔습니다.'

86:6 그리고 그 후에 신성한 왕국, 숨겨진 삶의 방식, 죄 용서에 대하여 많은 것을 말씀하셨습니다.

86:7 그런데 그 말하는 사람이 누구인지 모르는 사람들이 많았고, 또 어떤 사람들은 말하기를 '이 사람은 요셉의 아들이 아니냐? 그의 어머니는 마미온 거리에 살고 계시지 않나요?'라고 말했습니다.

86:8 한 사람은 '이 사람은 가나, 가버나움, 예루살렘에서 그렇게 권능 있는 일을 한 분입니다.'라고 말했습니다.

86:9 그러자 사람들이 말하기를 '의사여! 자신을 고쳐 보시오. 당신이 다른 마을에서 행한 모든 놀라운 일을 당신의 친족 가운데 여기에서도 행하여 보시오.'

86:10 예수님께서 말씀하시길 '선지자는 본토 백성에게서 영접을 받지 못하느니라. 선지자들은 모든 사람에게 보내심을 받지 아니하였느니라.

86:11 엘리야는 하느님의 사람이었습니다. 그는 힘을 가졌고 하늘의 문을 닫자 40개월 동안 비가 오지 않았습니다. 그리고 그가 말을 했을 때 비가 왔으며, 땅은 다시 생기를 찾았습니다.

86:12 그 땅 위에는 많은 과부가 있었으나 엘리야는 사르밧에게만 갔으며 그녀는 축복받았습니다.

86:13 또한 엘리야가 살았을 때, 보시오, 이스라엘에는 많은 나병 환자가 있었으나 깨끗해진 사람은 신앙을 가진 시리아 사람 한 사람 외에는 없었습니다.

86:14 그대들은 신앙이 없습니다. 그대들은 단지 변덕스러운 호기심을 만족하게 하기 위한 징조를 찾습니다. 그러나 그대들은 신앙의 눈을 뜰 때까지는 볼 수 없을 것입니다.'

86:15 사람들은 격노하여 예수님에 달려들어 줄로 묶었습니다. 그리고 떨어뜨려 죽이기 위하여 멀지 않은 절벽으로 그분을 데리고 갔습니다. (공통)

86:16 그러나 그들이 그분을 단단히 잡았다고 생각했을 때, 그분은 사라지셨습니다. 그는 보이지 않게 화난 사람들 사이를 빠져나갔습니다.

86:17 사람들은 어리둥절하여 이 사람은 어떤 사람이냐고 말했습니다.

86:18 그들이 나사렛에 다시 왔을 때, 그들은 그분이 회당에서 가르치고 있는 것을 보았습니다.

86:19 그들은 심히 두려워서 더 그분을 괴롭히지 않았습니다.

87: 그리스도인들이 가나로 감. 예수님께서 귀족의 아들을 고쳐주심·그리스도인들 가버나움으로 감. 예수님께서 어머니를 위하여 넓은 집을 마련하심. 12사도를 뽑을 의도를 표명

87:1 예수님께서 나사렛에서 더는 가르치지 아니하시고, 그의 제자들과 같이 가나로 갔습니다. 이곳은 혼인 잔치 때 그분이 단번에 물을 술로 바꾼 곳입니다.

87:2 이곳에서 예수님께서는 가버나움에 그의 집이 있는 귀족 출신의 사람을 만났습니다. 그의 아들은 병들어 있었습니다.

87:3 그 사람은 예수님의 병 고침 권능에 대한 신앙을 가지고 그분이 갈릴리로 오신 것을 알고 급히 가다가 길에서 예수님을 만났습니다.

87:4 그는 일곱 시에 예수님을 만나, 그의 아들을 살리기 위하여 가버나움으로 가기를 간청하였습니다.

87:5 그러나 예수님께서는 가지 않으시고, 잠시 말없이 옆에 서 계시다가 말씀하셨습니다. '그대의 믿음이 치유의 향기가 되었노라. 당신 아들은 좋아졌노라.'

87:6 그 사람은 이 말을 믿고 가버나움의 집을 향하여 가는데 도중에 집에서 오는 하인을 만났습니다. 그가 말하기를

87:7 '주인님 그렇게 서두르실 필요가 없습니다. 아드님은 나았습니다.'

87:8 그 아버지가 묻기를 '언제부터 내 아들이 낫기 시작했느냐?'

87:9 하인이 대답하기를 '어제 7시쯤 열이 사라졌습니다.'

87:10 그 아버지는 자기 아들을 구한 것이 예수님이 보내신 치유의 향기라는 것을 알았습니다.

87:11 가나에서 예수님은 지체하시지 않고 그의 제자들과 더불어 가버나움으로 갔습니다. 그곳에서 어머니와 함께 살 수 있는 공간이 넓은 집을 마련하셨습니다. 그곳에서 제자들은 예수님의 신성한 말씀을 듣기 위하여 수리하였습니다.

87:12 그분은 그분 안에서 그들의 신앙을 고백하는 사람들을 그의 집에

모이도록 불렀습니다. 그분의 제자들은 그리스도의 학교라고 불렸고, 그들이 왔을 때 예수님께서 그들에게 말씀하시기를

87:13 '그리스도의 이 복음은 반드시 전 세계에 선포돼야 합니다.

87:14 이 그리스도 포도나무는 힘의 포도나무가 되어, 그 가지는 지상 위의 모든 사람, 부족들, 언어들을 포함할 것입니다.

87:15 '나는 포도나무이며 열두 사람은 그 줄기 속의 가지가 될 것입니다. 그리고 이들 가지는 모든 곳으로 가지를 뻗을 것입니다.

87:16 나를 따르는 사람 가운데서, 성령은 열두 명을 부를 것입니다.

87:17 가서 지금까지 해 왔던 대로 일을 하시오. 그러나 부름에 귀 기울이도록 하시오.'

87:18 그러자 제자들은 자기들의 일상 업무로 돌아가 예전처럼 자기 일을 했습니다. 그 일이 있고 난 뒤 예수께서는 기도하러 홀로 함모스 언덕에 가셨습니다.

87:19 사흘 밤낮을 예수님께서는 고요인류애단과 소통하시고, 성령의 힘 속에서 열두 명의 제자를 부르기 위하여 내려오셨습니다.

CHAPTER 88

88: 예수님께서 바닷가를 거니 시니라. 한 어선에 서셔서 사람들에게 말씀하심. 그가 시키는 대로 하여 어부들은 많은 고기를 잡음. 그리스도께서 12사도를 선정하심.

88:1 갈릴리 해변을 그리스도께서 거니시니 많은 사람이 그를 따랐습니다.

88:2 고깃배는 마침 막 들어오고 있었으며 베드로와 그의 형제들은 그들의 배를 기다리고 있었습니다. 도와주는 사람들은 해변에서 찢어진 그물을 수선하고 있었습니다.

88:3 예수님께서 배에 오르자 베드로가 바다 쪽으로 약간 밀어주었습니다. 그리고 예수님께서는 배에 서서 군중들에게 말씀하시기를

88:4 '만군의 주님의 선지자 이사야는 앞일을 내다보았으며 바로 오늘을 보았습니다. 그는 해변에 서 있는 사람들을 보고 소리쳤습니다.

88:5 요단강 건너편의 바닷가에 있는 스불론과 납달리의 땅 이방인의 갈릴리땅.

88:6 그 사람들은 어둠 속에서 길을 알지 못합니다. 그러나 보시오, 그들은 샛별이 뜨는 것을 보았습니다. 밝은 빛이 앞을 비추고 그들은 생명의 길을 보았으며 그곳에서 거닐었습니다.

88:7 그대들은 오늘 지상 위의 모든 사람 축복 이상으로 축복받았습니다. 왜냐하면, 그대들은 가장 먼저 빛을 볼 것이며, 빛의 자녀가 될 것이기 때문입니다.'

88:8 그리고 예수님은 베드로에게 말씀하셨습니다. '그물을 배로 가져와서 깊은 곳으로 던져라.'

88:9 베드로는 예수님이 그에게 하라는 대로 하였습니다. 그러나 의구심에서 그가 말했습니다. '이거 헛수고 같습니다. 오늘 갈릴리 해변에는 고기가 없습니다. 안드레와 함께 밤새도록 고생했지만 한 마리도 못 잡았습니다.

88:10 예수님께서는 바다 밑에 많은 물고기를 보시고 베드로에게 말씀하시길

88:11 '배의 오른쪽으로 그물을 던져보아라.' (공통)

88:12 그래서 베드로는 예수님께서 명하신 대로하였습니다. 보시오 그물이 가득 차서, 그물을 잡아당기기가 어려울 정도로 생선이 많이 잡혔습니다.

88:13 베드로는 도움을 청하려고 가까이에 있는 요한과 야고보를 불렀습니다. 그물을 배에 끌어 올리니 두 배 모두에 생선으로 가득 찼습니다.

88:14 베드로는 이 많은 물고기를 보고 자기가 말한 것이 부끄러웠습니다. 믿음이 없음을 부끄러워하여 예수의 발 앞에 엎드려 이르되 주여 내가 믿나이다고 하니

88:15 예수님께서 말씀하시기를 '잡은 것을 보라. 지금부터 그대는 생선 잡지 않는 어부가 되어야 하느니라. (공통)

88:16 그대는 배의 오른쪽에 인간 삶의 바다에 그리스도 그물을 던져야만 하

느니라. 그대는 군중들을 신성함과 평화 속으로 인도해야 하느니라.'

88:17 이제 그들이 해변에 도착하니 그리스도 대스승님께서 베드로, 안드레, 야고보, 요한을 불러서 말하였습니다.

88:18 '그대 갈릴리 어부들이여, 주인은 우리를 위하여 해야 할 큰일을 가지고 있느니라. 나는 가노라. 그대들은 나를 따를 수도 있느니라.' 그들은 모든 것을 버리고 예수님을 따랐습니다.

88:19 그리고 예수님께서 해변을 걸으시면서 필립과 나다나엘을 보고 말씀하셨습니다.

88:20 '그대들 벳새다의 교사들이여, 그대들은 오랫동안 사람들에게 그리스의 철학을 가르쳤습니다. 스승님들은 그대들과 내가 해야 할 더 큰 일이 있습니다. 나는 갑니다. 그대들은 나를 따를 수도 있습니다.' 그들은 그를 따랐습니다. (공통)

88:21 좀 더 멀리 가니까 로마의 세관이 있었습니다. 거기에서 예수님은 책임직 관리를 만났습니다. 그의 이름은 마태였으며 한때 예리코에서 산 적이 있었습니다.

88:22 그 젊은이는 그 전에 주보다 먼저 예루살렘으로 달려가 '보시오! 그리스도께서 오십니다.'라고 한 적이 있습니다.

88:23 마태는 부자였으며 그는 유대인, 시리아인, 그리스인의 지혜를 알고 있었습니다.

88:24 예수님께서 그에게 말씀하셨습니다. '안녕하시오. 시저의 충실한 하인 마태여. 스승님들은 우리를 영혼의 공물집이라 부르고 있습니다. 나는 가려니와 그대도 나를 따라 올 수도 있습니다.' 마태도 그분을 따라갔습니다. (공통)

88:25 이름이 유대인 이스가롯과 그의 아들은 마태에게 고용되어 있었으며 그들은 세관에 있었습니다.

88:26 이에 예수님께서는 유다에게 말씀하셨습니다. '그대의 일을 잠시 멈추시오. 스승님들은 영혼의 저축은행에서의 의무를 하라고 우리를 부릅니다. 나는 가려니와 그대는 나를 따를 수도 있습니다.' 그

래서 유다는 그를 따랐습니다.

88:27 그리고 예수님께서는 그리스도 스승에 대하여 들은 적이 있으며 그리스도학교에서 배우기 위해 안티오크에서 온 한 율법학자를 만났습니다.

88:28 그는 도마라고 하는데 의심이 많았으나 교양 있고 능력 있는 그리스 철학자였습니다.

88:29 예수님께서는 그 속에 신앙을 보시고 그에게 말씀하셨습니다. '우리의 스승님들께서는 율법을 해석할 수 있는 사람이 필요합니다. 나는 가려니와 그대는 나를 따를 수도 있습니다.' 도마는 예수님을 따라나섰습니다.

88:30 저녁이 되어 예수님께서 집에 계시는데, 보시오 거기에는 그의 친척들인 알패오와 미리암의 아들 야고보와 유다가 왔습니다.

88:31 그들은 모두 신앙심이 있는 사람들이었으며 나사렛의 목수들이었습니다.

88:32 그러자 예수님께서 말씀하셨습니다. '보시오! 그대들은 나와 함께 고되게 일하였으며 인간의 안주 처를 위하여 나의 아버지 요셉과 함께 집들을 지었습니다. 우리의 부르는 스승님들은 영혼의 집을 세우는데 우리를 부르고 있습니다. 이것은 망치, 도끼, 톱 없이 짓는 집입니다.

88:33 나는 가려니와 그대들은 나를 따를 수도 있습니다' 그래서 야고보와 유다는 '주여, 우리가 당신을 따르겠습니다.'라고 소리쳤습니다.

88:34 다음날 예수님께서는 열심당의 지도자이며 유대교 율법의 엄격한 해석자인 시몬에게 메시지를 보냈습니다.

88:35 그 메시지에는 예수님께서는 '스승님들은 아브라함의 신앙을 증명할 사람을 구하고 있습니다. 나는 가려니와 그대는 나를 따를 수도 있습니다.' 그러자 시몬은 그를 따랐습니다.

89: 12사도가 예수님의 집에 거함. 그들은 그들의 일에 봉헌되었으며 예수님께서 가르침. 안식일에 회당으로 가셔서 가르치심. 귀신들린 더러운 영혼을 내쫓으심. 베드로의 장모를 치유

89:1 한편, 안식일 전날 소명 받은 12사도는 예수님 집에 한마음으로 만났습니다.

89:2 예수님께서 그들에게 말씀하시기를 '오늘은 그대들 자신을 하느님의 일에 봉헌하는 날입니다. 우리 기도합시다.

89:3 외부의 자아에서 내부의 자아로 전환하십시오. 육신적인 자아의 모든 문을 닫고 기다리십시오.

89:4 성령이 이곳을 가득 채울 것이며, 그대들은 성령 안에서 세례를 받을 것입니다.'

89:5 그리고 그들은 기도했습니다. 한낮의 태양보다 더 찬란한 빛이 방 전체를 가득 채웠고, 모든 머리에서 불꽃이 공중으로 높이 솟아올랐습니다.

89:6 갈릴리의 분위기는 소란스러워졌습니다. 먼 천둥 같은 소리가 가버나움 위로 울려 퍼지고 사람들은 마치 만 명의 천사가 한마음으로 합세한 것 같은 노래를 들었습니다.

89:7 12사도는 조용하면서도 조그만 음성을 들었습니다. 그리고 딱 한 단어가 말해졌습니다. 그 단어는 그들이 감히 말할 수 없었습니다. 그것은 하느님의 신성한 이름이었습니다.

89:8 예수께서 그들에게 이르시되 '이 전능하신 말씀으로 그대들은 원소와 공기의 모든 권세를 다스릴 수 있습니다.

89:9 그대들이 영혼 속에서 그대가 이 단어를 말하면 그대들은 현재와 과거 그리고 미래에 있을 생과 사의 열쇠를 갖게 됩니다.

89:10 보시오, 그대들은 그리스도 포도나무의 열두 가지 커다란 가지이며, 열두 개의 초석이며 그리스도의 12사도입니다.

89:11 어린 양으로 나는 그대들을 맹수들 사이로 보냅니다. 그러나 그 전

지전능한 말씀은 그대들의 방패와 피난처가 될 것입니다.'

89:12 그러자 다시 대기가 노래로 가득 차서 모든 생물이 '하나님을 찬양하라! 아멘'이라고 말하는 것 같았습니다.

89:13 그다음 날은 안식일이었습니다. 그리고 예수님께서는 그의 제자들과 같이 회당으로 가셔서 가르치셨습니다.

89:14 사람들은 '그는 율법학자나 바리새인처럼 가르치지 않고 무엇이든지 알고 있는 사람처럼 말하는 것이 권위가 있다'라고 말했습니다.

89:15 예수님께서 말씀하고 계실 때 악령에 사로잡힌 사람이 들어 왔습니다. 그 사람에게 빙의된 악령은 아주 비천한 종류의 것으로서 가끔 그들의 희생자를 땅에 던지거나 불 속에 집어넣거나 하였습니다.

89:16 그 영들은 그리스도 대스승께서 회당에 있는 것을 보고, 그분인 줄 알아보고서 말하기를,

89:17 '당신 하느님의 아들이여. 왜 여기에 있는가? 당신은 우리를 말씀으로 우리를 멸망시키려 하는가? 우리는 당신과 아무 상관 없다. 우리를 내버려 두어라.'

89:18 그러나 예수님께서 그들에게 말씀하시기를 '이 전지전능한 말씀으로 내가 말하노니. 나오너라! 더 이상 이 사람을 괴롭히지 말라. 너희들의 거처로 돌아가라!' (공통)

89:19 그 깨끗하지 못한 영들은 그 사람을 바닥 위에 내동댕이치고 악마 같은 소리를 내면서 물러갔습니다.

89:20 예수님께서 그 사람을 일으키시며 이르시되 '만약 그대가 그대의 마음을 선으로 충만히 하였다면, 악령은 머무를 장소를 발견할 수가 없느니라. (If you will keep your mind fully occupied with good, the evil spirits cannot find a place.)

89:21 그들은 단지 텅 빈 머리나 마음에 들어오느니라. (They only come to empty heads and hearts) 그대 갈 길로 가고 더 이상 죄를 짓지 마시오.'

89:22 사람들은 예수님께서 하신 말씀이나 그가 행하신 일에 대하여 놀라

서 서로 말을 주고받았습니다. 그들은 그들끼리 서로 물었습니다.

89:23 '이 사람은 누구인가? 부정한 영까지도 무서워서 도망치는 이 모든 힘은 어디에서 왔는가?'

89:24 그리스도 대스승님은 베드로, 안드레, 야고보, 요한과 더불어 회당을 떠나서 베드로의 집으로 가셨습니다. 거기에는 가까운 친족 중의 한 사람이 앓고 있었습니다.

89:25 베드로의 아내가 들어왔습니다. 병자는 그녀의 어머니였습니다. (공통)

89:26 그녀가 침상에 누워있을 때 예수님께서 손을 대시고 성스러운 말씀을 하셨더니, 열은 멈추고 그녀는 일어나서 그들에게 대접했습니다.

89:27 그 이웃들이 이 소식을 듣고 병자와 귀신들린 사람을 데리고 왔습니다. 예수님께서 그들에다 손을 대시면 그들은 나았습니다.

CHAPTER 90

90: 예수님 기도하기 위하여 홀로 산에 가심. 제자들이 그를 찾아냄 12사도를 불러서 갈릴리 통한 여행, 병 치료. 티베리우스에서 나병 환자를 고치심. 그리스도인들 가버나움으로 돌아옴. 자신의 집에서 중풍 병자를 고치시고 병 치료의 철학과 죄 사함을 말씀

90:1 예수님께서 사라지셨습니다. 아무도 그가 간 것을 본 사람이 없습니다. 베드로와 야고보, 요한이 찾으러 가서 함모스 언덕에 있는 모임 장소에서 그를 찾아내었습니다.

90:2 베드로가 말했습니다. '가버나움 도시는 야단법석입니다. 거리와 모든 공공장소는 인파로 꽉 찼습니다.

90:3 남자, 여자, 아이 할 것 없이 모든 곳에서 의지로 병을 고칠 수 있는 사람을 구하고 있습니다.

90:4 주님 집과 우리 집은 아픈 사람들로 가득 찼습니다. 그들은 그리스도라고 불리는 예수님을 찾고 있습니다. 무엇을 우리가 그들에게 말해야 하겠습니까?'

90:5 예수님께서 말씀하셨습니다. '많은 도시에서 우리를 찾고 있느니라. 우리는 그들에게 생명의 빵을 가져가야만 합니다. 다른 사람들도 불러 같이 갑시다.'

90:6 그리하여 예수님과 그의 12사도는 빌립과 나다니엘이 사는 벳새다로 가서 그곳에서 그들을 가르쳤습니다.

90:7 군중들은 예수 그리스도를 믿었으며 그들의 죄를 고백하고 세례를 받았으며 신성한 하느님의 왕국으로 들어갔습니다.

90:8 그리스도 대스승님과 12사도는 갈릴리의 모든 마을을 돌아다니며, 신앙으로 그들의 죄를 고백하는 모두를 가르치시고 세례를 주었습니다.

90:9 그들은 장님의 눈을 뜨게 했으며 귀먹은 자를 듣게 했으며 귀신들린 자의 악령을 내쫓았으며 온갖 병을 낫게 하였습니다.

90:10 그들이 바닷가의 티베리우스에서 가르치고 있을 때, 한 나병 환자가 가까이 와서 말했습니다. '주님, 주님께서 단지 말씀만 하셔도 저는 깨끗해지리라 믿습니다.'

90:11 예수님께서 그에게 말씀하시기를 '그렇게 할 것이니라. 깨끗해져라.' 그러자 병은 나았고 그 사람은 깨끗해졌습니다. (공통)

90:12 예수님께서 그에게 말씀하시기를 '아무에게도 아무 말도 하지 말고 대신 가서 사제들에게 그대를 보여 주시오. 그리고 율법의 요구대로 그대의 청결을 봉헌토록 하십시오.'

90:13 그 사람은 기뻐서 어쩔 줄을 몰라 했습니다. 그러나 그는 사제들에게 가지 않고 시장의 곳곳을 돌아다니며 자기에게 일어났던 일을 이야기했습니다.

90:14 이에 병자들이 떼를 지어 예수님과 12사도에게 와서 고쳐주시기를 간구 했습니다.

90:15 그리고 그들은 너무 성가시게 졸라 거의 고치지도 못하고, 그리스도인은 군중 속을 떠나 광야로 갔습니다. 그곳에서 그들은 그들을 따르는 군중들을 가르쳤습니다.

90:16 얼마 후, 그리스도인들은 가버나움으로 돌아왔습니다. 예수님께서

집에 계실 때 주위가 시끄러워졌습니다. 사람들이 몰려와서 집을 꽉 채워서 더 이상 방이 없었으며 입구도 마찬가지였습니다.

90:17 거기에는 갈릴리와 예루살렘의 모든 방면에서 온 율법학자, 바리새인, 박사들이 와 있었으므로 예수님께서는 그들에게 생명의 길을 밝혀 주셨습니다.

90:18 그곳으로 네 사람이 한 중풍 환자를 작은 침대에 실어 데려왔으나, 입구로 들어갈 수가 없었으므로, 그들은 병자를 지붕으로 올려서 길을 열고 그를 예수님 앞에 내려놓았습니다. (공통)

90:19 예수님께서 그들의 믿음을 보시고 중풍 환자에게 말씀하시기를 '나의 아들아! 좋고 즐겁게 되어라. 너의 죄가 모두 용서됐노라.'

90:20 그분이 말씀을 들은 율법학자들과 바리새인들이 말했습니다. '왜 이 사람은 이렇게 말하는 것입니까? 하느님 외에 누가 인간의 죄를 용서할 수 있나?'

90:21 예수님께서 그들의 생각을 알고서는 그들끼리 의구심을 아시고 그들에게 말씀하셨습니다.

90:22 '왜 그대들 사이에 말이 많습니까? 내가 그대의 죄가 소멸하였다. 일어나시오. 그대의 침상을 거두고 걸으시라고 말했다고 하여 그것이 무슨 문제라도 된다는 말입니까?

90:23 사람이 사람의 죄를 용서해 줄 수 있다는 것을 지금 증명하기 위해서 나는 말하겠습니다.' 그리고 그분은 그 중풍 환자에게 말씀하셨습니다.

90:24 '일어나시오! 침상을 거두고 그대의 길을 가시오.'

90:25 그랬더니 그 사람은 그들 앞에서 일어나더니 침상을 거두고 그의 길로 갔습니다.

90:26 사람들은 그들이 보고들은 그것을 이해할 수 없었습니다. 그들은 서로 수군거렸습니다. '오늘은 잊을 수가 없는 날이야. 우리는 오늘 놀라운 것을 보았어.'

90:27 군중들이 간 후 12사도가 남았습니다. 예수님께서는 그들에게 말

씀하시기를

90:28 '유대인의 축제가 가까이 다가오고 있느니라. 다음 주는 예루살렘으로 가서 먼 곳에서 온 우리 형제들을 만나, 그들이 왕을 볼 수 있는 길을 열어주도록 합시다.'

90:29 그리스도인들은 그들의 조용한 집을 찾아 며칠간 기도를 드렸습니다.

Section 16 :

예수님의 그리스도로서의 사명 - 두 번째 시대

CHAPTER 91

91: 예루살렘의 축제에서 예수님 굳은 사람 고치심. 병 치료에 있어 실질적인 교훈과 모든 사람은 하느님의 자녀라고 단언하심

91:1 축제일이 다가오자, 예수님과 12사도는 예루살렘으로 갔습니다.

91:2 안식일 바로 전날 그들은 올리브 산에 이르러 북쪽 올리브 산 앞에 있는 여관에 머물렀습니다.

91:3 안식일 이른 아침 그들은 양의 문을 통하여 예루살렘으로 갔습니다.

91:4 벳새다 문 근처의 치유 샘에는 병자들로 붐볐습니다.

91:5 왜냐하면 그들은 어떤 시간에 천사가 내려와 웅덩이에 치유하는 효험을 붓기 때문에 처음에 들어가서 목욕하는 사람은 병이 나을 것으로 믿었기 때문이었습니다.

91:6 예수님과 12사도는 샘 가까이에 서 계셨습니다.

91:7 그때, 예수님께서는 남의 도움 없이는 움직일 수 없는 38년간이나 굳은 사람을 가까이에서 보셨습니다. (공통)

91:8 예수님께서 그에게 말씀하시기를 '나의 형제여, 병을 고치고 싶은가?'

91:9 그 사람은 대답했습니다. '저는 낫기를 갈망합니다. 그러나 나는 몸이 부자유합니다. 천사가 내려와서 그 샘에 영험을 내리실 때

91:10 걸을 수 있는 사람들이 먼저 샘에 들어가기 때문에, 저는 낫지 못한 채로 있습니다.

91:11 예수님께서 말씀하시기를 '누가 선호하는 몇 사람을 위하여 이 샘에 천사를 보내겠습니까?

91:12 나는 그것이 하느님이 아니라는 것을 알고 있습니다. 왜냐하면, 그분은 모든 사람을 똑같이 대해 주시기 때문입니다. (for he deals just the same with every one)

91:13 천국의 병을 고치는 샘에서 한 사람이 다른 사람보다 더 좋은 기회 (chance)를 얻는 일은 없습니다.

91:14 건강의 근원은 그대의 영혼 속에 있습니다. 그곳은 단단하게 잠겨진 문이며, 그 열쇠는 신앙입니다.

91:15 그리고 모든 사람은 이 열쇠를 가질 수가 있으며, 그 문을 열고 치유의 샘에 뛰어들어 완전하게 될 수 있습니다.'

91:16 그 사람은 희망찬 기분이 되어 얼굴을 들고 말했습니다. '제게 그 신앙의 열쇠를 주십시오.'

91:17 예수님께서 말씀하시기를 '그대는 내가 말한 것을 믿습니까? 그대의 신앙대로 그것은 이루어질 것이니라. 일어나시오. 그리고 침상을 거두고 걸으시오.'

91:18 그 사람은 즉시 일어나서 걸어갔습니다. 그는 단지 하느님을 찬양하라고 말했습니다.

91:19 사람들이 누가 당신을 완전하게 만들었냐고 물으니 '나는 모릅니다. 샘터에서 모르는 사람이 말 한마디 하니까 나는 나았습니다'라고 대답했습니다.

91:20 많은 사람은 예수님께서 이 사람을 고칠 때 못 보았습니다. 예수님께서 12사도와 함께 성전 뜰로 갔습니다.

91:21 성전에서 예수님은 그 사람을 보시고 말씀하시기를 '보시오! 그대는 온전해졌습니다. 지금부터 그대 삶을 올바르게 지켜야 합니다.

91:22 그대의 갈 길로 가시오. 그리고 더 이상 죄를 짓지 마시오. 그렇지

않으면 더 나쁜 것이 그대에게 임할 것입니다. (something worse may fall on you.)' (공통)

91:23 그 사람은 누가 자신을 완전하게 만들었는지 알았습니다.

91:24 그가 그 이야기를 사제들에게 말하니 그들은 매우 격노하였습니다. 율법이 안식일에 병을 고치는 것은 금한다고 그들은 말했습니다.

91:25 예수님께서는 말씀하셨습니다. '나의 아버지 하느님께서는 안식일에도 일하시는데 나는 그렇게 일하면 안 됩니까? (공통)

91:26 그분은 비를 내리시고 태양을 비추고 이슬을 맺게 하시고 풀을 자라게 하시며 꽃이 피게 하시고 수확을 하는 것은 안식일이나 다른 날이나 마찬가지입니다.

91:27 만약 안식일에도 풀이 자라고 꽃이 피어나는 것이 정당하다면 굳은 사람을 구원하는 것은 분명 잘못된 것이 아닐 것입니다.'

91:28 사제들은 더욱더 화가 났습니다. 왜냐하면, 그가 하느님의 아들임을 공언했기 때문이었습니다.

91:29 사제장인 아비후가 말했습니다. '이 자는 우리나라와 우리 율법에 위협적인 존재입니다. 그는 그 자신을 하느님의 아들이라고 했습니다. 이는 그가 살아야 한다는 것과 부합되지 않습니다.'

91:30 그러나 예수님께서 말씀하셨습니다. '아비후, 그대는 학식 있는 사람이오. 그대는 생명의 법칙을 확실히 알고 있습니다. 우리가 창세기에서 읽은, 사람의 딸들을 아내로 맞아들인 하느님의 아들들이 누구인지 말해 보시오.

91:31 우리의 아버지 아담, 그는 누구였으며 어디에서 왔는가요? 그는 아버지를 가졌나요? 혹은 별처럼 하늘에서 떨어졌습니까?

91:32 우리는 그는 하느님에게서 왔다고 모세가 말하는 것을 읽었습니다. 만약 아담이 하느님의 기도에서부터 왔다면, 그는 하느님의 후손인가요? 하느님의 아들인가요?

91:33 우리는 하느님의 아들입니다. 그러면, 학식 있는 사제들이여 만약 우리가 하느님의 아들이 아니라면, 우리는 누구입니까?'

91:34 사제는 급한 일이 있다면서 그의 길을 갔습니다.

91:35 그러곤 예수님께서 말씀하시기를 '모든 사람은 하느님의 아들입니다. (All men are sons of God.) 만약 그들이 신성한 삶을 산다면, 그들은 언제나 하느님과 함께 편히 쉴 것입니다.

91:36 그들은 하느님이 하시는 일을 보고 이해하고 있습니다. 그리고 그분의 성스러운 이름 안에서 그들은 이러한 과업을 실행할 수 있습니다.

91:37 번개와 폭풍은 햇빛과 비와 이슬처럼 하느님의 사자입니다.

91:38 하늘의 미덕은 성스러운 하느님의 손안에 있습니다. 그리고 모든 충직한 아들은 이러한 미덕과 힘을 사용할 수 있습니다.

91:39 인간은 지상에서 그분의 뜻을 행하는 대행자(delegate)입니다. 그래서 인간은 병자를 고치고 공중의 영을 제어할 수 있고 죽은 자를 살릴 수 있습니다.

91:40 내가 이러한 것들을 행할 힘을 가졌다고 하여 이상한 것은 아무것도 없습니다. 모든 인간은 이와 같은 일을 할 힘을 갖게 될 것입니다. (All men may gain the power to do these things) 그러나 그들은 낮은 자아의 모든 욕망을 정복해야만 합니다(must conquer). 만약 그들이 하려고 한다면 정복할 수 있습니다.

91:41 그래서 인간은 땅 위의 하느님입니다. (So man is God on earth.) 하느님을 경배하는 사람은 반드시 사람을 경배해야 합니다. 왜냐하면, 아버지와 그 아이가 하나이듯, 하느님과 인간은 하나이기 때문입니다. (So man is God on earth, and he who honors God must honor man; for God and men are one, as father and the child are one.)

91:42 보시오, 나는 말합니다. 때가 왔습니다. 죽은 자가 사람의 말을 듣고도 살아날 것입니다. 왜냐하면, 사람의 아들이 하느님의 아들이기 때문입니다.

91:43 그대들, 이스라엘 사람들이여 들어라! 당신들은 죽음 속에서 살고

있고 무덤 안에 갇혀 있습니다.

91:44 (무지와 불신보다 더 깊은 죽음은 없습니다.)

91:45 언젠가 모든 사람은 사람의 음성으로 명백히 드러나는 하나님의 음성을 듣고 살게 될 것입니다. 그대들 모두 그대들이 하느님의 자녀들이라는 것을 알게 될 것이고 (You all will know that you are sons of God), 성스러운 말씀(Word)으로 하나님의 일을 할 수 있을 것입니다.

91:46 그대가 살아나서, 즉 그대가 하나님의 아들임을 깨닫게 되면, 의로운 삶을 살아온 그대들은 그대들의 눈을 뜨게 될 것입니다.

91:47 그러나 죄의 길을 사랑하는 사람은, 부활의 날에 심판대 앞에 서서 사람들과 자신에게 진 빚을 갚으라는 유죄판결 받을 것입니다.

91:48 왜냐하면 그대가 완전한 인간의 수준까지 도달하기 전까지, 그대가 잘못한 것은, 무엇이든지 다시 또다시 실행되기 때문입니다. (performed again, and yet again)

91:49 그러나 언젠가 때가 되면, 가장 낮은 자와 가장 높은 자가 일어나 빛 가운데 걸을 것입니다.

91:50 내가 그대를 하느님께 고소해야 하는가요? 아니요. 왜냐하면, 그대들의 예언자 모세가 그렇게 했습니다. 그리고 만약 그대가 모세의 말을 듣지 않는다면, 그대는 나의 말을 듣지 않을 것입니다. 이는 모세가 나에 관하여 기록하였기 때문입니다.'

CHAPTER 92

92: 그리스도인들이 나사로의 집에서 잔치 중 마을에서 불이 남. 예수님께서 불길 속에서 한 아이를 구하시고 말씀으로 불길을 잠재우심. 한 주정뱅이의 속죄하는 방법에 대한 실질적인 교훈.

92:1 나사로는 연회장에 있었고 예수님과 12사도는 베다니에 있는 그의 집으로 갔습니다.

92:2 나사로 와 그의 누이들은 예수님과 그의 12사도를 위하여 연회를 만

들고 룻과 아셔가 예리코에서 왔습니다. 왜냐하면, 아셔는 그리스도에 대하여 더 이상 적의가 없기 때문입니다.

92:3 손님들이 식탁에 앉아 있을 때, 마을에서 불이야! 하고 외치는 소리가 들렸고 모든 사람은 거리로 몰려갔습니다. 보시오, 많은 이웃집이 불길 속에 있었습니다.

92:4 그리고 위층에는 한 어린아이가 잠들고 있는데, 어떤 사람도 어린아이를 구하기 위하여 불길을 통과할 수가 없었습니다. 어머니는 슬픔으로 격렬히 어린아이를 구해달라고 소리쳤습니다.

92:5 그때 예수님께서는 불의 영들이 창백하고 떨 정도의 목소리로 말씀하시기를. '평화, 평화, 고요하라!'

92:6 예수님께서는 연기와 불길을 통과하여 걸으셨고 떨어지는 계단 위로 오르셨습니다. 순식간에 다시 돌아오셨고 그의 팔로 아이를 데리고 왔지만, 그분에게도 그분 옷에서도 어린아이에게도 불티 흔적 하나 없었습니다.

92:7 예수님께서는 손을 들어 불의 영들에 끔찍한 일을 멈추고 쉬라고 명령하셨습니다.

92:8 마치 바닷물이 한꺼번에 불길 위에 퍼붓는 듯, 불은 타기를 멈추었습니다.

92:9 격한 불이 멈추었을 때, 군중들은 그 불길을 제어한 사람을 보고 싶어 열광하였으며, 예수님께서 말씀하시기를

92:10 '인간이 불을 위하여 만들어진 것이 아니라, 불이 인간을 위하여 만들어졌습니다.

92:11 사람은 자기 자신에게로 돌아와 자신이 하느님의 아들이라는 사실을 이해하고 자기 자신 안에 하느님의 모든 능력이 있다는 것을 알게 되면, 그는 주인이 되고 모든 요소는 그의 음성을 듣고 기꺼이 그의 뜻을 행할 것입니다.

92:12 두 마리의 튼튼한 당나귀가 인간의 의지를 묶어 놓고 있습니다. 그 이름은 공포와 불신(Fear and Unbelief)입니다. 이것을 붙잡아서

내던지면 인간의 의지는 끝이 없을 것입니다. 그러면 인간은 단지 말만 해도 그것은 이루어질 것입니다.'

92:13 그 후에 손님들은 다시 돌아와서 식탁에 둘러앉았습니다. 한 어린 아이가 들어와서 예수님 곁에 서 있었습니다.

92:14 소녀는 예수님의 팔 위에 손을 얹고 말하기를 '대스승님. 예수님, 제발 들어주세요. 저의 아버지는 술주정뱅이입니다. 어머니가 아침부터 저녁까지 힘들게 일하여, 집으로 어머니의 품삯을 가져오면, 저의 아버지는 그것을 빼앗아 술값으로 모두 낭비합니다. 그래서 어머니와 우리 아이들은 밤새도록 배가 고픕니다.

92:15 제발, 대스승님·예수님, 저와 함께 가셔서 저희 아버지의 가슴을 만져 주옵소서. 그는 그 자신일 때는 그렇게 좋고 친절합니다. 저는 아버지를 다른 사람으로 만드는 것은 술임을 알고 있습니다.'

92:16 그래서 예수님께서는 그 소녀와 같이 나가셨습니다. 그는 아주 누추한 집을 발견하셨습니다. 그분은 친절하게 그 어머니와 어린아이들에게 말씀하셨습니다. 그리고 짚 침대 위에 그 술주정뱅이를 발견했습니다.

92:17 그분은 그의 손을 잡아 일으켜 세우시며 말씀하셨습니다. '우리의 아버지 하나님의 형상대로 만들어진 나의 형제여! 일어나서 나와 같이 가시겠습니까?

92:18 그대의 이웃들은 매우 고통받고 있습니다. 그들은 이번 심한 화제 때 그들이 가진 모든 것을 잃어버렸습니다. 그래서 사람들은 집을 다시 세워야 합니다. 그대와 내가 그 길을 인도해야만 합니다.'

92:19 그 사람은 일어났습니다. 두 사람은 팔짱을 끼고 파손된 곳을 보러 갔습니다.

92:20 그들은 어머니들과 어린아이들이 거리에서 울고 있는 것을 보았습니다. 그들은 그들의 처참함을 보았습니다.

92:21 예수님께서 말씀하시기를 '나의 친구여 여기가 그대가 그대를 위하여 해야 할 일입니다. 단지 도움이 되는 길로 인도하십시오. 나는 베

다니의 사람들이 그대에게 수단과 도움을 제공하리라 확신합니다.'

92:22 이 사람 속에 오랫동안 쌓여 있던 희망의 섬광이 불꽃처럼 타올랐습니다. 그는 누더기 외투를 옆에 던져버리고, 다시 그는 그 자신이 되었습니다.

92:23 그는 자신을 위해서가 아니라 집 없는 사람들을 위해서 도움을 요청했습니다. 모든 사람은 그를 도와주었으며 폐허가 된 집은 다시 지어졌습니다.

92:24 그는 자신의 초라한 동굴을 보고 그의 가슴은 깊은 곳까지 요동쳤습니다.

92:25 남자다움의 자존심이 그의 영혼을 가득 채웠습니다. 그는 이 비참한 동굴은 집으로 바뀌어야 한다고 말했습니다. 그는 전과 달리 일했으며, 모든 사람은 그를 도와주었습니다.

92:26 얼마 지나지 않아 그 동굴은 집으로 바뀌었고 사랑의 꽃들이 곳곳에서 피어났습니다.

92:27 어머니와 어린아이들은 매우 기뻐하였고, 아버지는 다시는 술을 마시지 않았습니다.

92:28 한 사람이 구원받았으며. 어떤 사람도 게으름이나 술에 대해서 말하는 사람이 없었으며, 그에게 회개하라고 독촉하는 사람도 없었습니다.

CHAPTER 93

93: 그리스도인들이 익은 밀밭을 지나감. 제자들이 밀을 먹고 예수님께서 그들을 무죄로 보심. 그리스도인들이 가버나움으로 돌아옴. 예수님께서 안식일에 손 마른 사람을 고치시고 자신의 행위를 변호하심.

93:1 다른 안식일이 오자. 예수님과 그의 12사도는 익은 밀밭 사이를 걸었습니다.

93:2 그들은 배고파서 밀 이삭을 손으로 비벼서 알곡을 먹었습니다.

93:3 그들을 따르는 사람 중에는 가장 엄격한 바리새파 사람이 있었습니다. 십이 사도가 밀을 까먹는 것을 보고 예수님께 말했습니다.

93:4 '선생님, 왜 12사도가 안식일 날 율법으로 하면 안 되는 일을 합니까?'

93:5 예수님께서 말씀하시기를 '그대들은 다윗과 그를 따르는 사람들이 음식이 필요할 때 어떻게 했는지 들어본 적 있는가요?

93:6 그는 하느님 집으로 가서 성소의 상 위에 놓여있는 빵을 먹고, 그를 따르는 사람에게도 주었다는 말을 모릅니까?

93:7 내가 그대에게 이르노니, 사람의 필요는 의식의 율법보다 더 높은 곳에 있습니다.

93:8 우리 성전에서 사제들이 경건한 자리에서 일하는 동안, 여러 가지로 안식일을 모독하고서도, 지금까지 유죄가 아님을 우리는 읽었습니다.

93:9 안식일이 인간을 위해서 만들어진 것이지, 인간이 안식일에 적합하도록 만들어진 것이 아닙니다. (공통)

93:10 인간은 하느님의 아들이며 올바름의 영원법 아래 있습니다. 그것이 최상의 법이므로, 인간은 성문법을 취소할 수도 있습니다. (The man is son of God and under the eternal law of right, which is the highest law, he may annul the statute laws.)

93:11 희생의 율법은 단지 인간의 법입니다. (The law of sacrifice is but the law of man.) 우리들의 율법은 하느님은 먼저 자비를 원하신다고 읽었습니다. 그리고 자비는 모든 성문법 위에 있는 것입니다. (Mercy stands above all statute laws.)

93:12 사람의 아들은 모든 율법의 주님입니다. '자비 안에서 정의를 따르고 (In mercy follow justice) 그대의 하느님과 함께 겸손하게 걸을지어다(and walk humbly with your God)'라고 책에 쓰여 있는 것은 선지자가 사람의 의무를 모아 놓은 것이 아니겠습니까?'

93:13 예수님과 12사도는 갈릴리로 되돌아 왔으며, 안식일 전날 가버나움에 있는 예수님의 집에 도착하였습니다.

93:14 안식일 날 그들은 회당으로 갔으며, 군중들이 그곳에 있었으며, 예수님께서는 가르쳤습니다.

93:15 공경자들 가운데는 손이 오그라든 사람이 있었습니다. 율법학자와

바리새인들은 예수님께서 그 사람을 주시하는 것을 지켜보고 말했습니다.

93:16 '그가 무엇을 하려고 하는가? 안식일에 사람을 고치려고 하는 것인가?'

93:17 예수님께서 그들의 생각을 아시고 손이 오그라진 사람을 불러 말씀하셨습니다. '일어나서 이들 앞에 서시오.'

93:18 예수님께서 말씀하시기를 '그대 율법학자와 바리새인들이여! 나에게 답해 보시오, 안식일에 생명을 구하는 것이 죄가 됩니까?

93:19 만약 양이 있었는데 그들 중의 한 마리가 안식일에 웅덩이에 빠졌는데, 그것을 빼내는 것은 잘못입니까?

93:20 아니면 다음 날까지 그것을 수렁 속에 고통받도록 버려놓는 것이 하느님을 기쁘게 하는 것입니까?'

93:21 그러자 그의 비난자들은 조용했습니다.

93:22 예수님께서 이어서 그들에게 말씀하시기를 '양이 인간보다 더 귀하나요?'

93:23 하느님의 율법은 올바름(Right)의 바위 위에 기록되어 있습니다. 정의(Justice)가 율법에 적혀 있으며, 자비(Mercy)가 펜입니다.'

93:24 그리고 그분이 말씀하시기를 '그대여, 손을 들어 앞으로 펴시오.' 그는 손을 들었으며 회복되었습니다.

93:25 바리새인들은 몹시 화가 나서 헤롯 당원들과 비밀모임을 갖고 어떻게 하면 예수님을 죽일 수 있을까 모략을 짜기 시작했습니다.

93:26 그들은 군중들이 그를 방어하고 있었기에 공개적으로 고소하는 것을 두려워하였습니다.

93:27 예수님과 그의 12사도는 내려가 바닷가를 걸었으며, 많은 사람이 그들을 따랐습니다.

CHAPTER 94

94: 산상설교. 예수님께서 12사도에게 기도의 비밀을 알리심. 모범적인 기도자. 용서의 율법. 신성한 단식. 속임의 악함. 자선.

94:1 다음 날 아침 해가 뜨기 전에, 예수님과 12사도는 기도하기 위해 바닷가 가까이에 있는 산으로 갔습니다. 예수님은 12사도에게 기도하는 방법을 가르치시고 말씀하시기를

94:2 '기도는 하느님과 영혼의 깊은 교감입니다.

94:3 그러므로 그대들이 기도할 때 거리에서나 회당에서 사람들 듣기 좋은 말로 많은 말을 늘어놓은 위선자처럼 그대 자신을 속이지 않도록 하시오. (공통)

94:4 그들은 사람들에게 칭찬을 얻기 위해서 경건한 분위기로 그들을 꾸밉니다. 그들은 사람들의 칭찬을 구하며 그들의 보상은 확실합니다. (공통)

94:5 대신 그대가 기도할 때는 그대 영혼의 골방으로 가서, 모든 문을 닫고, 성스러운 침묵 속에서 기도하시오. (공통)

94:6 많은 말이 필요 없노라. 이교도처럼 말들을 자꾸 반복하지 마시오. 단지 이처럼 기도하시오. (공통)

94:7 '하늘에 계신 우리 아버지. 당신의 이름은 거룩합니다. 당신의 나라가 오고 당신의 뜻이 하늘에서 이루어진 것처럼 땅에서도 이루어지이다. (공통) (Our Father-God who art in heaven; holy is thy name. Thy kingdom come; thy will be done on earth as it is done in heaven.)

94:8 오늘 우리에게 일용할 양식을 주옵시고. (Give us this day our needed bread;)

94:9 다른 사람들이 우리에게 진 빚을 잊도록 도와주시옵고, 우리의 모든 빚이 청산되도록 도와주시옵소서. (Help us forget the debts that other people owe to us, that all our debts may be discharged.)

94:10 우리가 견디기에 너무 큰 유혹자의 함정에서 우리를 보호해 주시옵고, (And shield us from the tempter's snares that are too great for us to bear;)

94:11 그것들이 왔을 때, 극복할 수 있는 힘을 우리에게 주옵소서.'(And when they come, give us the strength to overcome.)

94:12 만약 그대가 하느님과 사람들에게 진 모든 빚과 고의로 율법을 어겨서 발생한 모든 빚으로부터 해방되기를 원한다면,

94:13 그대는 반드시 모든 사람의 빚을 탕감해 주어야만 하노라. 왜냐하면, 그대가 다른 사람에게 대하듯이, 그대의 하느님도 그대를 대할 것이기 때문이니라. (공통)

94:14 그대가 단식할 때 그대는 그 행위를 선전하지 마시오.

94:15 단식할 때, 위선자들은 그들이 단식하고 있다는 것을 보이려고, 화장하고, 점잖은 체하고, 경건한 자세를 보입니다. (공통)

94:16 단식은 영혼의 행위이며, 기도와 마찬가지로, 영혼의 침묵입니다.

94:17 하느님은 어떠한 기도, 단식도 결코 모르는 체하지 않습니다. 하나님은 침묵 속에서 거니시며, 그분의 축복은 영혼의 모든 노력 위에 내리십니다.

94:18 기만은 위선이며, 자신이 아닌 것을 자신이라고 해서는 안 됩니다.

94:19 그대의 경건함을 나타내기 위하여 특별한 의복을 입지 않을 수도 있고 남이 들어 신성한 목소리라고 여겨지는 목소리를 내지 않을 수 있습니다.

94:20 또한 곤경에 빠진 사람을 도울 때, 거리에서 나팔을 불지 말고 회당에서 선전하지 마시오.

94:21 사람들에게 칭찬받기 위해서 자선하는 사람은 사람들로부터 보수를 받지만, 하느님은 이런 것에 개의치 않습니다.

94:22 자선을 베풀 때는 오른손이 왼손의 비밀을 알도록 하지 마십시오.' (공통)

CHAPTER 95

95: 산상설교가 계속됨. 예수님께서 8가지 축복과 8가지 재난을 선언. 용기를 북돋는 말씀. 사도들의 일을 칭찬.

95:1 예수님과 12사도가 산꼭대기로 올라갔습니다. 예수님께서 말씀하시기를

95:2 '교회의 열두 기둥인 그리스도의 사도들은 생명 태양의 빛의 전령이자 하느님의 사도들입니다.

95:3 머지않아 그대들은 혼자 앞으로 나가서, 먼저 유대인들에게, 다음에는 온 세상에 왕의 복음을 전해야만 합니다.

95:4 그대는 가야만 하나 처벌적인 길로 가서는 안 됩니다. 그대들은 강제로 사람들을 왕에게 몰아갈 수 없습니다.

95:5 그대들은 사랑과 도와줌으로써 사람들을 올바름과 빛으로 인도해야 합니다.

95:6 가서 하느님의 나라는 가까이 있다(The kingdom is at hand.)고 말씀하시오.

95:7 가치 있는 사람(Worth)은 영혼이 강한(strong) 사람이니라. 천국이 그들의 것이니라.

95:8 가치 있는 사람은 온유(meek)한 사람이니라. 그들은 땅을 소유할 것이니라.

95:9 가치 있는 사람은 올바름(right)에 굶주리고 목마른 자이니라. 그들이 만족하여질 것이니라. (공통)

95:10 가치 있는 사람은 자비(mercy)로운 사람이니라. 자비가 그들에게 보일 것이니라. (공통)

95:11 가치 있는 사람은 자신에 대한 달인(the mastery of self)인 사람이니라. 그들은 힘의 열쇠를 가지고 있노라.

95:12 가치 있는 사람은 마음이 순수한(pure) 사람이니라. 그들은 왕을 보게 될 것이니라. (공통)

95:13 가치 있는 사람은 올바르게 행하기 때문에, 모해 받고(malign) 부당하게 대우받는 사람들이니라. 그들은 그들의 박해자들을 축복할 것이니라. (공통)

95:14 가치 있는 사람은 신앙(faith)에 있어 믿을 수 있는 자녀들이니라.

그는 힘의 왕관에 앉을 것이니라.

95:15 세상 사람들이 그대를 박해하고 멸시하더라도 낙심하지 마시오. 되레 더욱 기뻐할지어다.

95:16 선지자, 선각자 땅의 모든 선한 자는 모해를 받았습니다.

95:17 만약 그대가 생명의 왕관을 받을 가치가 있다면, 그대는 이 세상에서 중상과 비방을 받을 것이며, 지상에서 껍데기 취급을 받을 것입니다.

95:18 악인들이 그대가 가는 길에서 쫓아내고, 그대의 이름을 야유하고, 구설수에 올릴지라도 기뻐하시오.

95:19 내가 이르노니 기뻐하시오. 그러나 잘못을 범하는 자에게는 자비를 베푸시오. 그들은 단지 놀고 있는 어린애와 같아서 그들은 지금 무엇을 하고 있는지 모릅니다. (공통)

95:20 쓰러진 적 위에서 기뻐하지 마시오. 그대가 죄의 심연으로부터 나올 수 있도록 사람들을 돕는 만큼, 하느님께서는 그대를 더 큰 높은 곳으로 오를 수 있도록 도와줄 것입니다.

95:21 황금과 땅을 가진 부자들에게 화가 있을지니 그들에게는 많은 유혹이 있을 것이니라.

95:22 쾌락의 길들을 걷는 자에게 화가 있을지니, 그들의 길은 함정과 위험한 웅덩이로 가득 차 있노라.

95:23 교만한 자에게 화 있을지니, 그들은 절벽 위에 서 있어서 파탄이 그들을 기다리고 있노라.

95:24 탐욕 있는 자에게 화 있을지니, 그가 가진 것은 그 자신의 것이 아니니라. 보시오, 또 다른 사람이 와서 그의 재산은 없어지리라.

95:25 위선자에게 화 있을지니, 그의 형태는 그럴싸하게 보이지만 그의 마음은 시체와 죽은 자들의 뼈다귀로 가득하니라.

95:26 잔인하고 인정사정없는 자에게 화 있을지니, 그는 그 자신이 그의 행위의 피해자가 되노라.

95:27 다른 사람에게 악을 행하는 자는 되돌아와서(rebounds), 가해자가 가해를 받는 자가 되느니라.

95:28 약자의 미덕을 먹이로 하는 난봉꾼에게는 화 있을지니, 그가 약해진 시간이 오면 더 강한 난봉꾼의 희생물이 되리라.

95:29 모든 세상이 칭송하는 사람에게 화 있을지니, 세상 사람들은 성령 안에서 사는 사람을 칭송하지 않느니라. 세상 사람들은 거짓 예언과 저급한 망상을 칭송하느니라. (공통)

95:30 성령 안에서 거니는 그대들은 소금(salt), 세상의 소금입니다. 그러나 만약 그대들이 미덕을 잃는다면, 먼지같이 가치 없는 소금입니다. (공통)

95:31 그대들은 빛이며, 세상을 밝히라고 부름을 받았습니다. (And you are light; are called to light the world.) (공통)

95:32 언덕 위의 도시는 숨겨질 수가 없습니다. 그 불빛은 멀리서도 잘 보입니다. 그대가 생명의 언덕 위에 서 있는 동안, 사람들은 그대의 빛을 보고 그대들의 일들을 본받고 하느님을 공경할 것입니다.

95:33 사람들은 등불을 밝혀서 통속에 숨겨두지 않고 높은 곳에 올려 놓을 것이고 그것은 집안을 밝힙니다. (공통)

95:34 그대들은 하느님의 등불(the lamps of God)입니다. 땅의 망상의 그늘 속에 서 있어서는 안 되며, 탁 트인, 높은 받침대 위에 서 있어야 합니다.

95:35 나는 율법을 폐기하거나 파괴하기 위하여 온 것이 아니고 완성하기 위하여 왔습니다.

95:36 율법, 선지자와 시편은 성령의 지혜로 쓰였으므로 실패할 수 없습니다.

95:37 하늘과 땅은 변하고 사라지지만 하느님의 말씀은 분명합니다. 하느님의 말씀은 보내진 곳에서 이루어질 때까지 사라질 수 없습니다.

95:38 누구든지 하느님의 율법을 무시하고 사람들에게 그와 똑같이 하도록 가르치는 자는 하느님에게 채무자가 되어, 그가 돌아와 자기 부채를 갚기 전에는 그분의 얼굴을 볼 수가 없습니다.

95:39 그러나 하느님의 말씀에 귀를 기울이고, 그분의 율법을 준수하고,

땅 위에서 그분의 뜻을 행하는 사람은 그리스도와 함께 다스릴 것입니다.

95:40 율법학자들과 바리새인들은 율법의 문자(letter)에 매달려서 율법의 정신(spirit)을 이해할 수 없습니다.

95:41 그리고 만약 그대의 올바름이 율법학자나 바리새인보다 뛰어나지 않다면, 그대는 영혼의 왕국에 들어갈 수가 없습니다. (공통)

95:42 그 문으로 들어가게 하는 권리를 주는 것은 그가 행한(do) 것들이 아닙니다. 그의 비밀번호는 그의 인격이며, 그가 바라는(desire) 것이 그의 인격입니다.

95:43 율법의 문자는 사람의 행위(act)를 취급하고, 율법의 정신은 그가 바라는 것(desire)에 주목합니다.'

CHAPTER 96

96: 산상설교 계속됨. 예수님께서 십계명을 고려해보심. 그리스도의 철학. 십계명의 영혼. 예수님께서 처음의 십계명 중 네 가지 계율의 영적인 면을 밝히심.

96:1 하느님께서 십계명을 인간에게 주셨습니다. 산 위에서 모세는 하느님의 말씀을 보았으며, 그것을 단단한 바위 위에 적었으며, 그 말씀은 폐기 될 수 없습니다.

96:2 이 십계명은 하느님의 정의를 보여 줍니다. 그러나 이제 하나님의 사랑은 성령의 날개 위에 자비를 가져왔습니다.

96:3 하느님의 통일성 위에 이 율법은 세워졌습니다. 세상 속에서 하나의 포스가 있습니다. 여호와는 전능하신 신입니다.

96:4 여호와께서 하늘에 쓰시고 모세가 읽었습니다.

96:5 '나는 전지전능한 하느님이므로 나 이외의 다른 신을 섬기지 말라.'

96:6 하나의 포스(force)이지만 그 포스에는 여러 가지 면이 있습니다. 이를 일러서 사람들은 힘(power)이라고 부릅니다.

96:7 모든 힘은 하느님의 힘이며, 그것들은 하느님의 표현이며 하나님의

영입니다.

96:8 만약 사람이 다른 포스를 찾아 그 신전에서 경배한다면, 그것은 단지 헛된 환영이고 무용한 것에 아첨하는 것에 불과합니다.

96:9 여호와나 하느님의 그림자를 경배하는 사람들은 단지 벽에 있는 그림자들을 경배하는 것이노라. 왜냐하면, 사람은 그들이 구애하는 것들과 같기 때문입니다.

96:10 그리고 하느님께서는 모든 사람이 그림자 아닌 실체(substance)가 되기를 원하셔서, 자비롭게 자기 이외의 다른 신을 찾지 말라고 명령하셨습니다.

96:11 유한한 인간은 무한한 것들을 결코 이해할 수 없습니다. 인간은 포스에 있어 무한한 상을 만들 수가 없습니다.

96:12 그리고 사람들이 돌, 나무, 찰흙의 신을 만들 때, 그들은 그림자의 상을 만드는 것으로, 그림자의 신전에서 경배하는 사람은 그림자입니다.

96:13 그러므로 자비로운 하느님은 말씀하십니다. '너희들은 나무나 찰흙 혹은 돌에 모습을 조각해서는 아니 되느니라.'

96:14 그런 우상은 관념, 저질의 이상향(abased ideals)이니 사람은 그들의 이상보다 높은 수준을 얻을 수가 없습니다.

96:15 하느님은 영이시니, 만약 하느님의 의식에 도달하고자 한다면, 영으로써(in spirit) 하느님을 경외해야 합니다.

96:16 그러나 사람은 결코 성령을 그림이나 영상으로 만들 수가 없습니다.

96:17 사람은 하느님의 이름을 육신의 입술로써 말할 수 없고 성령만으로 그 이름을 부를 수가 있습니다.

96:18 허영심의 사람들은 하느님의 이름을 안다고 생각합니다. 그들은 가볍고 불경스럽게 말하므로 저주를 받습니다.

96:19 만약 사람들이 신성한 이름을 알아서 이를 불경스러운 입술로 말한다면, 그들은 그 이름을 다시는 말하지 못할 것입니다.

96:20 그러나 자비로운 하느님께서는 성령으로 말하지 않는 사람에게는 아직 그의 이름을 밝히지 않으셨습니다.

96:21 그런데 뻔뻔스럽게 그 대체물을 말하는 사람은, 하느님의 관점에서 보면 죄를 범하는 것입니다. 그러므로 하느님께서는,

96:22 '너희들은 헛되이 하느님의 이름을 부르지 말라!'고 말씀하셨습니다.

96:23 하느님 성령의 숫자는 7입니다. 하느님은 손안에 시간의 7을 쥐셨습니다.

96:24 세상을 지으시면서 그분은 7일째 쉬셨습니다. 7일째 날은 사람들을 위한 안식일로 정하셨습니다. 하느님께서 말씀하시기를

96:25 7일째 날은 그대들의 주 하느님의 안식일이기에 그것을 기억하여 성스러운 일을 위하여 따로 남겨두어 이기적 자아가 아닌 우주 보편적 자아를 위하여 쓰지 않으면 안 된다.

96:26 사람들은 일주일의 6일을 자기 자신을 위하여 일할 수 있지만, 주의 안식일에는 낮은 이기적 자아를 위해서는 아무것도 해서는 안 됩니다.

96:27 이날은 하느님께 봉헌하는 날입니다. 그러나 사람은 사람을 섬김으로써 하느님을 섬길 수 있습니다(Man serves God by serving man)'.

CHAPTER 97

97: 산상설교는 계속됨, 예수님께서 제5, 제6계명의 영적인 의미를 밝히심.

97:1 '하느님께서는 포스(force)만 있는 것이 아닙니다. 왜냐하면, 지혜(wisdom)가 그의 반려자이기 때문입니다.

97:2 천사는 인간에게 지혜의 길을 가르칠 때, 힘이 인류의 아버지이듯이 지혜는 인류의 어머니라고 말했습니다.

97:3 전지전능한 하느님을 경배하는 사람은 축복을 받습니다. 율법의 조문에서 우리는 읽을 수 있습니다.

97:4 '인류의 아버지와 어머니를 공경하라. 그리하면 그들이 물려준 땅에서 그대의 날들이 길어지리라.'

97:5 율법의 문자(letter)는 그대는 사람을 죽여서는 안 되며, 사람을 죽인

자는 반드시 심판대에 서야 한다고 명령합니다.

97:6 어떤 사람은 사람을 죽이고 싶어서 하는 바람이 있을지도 모릅니다. 그러나 아직 사람을 죽이지 않았다면 세상 법에 따라 심판을 받지 않습니다.

97:7 율법의 정신(spirit)은 사람을 죽이려고 하거나, 복수하려고 찾고 있거나, 충분한 대의명분 없이 사람에게 화를 내는 사람은, 마땅히 심판관에게 대답해야 한다고 단언하고 있습니다.

97:8 그의 형제를 영혼 없는 방랑자라고 부르는 사람은, 정의의 회의 석상에서 답변해야 할 것입니다.

97:9 자기의 형제를 타락한 개라고 일컫는 사람은, 자기 속에 타오르는 지옥의 불길을 부채질하는 것과 같습니다. (And he who calls his brother a degenerate a dog, fans into life the burning fires of hell within)

97:10 보다 높은(higher) 율법에서는 우리는 읽을 수 있습니다. 그대의 형제가 무언가 그대의 행위 때문에 괴로움을 받고 있다면, 그대가 하느님에게 예물을 바치기 전에, 가서 괴로워하는 그대의 형제를 찾아, 그들과 화해(reconcile) 해야 한다고 적혀 있습니다.

97:11 분노(wrath)한 상태에서 하루해가 지도록 하는 것은 좋지 않습니다.

97:12 그리고 만약 그대가 그대의 모든 이기적인 호소를 옆에 두고, 모든 이기적인 권리를 포기하였을 때, 그 사람이 화해하지 않는다면, 그대는 하느님 앞에 죄가 없습니다. 그때 가서 하느님 앞에 그대의 선물을 바치도록 하십시오.

97:13 그리고 만약 그대가 어떤 사람에게 진 빚이 있는데 갚을 수가 없거나, 어떤 사람이 적정금액보다 더 큰 금액을 요구한다고 하여, 그의 주장에 분쟁을 만드는 것은 좋지 않습니다.

97:14 반항은 노여움의 씨앗입니다. 분노하고 있는 사람에게는 자비도 이성도 없습니다. (Resistance is the sire of anger; there is no mercy and no reason in a wrathful man.)

97:15 내가 그대들에게 이르노니, 소송을 제기하거나 법정에 가서 옳고 그름을 판결하는 것보다 손해를 보는 것이 훨씬 좋은 방법입니다.

97:16 인간의 율법에는 '눈에는 눈, 이에는 이, 당신의 권리 침해에는 저항하라.'입니다.

97:17 그러나 이것은 하느님의 율법이 아닙니다. (But this is not the law of God.) 성령은 그대들의 재물을 빼앗은 자에게 저항하지 말라고 말합니다. (The Holy Breath would say, Resist not him who would deprive you of your goods.) (공통)

97:18 무력으로 그대의 외투를 뺏으려 하는 그 사람도 아직 그대의 형제이므로, 그의 마음을 얻어야만 합니다. 이는 저항으로 이루어질 수 없습니다.

97:19 그에게 그대의 외투를 주고 아직도 더욱더 그에게 주어야 합니다. 시간이 지나면 그 사람은 야수성에서 일어나게 될 것이고 그대는 그를 그 자신으로부터 구한 것이 될 것입니다. (공통)

97:20 도움을 바라는 자에게 거부하지 말 것이며(refuse not), 무엇을 빌리고자 하는 사람에게 주시오(give). (공통)

97:21 그리고 만약 어떤 사람이 화를 내거나, 당치도 않게 그대를 쳤을 때, 되돌려준다고 그 사람을 치는 것은 좋지 않은 것입니다. (it is not well to smite him in return)

97:22 사람들은 싸우려 하지 않고 자신의 권리를 지키지 않는 자를 겁쟁이라고 부릅니다. 하지만 공격당하거나 얻어맞아도 때리지 않는 사람은 더 훌륭한 사람입니다. (But he is much the greater man who is assailed, is smitten and does not smite)

97:23 모함을 당해도 대답(answer)하지 않는 사람들은, 때린 사람을 때리거나 음해를 당했을 때 그를 비방하는 사람보다 더 훌륭한 사람입니다.

97:24 옛날에는 '친구를 사랑하고 적을 미워하라'라고 말해졌습니다. 그러나, 보시오, 나는 말하노니

97:25 그대의 적들에게 자비를 베푸십시오. (Be merciful unto your foes.) 그대를 비방하는 사람들을 축복해 주고, 그대를 해롭게 하는 자에게 선을 베풀고, 그대의 권리를 짓밟는 사람을 위하여 기도하시오. (bless those who slander you; do good to those who do you harm and pray for those who rample on your rights.) (공통)

97:26 기억하시오. 그대들은 선한 자와 악한 자에게 똑같이 태양이 뜨게 해주시고, 정의로운 자와 정의롭지 못한 자에게도 비를 내리시는 하느님의 자녀들입니다.

97:27 만약 그대가 다른 사람이 그대에게 행하듯이 다른 사람에게 행한다면, 그대는 죽음으로 가는 길의 노예이고, 죽음으로 가는 길의 추종자일 뿐입니다. (공통)

97:28 그대들은 빛의 자녀로서 길을 이끌어 가야만 합니다.

97:29 다른 사람이 그대에게 행하여 주었으면 하고 바라는 대로 다른 사람에게 행하시오. (Do unto others as you would have them do unto you.)

97:30 그대들이 그대에게 좋게 대하는 사람에게만 좋게 대할 때는 그대는 다른 사람보다 더한 것이 없습니다. 세리들도 그렇게 합니다.

97:31 만약 그대들이 친구들에게만 인사를 하고, 적에게는 인사를 하지 않는다면, 그대들은 다른 사람들과 같습니다. 세리들과 보조를 같이 맞추는 것입니다.

97:32 하늘에 계시는 그대의 아버지 하느님처럼 완전하십시오. (Be perfect as your Father-God in heaven is.) (공통)'

CHAPTER 98

98: 산상설교가 계속됨. 예수님께서 제7조, 제8조, 제10조에 대한 계율의 영적인 의미를 12사도에게 밝히심.

98:1 '율법은 간음(adultery)을 금합니다. 그러나 율법의 견지에서 보면,

간음은 혼인계약을 벗어난 육적 자아의 만족인 위법 행위입니다.

98:2 한편 법적인 견지에서는 결혼은 사제의 승낙으로 남녀가 조화와 사랑 속에 살겠다는 약속에 지나지 않습니다.

98:3 어떤 사제나 관리도 두 영혼을 결혼 생활 중의 사랑으로 묶을 힘을 하나님으로부터 받지 않았습니다.

98:4 결혼 결합은 무엇입니까? 그것은 사제나 관리가 말하는 것으로 이루어지는 것입니까?

98:5 그것은 두 사람이 결혼하도록 관리나 사제가 써놓은 두루마리 글입니까?

98:6 그것은 두 사람이 죽을 때까지 서로 사랑하겠다는 약속입니까?

98:7 사랑은 사람의 의지에 지배되는 열정입니까?

98:8 사랑이 귀한 보석처럼 집어다가 내려놓거나 어떤 사람에게 줄 수 있는 것입니까?

98:9 사랑이 양처럼 사고팔 수 있습니까?

98:10 사랑은 두 영혼을 묶어 하나로 만드는 하느님의 힘입니다. 지상의 어떠한 힘도 그 결합을 해체할 수 없습니다.

98:11 몸은 사람이나 죽음에 의하여 잠깐 떨어지겠지만 그들은 다시 만날 것입니다.

98:12 하느님의 결합 안에서 우리는 결혼의 결합을 발견합니다. 모든 다른 결합은 단지 짚의 결합이며 그러한 결합 속에서 사는 사람들은 간음죄를 범하고 있습니다.

98:13 관리나 사제의 승인 없이 그들의 정욕을 채우는 자들도 똑같습니다.

98:14 그러나 이것보다 더한 것은 호색한 생각에 빠진 남녀가 범하는 간음입니다.

98:15 하느님께서 맺어준 사람을 사람이 분리할 수 없습니다. 인간이 함께 맺어준 사람은 죄 속에서 삽니다.

98:16 율법의 조문에 입법자는 도적질(steal)하지 말라고 기록하였습니다.

98:17 법의 관점에서는 도적은 소유자 몰래 또는 그것을 소유하고 있는

사람 승낙 없이 육안으로 보이는 물건을 취득하는 것입니다.

98:18 그러나 보시오. 내가 이르노니, 마음속에서 자기 것이 아닌 것을 소유하고 싶어하는 사람이나, 소유주 모르게 또는 동의 없이 소유주의 것을 빼앗으려고 하는 사람은, 하느님의 관점에서는 도둑입니다.

98:19 인간이 육체의 눈으로 볼 수 없는 것이 육체의 눈으로 볼 수 있는 것보다 더 가치 있습니다.

98:20 사람의 좋은 이름은 천 개의 금광의 가치가 있는데 그의 이름에 손상(injure)을 주고, 명예를 더럽히는(defame) 말이나 행동을 하는 사람은, 자기의 것을 아닌 것을 취득한 것이어서 도둑입니다.

98:21 또한 율법에 '어떤 것들을 탐내지(covet) 말라'라는 글을 우리는 읽을 수 있습니다.

98:22 탐내는 것은 어떤 사람이 소유하는 것이 정당한 것이 아닌 그것을 소비하고자 하는 바람입니다.

98:23 그러한 바람은 율법의 정신에서는 도둑입니다.'

CHAPTER 99

99: 산상설교 계속됨. 예수님께서 12사도에게 9번째 계율의 정신적인 면을 밝힘.

99:1 '율법은 말하기를 거짓말(lie)하지 말라. 율법의 견지에서는 거짓말 하는 사람은 진실이 아닌 것을 말하는 것입니다.

99:2 한편 영적인 법의 빛 속에서는, 어떤(any) 형태의 속임수도 거짓말입니다.

99:3 사람은 겉모습이나 행동으로 거짓말을 할 수가 있습니다. 네. 침묵조차도 속일 수 있으며 이는 성령의 관점에서는 유죄입니다.

99:4 옛날에는 '그대는 그대의 생명을 걸고는 맹세(swear)하지 말라'라고 말해져 왔습니다.

99:5 그러나 보시오, 내가 말하건대, 일체 맹세를 하지 마시오. 머리로도, 마음으로도, 눈으로도, 손으로도, 해, 달, 별로도

99:6 하느님의 이름으로도, 어떤 선악의 영의 이름으로도

99:7 그대는 어떠한 것으로도 맹세해서는 안 됩니다. 왜냐하면, 맹세는 이익이 없기 때문입니다.

99:8 그의 말이 어떤 종류의 맹세로 지지가 되어야만 한다고 하는 사람은, 하느님이나 사람의 관점에서 믿을만한 사람이 아닙니다.

99:9 맹세로 그대는 나뭇잎 하나도 떨어뜨릴 수가 없으며, 머리카락 색깔하나 바꿀 수 없습니다.

99:10 가치 있는 사람은 단지 말할 뿐(just speak)이며, 사람들은 그가 진실을 이야기하고 있다는 것을 알고 있습니다.

99:11 그가 진실을 말하고 있다고 사람들에게 생각하게 하려고 많은 말(many word)을 쏟는 사람은, 단지 거짓말을 감추기 위한 연기를 만드는 것입니다.

99:12 두 마음을 가진 사람이 많이 있습니다. 정 반대에 있는 두 주인을 섬기는 사람들입니다.

99:13 사람들은 안식일에는 하느님을 경배하는 척하고, 또 다른 날에는 악마에게 아부합니다.

99:14 어떤 사람도 동시에 두 스승(two masters)을 섬길 수가 없습니다. 이것은 마치 동시에 다른 방향으로 가는 두 마리의 나귀를 타는 것과 같습니다. (공통)

99:15 하느님을 경배하는 척하는 사람과 악마를 섬기는 사람은, 하느님의 적이며, 경건한 악마이며 인간의 저주입니다.

99:16 사람들은 하늘과 땅에 동시에 보물을 저축할 수 없습니다.

99:17 보시오, 내가 이르노니 그대의 눈을 들어 하늘의 안전한 금고를 보고, 그곳에 모든 보물을 저축하십시오. (Lift up your eyes and see the safety vaults of heaven and there deposit every gem.) (공통)

99:18 그곳은 좀도 없고 녹슬지도 않으며, 도둑이 부수고 들어와 훔쳐갈 수도 없습니다. (공통)

99:19 지상에서는 안전한 금고가 없습니다. 어떠한 장소도 좀, 녹, 도둑에서 안전하지 않습니다.

99:20 땅 위의 보물은 단지 스쳐 지나가는 환상일 뿐입니다.

99:21 속지 마시오. 그대들의 보물은 영혼의 닻(anchor)입니다. 그대들의 보물이 있는 곳에 그대들의 마음이 있을 것입니다.

99:22 세상의 사물들에 그대의 마음을 두지 마시오. 먹고 마시고 입는 것에 대하여 걱정하지 마시오.

99:23 하느님은 그분을 믿고 인류를 섬기는 사람들을 보살펴 주십니다. (공통)

99:24 새들을 보시오! 그들은 그들의 노래로 하느님을 찬양합니다. 이 땅은 그들의 즐거움의 사역으로 더욱 우아해집니다. 하느님께서는 그분의 손안에서 그들을 지켜주십니다.

99:25 그분의 보살핌 없이는 한 마리의 참새도 지상에 떨어지지 않으며, 떨어지는 모든 것들은 다시 올라갈 것입니다.

99:26 지상의 꽃들을 보시오, 꽃들은 하느님을 믿고 자랍니다. 그것들은 아름다움과 향기로 지상을 풍성하게 합니다.

99:27 신성한 사랑의 전령인 들판의 백합을 보시오. 그 어떠한 사람의 아들도 탁월했던 솔로몬조차도 백합 중 하나처럼 옷을 입지 못했습니다. (공통)

99:28 그들은 단순히 하나님을 신뢰합니다. (they simply trust in God.) 그들은 그분의 손에서 음식을 먹습니다. 그들은 머리를 그분의 가슴 위에 눕혔습니다.

99:29 만약 하느님께서 그분의 뜻대로 행하는 꽃과 새들을 그렇게 입히고 먹이신다면, 그분의 자녀들이 자기를 신뢰하면 먹이시고 입히시지 않겠습니까?

99:30 불평하지 말고, 먼저(first) 영혼의 왕국, 하느님의 올바름과 인간의 선을 찾으시오. 하느님께서는 보호하며 먹이시며 입히실 것입니다.'

100: 산상설교 계속됨. 예수님께서 영적 윤리학의 실제적인 법전을 공식화하여 12사도에 보여 주심.

100:1 세속적인 인간이 만든 규율이 있고 사람들은 그것을 엄격히 지키고 있습니다.

100:2 다른 사람들이 당신에게 하듯이 다른 사람들에게도 행합니다. 다른 사람들이 판단하는 대로 그들은 판단합니다. 다른 사람들이 주는 것처럼 그들도 줍니다.

100:3 한편, 그대들은 사람으로서 사람들과 함께 거니는 동안 심판하지 않으면, 그대들도 심판받지 않을 것입니다. (공통)

100:4 왜냐하면 그대들이 심판하듯이 심판받을 것이며, 그대들이 주는 것만큼 받게 될 것입니다. (as you give it shall be given to you) 만약 그대가 비난하면, 그대도 비난받을 것입니다. (공통)

100:5 그대가 자비를 베풀면 사람들도 그대에게 자비로울 것입니다. 그리고 만약 육신의 사람들이 그대의 사랑을 이해할 수 있는 방법으로 사랑을 베푼다면, 그대도 사랑을 받게 될 것입니다. (공통)

100:6 이 세상의 지혜로운 사람은 그들이 대우 받고 싶은대로 다른 사람을 대우합니다. (And so the wise man of this world does unto other men as he would have them do to him.) (공통)

100:7 육적인 사람들은 이기적인 이득을 얻기 위하여 남에게 선한 일을 베풉니다. 왜냐하면, 그가 그의 축복이 배가되어 되돌아오기를 기대하기 때문입니다. 그는 그 목적을 주시합니다.

100:8 인간은 그 자신이 밭이며 그의 행위는 씨앗입니다. 그리고 남에게 행한 것은 자라서 추수기에는 분명 합니다.

100:9 수확을 보시오! 만약 그가 바람을 뿌렸다면 바람을 거둘 것이며, 그가 추문, 절도, 미움, 호색, 죄와 같은 해로운 씨앗을 뿌렸다면

100:10 그 수확은 확실하며, 그는 그가 심은 것을 거두어야만 합니다. 더욱이 그 씨앗은 백 배로 산출됩니다.

100:11 올바름, 평화, 사랑과 기쁨의 열매는 결코 유독한 씨앗에서 열리지 않습니다. 열매는 그 씨앗과 같습니다. (the fruit is like the seed)

100:12 씨를 뿌릴 때는 올바름의 씨앗을 뿌리시오. 왜냐하면, 그것이 옳기 때문이며, 풍요한 보상을 기대하는 거래 방식은 옳지 않습니다.

100:13 육적(carnal)인 사람은 영적인 법을 싫어(abhor)합니다. 그것은 죄 속에 사는 자유를 빼앗아 가기 때문입니다. 그 빛 아래에서는 그의 열정과 욕망을 만족하게 할 수 없기 때문입니다.

100:14 그는 성령 안에 거니는 사람을 적대시합니다. 육적인 사람은 옛 선지자, 예언자들을 죽였습니다.

100:15 그리고 그는 그대를 때릴 것이며, 거짓으로 그대를 고발하여 화를 입히고 감옥에 넣을 것입니다. 그리고 그는 그대를 거리에서 살해하는 것이 하느님의 뜻이라고 생각합니다.

100:16 그러나 그대들은 그대에게 잘못하는 사람들에게 편견을 가지거나 비난해서는 안 될 것입니다. (But you may not prejudge nor censure him who does you wrong.)

100:17 사람에게는 저마다 해결해야 할 문제들을 가지고 있으며 마땅히 자신을 위하여 문제를 풀어야 합니다.

100:18 그대들에게 화를 끼치는 사람은 스스로 짊어져야 할 무거운 죄의 짐을 지게 될 것입니다. 그대의 것은 어떻습니까?

100:19 성령 속에서 거니는 사람이 지은 조그마한 죄는 하느님의 눈으로 볼 때, 그 길을 전혀 알지 못하는 사람이 지은 엄청난 죄보다 더 큽니다. (공통)

100:20 그대들 자신의 눈에 덩어리(chunk)가 들어 있는데 어떻게 형제들의 눈에 작은 조각(splinter)을 볼 수 있겠습니까? (공통)

100:21 먼저 그대들의 눈에서 덩어리를 제거하여야 합니다. 그러면 그대는 형제의 눈 속에 있는 작은 조각을 볼 수 있을 것입니다. 그리고 그것을 제거하도록 형제를 도와주십시오.

100:22 자기 눈 속에 다른 물질이 가득 있는 동안은 장님이므로 길을 볼

수가 없습니다. (공통)

100:23 장님이 장님을 인도하면, 둘 다 길을 잃고 수렁에 빠지고 맙니다.

100:24 만약 그대가 하느님에게 가는 길을 안내하고자 한다면, 마음이 순수하듯 시각도 깨끗(clear in sight)해야만 합니다.'

CHAPTER 101

101: 산상설교를 매듭지으심. 윤리 규범의 결론적인 부분. 그리스도인들 가버나움으로 돌아감

101:1 '생명의 과실은 정말 좋아 육적의 마음은 먹을 수가 없습니다.

101:2 만약 그대가 배고픈 개에게 다이아몬드를 던져 준다면, 보시오 그 개는 돌아가거나, 화가 나서 그대를 물 것입니다. (공통)

101:3 하느님에게 달콤한 향기는 악마에게는 상당히 불쾌합니다. 하늘나라의 빵은 영적인 생명이 무엇인지 이해할 수 없는 사람에게는 겨에 불과합니다.

101:4 주인은 현명해야 하며 영혼이 소화할 수 있는 것을 영혼에게 먹여야 합니다.

101:5 만약 그대가 모든 사람을 위한 음식이 없다면 단지 요구(ask, 묻다)하시오. 그러면 그대는 가질 것입니다. 열성적으로 찾으면(seek earnestly) 그대는 발견할 것입니다.

101:6 단지 성스러운 말씀으로 말하고 문을 두드린다면(knock), 그 문은 조금 열릴 것입니다.

101:7 지금까지 신앙으로 구하여 얻지 않은 사람은 아무도 없었으며, 찾아서나 헛된 일이 아무것도 없었으며, 문을 두드린 사람 중 열린 문을 찾지 못한 사람은 없습니다.

101:8 사람들이 하늘나라의 빵을 그대에게 요구할 때, 피하거나 육신의 과일을 주지 마시오.

101:9 만약 한 아들이 빵을 구하는데 그대는 돌을 주겠습니까? 그가 생선을 원하는데 그에게 먼지 속의 뱀을 주겠습니까? (공통)

101:10 그대가 하느님이 그대에게 주었으면 좋겠다고 바라는 것을 사람들에게 주시오. 그대 가치의 척도는 사람들에게 섬기는(serve, 서비스제공) 것에 달려 있습니다. (What you would have your God give unto you, give unto men. The Measure of your worth lies in your service unto men.)

101:11 완전한 생명으로 인도하는 길은 있으나, 한 번에 그것을 찾는 사람은 거의 없습니다.

101:12 그것은 좁은 길입니다. 그것은 세속적인 삶의 바위와 함정 사이에 있습니다. 하지만 그 길에 들어서면 어떠한 함정이나 바위도 없습니다.

101:13 비참과 궁핍으로 이르는 길이 있습니다. 그 길은 넓어서 많은 사람이 걸어 들어갑니다. 그것은 세속적인 인생 쾌락의 숲 중에 있습니다.

101:14 주의(beware)하시오. 죽음의 길을 걸으면서 생명의 길을 걷고 있다고 주장하는 사람들이 많습니다.

101:15 그러나 그들은 말과 행동이 다 같이 거짓이며 거짓 선각자들입니다. 그들은 양의 가족을 뒤집어쓴 악한 늑대들입니다.

101:16 그들은 그들 자신을 오래 숨길 수 없습니다. 사람들은 그들의 열매로 그들을 알게 될 것입니다.

101:17 그대는 가시덤불에서 포도송이를 거두거나, 엉겅퀴에서 무화과 열매를 거둘 수도 없습니다. (공통)

101:18 과실은 나무의 딸이며, 그 부모와 같이 그 자녀는 됩니다. 좋은 열매를 맺지 못하는 모든 나무는 뿌리째 뽑혀 던져집니다. (공통)

101:19 오랫동안 큰소리로 기도하는 사람이 성자라는 증거는 없으므로, 기도하는 사람이 모두 영혼의 왕국에 있다고 할 수 없습니다.

101:20 신성한 생활을 하는 사람, 하느님의 뜻을 행하는 사람은 영혼의 왕국 안에서 거주하는 것입니다.

101:21 착한 사람은 자신의 가슴의 보물에서부터 온 세상에 축복과 평화를 보내느니라. (The good man from the treasures of his heart sends blessedness and peace to all the world.)

101:22 악한 사람은 희망과 기쁨을 마르고 시들게 하는 생각을 보내어 세상을 비참함과 비애로 채웁니다. (The evil man sends thoughts that blight and wither hope and joy and fill the world with wretchedness and woe.)

101:23 사람들은 마음에 꽉 찬 것으로부터 생각하고 행동하고 말합니다. (Men think and act and speak out of the abundance of the heart.)

101:24 심판의 시간이 오게 되면 많은 사람은 그들 자신을 변호하기 위하여 들어올 것이며, 많은 말로써 심판관의 호의를 사려고 생각할 것입니다.

101:25 그들은 말할 것입니다. '보시오, 우리는 전지전능한 이름 속에서 많은 일을 했습니다.

101:26 우리가 예언하지 않았나요? 우리가 모든 종류의 병을 고쳐주지 않았나요? 귀신들린 사람의 악령을 쫓아 주지 않았습니까?'

101:27 재판관은 말할 것입니다. '나는 네가 아니라는 것을 아노라. 너희들은 마음으로는 바알세불을 공경하면서, 말로는 하느님께 봉사한다고 하였느니라.

101:28 악한 사람도 생명의 힘을 사용하여, 많은 권능 있는 일들을 행할 수 있으리라. 죄악을 행하는 자들아 나를 떠나라.'

101:29 생명의 말씀을 듣고 행하지 아니하는 사람은 모래 위에 집을 지은 사람과 같으니 홍수가 나면 모든 것이 씻겨져 모든 것을 잃습니다.

101:30 그러나 생명의 말씀을 듣고 정직하고 진실한 마음으로 그것을 받아 소중히 여기며 거룩한 삶을 사는 사람은

101:31 바위 위에 집을 짓는 사람과 같아서, 홍수가 나거나 바람이 불거나 폭풍이 닥쳐도 집은 움직이지 않습니다. (공통)

101:32 가서 진리의 튼튼한 바위 위에 그대의 생명을 지으시오. (build) 모든 악의 힘도 그것을 흔들 수 없을 것입니다.'

101:33 그리하여 예수님께서는 산에서의 그의 말씀을 모두 끝내셨습니다. 12사도와 함께 가버나움으로 되돌아 왔습니다.

CHAPTER 102

102: 예수님의 집에 있는 그리스도인들. 예수님께서 그들에게 비밀 교리 공개. 그들은 전 갈릴리를 돌아다니며 가르치고 병을 고침. 예수님께서 나인에서 한 과부의 아들을 소생시키심. 가버나움으로 다시 돌아오심.

102:1 12사도는 예수님과 함께 그분의 집에 가서 며칠 머무르셨습니다.

102:2 예수님께서는 지금 책에 기록되지 않을 수도 있는 내적 생명 대한 많은 것들을 제자들에게 말해주었습니다.

102:3 가버나움에는 부자가 살았는데, 백 명의 사람을 거느린 로마 백부장이 있었습니다. 그는 유대인을 사랑하여 그들을 위하여 회당을 세워 주었습니다.

102:4 이 사람의 하인이 중풍이 걸려서 죽을 지경에 이르렀습니다.

102:5 그 백부장은 예수님에 대하여 알고 있었으며 일찍이 비밀의 말씀 때문에 병자들을 고친다는 말을 듣고 예수님을 믿고 있었습니다.

102:6 그는 유대인의 연장자에게 말을 전해 도와줄 것을 간청했습니다.

102:7 예수님께서는 백부장의 신앙을 알고 즉시 환자를 고쳐주려고 떠났으며, 길가는 도중에 그 백부장을 만나게 되어 그분에게 말씀하시기를

102:8 '보십시오, 주님, 주님께서 저의 집에 오는 것은 좋지 않습니다. 저는 하느님의 사람 앞에 나설만한 가치가 없는 사람입니다.

102:9 저는 군인으로서 내 인생은 가끔 동포들의 생명을 빼앗는 그런 자들과 함께 보냈습니다.

102:10 하인을 구하러 제 지붕 아래에 오시는 것은 주님의 불명예가 될 것이라고 확신합니다.

102:11 만약 주님께서 말씀만 하신다면, 제 하인이 좋아질 것입니다.'

102:12 예수님께서 돌아서서 뒤에 따르고 있는 사람들에게 말씀하셨습니다.

102:13 '이 백부장의 신앙을 보시오, 나는 이스라엘 사람 가운데서도 그러한 신앙을 본 적이 없노라.

102:14 보시오! 향연이 그대들을 위하여 베풀어져 있습니다. 그러나 그대가 의심하고 기다리는 동안 이방인이 신앙으로 들어와서 생명의 빵을 들었노라.'

102:15 그를 향하여 말씀하시기를 '돌아가시오. 당신의 신앙대로 그것은 그렇게 될 것이오. 그대의 하인은 살았느니라.'

102:16 예수님께서 말씀을 하신 그 순간이 지나가자, 그 중풍 걸린 사람은 일어났으며 좋아졌습니다.

102:17 그리고 그리스도인들은 가르침을 위하여 외국으로 떠났습니다. 그들이 헤르몬 거리에 있는 나인이라는 마을에 왔을 때, 대문주위에 많은 사람이 있는 것을 보았습니다.

102:18 그것은 장례 행렬이었습니다. 한 과부의 아들이 죽었으며, 친구들이 그 시신을 무덤으로 옮기는 중이었습니다.

102:19 그 과부의 외아들이었으며, 그녀는 너무나 슬퍼하였습니다. 예수님께서 그녀에게 말씀하시기를 '그만 울음을 거두시오. 나는 생명이오. 그대 아들은 살아날 것이오.'

102:20 예수님께서 손을 들자, 시신을 운반하던 사람들은 걸음을 멈추었습니다.

102:21 예수님께서 관에다 손을 얹고 이르시되 '젊은이여 돌아오라.'

102:22 영혼은 돌아왔고, 죽은 몸이 생명으로 가득 차서, 일어나 말했습니다.

102:23 모든 사람은 그 장면에 깜짝 놀라서 소리치면서 하느님을 찬양하였습니다.

102:24 한 유대인 사제가 서서 말하되 보라 능력 있는 선지자가 나타났느니라 그러자 모든 사람이 아멘이라고 했습니다.

102:25 그리스도인들은 여행을 계속하여 많은 갈릴리 지방에서 가르치고 병자를 고치고 다시 가버나움으로 되돌아 왔습니다.

103: 예수님의 집에 있는 그리스도인들, 예수님께서 매일 아침에 12사도와 외국 선생들을 가르치심. 예수님께서 선구자 요한으로부터 소식을 받으시고 격려의 말씀을 보내심. 요한의 성격을 칭찬하심.

103:1 예수님의 집은 이른 아침 시간에 12사도와 외국 사제들이 하나님의 비밀을 배우는 학교였습니다.

103:2 중국, 인도, 바빌론. 페르시아, 이집트 그리고 그리스에서 온 현직 사제들 있었습니다.

103:3 그들은 그들의 사람들에게 성스러운 생활을 하는 방법을 가르쳐 줄 수 있는 지혜를, 예수님 발밑에 앉아 배우기 위하여 왔습니다.

103:4 예수님께서는 그들에게 가르치는 방법을 가르치시고, 그 길에서의 시련에 대하여 말씀하시고, 어떻게 이러한 시련이 인류에게 도움되는지 말씀하셨습니다.

103:5 그분은 죽음을 정복할 수 있는 신성한 생활 방법을 가르치셨습니다.

103:6 그분은 인간과 하느님이 하나라는 관념에 도달했을 때와 죽을 수밖에 없는 인간의 삶의 끝에 대하여 말씀하셨습니다.

103:7 오후 시간은 생명의 길을 배우러 온 사람들과 사람들의 치료를 위하여 주어졌습니다. 그리고 많은 사람은 믿고 세례를 받았습니다.

103:8 한편 사해 근처 감옥에 있는 선구자 요한은 예수님이 행하신 놀라운 모든 업적을 전해 들었습니다.

103:9 그의 감옥 생활은 너무 힘들고 고통스러웠으므로, 의혹이 깃들기 시작했습니다.

103:10 그래서 그는 혼잣말로 말하기를, '예수님이 옛 선각자가 기록한 그리스도이신지 의아스럽다.

103:11 내가 나의 과업에 오점을 남겼나? 나는 정말로 우리 백성인 이스라엘을 회개하게 하시는 그분을 위한 길을 닦기 위하여 하느님이 보내신 사람인가?'

103:12 요한은 그의 감옥에 면회 왔던 그의 친구 중 몇 명을, 가벼나움으

로 보내어 이 사람에 대하여 알아보고, 그에게 말을 전달해 달라고 하였습니다.

103:13 그 사람들은 예수님의 집에서 예수님을 발견하고 말했습니다. '보시오. 선지자 요한이 그대가 그리스도인지, 아니면 그분께서 아직 오시지 않았는지 물어보라고 저희를 보냈습니다.'

103:14 그러나 예수님께서는 대답하지 않으시고, 다만 적당한 기간 머물러 보고 들으라고 답했습니다.

103:15 그들은 그분이 병자를 고치고, 절름발이를 걷게 하시고, 귀머거리를 듣게 하시고, 소경을 보게 하시는 것을 보았습니다.

103:16 그들은 그분이 귀신들린 사람에게서 악령을 내쫓는 것을 보았으며, 죽은 자를 살리는 것을 보았습니다.

103:17 그들은 그분께서 가난한 자들에게 복음을 전하는 것을 들었습니다.

103:18 예수님께서 그들에게 말씀하셨습니다. '가시오. 돌아가서 그대들이 보고 들은 모든 것을 요한에게 말씀하시오. 그러면 그가 알 것이요.' 그들은 그들의 길을 갔습니다.

103:19 군중들이 그곳에 있었으므로 예수님께서 말씀하시기를 '한때 그대들은 요단강 가에 모여서 광야를 꽉 채웠었습니다.

103:20 무엇을 그대들은 보기 위하여 갔습니까? 유다의 나무, 헤스의 꽃? 왕의 복장을 한 사람을 보기 위하여 갔습니까? 선지자나 예언가를 보기 위하여 갔습니까?

103:21 내가 그대들에게 이르노니, 사람들이여. 당신들은 당신들이 본 사람을 모르고 있습니다. 선지자입니까? 네. 더 이상입니다. 그는 당신들이 오늘 보고 들은 것을 위한 길을 닦기 위하여 하나님이 보내신 전령입니다.

103:22 지상의 모든 사람 가운데, 요한보다 더 뛰어난 인물은 결코 없었습니다. (공통)

103:23 보시오, 내가 이르노니 헤롯왕이 쇠사슬에 묶어서 감옥에 넣은 이 사람이 지상에 다시 온 하느님의 엘리야입니다.

103:24 엘리야, 그는 사망의 문을 통하지 않고 그의 육신이 변하여 낙원에서 눈을 떴습니다.

103:25 요한이 와서 영혼의 깨끗함을 위하여 회개의 복음을 전했을 때, 일반 민중은 믿었고 세례를 받았습니다.

103:26 율법학자들과 바리새인들은 이 사람의 가르침을 받아들이지 않고 세례도 받지 않았습니다.

103:27 보시오, 무시된 기회는 결코 두 번 다시 오지 않습니다.'

103:28 보시오, 사람들이 파도와 같이 동요하여 올바름으로부터 빠져나가려고 합니다.

103:29 요한은 와서 빵을 먹지 않고, 술도 마시지 않았습니다. 그는 사람들에게서 떨어져 가장 단순한 생활을 하니, 사람들은 그는 귀신들린 자라고 말했습니다.

103:30 다른 사람이 와서 하는 말은 그는 다른 사람처럼 집에서 먹고 마시며 생활한다고 하면서, 그는 대식가이며 술주정뱅이고 세리나 범죄자와 친구라고 말했습니다.

103:31 하나님의 모든 능력이 행해진 갈릴리 골짜기의 도시들아, 너희는 화 있을진저! 고라산과 벳새다에게 화가 있도다! (공통)

103:32 만약 당신들이 두로와 시돈에서 하느님의 훌륭한 업적의 반이라도 하였다면, 그들은 오래전에 그들의 죄를 회개하고 올바른 길을 찾을 수 있었을 것입니다.

103:33 심판의 날이 올 때는 두로와 시돈이 당신들보다 더 나았다고 말해질 것입니다.

103:34 그들은 그들의 선물을 무시하지 않았지만, 당신들은 가장 값진 진주를 버렸기 때문입니다.

103:35 가버나움 너희에게 화가 있도다! 보라, 네가 지금은 높아지지만 낮아지리라. (공통)

103:36 왜냐하면 당신들에게 행하여진 권능 있는 일이 소돔과 스보임의 평지의 도시에 행해졌더라면, 그들은 소식을 듣고 하느님께로 돌

아오셨을 것이고 멸망 당하지도 않았을 것입니다.

103:37 그들은 그들의 무지 때문에, 어떠한 빛도 가지고 있지 않았습니다. 그러나 당신들은 소식을 들었고 증거도 가지고 있었습니다.

103:38 생명의 빛이 당신들의 언덕 위에 나타났고, 갈릴리 해변 모두 빛으로 빛났습니다.

103:39 주님의 영광은 거리, 회당, 가정에서 보였으나 당신들은 그 빛을 거부했습니다.

103:40 보시오. 내가 말하노니 심판의 날은 올 것이요, 하느님은 당신들보다 더 큰 자비심으로 평원의 도시들을 대할 것입니다.'

CHAPTER 104

104: 예수님께서 군중들에게 가르침. 시몬집 연회에 참석. 창녀가 그분에게 값비싼 향유를 바름. 예수님께서 시몬을 책망하시고 거짓 존경에 대하여 설파하심

104:1 예수님께서는 개인적인 이익을 위하여 모인 군중들을 바라보았습니다.

104:2 많은 학식과 부와 명성과 권력을 가진 사람들이 거기에 있었습니다. 그러나 그들은 그리스도를 알지 못했습니다.

104:3 그들의 눈은 그들의 이기적인 자아의 반짝이는 반짝임에 눈이 멀었습니다. 그들은 왕을 볼 수 없었습니다.

104:4 그리고 그들은 빛 가운데 걸었지만, 어둠 속에서 더듬거리며, 죽음의 밤과 같은 어둠이었습니다.

104:5 예수께서 눈을 들어 하늘을 우러러보시며 이르시되

104:6 '천지의 하느님. 빛이 지혜롭고 위대한 사람들에게 숨겨져 있으나 어린아이들(babes)에게 열려 있음에 감사하나이다.' (공통)

104:7 군중을 보고 말씀하시기를 '나는 사람의 이름으로 온 것이 아니며, 나 자신의 힘으로 온 것도 아닙니다.

104:8 내가 위에서 그대들에게 가지고 온 것은 지혜와 미덕입니다. 우리

가 숭상해야 할 것들은 하느님의 지혜와 미덕입니다.

104:9 내가 말하는 것은 나의 말이 아니고 내가 받은 것을 그대들에게 들려주는 것입니다.

104:10 힘들고 무거운 짐을 진자는 모두 나에게 오시오. 내가 도와주리다. (공통)

104:11 나와 같이 그리스도의 멍에를 짊어집시다. 이것은 아프지 않습니다. 그것은 쉬운(easy) 멍에입니다. (공통)

104:12 우리 모두 같이 쉽게 인생의 짐을 끕시다. 그리고 기뻐합시다.'(Together we will pull the load of life with ease; and so rejoice.)

104:13 시몬이라는 이름의 바리새인이 연회를 베풀었는데 예수님께서 주빈이셨습니다.

104:14 모든 사람이 식탁에 둘러앉았을 때, 한 창녀가 초대받지도 않은 자리에 나타났습니다. 그녀는 앞서 예수님의 역사 하심을 받아들이고 앎으로써 죄에서 치유받은 여인이었습니다.

104:15 그녀는 죄로부터 자유로워졌기에 기쁜 마음으로, 값비싼 향유를 담은 옥합 상자를 들고, 손님으로서 예수님께 왔습니다.

104:16 그녀는 눈물을 많이 흘리면서 그분의 발에 입을 맞추었습니다. 그리고 그녀의 머리털로 그분의 발을 닦아내어 향유를 발랐습니다.

104:17 시몬은 크게 말하지 않았지만, 예수님은 선지자가 아니라고 생각했습니다. 왜냐하면, 만약 선지자라면 다가온 여자가 어떤 여자라는 것을 알고, 그녀를 내쫓았을 것으로 생각했습니다.

104:18 그러나 예수님께서는 그의 생각을 아시고 그에게 말씀하셨습니다. '주인장, 내가 그대에게 할 말이 있소이다.'

104:19 시몬이 말했습니다. '말해 보시오,'

104:20 예수님께서 말씀하시기를 '죄라는 것은 부정의 괴물입니다. 작기도 하고 크기도 하고 어떤 것은 행해지지 않은 것도 있습니다.

104:21 보시오, 한 사람은 죄의 삶을 살다가 마침내 속죄를 한 사람이 있

고, 또 다른 사람은 부주의하여 그가 해야 할 일을 잊어버렸지만 개심하고 용서를 받았습니다. 이 중 어느 쪽이 더 칭찬을 받을 수 있습니까?'

104:22 시몬이 말하기를 '삶의 실수를 잘 극복한 사람입니다.'

104:23 예수님께서 말씀하시기를 '그대가 진실을 말했습니다.

104:24 보시오, 이 여인은 눈물로 내 발을 씻었으며, 머리카락으로 내 발을 말리고, 향유로 내 발을 덮었습니다. (공통)

104:25 여러 해 동안 죄짓는 삶을 계속해 왔으나, 그녀가 생명의 말씀을 듣고, 용서를 찾았고 그녀는 발견했습니다.

104:26 그러나 내가 손님으로 그대의 집에 왔을 때, 그대는 내가 손, 발을 씻을 수 있도록 물통을 내게 주지 않았습니다. 그것은 모든 충실한 유대인이 식사하기 전에 반드시 해야 할 일입니다.

104:27 시몬, 이 여인과 그대 자신 어느 쪽이 칭찬을 받을 가치가 있는지 말해 보시오.'

104:28 그러나 시몬은 대답하지 않았습니다.

104:29 예수님께서 그 여인에게 말씀하시길 '당신의 죄는 모두 용서되었습니다. 당신의 신앙이 당신을 구원했습니다. 평화로우시길'

104:30 식탁 주위에 앉아 있던 손님들이 그들끼리 말하기 시작했습니다. '무슨 이유로 그대의 죄는 모두 용서되었다고 말하는 거지?'

CHAPTER 105

105: 부유한 부인들의 후원으로 그리스도인들이 대규모 임무 여행. 예수님께서 그의 교훈 가운데 진실을 칭찬하고 위선을 책망하심. 성령에 어긋나는 죄에 대하여 말씀.

105:1 한편 갈릴리의 다른 마을에 사는 돈 많은 부인은, 예수님과 12사도가 외국에서 온 교사들과 함께 자기들의 고장을 방문하여 설교하고 병 고쳐주기를 간청했습니다.

105:2 이 불안한 사람 중에는 예수께서 말씀하신 전능하신 말씀 때문에 쫓

겨난 공중 일곱 악령에게 사로잡힌 막달라 마리아도 있었습니다.

105:3 가이사랴 빌립보에 막대한 재산을 가지고 있는 수쟌나

105:4 헤롯 법조인 중 한 명인 슈자의 아내인 요안나

105:5 두로의 바닷가 출신의 라텔

105:6 그리고 요단강과 갈릴리 해 너머에서 온 다른 사람들

105:7 그들은 넉넉한 자금을 대주었으므로, 세 번에 걸쳐 일곱 명씩 여행을 떠날 수 있었습니다.

105:8 그들은 그리스도의 복음을 전파했으며, 그들의 신앙을 고백하는 군중들에게 세례를 주고, 병자들을 고쳤으며, 죽은 자를 살렸습니다.

105:9 예수님께서는 아침 일찍부터 밤늦게 온종일 일하고 가르쳤으며, 식사를 위하여 일을 멈추지도 않았습니다.

105:10 그분의 친구들은 놀라 체력 손실로 실패하지 않을까 하여, 그들은 강제로라도 쉴 장소로 데리고 가려고 했습니다.

105:11 그분은 그들을 나무라지 않고 말씀하셨습니다. '그대들은 하느님께서 그의 천사들이 나를 지켜주신다는 것을 읽어보지 못했는가?

105:12 그들 천사가 나를 단단히 잡아 주시어, 내가 부족함에 처하여 고통받지 않도록 한다는 사실을 모르십니까?

105:13 그대들에게 나는 고하노니. 여러 가지 걱정하며 기다리고 있는 군중들에게 나의 힘을 주고 있는 동안, 나는 하느님의 양팔에 안겨 쉬고 있는(at rest) 나 자신을 발견하노라.

105:14 그분의 축복 받은 전령들이 나에게 생명의 빵을 내려주느니라.

105:15 사람의 일생에는 꼭 한번 물결이 있느니라.

105:16 사람들은 지금 진리를 기꺼이 받아들이고 있느니라. 그 사람들의 기회는 지금이고, 우리의 기회도 지금이니라.

105:17 만약 우리가 가능한 동안 그들을 가르치지 않는다면, 물결은 지나가고 마니라.

105:18 그들은 다시 진리를 들으려 주의하지 않을 수도 있느니라. 그러면 누가 그 죄를 감당하리오?'

105:19 그렇게 그분은 가르치고 병을 고쳤습니다.

105:20 군중들은 생각이 전부 달랐고 예수님의 가르침에 관한 견해도 다양했습니다.

105:21 어떤 사람들은 그분 안에서 하느님을 보고 경배하였으며, 또 어떤 사람들은 그분 안에서 지옥에서 온 악마를 보고 그를 웅덩이 속으로 던져야 한다고 했습니다.

105:22 그리고 일부는 이중생활을 하려고 열심히 노력하고 있었습니다. 마치 자신이 딛고 있는 것의 색깔을 띠고 있는 땅의 작은 사자 같이

105:23 어떤 종류의 닻이 없는 사람들은 그때그때 그들에게 좋을 대로 친구가 되기도 하고 원수가 되기도 합니다.

105:24 예수님께서 말씀하셨습니다. '어떤 사람도 한 시점에 두 주인(two masters)을 섬길 수 없습니다. 어떤 사람도 동시에 친구도 되고 원수도 될 수는 없습니다. (공통)

105:23 모든 사람은 올라가든지 가라앉든지, 짓든지 무너뜨리든지 합니다.

105:26 만약 그대들이 귀한 곡식을 거두지 아니하면 버리는 것입니다.

105:27 다른 사람을 즐겁게 하려고 친구인 체하거나 적인 체 가장하는 사람은 겁쟁이입니다.

105:28 그대들이여, 생각하는 데 있어 그대 자신을 속이지 마시오. 그대의 마음은 알려지게 마련입니다.

105:29 위선은 악마의 숨결처럼 영혼을 망칠 것입니다. 정직한 악인은 정직하지 않는 경건한 사람보다 영혼의 지킴이에 의해 더 높이 평가됩니다.

105:30 만약 당신이 사람의 아들을 저주하려면 큰 소리로 저주하시오.

105:31 저주는 사람 안에서 독(poison)입니다. 만약 그대가 저주하는 마음을 가지고 삼켜 버린다면, 그것은 절대 소화되지 않으리라. 보시오, 당신 영혼의 모든 원자를 독살할 것입니다.

105:32 만약 그대가 사람의 아들에게 죄를 지었다면, 친절과 사랑의 행위로 용서받고 당신의 죄는 깨끗해질 것입니다.

105:33 그러나 만약 성령(Holy Breath)이 그대를 위하여 생명의 문을 열 때, 이를 무시하고 죄를 지었다면,

105:34 또한 성령이 그대의 가슴속에 사랑의 빛을 부어주시고, 하느님의 불길로써 그대들을 깨끗하게 하려고 할 때, 영혼의 창문을 닫음으로써 죄를 짓는다면

105:35 그대들의 죄는 현생에서도 내생에서도 지워지지 않을 것입니다.

105:36 한번 간 기회는 더 이상 오지 않으므로, 시대가 다시 돌아올 때까지 기다려야만 합니다.

105:37 그때에 이르면 성령은 다시 그대 생명의 불길에 숨결을 주어, 그대의 삶의 불꽃을 타오르게 할 것입니다.

105:38 그러면 그녀 성령은 다시 문을 열게 되고, 그대들은 성령을 받아들일 수 있고, 항상 성령과 식사를 같이 하게 될 것입니다. 그렇게 하지 않고 다시 경홀히 대할 수도 있을 것입니다.

105:39 이스라엘 사람들이여. 그대들의 기회는 지금입니다.

105:40 그대들 생명의 나무는 환각의 나무입니다. 그 나무에는 많은 잎사귀가 달려 있고 가지는 열매로 축 늘어져 있습니다.

105:41 보시오, 그대들의 말은 잎사귀이며 그대들의 행위는 열매입니다.

105:42 보시오, 사람들이 그대들의 생명 나무 사과를 따 보니 맛이 아주 쓰고, 사과 속까지 벌레 먹은 것을 알게 되었습니다.

105:43 쓸모없는 잎만 가득하고 열매 없는 길옆의 무화과나무를 보시오.'
(공통)

105:44 예수님께서는 자연의 영이 아는 단어를 말했습니다. 보시오, 그 무화과나무는 시든 잎 한 줌으로 변했습니다.

105:45 그는 다시 말했습니다. '보시오, 하느님께서 말씀하십니다. 그대들은 지는 해 속에 시든 한 그루의 무화과나무입니다.

105:46 그대, 갈릴리 사람들이여, 갈릴리 사람들아, 너무 늦기 전에 가지치기하는 사람을 불러서 너희의 쓸모없는 가지와 환상의 잎사귀를 잘라내고(prune) 햇빛이 들어오게 하십시오. (let the sunshine in)

105:47 태양은 생명이며, 그것은 당신의 무가치함을 가치 있는 것으로 바꿀 수 있습니다.

105:48 그대들 생명의 나무는 선합니다. 그러나 당신은 너무 오랫동안 자아의 이슬과 육체적인 것들의 안개로 그것을 키웠기 때문에 당신은 햇빛을 차단했습니다.

105:49 내가 고하노니, 그대들은 그대들의 말한 모든 헛된 말과 그대들이 행한 모든 악한 행동들은 하느님께 설명해야만 합니다.'

CHAPTER 106

106: 막달라에 있는 그리스도인들, 예수님께서 장님, 귀머거리, 귀신들린 사람을 고치심. 사람들을 가르치심. 말씀하는 동안 그의 어머니와 형제들 그리고 미리암이 그분에게 오심. 가족관계에 대한 교훈을 가르치심. 그분이 사람들에게 미리암을 소개하니 그녀가 승리의 노래를 부름.

106:1 막달라는 바닷가에 있었고, 그곳에서 교사들은 가르쳤습니다.

106:2 귀신들린 사람, 장님, 벙어리인 사람을 사람들이 데리고 왔으므로 예수님께서 말씀을 하셨습니다. 그랬더니 보시오, 악령은 떠나가고, 그 사람은 말을 하기 시작하고, 그들의 눈은 볼 수 있었습니다.

106:3 이것은 대스승님이 하신 가장 큰 업적이었고, 본 사람들은 모두 대단히 놀랐습니다.

106:4 바리새파 사람들이 그곳에 있었으므로, 질투의 분노로 가득 찬 그들은 예수님을 비난할 이유를 찾았습니다.

106:5 그들이 말하기를, '네. 예수가 수많은 큰일을 한 것은 사실이오. 그러나 사람들은 그가 악마와 손을 잡고 있다는 사실을 알아야만 합니다.

106:6 그는 마술사, 사이몬세루스 형태의 마술사로서 모세의 날의 얀네와 얌브레와 같은 자이오.

106:7 악령들의 왕자인 사탄이 밤낮으로 그와 함께 머물고 있고, 사탄의

이름으로 악마를 쫓아내고, 사탄의 이름으로 병자를 고치고, 죽은 자를 살리는 것이오.'

106:8 그러나 예수님께서는 그들의 생각을 알고 말했습니다. '그대들은 사람들을 지도하는 교사이므로 율법을 알고 있습니다. 무엇이든 그 자체 내에서 서로 반대하면 망하고, 나누어진 집안은 설 수가 없습니다. (공통)

106:9 자체 내에서(itself) 전쟁하는 왕국은 없어집니다.

106:10 만약 사탄이 악마를 쫓아낸다면, 어떻게 그의 왕국이 존속되겠습니까?

106:11 만약 내가 대악마의 힘으로 악마를 쫓아낸다면, 당신들은 누구의 힘으로 악마들을 쫓아내겠습니까?

106:12 그러나 만약 내가 하느님의 거룩하신 이름으로, 악마들을 쫓아내서 앉은뱅이를 걷게 하고 귀머거리를 듣게 하고 장님을 보게 하고 벙어리를 말할 수 있게 한다면 하느님의 나라가 그대들에게 온 것이 아닙니까?'

106:13 바리새파 사람들은 벙어리처럼 대답하지 않았습니다.

106:14 예수님께서 말씀하시고 계실 때 한 전령이 다가와 그분에게 말하기를, '주님의 어머니와 형제들이 주님과 대화하기를 원합니다.'

106:15 예수님께서 말씀하시기를 '누가 나의 어머니고 나의 형제란 말씀입니까, 누가 그들입니까?'

106:16 예수님께서는 외국 교사들과 12사도 옆에서 말씀하기를

106:17 '보시오, 사람들은 육적인 면에서 그들의 어머니, 아버지, 자매들, 형제들을 인지합니다. 그러나 장막이 찢어지고 영혼의 영역을 거닐 때는,

106:18 가족 내 육적 친족 그룹을 묶는 부드러운 사랑의 선은 사라질 것입니다.

106:19 어떤 사람에 대한 사랑이 약해진다는 것을 의미하는 것이 아니라, 사람들은 모두에서(in all) 부모, 자매, 형제를 볼 수 있게 될 것이

기 때문입니다.

106:20 지상의 가족 집단은 우주 보편적 사랑과 신성한 우정 속에서 사라질 것입니다.

106:21 그분은 군중들에게 말씀하시기를 '누구든지 하느님의 뜻에 따라 삶을 살아가고 행동하는 사람은 하느님의 자녀가 될 것이며, 그리고 나의 어머니, 아버지, 자매, 친구가 될 것입니다.' (공통)

106:22 그리고 예수님께서는 그의 어머니와 다른 육적인 친인척과 이야기를 나누기 위해 그들 가까이 갔습니다.

106:23 그러나 그분은 이러한 것보다 더 이상의 것을 보았습니다. 한때 어떠한 사랑으로 육적 어떤 친지의 사랑 이상의 사랑으로 그의 영혼을 흔들어 놓았던 그 처녀.

106:24 그녀는 나일강 옆 헬리오폴리스 사원에서 가장 쓰라린 유혹자로, 그를 위하여 신성한 노래들을 부른바 있었던 처녀가 그곳에 있었습니다.

106:25 친인척같이 빨리 알아보시고는 예수님께서 말씀하시기를

106:26 '보시오. 하느님께서는 우리에게 인간이 이해할 수 없는 순수와 사랑의 힘을 주셨노라.

106:27 시간의 부담을 더 가볍게 해주고 상처받은 영혼에는 향기가 되어,

106:28 성스러운 노래와 거룩한 삶으로 군중들을 더 나은 길에서의 승리를 위하여.

106:29 보라, 모세가 앞장섰을 때 바다 곁에 서서 승리의 노래를 불렀던 미리암이 다시 노래를 시작할 것이니라.

106:30 그리고 하늘의 모든 합창대가 다 함께 기쁨의 후렴을 노래하리라.

106:31 평화, 지상에 평화, 사람에게는 선의!'

106:32 미리암은 기다리고 있는 군중들 앞에 서서 다시 승리의 노래를 불렀습니다. 모든 사람은 '아멘'하고 말했습니다.

CHAPTER 107

107: 한 바리새인이 예수님께 메시아라는 증거를 요구. 예수님께서는 그가 계속하며 보여 주었던 증거들을 인지하지는 않는다고 그를 책망. 예수님께서는 사람들이 빛이 되려면 빛을 받아야 한다고 사람들에게 권고하심.

107:1 한 바리새인이 군중 속에서 당당히 일어나서 예수님께 말했습니다.

107:2 '선생, 우리는 당신이 증명해 주기를 바라고 있소. 만약 당신이 오시기로 했던 진정한 그리스도라면, 당신은 분명히 검은 마술사가 할 수 없는 일을 할 수 있을 것이오.

107:3 보시오, 그들은 말하여, 말의 권능으로 군중들을 사로잡을 수 있으며, 병자들을 고칠 수 있으며 귀신들린 사람들로부터 악령을 쫓아낼 수 있소.

107:4 그들은 폭풍우를 통제할 수 있으며, 그들이 말할 때는 불과 땅과 공기가 듣고 응답할 것이오.

107:5 지금 만약 당신이 저 탑으로 올라가 바다 건너 날아갈 수 있다면, 우리는 당신이 하느님으로부터 보내진 사람이라는 것을 믿을 것이오.'

107:6 예수님께서 말씀하시기를 '어떤 검은 마술사도 신성한 삶을 살았던 때는 없습니다. 당신은 매일매일 그리스도 생활을 하는 것을 증거로 삼을 수 있습니다.

107:7 그러나 보시오! 악하고 불순의 율법학자들과 바리새인들이여, 그대들은 영혼의 표시를 볼 수가 없습니다. 왜냐하면, 당신 영혼의 눈은 육적의 자아로 가득 차 있기 때문입니다.

107:8 당신들은 당신들의 호기심을 즐겁게 하기 위한 증거를 요구하고 있노라. 당신들은 가장 낮은 육적 생활을 보내면서 기적을 행하라 증거를 보여달라 그리하면 우리는 믿을 것이다고 외치고 있습니다.

107:9 나는 사람들이 거리에서 고기와 과일과 쓰레기를 사는 것처럼, 신앙을 팔기 위해 지상에 보내지지 않았습니다.

107:10 사람들은 나에게 그리고 거룩한 그리스도에게 그들의 신앙을 고

백할 때, 많은 호의를 베푼다고 생각하는 듯합니다.

107:11 그대들이 믿든 믿지 않든 인간으로서의 나와 무슨 상관(matter, 중요, 문제) 있습니까?

107:12 신앙은 동전으로 살 수 있는 것이 아닙니다. 그것은 금으로 팔 수 있는 것이 아닙니다.

107:13 한 번은 거지인 마트가 나를 따라와서 '은화 한 잎을 주시오. 그러면 당신을 믿겠습니다.'라고 외치더군요

107:14 그대들도 이 걸인과 같습니다. 그대는 신앙과 표시를 교환할 것을 제안하고 있습니다.

107:15 그러나 나는 그리스도가 나와 같이 거 하고 있다는 확실한 하나의 표징을 온 세상에 보여 주겠습니다.

107:16 당신들은 모두 요나와 물고기의 우화를 읽었을 것입니다. 그 우화는 선지자가 사흘 밤낮을 거대한 물고기 배 속에 있다가 나왔다는 이야기가 기록되어 있습니다.

107:17 사람의 아들은 사흘 낮과 밤을 땅속에 있다가 다시 나올 것이며 그러면 사람들은 보고 알 것입니다.

107:18 보시오, 빛(light)은 정말 밝아 사람들은 어떤 것도 볼 수가 없습니다.

107:19 대령(大靈, Spirit)의 빛이 갈릴리 위에 정말 밝게 빛나서, 내 말을 듣는 그대들은 지금 볼 수 없는 맹인(blind) 입니다.

107:20 그대들은 선지자 아즈라엘의 말을 읽었을 것입니다. 그가 말하기를 '빛은 밤의 어둠 속에서 밝게 빛나고 있으나, 사람은 그것을 이해하지 못하리라.'

107:21 그 시간이 왔습니다. 빛은 앞을 비추고 있으나 그대들은 그것을 볼 수가 없습니다.

107:22 시바의 여왕은 어두운 밤에 앉아 있으면서 빛을 갈망했습니다.

107:23 그녀는 솔로몬의 입술에서 나오는 지혜의 말을 들으러 왔고 그녀는 믿었습니다.

107:24 그녀는 살아있는 횃불이 되어 집에 도착하니 보시오. 온 아라비아가 빛으로 가득 찼습니다.

107:25 솔로몬보다 훨씬 위대한 사람이 여기에 있습니다. 그리스도가 여기에 있습니다. 샛별은 이미 떠올랐습니다. 하지만 그대들은 그 빛을 거부하고 있습니다.

107:26 그대들은 아시리아의 사악한 도시인 니느웨를 기억하고 있을 것입니다. 하느님께서는 사람들이 돌아와 올바름의 길들을 걷지 않는다면, 충격과 섬광으로 멸망시키기로 한 곳이었습니다.

107:27 요나는 목소리 높여 40일 안에 니느웨는 멸망할 것이고 그 부유함도 파괴되어 진다고 말했습니다.

107:28 사람들은 요나의 말을 듣고 믿었습니다. 그리고 그들은 회개하여 올바른 길로 돌아왔습니다. 보시오, 그들의 도시는 멸망되거나 파괴되지 않았습니다.

107:29 당신 갈릴리 사람들이여. 내가 그대들에게 말하노니 아라비아와 니느웨는 심판하는 날에 그대들에게 반대되는 불리한 증언을 할 것입니다.

107:30 보시오, 내가 말하고 있는 모든 사람은 하느님의 불길들을 그들 속에 가지고 있습니다. 그러나 그들은 모두 죽어 누워있습니다.

107:31 의지는 육적인 욕망 때문에 묶이어져서, 불의 에테르를 빛으로 바꾸지 못하고 있습니다.

107:32 그러므로 그대의 영혼을 보고(look) 또 점검(note)할지어다. 그대 내부의 빛은 밤과 같이 어둡지는 않습니까? (Is not the light within you dark as night?)

107:33 당신들 생명의 불을 살아있는 불꽃으로 부채질하여, 빛으로 만들 수 있는 숨결은 성령(Holy Breath) 외에는 없습니다.

107:34 그리고 성령은 불길의 에테르를 순수와 사랑의 마음의 빛으로 승화시킬 수 있습니다.

107:35 들을지어다. 그대들 갈릴리 사람들이여. 마음을 순수하게 만들

고 성령을 받아들이도록 하십시오. 그리하면 그대들의 몸은 빛 (light)으로 가득할 것입니다.

107:36 언덕 위에 세워진 도시 같이, 그대의 빛은 저 멀리까지 빛나게 될 것이고, 그대의 빛은 다른 사람들의 길을 비출 것입니다.'

CHAPTER 108

108: 예수님께서 이기적인 사람들을 책망. 그리스도인들이 연회석에 참석, 예수님께서 식사 전에 손을 씻지 않았다고 바리새인들에게 비난을 받으심. 예수님께서는 지배계급의 위선을 폭로하여 그들에게 많은 화를 말하심.

108:1 민중들에게 이기적인 사상에 넓게 퍼져서, 아무도 타인의 권리와 필요성을 인식하지 않았습니다.

108:2 강자는 약자를 누르고, 자신만의 이익을 얻기위하여 첫째가 되기 위하여 다급하게 약자를 짓밟았습니다.

108:3 예수님께서 말씀하시기를 '길들어지지 않은 야수의 동굴을 보시오. 이는 자신의 이익을 위하여 악마 같은 탐욕으로, 미쳐버린 독사의 소굴입니다.

108:4 내가 그대들에게 이르노니 사람들이여, 자신 외 더 멀리 볼 수 없는 사람들의 이익은, 아침 햇살에 반사되면 보이는 이슬방울 같은 것입니다.

108:5 그것들은 사실이 아니며 사라져버립니다. 이기적인 영혼은 오늘 먹을 것을 주어도 그 음식은 소화되지 않습니다. 영혼은 성장하지 않으며 다시 그리고 또다시 먹여져야만 합니다.

108:6 보시오, 단 하나의 영이 들린 이기적인 사람은, 전지전능한 말씀 때문에 추방되었습니다.

108:7 쫓겨난 영은 휴식처를 찾아 마른 장소를 헤매다가 아무것도 발견하지 못했습니다.

108:8 그러다가 다시 오지만 이기적인 사람은 그 문을 닫고 잠그는 데 실

패하였습니다.

108:9 그 더러운 영은 집안이 깨끗이 청소되어 깨끗해진 것을 보고, 자기보다도 더러운 7개의 다른 영을 데리고 들여와 그 사람 안에 거주합니다. (공통)

108:10 그 사람의 마지막 상태는 처음보다 7배 더 비참합니다.

108:11 그리고 다른 사람의 축복을 빼앗는 당신들도 이와 마찬가지입니다.'

108:12 예수님께서 말씀하고 계실 때 가까이에 있는 어떤 여인이 소리쳤습니다. '하느님의 사람이신 이분의 어머니가 가장 축복받은 사람입니다!

108:13 예수님께서 말씀하셨습니다. '네. 그분은 축복받았습니다. 그러나 하느님의 말씀을 듣고 이를 받아들여 살아가는 사람들은 두 배로 축복받습니다.'

108:14 한 부유한 바리새인이 연회를 준비하여, 예수님과 12사도는 저 멀리서 온 다른 교사들과 같이, 손님이 되었습니다.

108:15 예수님께서는 먹기 전에 손을 씻어야 한다는 바리새인의 엄격한 규정대로 하지 않았습니다. 마침 이것을 본 바리새인들은 아주 놀랐습니다.

108:16 그러자 예수님께서 말씀하시기를 '주인장, 어찌하여 당신은 내가 손을 씻지 않은 데 대하여 그리 놀라십니까?

108:17 바리새인들은 손과 발은 잘 씻습니다. 그들은 매일 몸은 깨끗이 씻지만, 보시오, 그들의 내부(within)는 오물로 가득 차 있습니다. (공통)

108:18 그대들의 마음은 사악함, 왜곡, 사기로 가득 차 있습니다.

108:19 몸의 외부를 만드신 하느님께서는 역시 내부까지 만들지 않으셨나요?'

108:20 그리고 그분이 말씀하시기를 '그대들 바리새인들이여, 당신들에게 화 있을지니라! 당신들은 금전과 향의 십일조는 바치면서도, 하느님의 심판과 하느님의 사랑은 그냥 지나치고 있습니다.

108:21 그대들 바리새인들에게 화 있으리라! (Woe unto you, you Pharisees!) 당신들은 회당이나 법정에서는 상석에 앉기를 좋아하고, 시장에서는 인사를 명하기 때문입니다.

108:22 이 땅에 겉모습만 화려하게 차려입은 상류 인사들에게 화 있을진저! 당신들의 행위로 보아서는, 아무도 당신들을 하느님의 종이라고 생각하지 않을 것입니다.'

108:23 근처에 앉아 있던 랍오니라는 법률가가 말하기를 '당신의 말은 너무 가혹하네요. 무엇으로 우리를 비난합니까? 왜요?'

108:24 예수님께서 말씀하시기를 '율법 선생들에게 화 있을진저! 그대들은 참을 수 없는 무거운 짐을 사람의 아들들에게 지게 하면서, 당신 자신들은 털끝 하나의 무게에도 참으려고 하지 않고 있습니다.

108:25 당신들에게 화 있으리라! 당신들은 선지자와 선각자들의 무덤을 만들지만, 당신의 조상들이 그들을 죽였으므로 당신들도 그 죄의 부분적 책임은 있습니다.

108:26 그리고, 보시오, 하느님께서는 또다시 그대들에게 그의 신성한 사람들-사도, 선각자, 선각자들을 보내셨으나 당신들은 그들을 박해하고 있습니다.

108:27 머지않아 당신들은 그들을 법정에다 고소할 것이며, 그들을 길거리에서 쫓아낼 것이며, 감옥에 가두고, 악마의 즐거움으로 그들을 죽일 것입니다.

108:28 당신들에게 이르노니, 사람들이여 의로운 아벨로부터 성스러운 요한의 아버지 사가랴에 이르기까지 하느님의 모든 성스러운 사람들이 흘렸던 피,

108:29 사가랴는 하느님의 성스러운 제단 옆에서 살해당했습니다.

108:30 모든 이러한 성스러운 사람들의 피는 이 신앙 없는 세대의 손을 더 붉게 만들었습니다.

108:31 율법 선생들에게 화 있을진저! 당신들은 사람들의 손에서 지식의 열쇠를 빼앗아 갑니다.

108:32 당신들은 문을 굳게 닫고 자신도 들어가지 않고, 기꺼이 들어가고
싶어하는 사람들도 방해하고 있습니다.'

108:33 예수님의 말씀은 바리새인들, 법률가, 율법학자들을 화나게 하여
그들은 예수님을 향하여 심한 욕설을 퍼부었습니다.

108:34 그분의 말씀 하시는 진리들은 하늘의 벼락과 같이 와서, 지도자들
은 그분의 말에서 무엇인가 올가미를 매려고 했고, 그분의 피를
흘리게 할 수 있는 법적인 방법을 찾고 있었습니다.

CHAPTER 109

109: 그리스도인들이 기도하기 위해서 멀리 떨어진 장소로 감. 예수님께
서 그들에게 바리새인들이 효모에 대하여 경고하시고 모든 사상과
행위들은 하느님의 기억 책 속에 기록된다는 사실을 밝히심. 사람의
책임과 하느님의 보살핌.

109:1 연회가 끝나자, 예수님께서는 외국 스승들, 12사도, 어머니인 마리
아와 미리암 그리고 그리스도를 믿는 귀한 부인들과 함께 기도하기
위해 조금 떨어진 곳으로 갔습니다.

109:2 그들의 명상이 끝나자, 예수님께서 말씀하시기를 '주의하시오. 바
리새인들의 누룩이 생명의 양식을 담은 모든 그릇 속에 부어지고
있습니다.

109:3 그것은 닿는 모든 것을 오염시키는 독입니다. 그리고 그것은 악마
의 연기처럼 영혼을 황폐화할 것입니다. 그것은 위선입니다.

109:4 바리새인들의 말(speech)은 적절한 것 같지만, 그들의 마음
(heart)은 악마입니다.

109:5 그리고 그들은 그 생각을 자기 자신 안에 가둘 수 있는 것으로 생각
하는 것 같습니다.

109:6 그들은 모든 생각과 원함이 찍혀서 생명의 책 속에 보존되어 있다
가 (is photographed and then preserved within the Book of
Life) 언제든지 주인이 원하는 어느 시간에 밖으로 드러난다는 사

실을 모르는 것 같습니다.

109:7 생각한 것이나 바라는 것이나 야밤에 행해진 것들은, 가장 밝은 대낮에 드러나 밝혀지게 마련입니다.

109:8 은밀한 장소에서 귀에 속삭인 말도 거리에 알려지게 될 것입니다.

109:9 그리고 심판의 날에는 모든 책이 펼쳐져서 이러한 사람들과 또 다른 모든 사람은 심판을 받을 것입니다. 그들이 말하고 행한 바에 의해서가 아니라,

109:10 그들이 하느님의 사상을 어떤 것들에 사용했는지(used)와 어떻게 영원한 사랑의 에테르가 섬김(serve, 서비스제공, 도와줌)을 위해 만들어졌는지에 따라 심판을 받을 것입니다.

109:11 왜냐하면 사람들은 이러한 에테르를 육적인 자아를 위해 사용할 수도 있고, 자신 속의 거룩한 자아를 섬기기 위하여 사용할 수도 있기 때문입니다. (For men may make these ethers serve the carnal self, or serve the holy self within.)

109:12 보시오, 그러한 사람들은 이 육체를 죽일지도 모릅니다. 그러나, 그것은 무엇입니까? 육체라는 것은 단지 일시적인 것이며 곧 자연의 법칙에 따라 사라지는 것입니다.

109:13 그들의 살해는 단지 자연의 작동을 조금 재촉하는 것에 지나지 않습니다.

109:14 그들이 육을 죽일 때, 그들은 힘의 한계에 도달할 것입니다. 그들은 영혼을 죽일 수는 없습니다.

109:15 그러나 자연은 육체처럼 영혼의 수호자이기도 하므로, 영혼의 수확기에는 생명의 나무들은 심판관에 의해 모두 검사(inspect)를 받게 될 것입니다.

109:16 그리하여 선의 과실을 맺지 못한 모든 나무는 뿌리째 뽑혀 불길 속에 던져질 것입니다.

109:17 누구에게 그대는 유념해야 하겠습니까? 육체를 죽이는 그것밖에는 아무것도 할 수 없는 사람이 아닙니다.

109:18 자연의 불길 속에서, 영과 육을 모두 녹일 수 있는 전능한 하느님에게 유념해야 합니다.

109:19 그러나 인간은 왕입니다. 인간은 자신의 사상, 사랑, 인생을 이끌고 나가 영원한 생명의 상을 얻을 것입니다.

109:20 생명의 관을 위하여 노력하는 그대는 버려지지 않을 것입니다. 하느님은 살아 계시며, 그대들도 살 것입니다.

109:21 하느님께서는 모든 생물을 보살피고 계십니다. 그분은 별들, 태양들, 달들을 헤아리고 계십니다. (공통)

109:22 하느님께서는 천사들, 인간들과 그 아래 모든 일들, 새들, 꽃들, 나무들도 헤아리고 계십니다.

109:23 그분은 장미의 모든 꽃잎의 이름을 기억하시며, 모든 것은 생명의 책에 헤아려지고 있습니다. (every one is numbered in his Book of Life)

109:24 그대의 머리에 있는 모든 머리카락과 그대의 혈관 속에 모든 피의 떨어짐을 숫자로 리듬으로 알고 계십니다. (And every hair upon your head, and every drop of blood within your veins, he knows by number and by rhythm.)(공통)

109:25 그분께서는 새들의 소리, 귀뚜라미의 울음소리, 반딧불의 노랫소리를 들으시며, 한 마리의 참새라도 그분의 알고 계심과 허락 없이는 땅에 떨어뜨리지 못합니다. (공통)

109:26 한 마리의 참새는 아무 가치가 없는 듯이 보입니다. 네, 다섯 마리의 참새는 시장에서 2파아싱에 팔립니다. 그런데도 하느님께서는 그들 모두 하나하나를 돌보아 주십니다.

109:27 하느님의 이미지를 간직한 그대들을 훨씬 더 보살펴 주시지 않겠습니까?

109:28 사람들 앞에서 그리스도를 고백하기를 두려워하지 마시오. 그러면 하느님께서는 하늘 만군 앞에서 그대들을 그분의 자녀로 인정하실 것입니다.

109:29 만약 그대들이 사람의 아들들 앞에서 그리스도를 부인한다면, 하느님께서는 하늘 만군 앞에서 그대들을 그의 자녀로서 받아들이지 않을 것입니다. (공통)

109:30 내가 더 이르노니, 사람들이 그대의 신앙에 대한 대답을 듣기 위해 그대를 한 땅의 통치자 앞으로 끌고 갈지라도 두려워하지 마시오. (공통)

109:31 보시오, 성령은 그대가 무엇을 말해야 하며 무엇을 말하지 말아야 하는지를 필요한 시간에 가르쳐 주실 것입니다.' (공통)

109:32 그리스도인들은 대중을 가르치기 위하여 다시 길을 갔습니다.

CHAPTER 110

110: 미리암이 승리의 노래 부름. 그 노래. 예수님께서 그 노래는 이스라엘 사람들이 이집트에서 가나안으로의 여행의 상징적 성격을 밝힘

110:1 미리암은 밀려드는 군중들 앞에 서서, 하늘에 그녀의 눈을 던지면서, 그녀는 새로운 승리의 노래를 불렀습니다.

110:2 '하프, 비나, 칠현금을 가져오너라. 높은 소리 울리는 심벌즈를 가져오너라. 하늘의 모든 합창단, 새롭고 새로운 노래를 합창하리라.

110:3 만군의 주님 몸을 굽혀 사람들의 소리를 들어주시도다. 보라, 대 악마의 성채는 바람 앞의 흔들리는 나뭇잎이로다.

110:4 기드온 용사의 칼이 다시 뽑히도다.

110:5 주님께서 그분의 손으로 밤의 장막을 뒤로 당기니, 진리의 태양은 천지에 흐르는구나.

110:6 어둠, 무지, 죽음의 악마는 빠르게 도망하여 아침 태양 아래 이슬처럼 사라지구나.

110:7 하느님은 우리의 힘, 우리의 노래, 우리의 구원, 우리의 희망. 우리는 그분을 위하여 새로운 집을 지으리라.

110:8 모든 사람은 가슴을 깨끗이 하고, 그들의 방을 순수하게 하시라. 우리는 성령의 성전이로다.

110:9 우리는 광야의 임시 집은 더 이상 필요 없도다. 손으로 지은 성전도 더 필요 없도다.

110:10 우리는 성지도 예루살렘도 추구하지 아니하노라.

110:11 우리가 하느님의 집이며, 연장 소리 하나 없이 세워진 하느님의 성전이노라.

110:12 우리가 성지이며, 우리가 새로운 예루살렘이노라. 할렐루야, 주님을 찬양하라.'

110:13 승리의 노래가 끝나자, 군중들은 모두 소리치며 하느님을 찬양했습니다.

110:14 그러자 예수님께서 말씀하셨습니다. '길을 보시오!

110:15 사람의 아들들은 이집트의 밤의 어둠 속에서 긴 세월 동안 앞이 보이지 않아 더듬었습니다.

110:16 감각의 파라오들은 쇠사슬로 그들을 묶었습니다.

110:17 그러나 하느님께서는 시간의 안개 속에서 속삭이시며 그들에게 자유와 사랑의 땅을 말씀하셨습니다.

110:18 그리고 하느님께서는 길을 밝혀 주시기 위하여 그분의 로고스를 보내주셨습니다.

110:19 홍해가 약속의 땅과 이집트의 사막 사이에서 파도칩니다.

110:20 홍해는 육적인 마음입니다.

110:21 보시오, 로고스가 그의 손을 뻗치니 바다가 갈라지고 육적인 마음이 두 개로 갈라 사람들은 마른 발로 건너갑니다.

110:22 관능의 파라오가 도망치는 자들을 잡으려 하였으나, 바닷물이 다시 밀려와 관능의 파라오는 사라졌으며 사람들은 모두 자유의 몸이 되었습니다.

110:23 사람들이 큰 죄의 광야를 걸어가는 단 한 순간이라도 로고스는 길을 인도해 주십니다.

110:24 마지막 사람들이 요단강 기슭 위에 서 있었을 때, 강물은 멈췄고 그들 자신의 집으로 발걸음을 옮겼습니다.'

CHAPTER 111

111: 예수님께서 가르치심. 어떤 사람이 형님으로부터 정당한 대우를 받게 해달라고 간청하니 예수님께서 신성한 법, 진리의 힘, 소유물의 보편성을 설명하심. 부자와 그의 풍성한 수확의 비유.

111:1 예수님께서 군중들을 가르치고 있었습니다. 한 사람이 일어나서 말했습니다.

111:2 '선생님, 저의 간청을 들어주십시오. 저의 아버지께서는 큰 재산을 남기고 돌아가셨습니다. 저의 형님은 그것을 독차지하여 제 몫 주기를 거부하고 있습니다.

111:3 제가 선생님께 간절히 구하오니 형님이 올바르게 하도록 명령하셔서, 제 몫을 주옵소서.'

111:4 예수님께서 말씀하시기를 '나는 그런 일들을 판정하기 위하여 온 것이 아닙니다. 나는 법정의 관리가 아닙니다.

111:5 하느님께서 나를 보내신 것은 사람들에게 올바름을 강요하기 위해서가 아닙니다.

111:6 모든 사람에게는 저마다의 올바름에의 감이 있습니다. 그러나 많은 사람이 그것을 개의치 않고 있습니다.

111:7 이기주의에서 올라오는 연기는 올바름의 감각 주위에 껍데기를 만들어, 그들의 내적 빛을 가리므로, 타인의 권리를 이해할 수도 인식할 수도 없게 됩니다.

111:8 그대들은 이 베일을 무기의 힘으로 찢을 수가 없습니다. 이 껍데기를 녹일 수 있는 것은 하느님의 지식과 사랑 외에는 아무것도 없습니다.

111:9 사람들이 진흙탕 속에 있는 동안은 하늘은 멀리 보이지만 산꼭대기에 있을 때는 하늘은 가까워서 별도 만질 수 있을 정도입니다.'

111:10 예수님께서는 12사도를 보고 말씀하시기를 '육적 생활의 진흙탕 속에 있는 수많은 사람을 보라!

111:11 진리의 누룩은 진흙을 굳은 바위로 변하게 만들어서 사람들이 걸

을 수 있고, 산꼭대기로 이어지는 길을 발견할 수도 있습니다.

111:12 그대들은 성급하게 할 수가 없습니다. 그러나 그대는 넉넉한 손으로 이 효소들을 뿌릴 수 있을 것입니다.

111:13 사람들이 바름의 규범을 분명히 알려주는 진리를 배우게 되면, 그들이 당연히 주어야 할 것은 모든 사람에게 서둘러 넘겨줄 것입니다.'

111:14 그리고 사람들에게 예수님은 말씀하셨습니다. '조심하시오. 탐내지 마시오. 사람의 재산은 그들이 소유하고 있다고 보이는 것들인 땅, 은, 황금으로 구성되어 있지 않습니다.

111:15 이것들은 단지 빌린(borrowed) 재산입니다. 아무도 하느님의 선물을 독점할 수 없습니다.

111:16 자연의 것은 하느님의 것이며, 하느님의 것은 모든 사람의 것입니다.

111:17 영혼의 부는 삶의 순수함(purity)에 있습니다. 그리고 하늘로부터 부여받은 지혜(wisdom) 속에 있습니다.

111:18 보시오, 어떤 부자의 땅이 풍성한 수확을 가져다주었습니다. 그의 곡식을 보관하기에는 곡식 창고가 너무 좁아서 그는 혼잣말로 말했습니다.

111:19 '무엇을 해야 하나? 나는 낟알들을 버릴 수도 없고 낭비할 수도 없으니' 그리고 그가 말하기를

111:20 '이렇게 해보자. 지금의 작은 창고를 헐어버리고 더 큰 창고를 지어서 내 곡식을 저장할 수 있을 거야, 그리고 나는 말할 거다

111:21 나의 영혼아 이제 안심하라. 여러 해 동안 충분하다. 먹고 마시고 만족하라.'

111:22 그러나 하느님께서는 그 사람을 내려다보고 그의 이기적인 마음을 보고 말씀하시기를,

111:23 '어리석은 사람이여. 오늘 밤 너의 영혼은 육체의 집을 떠날 것이니라. 그렇게 되면 누가 그대가 축적한 재산을 가질 것인가?'

111:24 그대, 갈릴리 사람들이여! 지상의 금고 속에 보물들을 저축하지 마시오. 축적된 재산은 그대의 영혼을 메마르게 할 것입니다.

111:25 하느님께서 사람들에게 재산을 주시는 것은 비밀 금고 속에 모아 놓기 위해서가 아닙니다. 사람들은 단지 하느님의 재산 관리인이며 공동선을 위하여 그것을 사용해야만 합니다.

111:26 자기 자신에게, 다른 사람에게, 지금 존재하고 있는 모든 것에게 진실한 관리인에 대하여 주님께서는 말씀하실 것입니다. '잘 했노라.'

CHAPTER 112

112: 막달라 마리아의 집에 있는 그리스도인들. 예수님께서 그의 제자들은 '작은 무리'라고 부르시고, 성스러운 일에 애정을 가지라고 책임주심. 그분은 그들에게 내적 생명에 대하여 가르치심.

112:1 예수님께서 군중들을 떠나, 제자들과 함께 마리아의 집에 가셔서, 식탁에 둘러앉아 식사하실 때 말씀했습니다.

112:2 '나의 작은 무리여, 두려워하지 마시오. 그대들이 영혼의 왕국을 다스리는 것은 그대들 아버지의 뜻입니다.

112:3 하느님 집의 지도자는 주님의 종입니다. 또한, 사람이 사람을 섬기지(serve) 않고서는, 하느님을 섬길(serve) 수 없습니다.

112:4 하느님의 종이 부잣집 종이 될 수 없고, 육적 회당의 종이 될 수도 없습니다.

112:5 만약 그대들이 토지, 채권, 또는 지상의 부에 연결되어 있다면 그대의 마음도 지상의 것들에 묶여 있는 것입니다. 왜냐하면, 그대의 보물이 있는 곳에, 그대들의 마음이 있기 때문입니다. (공통)

112:6 그대들의 재산을 가난한 사람들에게 나누어주고, 그대의 믿음을 하느님에게 둔다면, 그대들은 부족하게 되지 않을 것입니다.

112:7 이것은 신앙의 시험입니다. 하느님께서는 신앙 없는 사람의 섬김은 받지 않으실 것입니다.

112:8 때는 무르익었습니다. 그대들의 주님은 구름 위에서 오실 것이고 지금 동쪽 하늘은 그분의 존재로 빛나고 있습니다.

112:9 예복을 입고, 허리띠를 두르고, 등잔을 손질하여, 기름을 가득 채우고, 그대들의 주님을 맞을 준비를 하시오. 그대가 준비(ready)되었을 때 그분은 올 것입니다.

112:10 그들의 주님을 받을 준비를 하는 종들은 많이 축복 되도다.

112:11 보시오, 그분은 몸단장하고 모든 사람을 위하여 넘치는 향연을 준비하고 그분 자신이 직접 섬길 것입니다. (he himself will serve.)

112:12 그분이 언제 오시느냐는 문제가 아닙니다. 2시일 수도 3시일 수도 있습니다. 그러나 그분을 맞을 준비를 하는 종들은 축복받은 사람들입니다.

112:13 그대들은 문을 열어놓고 잠이 들어 시간이 흘러가는 것도 모르고 기다려서는 안 됩니다.

112:14 왜냐하면 분명 도둑이 들어와서 당신의 재물을 훔쳐가고 당신을 묶어서 그들의 소굴로 끌고 갈 것이기 때문입니다.

112:15 만약 끌려가지 않더라도 주인이 와서 잠들어 있는 문지기를 보면 친구로 여기지 아니하고 적으로 여기실 것입니다.

112:16 사랑하는 그대들이여, 지금은 모든 사람이 반드시 깨어서 (awake) 그의 자리를 지킬 시간입니다. 왜냐하면, 어떤 사람도 주님이 오는 시간과 날짜를 알 수 없기 때문입니다.'

112:17 베드로가 말했습니다. '주님, 이는 저희를 위한 비유입니까? 아니면 군중들에 의한 비유입니까?'

112:18 예수님께서는 '왜 그렇게 묻는 것인가? 하느님께서는 한 사람을 존중하고 다른 사람은 버리는 그런 분이 아닙니다.

112:19 누가 오든 허리띠를 두르고 등잔을 손질하고 그대가 감시할 수 있는 생명의 작은 탑을 찾아 그곳에서 주님을 만날 수 있도록 준비(prepare)를 하십시오. (공통)

112:20 그러나 그대들은 이미 빛의 자녀로서 왔고, 율법의 언어도 이미 배워서 길을 인도할 수 있을 것입니다.

112:21 그러나 주님을 맞을 준비가 되었다고 하더라도 아직 그분은 오시지 않아 그대들은 기다릴(wait) 수도 있습니다.

112:22 그대들은 참을성 없음이 자라나 다시 육적인 생활을 그리워하기 시작하여, 그대의 방법대로 행동하기 시작할 수도 있습니다.

112:23 집의 하인들을 때리고 잘못 다루고, 술과 고기로 배를 채울 수도 있습니다.

112:24 그러면 주님이 오셨을 때 무엇을 말씀하실 것인가?

112:25 보시오. 그분께서는 신앙이 없는 하인을 그의 집에서 쫓아낼 (cast) 것입니다. 그리고 그가 주님을 받아들일 수 있을 만큼 깨끗해지고 그의 사고가 가치가 있게 될 때까지는, 많은 세월이 지나갈 것입니다.

112:26 빛으로 들어와 스승님의 뜻을 알고도 이를 행하지 아니하는 종 또는 생명의 탑 안에서 잠자는 파수꾼은

112:27 여러 번 정의의 회초리를 맞게 될 것이지만, 주님의 뜻을 몰라서 이를 행하지 못하는 자는 더 무거운 벌을 받지 않을 것입니다.

112:28 기회의 열린 문 앞에 와서 서 있으면서 안으로 들어가지 않고 떠나는 자는

112:29 다시 오더라도 문은 굳게 잠겨있고 불러도 그 문은 열리지 않을 것입니다.

112:30 경호원은 '당신은 한때 암호를 알고 있었으나 그것을 버렸으므로, 지금 대스승님께서는 당신을 모른다 하오. 떠나시오.'

112:31 진실로 내가 그대들에게 이르노니, 많이 받은(given)자는 많이 요구(require)받게 될 것이요, 적게 받은 자는 적게 요구받게 될 것입니다.' (공통)

CHAPTER 113

113: 예수님께서 라마아스의 질문에 대한 답으로 평화 통치와 반대를 통하여 이에 달하는 길에 대해 교훈을 가르치심. 시간의 상징. 성령의

지도. 그리스도인들 벳새다로 감

113:1 식사가 끝난 후, 예수님과 손님들은 마리아의 집에 있는 큰 홀로 모였습니다.

113:2 라마아스가 말했습니다. '우리들의 주님 부디 대답해 주십시오. 지금은 평화의 새벽입니까?

113:3 우리는 더 이상 전쟁이 없는 시대에 온 것입니까?

113:4 선생님께서는 정말로 경건한 사람들이 오리라고 말했던 평화의 왕자입니까?'

113:5 예수님께서 말씀하시기를 '평화가 오늘을 지배하고 있습니다. 그것은 죽음의 평화(the peace of death)입니다.

113:6 오염된 웅덩이에 평화가 거주하고 있습니다. 물의 흐름이 움직이지 않게 되면 그들은 곧 죽음의 종자를 안게 되어, 부패가 모든 물방울 속에 거하게 될 것입니다.

113:7 살아있는 물은 마치 봄철의 양과 같이 주변에 뛰어놀기 마련입니다.

113:8 나라는 부패했으며 죽음의 팔에 안겨 잠자고 있습니다. 너무 늦기 전에 그들을 잠에서 깨어나게 해야 합니다.

113:9 삶에서 우리는 어떤 일에 반대하는 사람들을 발견합니다. 하느님께서 나를 이곳에 보내신 것은 생명의 바닷물을 깊이 휘젓게 하기 위해서입니다.

113:10 평화는 투쟁 뒤에 옵니다. (Peace follows strife.) 나는 이 죽음의 평화를 없애기 위하여 왔습니다. 평화의 왕자는 먼저 투쟁의 왕자이어야 합니다. (The prince of peace must first be prince of strife.)

113:11 내가 사람들에게 가져온 진리의 누룩은 악마를 휘저어 나라들, 도시들, 가족들 안에서 그들끼리 전쟁을 일으킬 것입니다. (공통)

113:12 지금까지 평화스러운 한 가정에 살던 5명의 가족은 갈라질 것이고 2명은 3명과 전쟁할 것입니다.

113:13 아들은 아버지를 반대하여 서 있을 것이며 어머니와 딸은 다툴 것이며 네. 모든 가정은 분쟁 터로 될 것입니다. (공통)

113:14 자아와 탐욕과 의혹이 열광적으로 날뛰어 그때는 나 때문에 지상은 인간 피의 세례를 받게 될 것입니다.

113:15 그러나 올바름이 왕입니다. (Right is king.) 연기가 개이면 나라들은 더 이상 전쟁은 아니다는 것을 배우게 될 것이고, 평화의 왕자가 와서 세상을 지배할 것입니다.

113:16 보시오, 내가 말하는 징조는 하늘 속에 있기에 사람들은 그것들을 볼 수 없습니다.

113:17 사람들은 서쪽에 구름이 일어나는 것을 보고 소나기가 곧 올 것이라 말합니다. 그리고 실제로 그렇게 됩니다. 남풍이 불면 사람들은 날씨가 더워진다고 말하는데 실제로 그렇게 됩니다. (공통)

113:18 보시오, 사람들은 땅과 하늘의 징조를 읽을 수 있으나, 성령의 기운의 징조는 구별하지 못합니다. 그러나 그대들은 알아야만 합니다.

113:19 분노의 폭풍이 몰려와서 육의 인간들이 그대들을 법정으로 세게 끌고 갈 명분을 찾을 것이며, 그대들을 감옥 속으로 던질 것입니다.

113:20 그런 시대가 오면 지혜의 지도(wisdom guide)를 받아야 하며 분개해서는 안 됩니다.(do not resent) 분개는 악한 사람의 분노를 더 강하게 만듭니다.

113:21 세상에서 가장 악질인 사람에게도 약간의 정의와 자비심은 있습니다.

113:22 성령의 지도로 그대들은 자신의 언행에 주의하면 그대들은 이와 같은 감각이 커가는 영감(inspire)이 올 것입니다.

113:23 그리하여 그대들은 사람들의 분노를 주님을 찬양(praise)하는 것으로 만들 수 있습니다.'

113:24 그리스도인들은 길을 떠나 벳새다에 가서 가르쳤습니다.

CHAPTER 114

114: 바다 위의 대폭풍우가 다수의 생명을 희생시킴. 예수님께서 사람들에게 구원을 호소. 사람들이 아낌없는 구원의 손길을 줌. 한 율법학

자의 질문에 대답하여 재난의 철학에 대하여 말씀하심

114:1 예수님께서 가르치고 계실 때, 한 사람이 앞에 서서 말하기를 '선생님 제가 말씀 좀 드릴까요?'

114:2 예수님께서 말해도 좋다고 하시므로 그 사람은 말하기를

114:3 '지난 밤바다에서 폭풍우로 많은 어선이 좌초되어, 많은 사람이 죽어, 그들의 처자들이 곤란을 겪고 있습니다.

114:4 그들의 이러한 비참한 재앙을 구하기 위하여 무엇이 행해져야 합니까?'

114:5 예수님께서 말씀하시기를 '가치 있는 호소입니다. 그대들 갈릴리 사람들이여, 주의하시오. 죽은 사람들을 다시 살려낼 수는 없지만 우리는 매일 빵을 구하는 사람들을 도울 수는 있습니다.

114:6 그대 하느님 재산의 관리인들이여, 기회가 왔습니다. 창고를 열어 비축한 황금을 꺼내어 아낌없이 나누어주도록 하시오.

114:7 이 재산은 꼭 이와 같은 시간을 위하여 저축해 놓은 것입니다. 소용이 없을 때는 그것은 그대들의 것으로서 저축해 두었습니다.

114:8 그러나, 지금은 그대들의 것이 아닙니다. 그것은 필요로 하는 사람들의 것입니다. 만약 그대들이 이를 주지 않는다면, 하느님의 노여움이 그대들의 머리 위에 내릴 것입니다.

114:9 필요로 하는 사람들에게 베푸는 것은 자선(charity)이 아니라 정직(honesty)이라는 것이며, 그것은 단지 사람들에게 그들 자신(own)의 것을 주는 것일 뿐입니다.'

114:10 그리고 예수님께서는 모임의 돈 관리자이며 12사도의 한 사람인 유다를 보고 말씀하시기를

114:11 '우리의 보물 상자를 앞으로 가져오라. 돈은 이제 우리의 돈이 아니니라. 곤란을 겪고 있는 사람들을 도와주기 위하여 모든 돈을 나누어주도록 하라.'

114:12 한편 유다는 궁핍한 사람들에게 돈을 모두 주는 것을 바라지 않아 베드로, 야고보, 요한과 함께 이야기했습니다.

114:13 유다가 말하기를 '보시오, 나는 어떤 부분은 남겨두고 나머지를

주도록 하겠습니다. 그것으로 우리는 충분합니다. 왜냐하면, 우리는 곤궁에 빠진 그들과 모르는 사람이고, 우리는 그들의 이름조차 모르기 때문입니다.'

114:14 그러나 베드로가 말하기를 '유다여, 당신은 어찌하여 올바름의 힘을 사소하게 생각하고 있는가?

114:15 주님께서 하신 말씀이 옳습니다. 이 재산은 특히 이러한 재난 앞에서는 우리의 것이 아닙니다. 그리고 우리가 만약 이 돈을 주는 것을 거절한다면 이 돈을 훔치는 것과 마찬가지입니다.'

114:16 두려워할 필요는 없습니다. 우리가 곤궁을 받게 되지는 않을 터입니다.'

114:17 유다는 금고를 열어 모든 돈을 주었습니다.

114:18 금과 은, 음식과 옷은 유족들의 필요에 풍족하였습니다.

114:19 한 율법학자가 말했습니다. '선생님, 만약 하느님께서 이 세상과 그 안에 있는 모든 것을 지배하신다면, 그분은 이 폭풍우를 일으키지 않았을 것이며, 이 사람들을 죽이지 않았을 것이 아닙니까?

114:20 하느님께서 여기 이 사람들에게 심한 재앙을 준 것이 아닙니까? 그들의 죄에 대한 벌입니까?

114:21 그리고 지금도 우리가 잘 기억하고 있는 것으로, 한때 열성적인 갈릴리의 유대 사람들이 예루살렘에서 잔치를 베풀고 있을 때 로마의 율법을 어겼다는 상상에 지나지 않는 범죄 때문에

114:22 본디오 빌라도에 의하여, 그것도 바로 성전 뜰에서 살해되어, 그 피가 그들의 희생 제물이 되었는데,

114:23 그들이 매우 악독했기에 하느님이 이러한 살육을 가져온 것입니까?

114:24 그리고 생각나는 것은, 한때 예루살렘 방어의 영광을 지니고 있던 실로암이라고 하는 탑이, 보기에는 이유도 없이 흔들거려 땅 위로 무너져, 18명이 목숨을 잃었습니다.

114:25 이 사람들이 악랄한 사람이었나요? 다소 큰 죄의 벌로써 죽임을 당한 것인가요?'

114:26 예수님께서 말씀하셨습니다. '우리는 단지 인생의 한 면만을 보고 어떤 것들을 판단할 수 없습니다.

114:27 사람들이 반드시 인지해야 할 법칙이 있습니다. '결과는 원인에 달려 있다 '가 그것입니다.

114:28 사람은 한 번의 짧은 삶의 공기 중에 떠돌다가 무로 사라지는 먼지가 아닙니다. (Men are not motes to float about within the air of one short life, and then be lost in nothingness.)

114:29 그들은 하느님 같은 자신을 펼치기 위하여, 몇 번이고 땅과 대영계를 왕복하는 영원한 전체의 죽지 않는 불사(不死)의 일부인 것입니다. (They are undying parts of the eternal whole that come and go,lo, many times into the air of earth and of the great beyond, just to unfold the God-like self.)

114:30 어떤 원인은 하나의 짧은 생명의 한 부분이며, 결과는 다음 생명까지 나오지 않을 수도 있습니다.

114:31 그대의 결과의 원인은 내 생에서 발견할 수 없으며, 나의 결과의 원인은 그대 생에서 발견할 수 없습니다.

114:32 내가 씨를 뿌리지 아니하면 거둘 수가 없으며, 내가 뿌린 것이 무엇이든지 내가 거두어야만 합니다. (I cannot reap except I sow and I must reap whatever I sow) (공통)

114:33 모든 영원의 법칙은 뛰어난 스승들에게 알려져 있습니다.

114:34 사람이 다른 사람에게 행하는 일은 무엇이든 재판관이나 집행자가 그들에게 행할 것입니다.(Whatever men do unto other men the judge and executioner will do to them.)

114:35 우리는 사람들 사이에서의 이 법칙의 집행에 대해서 알아차리지 못하고 있습니다.

114:36 우리는 약자가 강자라고 불리는 자들에게 멸시를 당하고 밟히고 살해당하는 것을 보고 있습니다.

114:37 우리는 나무 같은 머리를 가진 사람들이 국가의 수뇌부에 앉아 있

음을 봅니다.

114:38 왕, 재판관, 상원의원, 사제가 되고, 반면에 비범한 지능을 가진 사람들은 길거리의 청소부가 되어있는 것을 볼 수 있습니다.

114:39 약간의 상식뿐, 조금의 어떤 다른 것도 없는 부인이 짙은 화장을 하고 여왕으로서 옷을 입고 있는 것을 봅니다.

114:40 어느 정도 아름다운 모습으로 꼭두각시 왕의 부인이 되지만, 하느님의 딸들은 그들의 노예가 되거나 들판에서 보통 노동자로 일하고 있습니다.

114:41 정의의 감각은 크게 외칩니다. 이것은 올바름 위의 졸렬한 모조품 (travesty)이라고

114:42 그러므로 사람의 작은 면 이상 볼 수 없는 사람들은 하느님은 계시지 않는다 혹은 하느님이 계실지라도 그는 폭군이므로 죽어야 한다고 말하는 것은 경이로운 것이 아닙니다.

114:43 만약 그대가 인생을 바르게 판단하고자 한다면, 그대는 일어나 시간의 꼭대기 위에 서서, 그들이 과거 오랜 세월에 걸쳐서 행해진 인간의 사상과 행동을 보아야만 합니다.

114:44 왜냐하면, 우리는 사람이란 흙으로 빚어져서 또다시 흙으로 돌아가 사라지는 창조물이 아님을 알아야만 하기 때문입니다. (man is not a creature made of clay to turn again to clay and disappear.)

114:45 사람이란 영원한 전체의 한 부분입니다. (He is a part of the eternal whole.) 사람이 없었던 시대는 결코 없었으며, 사람이 존재하지 않을 시대는 절대 오지 않을 것입니다. (There never was a time when he was not; a time will never come when he will not exist.)

114:46 이제 우리가 보면 현재 노예인 사람들은 한때 폭군이었고, 현재 폭군인 사람은 과거 노예였습니다.

114:47 지금 괴로워하고 있는 사람들은, 과거에 높이 앉아서, 다른 사람들

이 그들의 손에 의하여 고통당하는 동안 악마같이 소리쳤습니다.

114:48 병든 자, 절름발이, 장님은 과거 한때 완전한 생활의 법을 어겼으므로, 하느님의 모든 율법은 반드시 성취될 것입니다. (every law of God must be fulfilled.)

114:49 사람들은 이 삶에서 잘못에 부과되는 벌은 피할 수 있겠지만 모든 행동, 말, 생각에는 그 자체의 기준과 한계를 가지고 있습니다.

114:50 원인은 그 자체가 결과를 가지고 있습니다. (Is cause, and has its own results) 그리고 만약 악한 일을 행했다면 악한 행위자가 반드시 그것을 바로 잡아야 할 것입니다. (and if a wrong be done, the doer of the wrong must make it right)

114:51 그리하여 악한 일들이 바로 잡히면, 사람은 일어서서 하느님과 하나가 될 것입니다.'

CHAPTER 115

115: 예수님께서 바닷가에서 가르침. 그분의 씨뿌리는 비유. 비유로 가르치는 이유를 말씀하시다. 씨 뿌리는 자의 비유에 대하여 설명하시리라. 밀과 피의 비유

115:1 예수님께서 바닷가에 서서 가르치셨습니다. 군중들이 그에게 너무 가까이 다가왔기에, 그는 근처에 있는 배로 가서, 해변에서 약간 떨어진 곳에 배를 두고 비유로 말씀하셨습니다.

115:2 '보시오, 씨뿌리는 사람이 씨를 들고, 씨 뿌리려고 밭으로 갔습니다. (공통)

115:3 그는 넉넉히 씨를 뿌렸으므로, 약간은 사람이 만들어놓은 딱딱한 길 위에도 뿌려졌습니다.

115:4 곧 다른 사람들의 발밑에 부서지기도 하고, 새들이 내려와서 모든 씨를 쪼아먹었습니다.

115:5 어떤 씨앗은 흙이 적은 돌 땅에 떨어져 자라서 곧 잎사귀가 나와 많이 자랄 것만 같았습니다.

115:6 그러나 흙이 깊지 않아서, 양분을 취하지 못하여 한낮의 더위에 시들어져서 죽고 말았습니다.

115:7 어떤 씨앗은 가시덤불이 자라는 곳에 떨어져 키워줄 흙이 없어 곧 없어지고 말았습니다.

115:8 그러나 다른(other) 씨앗은 비옥하고 부드러운 땅 위에 떨어져 빠르게 자라나서 수확할 때가 되니 어느 것은 100배 어느 것은 60배, 어느 것은 30배가 되었습니다.

115:9 들을 수 있는 귀를 가진 사람은 듣고, 이해할 수 있는 마음을 가진 사람은 깨닫도록 하시오.

115:10 한편, 그분의 제자들은 배 안에서 그분 옆에 있었는데 도마가 물었습니다. '왜 주님은 비유로 말씀하십니까?'

115:11 그러자 예수님께서 말씀하시기를 '내 말은 다른 모든 교사의 말처럼, 그들의 감각에 있어서 두 가지 뜻이 있습니다.

115:12 영혼의 언어를 아는 그대들에게는 내 말뜻은 정말 깊지만, 다른 사람들은 이해할 수 없습니다.

115:13 내가 말하는 다른 뜻은 다수의 사람은 모두 이해할 수 있기에, 그 말들은 다수들의 양식이 되고 그 내적인 사상은 그들의 양식이 됩니다.

115:14 모든 사람은 손을 내밀어 그가 받아들일 수 있는 양식을 가져가시오.'

115:15 예수님께서는 모든 권능이 들을 수 있도록 말씀하시기를. '이 비유의 뜻을 들으시오.

115:16 사람들은 내 말을 듣고도 이해하지 못합니다. 그리하여 육의 자아가 씨앗을 훔쳐서, 영적 생명의 표시가 나타나지 않습니다.

115:17 이것은 사람들의 굳어진 땅에 떨어진 씨앗입니다.

115:18 다른 사람은 생명의 말씀을 듣고, 불같은 열정으로 그들 모두를 받아들여 진리와 약속이 잘 이해한 것으로 보입니다.

115:19 그러나 어려움이 오면 실망하게 됩니다. 생각에 깊이가 없어서 그들의 선의도 시들고 없어지게 됩니다.

115:20 이것은 돌이 많은 땅에 떨어진 씨앗입니다.

115:21 그리고 다른 사람들은 진리의 말씀을 듣고 그들의 가치를 아는 듯이 보이지만, 쾌락, 명예, 재산, 명성들에의 사랑이 모든 토지를 채워서, 씨앗들은 자라지 못하고 사라져버립니다.

115:22 이것은 가시덤불 사이에 떨어진 씨앗입니다.

115:23 그러나 또 다른 사람들은 진리의 말씀을 듣고 그것들을 잘 이해합니다. 그들은 그들의 영혼 속에 깊이 내려앉아 그들은 경건한 삶을 살고, 전 세계가 축복을 받습니다.

115:24 이것은 기름진 땅 위에 떨어진 씨앗이며 풍성한 열매를 맺습니다.

115:25 그대 갈릴리 사람들이여, 그대가 어떻게 듣고 있나에 주의하시오. 어떻게 그대의 밭을 경작할 것인가 주의하시오. 만약 오늘 말씀을 소홀히 한다면, 씨앗을 뿌리는 사람이 이번에도 또한 오는 시기에도 다시 오지 않을지도 모릅니다.'

115:26 예수님께서는 다른 비유로 말씀하셨습니다.

115:27 천국이란 마치 농부가 귀한 씨앗을 뿌린 밭과 같습니다. (공통)

115:28 그러나 그가 잠자고 있는 동안, 악한 사람이 와서 피(darnel, 독보리)의 씨앗을 많이 뿌리고 갔습니다.

115:29 땅이 좋아서 밀과 피는 자랐습니다. 그리고 머슴들이 보니까 밀 속에 피가 섞여 있으므로 밭 주인을 찾아가서 말했습니다.

115:30 '주인님은 분명 좋은 씨앗을 뿌렸는데 어디서 피가 자라났을까요?

115:31 주인이 말하기를 '누군가 나쁜 사람들이 피의 씨앗을 뿌렸을 것이다'

115:32 하인들이 말하기를. '우리 가서 피를 뿌리째 뽑아서 불에 태울까요?'

115:33 주인이 말하기를 '아니오.그건 좋지 않다. 밀과 피는 땅에서 같이 자라고 있으니까, 피를 뽑으려다 밀이 부서질지도 모른다.

115:34 그러니 수확기까지 같이 자라게 하자. 그때 내가 추수하는 이들에게 말하겠다.

115:35 자아, 가서 피를 모아 묶어 불에 태우고(burn), 밀은 모두 추수해서 내 창고 속에 넣도록 하라.'

115:36 그분은 이같이 말씀하시고, 배를 떠나 집으로 향했으며, 그의 제

자들도 함께 따랐습니다.

CHAPTER 116

116: 빌립의 집에서의 그리스도인들. 예수님께서 밀과 피의 비유를 해석하시리라. 비유로 천국을 펼쳐 보여 주심. 좋은 씨앗. 나무의 성장. 효모, 숨겨진 보물. 그분은 기도하기 위하여 산에 가심

116:1 그리스도인들이 빌립의 집에 있을 때 베드로가 예수님께 말했습니다. '주님, 오늘 말씀하신 비유의 의미를 저희에게 설명해주시지 않겠습니까? 특히 밀과 피의 비유에 대해서'

116:2 예수님께서 말씀하시기를 '하느님의 나라는 이중성이 있느니라. 그것은 외부 형태와 내부 형태가 있느니라. (God's kingdom is a duality; it has an outer and an inner form.)

116:3 인간에 의해 보이는 하느님의 나라는 그리스도 이름을 고백한 사람들로 이루어져 있느니라.

116:4 여러 가지 이유로 여러 사람은 우리 하느님의 외적 왕국에 모여드느니라.

116:5 내적 하느님의 왕국은 영혼의 왕국이며, 마음이 순결한 사람들의 왕국이니라.

116:6 외부 하느님의 왕국은 비유로 잘 설명할 수 있노라. 보라, 나는 그대들이 바다에 큰 그물을 던져 넣는 것을 보았느니라.

116:7 그대가 그물을 끌어 올려 보니 여러 종류의 물고기가 많아 어떤 것은 좋고 어떤 것은 나쁘고, 어떤 것은 크고 어떤 것은 작아, 좋은 것은 모으고 나쁜 것은 집어던지는 것을 보았느니라.

116:8 이 외부의 나라는 그물이며, 여러 사람이 붙잡히나, 분류하는 날에는 나쁜 자는 버려지고 좋은 자는 보관되느니라.

116:9 그리고 밀과 피의 비유에 대한 의미를 들어보라.

116:10 씨 뿌리는 자는 인간의 아들들, 밭은 세상, 좋은 씨앗은 빛의 자식, 피는 어둠의 자식들, 적은 육의 자아, 수확의 날은 시대의 끝,

추수하는 자는 하느님의 사자들이니라.

116:11 정산하는 날은 모든 사람에게 올 것이니라. 그때 피는 모여서 불 속에 던져져 태워지느니라.

116:12 그때 선한 자는 영혼의 왕국에서 태양과 같이 빛날 것이니라.'

116:13 그러자 빌립이 말했습니다. '사람은 생명의 길을 찾지 못하면 불 속에서 고통을 받아야만 합니까?'

116:14 예수님께서 말씀하시기를 '불은 정화 시켜주는 일을 하느니라. 화학자는 온갖 종류의 찌꺼기를 담고 있는 광석을 불 속에 넣느니라.

116:15 가치 없는 금속은 소진되는 것처럼 보이지만, 금은 한 낟알도 없어지지 않느니라.

116:16 그 누구도 태워 없앨 수 없는 금(gold)을 갖지 않은 사람은 없느니라. 사람의 악한 일들은 모두 불 속에서 태워지지만, 금은 살아남으리라.

116:17 영혼의 내적 왕국에 대하여 비유로 설명할 수 있느니라.

116:18 사람의 아들이 나아가서 진리의 씨앗(seed)을 뿌리노라. 하느님께서는 흙에 물을 잘 주시며, 씨앗은 자라 나니라. 처음에는 싹, 다음에는 줄기, 그리고 이삭, 그러고 나서 이삭에 밀알이 풍성하게 열리게 되느니라. (공통)

116:19 추수할 때가 오게 되면, 보라, 추수자들은 익은 다발들을 주님의 곡창으로 나르느니라.

116:20 이 영혼의 나라는 사람이 비옥한 땅에 심은 한 알의 작은 씨앗과 같은 것이니라.

116:21 천 알의 씨앗은 1세켈의 무게도 되지 않을 것이니라.

116:22 이 작은 씨앗은 자라기 시작하여 땅을 뚫고 자라며 수년 성장한 후에는 큰 나무가 되어 새들은 그 잎이 무성한 나무 그늘에서 쉬고, 사람들은 태양과 폭풍으로부터 보호해 주는 가지 아래에서 피난처를 찾느니라.

116:23 또한, 진리, 곧 영혼의 나라는 누룩(leaven)과 같아서 여인이 밀가

루에 조금만 넣어 두어도, 머지않아 전체가 부풀어 오르게 되느니라. (공통)

116:24 또한, 영혼의 나라는 사람이 찾아낸 밭에다 숨겨놓은 보물(treasure)과 같은 것이니라. 그는 곧장 가서 그가 가진 모든 것을 팔아서 그 밭을 사니라.' (공통)

116:25 이같이 말씀하신 뒤에 예수님께서 혼자서 기도하기 위해 근처 산속으로 들어가셨습니다.

CHAPTER 117

117: 왕의 향연이 마케이레우스에서 열림. 선구자 요한의 목이 잘림. 그의 몸이 헤브론에 묻힘. 그의 제자들이 슬퍼함. 그리스도인들 밤중에 바다를 건넘. 예수님은 폭풍우를 잠잠하게 하심

117:1 왕의 향연이 사해의 동쪽 요새화된 마케이레우스의 성채에서 영주의 생일을 기념하기 위하여 열렸습니다.

117:2 영주인 헤롯과 아내인 헤로디아는 살로메와 함께 그곳에 참석했으며 궁정의 모든 남녀가 그곳에 있었습니다.

117:3 향연이 끝나갈 무렵에 보시오, 모든 손님과 신하들이 술에 취했습니다. 그들은 마치 어린애처럼 춤추고 뛰어놀았습니다.

117:4 헤로디아의 딸인 살로메가 와서 왕 앞에서 춤을 추었습니다. 그녀의 아름다운 모습과 우아한 방식은 술에 반쯤 취한 어리석은 헤롯을 황홀하게 했습니다.

117:5 그는 그녀를 가까이 불러서 말하기를 '살로메, 너는 나의 마음을 가져갔구나. 네가 요구하면 네가 원하는 것이 무엇이든지 내가 주겠노라.'

117:6 그 처녀는 어린애 같은 기쁨으로 어머니에게 통치자가 한 말을 전해주었습니다.

117:7 그녀의 어머니가 말했습니다. '돌아가서 선구자 요한의 목을 달라고 말하려나.' (공통)

117:8 처녀는 달려가 지도자에게 그녀의 바람을 말했습니다.

117:9 그러자 헤롯은 그가 믿는 심복을 불러서 말했습니다. '탑으로 가서 문지기에게 나의 권한으로 네가 요한이라는 죄수의 사형 집행하라 고 말하라.'

117:10 그 사나이는 가서 잠시 후에 요한의 잘린 목을 쟁반 위에 올려서 돌아왔습니다. 그리하여 헤롯은 그것을 손님들 앞에서 살로메에 게 주었습니다.

117:11 그 처녀는 멀리 서 있었습니다. 그녀의 순진함은 그녀가 피 묻은 선물을 보고 분노했고, 그녀는 그것을 만지려 하지 않았습니다.

117:12 죄에 깊이 젖고 굳은 그녀의 어머니는 다가와서 손님들 앞에서 목 을 잡아 위로 들면서 말했습니다.

117:13 '이것이 바로 통치자가 하는 일에 감히 조소하거나 비난하는 자의 운명입니다.'

117:14 술 취한 폭도들은 악마와 같은 즐거움으로 이 끔찍한 장면을 보았 습니다.

117:15 목은 탑으로 되돌아와서, 시신은 요한의 친구였던 성도들에게 인 도되었습니다. 그들은 그것을 관에 넣어서 가지고 갔습니다.

117:16 그들은 요한이 처음으로 전도를 한 장소인 나루터를 지나 요단강 으로 짊어지고 갔습니다.

117:17 그들은 유대인의 언덕길을 지나 관을 운반했습니다.

117:18 그들은 헤브론 근처에 있는 성지에 도착했습니다. 그곳은 선구자 요한의 부모님이 안치된 곳이었습니다.

117:19 그들은 그곳에 묻고 나서 그곳을 떠났습니다.

117:20 한편, 요한이 죽었다는 소식이 갈릴리에 전해지자 사람들은 모여 서 사자의 추모곡을 불렀습니다.

117:21 예수님과 외국의 교사 그리고 12사도는 갈릴리 바다를 건너기 위 해 배를 탔습니다.

117:22 요한의 친한 친구인 한 율법학자가 바닷가에 서 있다가, 예수님께

말을 걸어 말하기를 '선생님이여, 제가 당신이 가는 곳으로 따라가게 해주십시오.'

117:23 예수님께서 말씀하시기를 '그대는 악한 사람들로부터 안전한 숨을 곳을 찾고 있습니다. 나와 함께 있으면 당신의 생명은 안전하지 않습니다.

117:24 왜냐하면, 악한 무리가 요한의 생명을 빼앗은 것처럼 나의 생명을 가져갈 것이기 때문입니다.

117:25 세상의 여우는 안전히 피난처가 있고 새들은 숨겨진 바위틈 속에서 안전한 둥지를 틀지만, 나에게는 머리 뉘 안전하게 쉴 곳이 없도다.' (공통)

117:26 한 사도가 말했습니다. '주님, 돌아가신 아버지 무덤에 장사 지낼 수 있도록, 잠시 이곳에 머물게 해 주십시오.'

117:27 예수님께서 말씀하시기를 '죽은 자는 죽은 자가 돌볼 수 있느니라. 살아있는 사람은 살아있는 사람을 기다리니 나를 따라오너라.' (공통)

117:28 저녁때. 세척의 배가 바다로 가는데, 예수님께서는 맨 앞에 있는 배에서 쉬시다가 잠이 들었습니다.

117:29 폭풍이 몰아쳐 배가 바다 위에서 장난감처럼 흔들렸습니다.

117:30 파도가 갑판을 덮었습니다. 강인한 뱃사람도 모두 목숨을 잃을까 두려워하였습니다.

117:31 도마가 주께서 깊이 잠들어 버린 것을 보고는 부르니 예수님께서 깨어났습니다.

117:32 도마가 말했습니다. '폭풍우를 보십시오. 주님께서 우리를 위한 보살핌은 없으신지요? 배들이 가라앉고 있습니다.'

117:33 예수님께서 일어서서 손을 들어 사람이 사람에게 말하듯 바람과 파도의 영에 말했습니다.

117:34 그러자 보시오, 바람은 불지 않고 파도는 떨리면서 와서 그의 발에 입을 맞추었습니다. 바다는 잠잠하였습니다.

117:35 그러자 예수님께서 말씀하시기를 '그대들 신앙을 지닌 사람들이여! 그대들의 신앙(faith)은 어디에 있는가? 그대들은 말을 할 수 있고, 바람과 파도들은 말을 듣고 복종할 것이니라.'

117:36 그러자 제자들은 모두 깜짝 놀라서 말했습니다. '바람과 파도조차 그의 목소리에 복종하는 이 사람은 도대체 누구일까?'

CHAPTER 118

118: 가다라에 있는 그리스도인들. 예수님께서 한 사람에게서 수많은 부정한 영들을 쫓아냄. 그러한 부정한 영들은 사악한 동물 속으로 들어갔으며 동물들은 곧 바닷속으로 뛰어들어감. 사람들이 두려워하여 예수님께 해안을 떠나 달라고 부탁. 제자들과 함께 가버나움으로 돌아오심

118:1 아침에 그리스도인들은 게라세인 지방에 도착했습니다.

118:2 그들은 그 페라칸인의 수도인 가다라에 가서 며칠동안 체류하면서 가르쳤습니다.

118:3 한편 전설에는 가다라는 죽은 자에게 신성한 곳이었고 주변 언덕 전체가 성지로써 알려져 있었습니다.

118:4 주변 모든 지역이 매장지였고 언덕은 무덤들로 가득 차 있었습니다. 갈릴리의 많은 죽은 자들이 이곳에 묻혀 있었습니다.

118:5 한편, 최근에 죽어서 더 높은 단계에 오르지 못한 영혼은 한때 그들의 육신의 집이었던 살과 뼈가 있는 무덤 주변에 남아 있었습니다.

118:6 그와 같은 망령들은 때때로 살아있는 사람을 점유하여, 여러 가지 방법으로 사람들을 괴롭힙니다.

118:7 가다라 전역에는 악령 붙은 사람들이 많았으나, 이를 구원할 만큼 강한 사람은 한 사람도 없었습니다.

118:8 주님께서 외국인 교사들과 12사도에게 악령을 쫓아내는 방법을 가르쳐 주기 위해 이들 숨겨진 적들을 찾기 위해 묘지 속으로 들어가셨습니다.

118:9 그들이 문 근처에 있을 때, 귀신 들린 사람과 만났습니다. 수많은 부정한 영이 이 사람 안에 있었으며 악령들은 그를 강하게 만들었습니다.

118:10 그는 가장 강한 체인도 끊고 달아날 수 있었으므로 아무도 그를 붙잡아 맬 수 없었습니다.

118:11 한편, 부정한 영들은 빛 속에서 살 수가 없습니다. 그들은 어둠 속에서 소란을 피웁니다.

118:12 생명의 빛을 지니신 예수님께서 왔을 때, 악령 전체가 혼란에 빠졌습니다.

118:13 그 사람 안에 있는 수많은 영의 무리 중 우두머리가 소리쳤습니다. '그대, 예수여! 그대, 임마누엘이여! 제발 우리를 심연 속에 가두지 말아 주십시오. 우리의 때가 오기 전에 우리를 괴롭히지 마십시오.'

118:14 예수님께서 말했습니다. '너희들의 숫자와 이름은 무엇이냐?'

118:15 악령이 대답하기를. '우리들의 이름은 레기온이고 숫자는 짐승들의 숫자와 같습니다.'

118:16 예수님께서 바로 그 언덕들을 흔드는 목소리로 '나오너라. 더 이상 이 사람을 소유하지 마라.'라고 외쳤습니다.

118:17 한편 모든 언덕에는 이곳에서 더러운 동물들로 가득하여, 그 지방 사람들에게 전염병을 퍼뜨리고 있었습니다.

118:18 악령들은 집도 없이 쫓아내지 말기를 애원하였으므로 주님께서 말씀하시기를

118:19 '나가서 더러운 네발짐승에게 붙어 있거라.'

118:20 그래서 그들과 무덤의 모든 악령은 나가 질병을 일으키는 짐승들에게 붙었습니다.

118:21 그러자 동물들은 분노로 포악해져 바다 절벽으로 뛰어들어가 모두 빠져 죽었습니다.

118:22 이 땅은 전염병으로부터 해방되었으며 더러운 영들은 더 오지 않

앉습니다.

118:23 사람들은 예수님께서 행하신 권능의 일을 보았을 때 깜짝 놀라서 말했습니다.

118:24 '만약 그가 질병의 나라를 자유롭게 할 수 있고, 부정한 영들을 내쫓을 수 있는 사람이라면, 그의 의지대로 우리 땅을 황폐하게 할 수 있는 뛰어난 힘을 가진 사람이다.'

118:25 그들은 와서 그분에게 가다라에 머물지 말기를 간청했습니다.

118:26 예수님께서는 더 이상 그곳에 머무르지 않고 다른 교사들과 12사도와 함께 배를 타고 떠나셨습니다.

118:27 부정한 영들로부터 구해졌던 사나이가 바닷가에 서서 '주님, 저도 함께 가게 해주십시오.'라고 말했습니다.

118:28 예수님께서 말씀하시기를 '그것은 좋지 않습니다. 고향으로 돌아가서 사람들에게 하느님과 함께할 때 무엇을 할 수 있는지 알리시오.'

118:29 그리하여 그 사람은 모든 데카폴리스를 통하여서 갔고 이 소식을 말했습니다.

118:30 그리스도인들은 배를 타고 다시 바다를 건너서 가버나움으로 다시 왔습니다.

CHAPTER 119

119: 가버나움 사람들이 예수님을 환영. 마태가 잔치를 베풂. 바리새인들이 죄인들과 함께 식사하시는 예수님을 비난하심. 예수님께서 자신은 죄인을 구하기 위하여 보내진 사람이라고 말하심. 단식과 선악의 철학에 대하여 교훈을 주심

119:1 예수님께서 집에 계신다는 소문이 온 마을에 퍼지자, 사람들은 그를 환영하기 위해 많이 몰려왔습니다.

119:2 한편, 12사도 중의 한 명이며 가버나움에 집을 두고 있는 부유한 마태는 풍성한 잔치를 베푸니, 예수님과 외국의 교사들, 12사도, 그 밖에 여러 가지 다른 사상을 지닌 사람들이 손님들이었습니다.

119:3 그때 예수님께서 관리들과 평판이 좋지 않은 여러 사람과 식사를 하는 것을 본 바리새인들이 말하기를

119:4 '부끄럽다! 하느님의 사람이라고 주장하고 있는 이 사람이 세리, 창녀, 보통 무리와 같이하고 있다. 부끄럽다!'

119:5 예수께서 그들의 생각을 아시고 말씀하시기를 '건강(well)한 사람은 고쳐질 필요가 없습니다. 순수(pure)한 사람은 구원될 필요가 없습니다.

119:6 건강한 자들은 완전합니다. 순수한 자들은 구원되어져 있습니다.

119:7 정의를 사랑하고 바르게 행하는 자들은 회개할 필요가 없습니다. 나는 그들을 위하여 온 것이 아니라, 죄인(sinner)을 위하여 왔습니다.' (공통)

119:8 요한의 죽음을 전해 들은 그의 많은 사도는 죽은 이를 애도하기 위한 표식물을 달고 있었습니다

119:9 그들이 단식하면서 가슴으로 기도드리고 있을 때, 바리새인들은 이를 알고, 예수님께로 와서 말하기를

119:10 '왜 요한의 추종자들은 단식하고 있는데 당신의 제자들은 단식하지 않습니까?'

119:11 예수님께서 말씀하시기를 '보라, 그대 율법 선생들이여 그대들은 알아야만 하고 아마 또 이러한 사람들에게 알려주어야 하오.

119:12 단식에서 얻어지는 이익이 무엇입니까?' 바리새인들은 벙어리가 되어 대답하지 못했습니다.

119:13 예수님께서 말씀하시기를 '인간의 필수적인 힘은 그들의 먹고 마시는 것에 의존합니다. (The vital force of men depends on what they eat and drink. what they eat and drink)

119:14 인간의 필수적인 기운이 약해질 때 영적 생활이 더 강해지는가요? 굶주림과 스스로에게 부담지움이 성인의 경지에 이르게 하는가요?

119:15 대식가(glutton)는 하느님의 관점에서 보면 죄인입니다. 또한, 하나님의 능력을 사용하는 것을 경멸하여 자기 자신을 나약하게 만

들거나 무거운 책무에 부적합하게 만드는 자는 성인이 아닙니다.

119:16 보라, 요한은 죽었다. 그의 헌신적인 사도들은 슬픔 속에서 단식하고 있다.

119:17 요한에 대한 그들의 사랑은 존경으로 나타나고 있습니다. 왜냐하면, 그들은 죽은 자에 대한 기억을 경솔하게 다루는 것은 죄라고 생각해왔고 배워왔었기 때문입니다.

119:18 그들에게 있어서 그것은 죄이므로, 그들이 단식하는 것은 좋은 일일 것입니다.

119:19 사람들은 그들의 양심(conscience)을 부인하고 양심이 하는 말을 듣지 않을 때는 마음이 고통을 받게 되고 그들의 생활사에 맞지 않게 되어 죄를 범하는 것입니다.

119:20 양심은 가르침의 대상이 될 수도 있습니다. 한 사람이 양심으로 할 수 있는 일을 다른 사람은 양심으로 할 수 없습니다.

119:21 내가 행하면 죄가 되는 일이, 당신이 행하면 죄가 되지 않을 수도 있습니다. 당신들의 삶의 길 위에 처해있는 상황에 따라, 무엇이 죄인가가 결정됩니다.

119:22 선에 대한 불변의 법칙은 없습니다. 왜냐하면, 선과 악은 많은 다른 것들에 의해 판단됩니다. (There is no changeless law of good; for good and evil are judged by other things.)

119:23 한 사람은 단식하여 그 마음의 깊은 진심이 축복을 받기도 하고

119:24 다른 사람은 단식해도, 그 행위에 믿음 없어 저주받기도 합니다.

119:25 그대는 모든 사람에게 맞는 침대를 만들 수는 없습니다. 만약 그대가 그대 자신에게 맞는 침대(a bed to fit yourself)를 만들었다면 그것은 잘 만든 것입니다.

119:26 왜 나를 따르는 나의 제자들이 단식에 의지하거나 그들의 힘을 해치는 어떤 일을 해야만 하는가? 그들이 인류를 섬기기(serve) 위해서는 힘이 필요합니다.

119:27 하나님께서 당신들이 원하는 뜻대로 하게 하실 때가 올 것이며,

헤롯이 요한에게 행한 것과 같이 당신들도 나에게 행할 것입니다.

119:28 그 끔찍한 슬픈 시간 속에서, 이 사람들은 단식하게 될 것입니다. (공통)

119:29 귀를 가진 사람들은 들을 수 있으며, 마음을 가진 자는 이해할 수 있을 것입니다.'

CHAPTER 120

120: 니고데모가 잔치에 참석. 그는 예수님께 그리스도인의 종교가 유대인의 예배를 변형시켜 좀 더 성공적으로 소개될 수 없는가를 여쭈어 봄. 예수님께서 이를 부정하시고 이유를 설명. 예수님께서 혈루증의 여인을 치료. 예수님은 사람들이 경배하자 사라지심

120:1 한때 밤중에 삶의 길을 배우기 위하여 예수님을 찾아온 니고데모도 손님 중의 한 사람이었습니다.

120:2 그가 일어나서 말하기를 '선생님, 유대 법률과 유대의 생활습관이 일치하지 않는 것은 사실입니다.

120:3 성직은 개혁될 필요가 있습니다. 지도자는 좀 더 자비롭고 친절해야 하며, 법률가들은 좀 더 정의로와야 합니다. 보통사람은 그런 짐을 참아서는 안 됩니다.

120:4 그러나 우리는 이러한 개혁을 가져오지 않을 수 없을까요? 유대인의 예배를 없애지 않을 수는 없을까요?

120:5 선생님의 큰일을 바리새인 사람들과 율법학자들의 일과 조화시킬 수는 없을까요? 사제제도는 주님의 신성한 철학에 이익이 되지 않을까요?'

120:6 예수님께서 말씀하시기를 '새 술은 헌 포대에 담을 수 없습니다. 술은 정화할 때. 보시오, 그것은 팽창합니다. 낡은 포대는 그 압력을 참지 못하고 터져 버릴 것입니다. 그러면 술은 모두 잃어버리게 됩니다. (공통)

120:7 사람은 낡은 옷을 새로운 천 조각으로 수선할 수 없습니다. 시간이

지나면 약해진 천에 맞지 않기 때문에 찢긴 자리가 커집니다.

120:8 오래된 술은 낡은 가죽 포대로 보존할 수 있지만, 새 술은 새로운 (new) 술병을 요구합니다.

120:9 내가 가지고 온 이 영혼의 진리는 지금 세대에는 새로운 것입니다. 만약 이것을 유대의 낡은 포대에 넣으면 술은 모두 잃어버리게 됩니다.

120:10 그것은 팽창해야만 합니다. 낡은 술병은 견디지를 못하여 터져버릴 것입니다.

120:11 그리스도의 왕국을 보시오! 그것은 하느님 자신만큼이나 오래되었지만, 아직도 아침 해처럼 신선한 것이오. 그것만이 하느님의 진리를 담을 수 있습니다.'

120:12 예수님께서 말씀하실 때 야이로라 하는 회당장이 와서 예수님의 발 앞에 절하며 이르되

120:13 '나의 대스승님, 저의 기도를 들어주십시오. 내 아이가 너무 아파서 죽을까 봐 두렵습니다. 그러나 나는 만약 당신이 오셔서 말씀만 해주시면 내 아이가 살 것이라는 것을 압니다.'

120:14 그녀는 외동딸로서 12살의 어린이였습니다.

120:15 예수님은 지체하지 않으시고 그 사람을 따라가셨으며 많은 사람도 그분을 따라갔습니다.

120:16 그러자 도중에, 많은 세월 동안 혈루증으로 병에 걸린 한 여인이, 여기저기에서 의사들의 시험재료로 이용되어, 모든 사람이 살 수 없다고 말해지던 한 여인이, 침상에서 일어나 예수님께서 지나갈 때 길로 뛰쳐나왔습니다.

120:17 그녀가 혼자서 말하기를 '만약 내가 저분의 옷에 닿을 수만 있다면, 나는 좋아질 것이다.'

120:18 그녀가 그분을 스쳤을 때 즉시 피 흘림은 멈추고 그녀는 나았습니다.

120:19 예수님께서는 그의 치유능력이 나간 것을 느끼시고는 군중들에게 말했습니다.

120:20 '누가 나의 옷을 만졌습니까?'

120:21 베드로가 말하기를 '알 수 없습니다. 군중들이 주님에게 밀착해 와서, 많은 사람이 주님의 옷에 닿았을 수 있습니다.'

120:22 예수님께서는 '신앙을 가진 한 사람이 치료 생각으로 나의 옷을 만졌습니다. 왜냐하면, 치유 미덕이 나에게서 나가 버렸습니다.' 라고 말씀하셨습니다.

120:23 그 여인은 자신이 행한 일이 알려짐을 알자, 그녀는 와서 예수님의 발밑에 무릎을 꿇고 모든 것을 말했습니다.

120:24 예수님께서 말씀하시기를 '그대의 신앙이 그대를 온전하게 만들었습니다. 평화로이 그대의 길을 가시오.'

120:25 한편, 그분이 말하고 있는 때, 야이로의 집에서 한 하인이 와서 말했습니다. '야이로 나의 주인님, 주님께서 오시도록 폐를 끼쳐드릴 필요가 없습니다. 당신의 따님은 죽었습니다.' (공통)

120:26 그러나 예수님께서 말씀하시기를 '신앙이 깊은 사람 야이로여, 이러한 시련의 시간에도 당신의 신앙이 흔들리도록 허락하지 마십시오.

120:27 무엇을 그 하인이 말했나요? 아이가 죽었습니까? 보시오, 무엇이 죽음입니까?

120:28 죽음이란 육신의 집 밖으로 영혼이 떠남을 말하는 것입니다.

120:29 인간은 영혼의 주인이고 영혼이 안주하는 집의 주인입니다. 사람이 의심과 두려움으로부터 일어났다면. 보시오, 그는 빈집을 깨끗이 할 수 있고 거주자를 다시 데려올 수 있습니다.'

120:30 그러고 예수님께서는 베드로, 야곱, 요한,야이로와 아이의 어머니와 같이 죽은 아이의 방으로 갔습니다.

120:31 많은 이가 들어오지 못하게 문을 닫은 후, 그분은 영들이 알아들을 수 있는 거룩한 말씀을 하고서는 죽은 아이의 손을 잡고 말씀하셨습니다.

120:32 'Talith cumi 아이야, 일어나거라!'그 여자 어린아이의 영혼은 돌

아와 일어나 먹을 것을 달라고 했습니다.

120:33 그러자 도시의 모든 시민이 깜짝 놀라서 많은 사람이 하느님으로
서 예수님을 숭배하였습니다.

120:34 그러나 그분은 밤의 유령처럼 사라져 길을 떠났습니다.

CHAPTER 121

121: 나사렛에서의 그리스도인들. 미리암이 그리스도인 찬양의 노래 부
름. 예수님께서 회당에서 가르치심. 귀신들린 벙어리를 고치심. 사
람들은 그를 믿지 않음. 바리새인들이 그분을 악마의 도구라고 부
름. 그리스도인들은 가나로 감

121:1 나사렛의 경축일이었습니다. 사람들이 다소 커다란 행사를 경축하
기 위해 한마음으로 만났습니다.

121:2 예수님과 외국인 교사들과 12사도 그리고 어머니인 마리아와 미리
암도 그곳에 있었습니다.

121:3 사람들이 마을의 커다란 홀에 모였을 때 은혜로운 미리암은 일어나
서 찬양의 노래를 불렀습니다.

121:4 그러나 모여든 군중들 사이에는 누가 노래하는지 아는 사람은 거의
없었으나, 그녀는 즉석에서 모든 사람의 마음을 사로잡았습니다.

121:5 여러 날 그녀는 그곳에서 이스라엘의 노래를 부르고, 그곳을 떠났
습니다.

121:6 안식일이 오고 예수님께서는 회당에 가셔서 시편을 읽으셨습니다.

121:7 '교만한 자와 거짓된 자를 의지하지 않고, 하느님께 그의 믿음을 놓
는 자는 축복 받을지어다.

121:8 오 나의 하느님, 당신께서 우리를 위하여서 하신 일들은 너무나 경
이롭고, 많은 것들은 우리를 위하시는 생각에서 나온 것들입니다.
저희는 그들 모두를 헤아릴 수가 없나이다.

121:9 당신께서는 희생과 피의 제물을 원하지 않으시며 타는 봉헌물과 죄
의 봉헌물을 원치 않으시나이다.

121:10 그리고 보십시오. 저는 당신의 뜻을 이루기 위해서 왔습니다. 오 하느님이시여, 당신의 율법은 제 가슴속에 있나이다.

121:11 저는 몰려드는 군중들에게 올바름과 평화의 말씀을 전했으며, 저는 저의 하느님의 뜻을 온전히 선포하였습니다.

121:12 저는 당신의 올바름을 가슴속에 숨기고 있지 않았으며, 당신의 신실하심과 은혜로움을 선포했습니다.

121:13 저는 당신의 사랑스러운 친절과 진실을 사람들에게 숨기지 않고 그것을 군중들에게 선포하였나이다.

121:14 오 주님, 제 입술을 열어 당신을 찬양하게 하소서. 나는 피의 제사를 드리지 아니하며 속죄의 번제도 드리지 아니합니다.

121:15 오 하느님이시여. 제가 당신에게 드리는 희생 제물은 순결한 생활, 회개하는 마음, 신앙과 사랑에 충만한 영혼이로소이니 당신께서는 이들을 기꺼이 받으시리다.'

121:16 그분은 여기까지 읽으셨을 때, 책 관리인에게 책을 돌려주시고 말씀하시기를

121:17 '땅끝까지 하느님의 복음이 다가왔노라.

121:18 우리 사람들은 희생의 의식을 찬미하고 자비, 정의, 인간의 권리를 무시했습니다.

121:19 그대 바리새인들, 사제들, 율법학자들이여 그대들의 하느님은 피에 염증을 내고 계십니다. 하느님께서는 그대들의 기도에 주의치 않으며, 그대들은 불타는 희생물 앞에 서 있지만 그대들은 헛되이 서 있습니다.

121:20 율법으로 돌아가십시오. 회개하고 하느님께 돌아가십시오. 그리하면 그대들은 살 수 있습니다.

121:21 그대들의 제단을 다시는 순결을 태우는 연기로 저주받게 해서는 안 됩니다.

121:22 하느님께 희생 제물로써 부서진(broken) 마음, 회개하는(contrite) 마음을 바치십시오.

121:23 그대들이 사람들에게 지워 준 부담들을 덜어주도록(lift) 하십시오.

121:24 또한, 만약 그대들이 말을 듣지 않고 악한 생활 방식에서 돌아서지 않는다면, 하느님께서는 이 나라를 저주로 치실 것입니다.'

121:25 예수님께서 이렇게 말씀하시고 곁에 서 계시니, 모든 사람이 놀라서 말하기를

121:26 '어디에서 이 삶은 이 같은 지식과 힘을 얻었나? 어디에서부터 이와 같은 지혜는 왔나요?

121:27 그는 마미온 거리에 사는 마리아의 아들이 아닌가?

121:28 그의 형제들은 우리가 존경하는 사람들 유다, 야고보, 시몬이 아닌가요? 그의 누이들도 여기에 우리와 같이 있지 않나?'

121:29 그러나 그들은 그분께서 말씀하신 것을 불쾌하게 여기고 있었습니다.

121:30 예수님께서 말씀하시기를 '선지자는 고향 땅에서 존중받지 못하노라. 그리고 그의 친족들 사이에서도 좋게 받아들여지지 않노라. 그의 적들은 그의 집 안에 있도다.' (공통)

121:31 그리하여 예수님께서는 나사렛에서 많은 권능의 일들을 행하지 않으셨습니다. 이는 사람들이 그를 신앙하지 않았기 때문입니다. 예수님께서는 나사렛에서 오래 머물지 않았습니다.

121:32 그러나 예수님께서 그곳을 떠나려 하실 때, 두 명의 맹인이 그를 따라와 울었습니다. 다윗의 자손이여, 들어주소서! 주여, 자비를 베푸사 우리가 볼 수 있게 우리의 눈을 뜨게 하여 주소서.' (공통)

121:33 예수님께서 말씀하시기를 '그대들은 내가 그대들의 눈을 뜨게 하여 보게 할 수 있다고 믿는가?'

121:34 그들이 말하기를 '주여, 그렇습니다. 만약 당신께서 거룩한 말씀만 하신다면, 저희는 볼 수 있다고 알고 있습니다.'

121:35 예수님께서는 그들의 눈을 만지시며 만물을 창조하는 말씀을 하셨습니다. '그대들의 믿음대로 그것은 될지어다.'

121:36 그들은 축복을 받았고, 그들은 눈을 뜨고 보았습니다.

121:37 예수님께서 말씀하시기를 '어떤 이에게도 이 일을 이야기하지 마시오.'

121:38 그러나 그들은 가서 모든 땅에 이 소식을 말했습니다.

121:39 예수님께서 길을 가고 있을 때 귀신 들린 벙어리가 인도됐습니다.

121:40 예수님께서 말씀을 하시자, 부정한 영은 그 사람 밖으로 나가고, 그는 혀가 풀려서 '하느님을 찬양합니다.'라고 말했습니다.

121:41 사람들은 깜짝 놀라서 말했습니다. '이것은 전에 우리가 결코 보지 못했던 굉장한 일이다.'

121:42 바리새인들도 역시 매우 놀라 소리 질러 말하기를

121:43 '그대들 이스라엘 사람들이여, 주의하시오, 이 예수는 대 악마의 도구요. 그는 사탄의 이름으로 병자를 고치고 귀신들을 쫓아내는 것이오.'

121:44 그러나 예수님께서는 대답하지 않으시고 그의 길로 떠났습니다.

121:44 예수님께서는 외국 교사들과 12사도와 함께 일찍이 물에서 술로 바꾼 적이 있는 마을로 가서 며칠 동안 머무르셨습니다.

CHAPTER 122

122: 그리스도인들 기도로써 7일간을 보냄. 예수님께서 12사도에게 명하사 사도의 임무로 보내심. 가버나움에서 만날 것을 약속.

122:1 그리스도인들이 7일 동안 묵상 속에서 기도한 뒤, 예수님께서 12사도를 옆에 부르시어 말씀하시기를

122:2 '보라, 군중들은 모든 곳에서 우리 주변으로 몰려들고 있다. 사람들은 혼돈되어 우리 없는 양처럼 여기저기 방황하고 있도다.

122:3 그들에게는 목자의 보호가 필요하다. 그들은 빛으로 인도해 줄 사랑의 손길을 원하고 있도다.

122:4 낟알은 익어 수확은 풍성하지만, 수확자가 거의 없구나.

122:5 때가 이미 무르익었으니, 그대들은 각기 갈릴리의 고을과 마을들을 돌아다니며 가르치고 병을 고쳐주어야만 하느니라.'

122:6 예수님께서 12사도에게 숨을 불어넣으면서 말씀하셨습니다. '성령을 받으라(Receive the Holy Breath)'

122:7 그분께서는 그들 각자에게 힘의 말씀(the word of power)을 주시고서 말씀하시기를 '이 전능의 말씀 (Omnific Word)에 의하여 그대들은 악령을 쫓아내고, 아픈 사람들을 치료하고, 죽은 자들에게 생명을 다시 가져올 수 있을 것이니라.

122:8 아시리아 사람들이나 그리스 사람들이 있는 방향으로 가지 말고, 사마리아 사람들이 있는 곳 흩어진 부족 속에 있는 그대들의 형제들을 찾아가도록 하라.

122:9 가서 그리스도의 왕국이 왔다고 선언하라.

122:10 그대들은 충분히 받았으니 넉넉히 주도록 해야 하느니라. (공통)

122:11 그러나 그대들은 신앙 속에서 가야만 할 것이니라. 자신을 위해 의지할 것을 준비하지 말라.

122:12 그대들의 금, 은은 모두 가난한 사람들에게 주도록 하라. 옷 두 벌이나 여분의 신발도 지니지 말고 단지 지팡이만 가지고 가도록 하라. (공통)

122:13 그대들은 하느님의 농부이므로, 그분은 그대를 결코 궁핍하게 하시지 않을 것이니라.

122:14 그대가 가는 모든 곳에서 신앙 있는 사람을 찾아, 그곳을 떠나기까지 함께 있도록 하라.

122:15 그대들은 나를 위해 가고, 나를 위해 행동하도록 하라, 그대들을 맞아 환영하는 자는 나를 받아들여 환영하는 것이니라.

122:16 그대들의 면전에서 문을 닫아 거부하는 자는 나를 환영하는 것을 거부하는 자들이니라.

122:17 만약 그대가 마을에서 친절하게 받아지지 않는다 하더라도, 악한(evil) 생각을 가져서는 안 되니라. 저항(resist)해서는 안 되니라.

122:18 어떤 종류의 한 가지 악한(evil) 생각도 그대들을 해치기 마련이고, 그대들의 힘을 분산시킬 것이니라.

122:19 그대가 호의로 받아들여지지 않을 때는, 그대의 길로 가라. (go your way) 왜냐하면 빛을 원하는 사람이 많기 때문이다. (공통)

122:20 보라, 마치 나는 늑대무리 속에 양을 보내듯이 그대들을 보내노라. 그러므로 그대들은 뱀처럼 현명(wise)하고 비둘기처럼 해가 없도록(harmless) 해야만 하느니라.

122:21 그대들은 모든 말(language)에서 조심스러워야 하느니라. 왜냐하면, 바리새인들과 율법학자들이 그대들의 말속에서 체포할 명분을 찾고 있기 때문이니라.

122:22 또한, 그들은 거짓으로 그대들을 법정에다 넘겨줄 협의를 분명 찾으려 하고 있느니라.

122:23 재판관은 당신이 어떤 종류의 죄에서 그대가 유죄인 것을 선언하고 매질하여 투옥할 것을 선언하리라.

122:24 그러나 재판관 앞에 가서 서더라도 두려워하지 말지어다. 어떻게 행동하고 무엇을 말해야 하는지 혼란스러워하지 마라.

122:25 성령이 그 시간에 그대를 인도하여, 그대들이 말해야만 할 것을 가르쳐주리라.

122:26 분명히 이러한 사실을 확신하라. 말하는 것은 그대가 아니라, 말을 전해주고 입술을 움직여 주는 성령이시니라.

122:27 그대들이 설파하는 복음은 평화를 가져오지 않고, 오히려 군중을 휘저어 분노하게 하리라. (공통)

122:28 육의 인간은 진리를 미워하여, 추수기가 오기 전에 온 힘을 다하여 부드러운 작물을 짓밟으려 할 것이니라.

122:29 그리하여 지금까지 정체된 평화가 있었던 가정에 혼란을 가져올 것이니라.

122:30 형제는 형제에게 죽음을 주고, 아버지는 사람들이 자기 아이를 처형하는 것을 지켜볼 것이다. 그리고 법정에서 그 아이는 아버지에 대해 불리한 증언을 하고, 그 어머니가 죽는 것을 기쁘게 보게 될 것이니라.

122:31 사람들은 단지 그대들이 그리스도 이름을 말하는 것만으로도 그대들을 미워하게 되리라.

122:32 앞으로 올 분노의 날에도 신앙이 깊은 사람은 크게 축복 되도다.

122:33 이제 가도록 하라. 그대가 한 장소에서 박해를 받거든, 또 다른 장소를 찾아보라.

122:34 만약 그대들에 너무 강한 적을 만날 때면, 사람의 아들이 그대의 문 앞에 있어 이야기해주고 하늘의 만군이 그대 편에 서서 방어해 줄 것이니라.

122:35 그러나 그대의 현재 삶에 너무 큰 가치를 두고 집착해서는 안 되니라.

122:36 언젠가 사람들이 나의 목숨을 빼앗아 갈 때가 오리라. 그대들은 면할 것이라는 희망을 품을 필요가 없다. 왜냐하면, 그들은 하느님의 이름으로 그대를 죽이려 하기 때문이니라.

122:37 사람들은 나를 바알세불이라 부르고 그대들을 작은 악마라고 부르리라.

122:38 사람들이 말하고 행하는 것을 두려워하지 말라. 그들은 영혼 위에 군림할 어떠한 힘도 없느니라. 그들에게는 단지 육신만을 해치고 파괴할 뿐, 그것이 그들의 모든 것이니라. (공통)

122:39 그들은 영혼의 일들을 그의 손안에 쥐고서, 영혼을 멸망할 수 있는 하느님을 모르니라.

122:40 그리스도는 오늘의 왕이니라.(The Christ is king today.) 그러므로 사람들은 반드시 그의 힘을 인지해야 할 것이니라.

122:41 무엇보다도 하느님의 사랑이신 그리스도를 사랑하지 않는 사람은 결코 영적인 각성의 상을 얻을 수가 없느니라.

122:42 그리스도를 사랑하는 것 보다 그들의 부모님이나 자식들을 사랑하는 사람들은 결코 그리스도의 이름을 가질 수 없느니라.

122:43 그리스도를 사랑하는 것보다 자신의 삶을 더욱 사랑하는 사람은 하나님을 즐겁게 할 수 없느니라.

122:44 삶(life, 생명)에 집착하는 사람은 그의 삶을 잃을 것이고, 그리스도를 위하여 삶을 바치는 사람은 그의 삶을 구원할 것이니라.' (공통)

122:45 예수님께서 이렇게 말씀하시고 12사도를 두 명씩 짝지어 보내시고 가버나움에서 또다시 만날 것을 그들에게 명하셨습니다.

122:46 그리하여 그들은 갈릴리의 모든 마을을 지나며 가르치고 성령과 권능으로써 병자들을 고쳤습니다.

CHAPTER 123

123: 예수님께서 외국인 교사들에게 최후의 임무를 주시어 그들을 사도로서 세상에 내보내심. 예수님께서 홀로 티레에 가셔서 라켈의 집에 머무심. 잡귀 들린 어린아이를 고치심. 시돈에 가신 다음 레바논 산에 가심.헬몬산, 가이사라 빌립보, 데카폴리스, 가다라를 방문하시고 가버나움으로 돌아오심. 12사도를 만나 그들의 일에 대한 설명을 돋음

123:1 그리스도인의 대스승님께서는 잠시 기도를 하신 뒤에 외국의 교사들을 불러 말씀하셨습니다.

123:2 '보시오, 나는 12사도를 이스라엘에 보냈습니다. 그러나 그대들은 세계 각지에 보내질 것입니다.

123:3 우리들의 하느님은 하나시며 영이시며 진리입니다. 그리고 모든 사람은 하나님에게 소중합니다.

123:4 그분은 인도 모든 어린이의 하느님이시며 그리고 동쪽 페르시아, 북쪽 그리스와 로마, 서쪽 이집트, 남쪽과 바다 건너의 큰 땅들 그리고 바다 섬들의 하느님이십니다.

123:5 만약 하느님께서 한 사람에게 생명의 빵을 주시고, 다른 사람들에게 생명의 빵을 주시지 않는다면, 하느님은 불공평하시어 하늘의 왕좌 자체가 흔들릴 것입니다.

123:6 그렇게 하느님께서는 그대들을 세상의 일곱 중심지에서 부르시고, 그대들의 영혼 속에 지혜와 힘의 숨결을 불어 넣어주시고, 그대들을 생명의 빛을 지닌 사람으로 인류의 사도로 보내십니다.

123:7 그대들의 길로 가시오. 가서 그리스도의 복음을 전파하시오.'

123:8 대스승님께서 그들에게 숨을 불어넣으시며 말씀하시기를 '성령을 받으시오.' 그리고 각자에게 권능의 말씀을 주셨습니다.

123:9 그들은 각기 자기의 길을 떠남으로써 모든 땅은 축복을 받았습니다.

123:10 예수님께서는 홀로 갈릴리의 언덕을 넘어, 며칠 후에 티레의 해안가에 도착하셔서, 라켈의 집에 머무르셨습니다.

123:11 그분은 가르치러 온 것이 아니었기에 사람들에게 온 것을 알리지 않았습니다. 그분은 큰 바다를 볼 수 있는 곳에서 하느님과 소통하였습니다.

123:12 그러나 라켈이 이 소식을 알렸으므로 많은 사람이 주님을 보려고 그녀 집에 몰려들었습니다.

123:13 페니키아 출신의 한 그리스 여인이 왔습니다. 왜냐하면, 그녀의 딸이 귀신에 사로잡혀 있기 때문이었습니다. 그녀가 말하기를

123:14 '오, 주님 저의 가정에 자비를 베풀어주소서. 저의 딸이 귀신들려 있습니다. 저는 당신이 거룩한 말씀만 해 주신다면 그 아이가 자유로이 될 것을 알고 있습니다. 다윗의 아들이시여, 저의 기도를 들어주소서.'

123:15 그러나 라텔이 말했습니다. '선량한 부인, 주님을 괴롭히지 마시오. 그분은 고치기 위해서 티레에 온 것이 아니요, 바닷가에서 하느님과 대화하기 위해서 온 것입니다.'

123:16 예수님께서 말씀하시기를 '보시오, 나는 그리스 사람들을 위하여 보내진 것도 아니고, 사이로 페니키아 사람들을 위하여 보내진 것도 아닙니다. 나는 단지 이스라엘에서 사람으로 온 것뿐입니다.'

123:17 그 여인은 예수님의 발밑에 엎드려서 말했습니다. '주님 예수님이여, 주님은 저희 아이를 구할 수 있을 것에 간청 드립니다.'

123:18 예수님께서 말씀하시기를 '부인께서는 어린애의 빵을 개에게 주지 말라는 보통 속담을 알 것입니다.'

123:19 그 여인이 말했습니다. '예, 예수님. 알고 있습니다. 그러나 개는 주

인의 마루에 떨어진 부스러기는 주워 먹을 수는 있습니다.' (공통)

123:20 예수님께서 말씀하시기를 '그러한 신앙은 유대인들 가운데에도 본 적이 없노라. 그녀는 하녀도 개도 아니노라.'

123:21 그리고 그녀에게 말씀하시기를 '그대의 믿음대로 돼라.'

123:22 그녀가 길을 떠나 그녀의 딸에게로 왔을 때, 보시오, 아이는 병이 나아 있었습니다

123:23 그리고 예수님께서는 티레에서 많은 날 머무시고, 길을 떠나 바닷가 시돈에서 잠시 머무리셨습니다.

123:24 예수님께서는 여행을 계속하시어, 레바논 언덕과 골짜기, 고요한 생각 속에 숲속을 거닐었습니다.

123:25 그분의 지상에서의 사명은 빠르게 끝나가고 있었습니다. 그분은 힘을 찾았고, 찾아온 것을 발견하였습니다.

123:26 헤르몬 산은 높았고 예수님께서는 히브리 노래로 유명한 그 산 옆에 무릎을 꿇었습니다.

123:27 그리고 그가 헤르몬산의 높은 산봉우리에 섰을 때, 하늘에 그의 눈을 들어 하느님과 대화했습니다.

123:28 오래전 스승들이 그들의 모습을 나타내었고, 오랫동안 그들은 그리스도의 왕국에 관해 이야기하였습니다.

123:29 지금까지의 놀라운 업적과 다가올 십자가의 정복과 죽음을 넘은 승리에 관하여 이야기하였습니다.

123:30 예수님께서는 여행을 계속하시어 가이사라 빌립보에 가셔서 수잔나의 집에서 며칠 동안 머물렀습니다.

123:31 그리고 예수님께서는 자신을 그리스도로 알고 있는 사람들에게 용기를 주기 위하여 데카폴리스 전부를 순회하시며, 갈보리 수난의 날에 대비하여 그들에게 준비하게 하였습니다.

123:32 그리고 카다라에 갔을 때, 많은 친구가 그를 환영하기 위해 거기에 있었습니다.

123:33 그곳에는 헤롯 안티파스집의 집사인 쿠쟈스가 있었으므로, 예수

님께서는 그와 함께 좋은 배를 타고 바다를 건너 가버나움에 도착하셨습니다.

123:34 그리고 사람들은 예수께서 집에 계시다는 것을 알고 그분을 영접하러 왔습니다.

123:35 잠시 후에 12사도가 와서 갈릴리 여행에 관한 모든 것을 예수님께 이야기해주었습니다.

123:36 그들은 신성한 말씀으로 많은 능력 있는 일을 행했다고 말하니 예수님께서 그들에게 '잘되었구나'라고 말씀하셨습니다.

Section 17 :

예수님의 그리스도로서의 사명 – 세 번째 시대

CHAPTER 124

124: 그리스도인들 바다를 건넘. 예수님께서 그의 사도들에게 비밀 적인 교의를 베푸심. 사람들을 가르치고 5천 명을 먹이심. 사도들이 다시 바다를 건너기 시작. 폭풍우가 일어남. 예수님께서 물 위를 걸으시어 그들에게 오심. 베드로 신앙의 시련. 모두 게네사렛에 도착

124:1 12사도가 이제 영적 깨달음의 경지에 도달했으며 예수님께서는 자신이 세상에 오신 더 깊은 의미를 밝혀 주실 수 있었습니다.

124:2 다음 주에 유대인의 큰 축제가 있을 예정이었고, 마태가 말했습니다. '저희도 준비하여 예루살렘으로 가야 하지 않겠습니까?'

124:3 그러나 예수님께서 말씀하시기를 '우리는 축제에 가지 않을 것이니라. 시간이 없고, 그대들에게 말할 많은 말들이 있느니라. 한적한 곳으로 가서 잠시 쉬도록 하자구나.'

124:4 그러자 그들은 배를 타고 바다를 건너, 쥬리어스 벳새다에 가까운 한적한 곳에 이르렀습니다.

124:5 사람들은 그들이 가는 것을 보고, 방대한 무리가 그들을 따랐습니다.

124:6 예수님께서는 걱정 많은 민중들에게 동정심을 느끼고 있었으므로, 앞에 서서 종일 그들을 가르치셨습니다. 왜냐하면, 그들이 빛을 찾고 있었으나 마치 고삐 풀린 양 떼와 같았기 때문입니다.

124:7 밤이 되자 12사도는 군중들이 무엇을 해야 할지 염려되어 도마가 말했습니다.

124:8 '주님 저희는 황량한 곳에 있습니다. 군중들은 아무것도 먹을 것이 없으며, 음식 부족으로 정신이 희미합니다. 우리가 무엇을 해야 하겠습니까?'

124:9 그러자 예수님께서 말씀하시기를 '가서 군중들을 먹이도록 하라.'

124:10 유다가 말하기를 '내려가서 그들이 먹을 200페니어치의 빵을 사 올까요?'

124:11 예수님께서 말씀하시기를 '창고에 얼마나 빵이 있는지 보아라.'

124:12 안드레가 말하기를 '빵이 없습니다. 그러나 겨우 다섯 개의 보리빵과 두 마리의 작은 물고기를 가지고 있는 젊은이를 보았습니다. 그러나 이것은 열 명 중 한 명의 양으로도 충분치 않을 것입니다.' (공통)

124:13 예수님께서 말씀하시기를 '이 사람들에게 모두 12조로 나누어 풀밭에 앉게 명하시오.' 그들 모두는 12조로 앉았습니다.

124:14 예수님께서는 빵과 고기를 들고, 하늘을 우러러보며 거룩하신 말씀을 하셨습니다.

124:15 예수님께서는 빵을 쪼개어 12사도에게 주시고, 물고기도 12사도에게 나누어주었습니다. 그리고 말씀하시기를 '가서 군중들을 먹이도록 하라.'

124:16 모든 사람은 이것을 먹고 원기를 회복했습니다.

124:17 약 5천 명의 남자들과 어린이들 그리고 적지 않은 여인들이 있었습니다.

124:18 모든 사람이 충분히 먹었을 때 대스승님께서 말씀하시기를

124:19 '한 조각도 버리지 마시오. 필요한 다른 사람들을 위하여 빵 조각과 물고기를 모으시오.'

124:20 그들이 남은 조각을 모으니 12 광주리가 가득 찼습니다.

124:21 사람들은 이 놀라운 힘의 작동에 당황하여 말했습니다. '이제 우리는 예수님은 우리의 옛 선지자들이 오리라고 예언했던 바로 그 선지자임을 알겠습니다.' 그리고 나서 그들은 모두 '왕 만세!'라고 환호했습니다.

124:22 예수님께서는 그들이 '왕 만세!' 하는 외치는 소리를 듣고, 12사도를 불러 배를 타고 반대편에 먼저 건너가 있으라고 명하셨습니다.

124:23 그리고 그는 홀로 기도하기 위하여 산속으로 갔습니다.

124:24 바다 위에 있는 12사도는 곧 가버나움에 도착할 것으로 예상하였는데, 갑자기 심한 폭풍우가 일어나, 그들 모두는 파도에 따라 표류하고 있었습니다.

124:25 새벽 4시에 바람은 회오리바람으로 변하여, 그들은 공포에 사로잡혔습니다.

124:26 그들은 앞이 안 보이는 폭풍우 속에서, 파도 위에 움직이는 한 물체를 보았습니다. 그것은 사람 같아 보였습니다. 한 사람이 소리쳐 말하기를. '유령이다. 악한 징조다.'

124:27 그러나 요한은 그 형체를 알아보고 말했습니다. '주님이시다.'

124:28 그런데 그때 바람이 그렇게 심하게 불지 않아, 베드로가 배 한가운데에 서서 외쳤습니다.

124:29 '주님이시여! 주님이시여! 만약 당신이 진실로 주님이시라면, 제가 파도 위로 당신에게 갈 수 있도록 하여 주소서.'

124:30 그 형체가 자신의 손을 뻗쳐서 말했습니다. '이리 오너라.'

124:31 그리고 베드로가 파도 위에 발을 올리니, 파도는 마치 바위와 같이 굳어졌습니다. 그는 파도 위를 걸었습니다.

124:32 그는 파도 위를 걷는 동안 만약 파도가 내 발밑에서 무너져 내리면 어쩌나 하고 혼자 생각하면서 걸었습니다.

124:33 파도는 발밑에서 부서지고, 그는 가라앉기 시작했기에, 공포에 사로잡혀 '오 나를 구해 주소서. 주님. 그렇지 않으면 저는 죽습니다.'라고 소리쳤습니다

124:34 예수님께서 그의 손을 잡고 말씀하시기를 '오, 그대 믿음이 약한 자여! 왜 그대는 의심하는가?' 그리고는 그를 배로 인도해 주셨습니다. (공통)

124:35 폭풍우는 잠잠해졌으나 바람은 아직 있었고, 그들이 해변 가까이 있었고, 그들이 상륙했을 때 그들은 게네사렛 골짜기에 있었습니다.

CHAPTER 125

125: 그리스도인들이 게네사렛에서 환영받음. 많은 사람이 빵과 고기 때문에 예수님을 따름. 그분은 생명의 빵에 대하여 말씀. 자신의 살과 피를 생명의 빵과 생명의 물의 상징으로서 말씀. 사람들은 분노하였고 그를 따르는 제자 중에서 많은 사람이 더 그를 따르지 않음

125:1 예수님과 12사도가 왔다는 소식이 게네사렛의 온 골짜기에 퍼지자, 많은 사람이 그들을 보려고 몰려들었습니다.

125:2 그들은 병자들을 데리고 와서, 주님의 발밑에 눕혀 놓았으며 예수님께서는 온종일 가르치시고 병자를 치료하셨습니다.

125:3 전날에 건너편에서 먹을 것을 받았던 사람들과 다른 군중들이, 주님을 보기 위해서 왔으나, 그곳에 그분이 안 계시자 가벼나움으로 그분을 찾아 나섰습니다.

125:4 예수님께서 고향에 계시지 않는 것을 알자, 그들은 게네사렛으로 갔습니다. 그곳에서 그분을 발견하자 말하기를 '선생님, 언제 게네사렛에 오셨습니까?'

125:5 예수님께서 말씀하시기를 '왜 그대들은 바다를 건너왔습니까? 그대들은 생명의 빵을 구하고자 온 것이 아닙니다.

125:6 그대들은 이기적인 자아들을 만족하게 하려고 온 것입니다. 여러분 모두는 저번에 바다 건너편에서 식량을 얻었고 더 많은 빵과 물고

기를 찾고 있습니다.

125:7 그대들이 먹은 음식은 단지 육의 양분을 남기고 곧 사라져버리는 것입니다.

125:8 그대 갈릴리 사람들이여, 사라지는 음식을 찾지 말고, 영혼을 먹이는 음식을 찾으십시오. 그리고 보시오. 나는 하늘에서 그대들을 위한 음식을 가지고 왔습니다.

125:9 그대들은 물고기 고기를 먹고 배불렀으니 이제 내가 그리스도의 살을 그대가 가져가서 먹게 하여 그대가 영원히 살게 하려 함입니다.

125:10 우리 조상들은 광야에서 만나를 먹었습니다. 그러고 나서 그들은 메추라기 고기를 먹고, 모세가 바위에서 길어 낸 샘물을 마셨습니다. 그러나 그들 모두는 죽었습니다.

125:11 만나와 메추리는 그리스도의 살의 상징이었고, 바윗물은 피의 상징이었습니다.

125:12 그러나 보시오, 그리스도가 왔습니다. 그는 하느님께서 세상에 주신 생명의 빵입니다.

125:13 누구든지 그리스도의 살을 먹고 그의 피를 마시는 사람은 결코 죽지 않으며, 결코 더 이상 배고프지 않으며, 더 이상 목마르지 않을 것입니다. (공통)

125:14 이 하늘의 빵과 생명의 샘물에서 나오는 그러한 물들을 마시는 사람은 절대 멸하지 않을 것입니다. 이것들은 영혼을 먹여주고 생명을 순수하게 해 주기 때문입니다.

125:15 보시오, 하느님께서는 '사람이 자신을 스스로 순수하게 하면, 내가 그를 힘의 옥좌로 올려주리라'라고 말씀하셨습니다.'

125:16 그리고 예수님과 12사도는 가버나움으로 갔습니다. 예수님께서는 회당으로 가셔서 가르치셨습니다.

125:17 예수님께서 게네사렛에서 말씀하시는 것을 들은 유대인들이 와서 말했습니다.

125:18 '이 친구는 미쳤습니다. 우리는 그가 하늘에게서 온 생명의 빵이

라고 말하는 것을 들었소. 우리는 모두 그가 단지 사람의 아들이며 나사렛에서 온 사람이라는 것을 알고 있소. 우리는 그의 어머니와 그의 다른 친지들을 알고 있소.'

125:19 예수님께서는 그들의 생각을 아시고 말씀하시기를 '왜 그대들 사이에 무슨 이유라도 있나요?

125:20 그리스도는 영원한 생명입니다. 그는 하늘에서 왔습니다. 그는 하늘의 열쇠를 가지고 있고, 어떤 사람이든 자기 자신을 그리스도로 가득 채우지 않는 사람은 그 어떤 사람도 천국으로 들어갈 수 없습니다. (no man enters into heaven except he fills himself with Christ.)

125:21 나는 하느님의 의지를 행하기 위하여 육으로 왔습니다. 보시오, 이 살과 피는 그리스도로 충만해 있습니다. 그러므로 나는 하늘에서 온 살아있는 빵입니다.

125:22 그리고 만약 그대들이 이 살을 먹고 피를 마신다면 영원한 생명을 가질 것입니다. 그리고 만약 그대들이 하고자 하는 의지가 있다면, 그대들도 생명의 빵이 될 수 있습니다.'

125:23 그러자 많은 사람이 화가 나서 말했습니다. '어떻게 사람은 우리에게 그의 살을 먹게 하고 그의 피를 마시게 할 수 있는가?'

125:24 그의 제자들이 이 말씀을 인하여 분개하여 많은 사람이 떠나고 다시 그를 따르지 아니하니라.

125:25 그들이 말하기를 '만약 당신이 나의 살을 먹고 나의 피를 마시지 않는다면, 생명으로 들어갈 수 없다'라고 말하는 것은 두려운 일이다.'

125:26 그들은 그분이 말씀하신 비유를 이해하지 못했습니다.

125:27 예수님께서 말씀하시기를 '그대들은 진리 앞에서 비틀거리다가 넘어졌습니다. 그대들은 이 살과 피가 더 높은 형태로 변형되어 나타나는 것을 본다면 무어라 하시겠습니까?

125:28 사람의 아들이 하늘의 구름 위로 올라가는 것을 보았을 때, 그대

들은 무엇이라고 말하겠습니까?

125:29 그대들은 사람의 아들이 하느님의 옥좌에 앉아 있는 것을 보았을 때 무엇을 말하겠습니까?

125:30 육은 없음이고 영혼은 살리는 힘입니다. 내가 말한 말들은 영혼이고 그것들은 생명입니다.'

125:31 예수님께서 자기 속에서 신앙고백에 그렇게도 열심히 소리치던 많은 사람이 돌아가는 것을 보시고, 12사도를 향하여 말씀하셨습니다.

125:32 '이 시간 그대들도 나를 버리고 가는가?'

125:33 그러나 베드로가 말했습니다. '주님, 저희는 더 이상 갈 곳이 없습니다. 당신에게는 영원한 생명의 말씀이 있습니다. 우리는 당신이 하나님으로부터 우리에게 보내심을 받은 자임을 압니다.'

CHAPTER 126

126: 율법학자들과 바리새인들이 예수님을 방문. 그들은 예수님께서 손을 씻지 않고 식사하는 것을 보고 비난. 예수님께서 자신의 행위를 옹호하고 위선에 대한 교훈을 가르치심. 12사도에게 자신의 공적인 가르침에 대하여 개인적으로 설명.

126:1 율법학자들과 바리새인 일행이 예수의 권능이 어디서 오는지 배우기 위하여 예루살렘에서 왔습니다.

126:2 그러나 그들은 그분과 그의 제자들이 식사 전에 손을 씻는 유대인의 관습에 주의를 기울이지 않는 것을 알고 깜짝 놀랐습니다.

126:3 예수님께서 말씀하시기를 '위선은 그대들 율법학자, 바리새인 사이에서 여왕입니다. 이사야는 당신들을 이렇게 적었습니다.

126:4 이 사람들은 입술로서 나를 존중하나 그 마음은 내게서 멀리 있도다. 그들이 나를 경배함도 헛된 일이로다. 그들의 강령은 인간의 교의, 신조로다.

126:5 그대들은 자신들이 하느님의 사람이라고 하고서는 아직도 하느님의 법을 거부하고 사람들의 율법을 가르치고 있도다.

126:6 앞으로 일어서서 말해 보시오, 하느님께서 언제 그대들이 지키고 있는 의식의 율법을 인간들에게 주었는지를, 그리고 만약 어떤 이가 먹기 전에 씻지 않는다면 어떻게 그의 영적 생활이 훼손되는지 말해 보시오.'

126:7 그의 비난자들이 아무도 대답하지 않았으므로, 예수님께서 말씀하시기를

126:8 '이스라엘 사람들이여, 나의 말을 들으시오! 더러움은 마음의 산물입니다. (Defilement is a creature of the heart) 육적 마음은 생각을 사로잡아, 기괴한 신부를 만드나니 이 신부는 죄이며, 죄는 마음의 창조물입니다.

126:9 인간을 더럽히는 것은 그가 먹는 음식이 아니오.

126:10 우리가 먹는 빵, 생선, 그 밖의 것들은 단지 인간 집을 짓기 위한 재료인 육체 세포로 운반하는 컵에 불과 합니다. 그들의 일이 끝났을 때 쓰레기로 처분됩니다.

126:11 사람의 집을 짓는 데 쓰이는 식물과 동물의 생명은 결코 영혼을 위한 양식이 될 수 없습니다. 영혼은 동물이나 식물의 시체를 먹지 않습니다.

126:12 하느님께서는 하늘로부터 직접 영혼을 먹여 기르십니다. 생명의 빵은 위에서부터 옵니다.

126:13 우리가 숨 쉬는 공기(air)는 성령(Holy Breath)으로 채워져 있어, 하고자 하는 사람은 이 성령을 취할 수 있습니다.

126:14 영혼은 분별합니다. 그리스도의 생명을 원하는 사람은 마음속에서 그리스도의 생명을 숨쉴 수 있습니다. 그대들의 신앙에 따라서 그렇게 순리대로 될 것입니다.

126:15 사람은 자신이 거주하는 장소 일부가 아닙니다. 주택은 사람이 아닙니다.

126:16 낮은 단계의 세상은 육의 집을 짓고 이를 계속 수선하고 더 높은 세계는 영적 생명의 빵을 공급합니다.

126:17 가장 사랑스러운 백합은 고인 연못과 불결하기 짝이 없는 가축의 분뇨로 자랍니다.

126:18 육의 법칙은 사람이 그 몸이 깨끗(clean)하기를 원합니다.

126:19 영의 법칙은 사상, 언어, 행위에 있어 순수함(purity)을 요구합니다.'

126:20 저녁이 오자, 그들은 집에 있었으며 12사도는 말할 것이 많아, 많은 질문을 하였습니다.

126:21 나다니엘이 묻기를. '육체의 집에 대하여 말씀하신 것은 하나의 비유입니까? 만약 그렇다면 무엇을 의미하는 것입니까?'

126:22 예수님께서 말씀하시기를 '그대는 아직도 분별할 수 없는가? 사람이 입으로 먹는 것들은 인간을 더럽히지 않는다는 것을 아직도 인식하지 못하는가? (공통)

126:23 사람의 음식은 그의 영혼으로 가지 않노라. 그것은 단지 살과 뼈와 근육의 재료가 될 뿐이니라.

126:24 영혼은 모든 것이 깨끗하노라.

126:25 인간을 더럽히는 것은 육적인 생각(carnal thoughts)으로부터 비롯되는 것이니라. 마음에서부터 일어나는 육적인 생각이며, 악한 육적인 생각이니라.

126:26 마음에서부터 살인, 절도, 어리석음이 오노라, 모든 이기적인 행동, 육욕적인 행동도 마음에서 비롯하는 것이니라. (공통)

126:27 손을 씻지 않고 먹는 것은 사람을 더럽히지 않노라.'

126:28 베드로가 말하기를 '주님, 오늘 주님께서 말씀하신 것은 율법학자들과 바리새인들을 심하게 공격하였습니다.'

126:29 예수님께서 말씀하시기를 '이러한 율법학자들과 바리새인들은 생명 나무의 새순이 아니노라. 그들은 하느님의 작물들이 아니라 인간의 작물들이니라. 모든 외래 작물은 뽑힐 것이니라.

126:30 모든 그러한 사람들은 내버려 두시오. 눈먼(blind) 안내인이 눈먼(blind) 대중들을 이끌고 있노라.

126:31 안내자와 안내받는 자들이 함께 걷다가 다 같이 웅덩이로 빠질 것

이니라.' (공통)

CHAPTER 127

127: 그리스도인들이 바다를 건너 데카폴리스로 감. 예수님께서 사람 눈
에 띄지 않는 한적한 곳을 발견하시고 12사도를 개인적으로 가르침.
사흘간 머물러 있다가 바닷가 마을로 들어감

127:1 예수님께서 12사도와 함께 밤중에 바다를 건너 데카폴리스의 해변
에 도착했습니다.

127:2 그것은 예수님께서 제자들에게 앞으로 일어날 일들을 알릴 수 있는
은밀한 장소를 찾기 위함이었습니다.

127:3 그들은 산길로 들어가 기도로 3일간을 보냈습니다.

127:4 예수님께서 말씀하시기를 '보라, 이제 내가 더 이상 그대들과 함께
육신으로 걷지 못할 시간이 가까워졌노라.

127:5 보라, 자기의 삶을 너무 가치 있게 계산하여, 그의 형제를 구하는데
(save) 기꺼이 희생하려고 하지 않는 사람은 생명의 문으로 들어갈
가치가 없다고 나는 가르쳤노라.

127:6 보라, 나는 사람 아들들의 모범으로서 왔노라. 그리고 나는 도와주
는 것(helpfulness)을 꺼리지 않았노라.

127:7 내가 헬리오폴리스에서 일곱 가지 시험에 통과했을 때, 나는 세상을
구하기 위하여(to save) 나의 삶과 내가 가진 모든 것을 봉헌하였노라.

127:8 유대의 광야에서, 나는 인간의 가장 강한 적과 싸워, 나를 따르는
사람에 대한 섬김(service)의 신성함을 다시 확인했노라.

127:9 어려움과 시험 속에서도 나는 흔들리지 않았고, 허위의 고소자가
왔을 때도 나는 대답하지 않았노라.

127:10 하느님께서는 나에게 구원의 말씀(word)을 주셨으며, 나는 가끔
그 말씀을 말함으로 병자들을 고치고, 깨끗하지 않은 영을 내쫓
고, 죽은 자를 살렸노라.

127:11 나는 그대들에게 그 구원의 말씀을 하는 방법을 가르쳐 주었으며,

그대들에게 그 구원의 말씀을 주었노라.

127:12 잠시 후 우리가 예루살렘으로 향할 때, 나의 말을 듣고 있는 그대들 중의 한 명이 나를 배반하여 사악한 자의 손에 넘겨주게 되리라.

127:13 율법학자들과 바리새인들은 나를 거짓된 고소로 법정으로 끌고 가서, 로마의 동의 아래 나를 십자가에 못 박으리라.'

127:14 그러자 베드로가 말했습니다. '주님, 그건 있을 수가 없습니다. 로마 병정들이 주님께 도착하기 전에 12명의 시체를 밟게 될 것입니다.'

127:15 그러나 예수님께서 말씀하시기를 '세상의 구세주는 저항할 수 없느니라.

127:16 나는 세상을 구하기 위하여 왔노라. 그리고 나는 하늘의 최고 법정 앞에 그대들의 이름을 올렸고 그대들은 세상의 구원자로서 확증되었노라.

127:17 나를 배반할 사람을 제외하고는 한 사람의 이름도 영구히 더럽혀지지 않으리라.

127:18 나는 나의 길을 갈 것이며, 내 육체는 지나갈지라도 내 영혼은 당신 곁에 서서 인도하고 축복할 것이니라.

127:19 그리고 악한 사람들이 여러분을 거리에서, 그리고 여러분이 무릎을 꿇고 기도하는 것을 붙잡을 것입니다. 그들은 당신을 합법적인 범죄로 고소하고 당신을 죽임으로써 자기들의 신을 섬긴다고 생각할 것이니라.

127:20 그러나 흔들리지 마십시오. 짐은 무거울 것이지만, 의무를 다하면 하나님의 평강이 그 짐을 들어주고, 고통을 없애고, 길을 밝게 해 줄 것입니다.

127:21 우리는 육적인 박해자가 오지 않는 곳에서 만날 것입니다. 그곳에서 우리는 그들의 무지로 우리를 죽을 때까지 괴롭힌 잔인한 사람들을 섬길 것입니다. (there we will serve the cruel men)

127:22 우리가 우리 삶 속에서 이러한 격분과 살육을 막을 수는 없는 것인가요? 만약 우리가 막을 수 없다면, 우리는 단지 육적인 흐름의

단순한 피조물에 불과할 것입니다. 그러한 삶이 희생적인 삶이라고는 할 수가 없을 것입니다.

127:23 그러나 우리는 시간의 주인입니다. 보라, 우리는 말할 수 있고, 불, 물, 땅, 공기의 모든 정령이 우리를 방어할 것이니라.

127:24 우리는 명령을 내릴 수 있고 천사 세계의 많은 군단이 와서 우리의 적들을 지상으로 공격할 것이니라.

127:25 그러나 하늘이나 땅 위에 있는 한 가지 힘도 우리를 구원하기 위해 오지 않는 게 최상(best)이니라. 또한, 하느님조차도 그분의 얼굴을 가리시고 우리가 말하는 것을 안 들으시는 것이 최상이니라.

127:26 내가 그대들에게 모범이듯이, 그대들도 인류의 모범이 되어야 하니라. 우리는 무저항으로 보여 줄 것이니라. (We show by non-resistance.) 우리는 인류를 위한 자발적 희생 속에서, 우리의 생명을 줄 것이니라.

127:27 그러나 나의 예는 죽음과 같이 끝나는 것이 아니니라. 나의 육신은 어떤 육신도 놓인 적 없는 무덤 속에 놓이리라. 이는 죽음에 있어 생명의 순수함의 상징이니라.

127:28 그리고 나는 무덤에서 사흘 동안 그리스도와 내 아버지 하나님, 어머니 하나님과 함께 감미로운 교제를 나누리라.

127:29 그리고 영혼이 더욱 높은 차원으로 올라가는 증거로서, 무덤 속의 나의 육신은 사라질 것이니라.

127:30 나는 더 높은 형태로 변화될 것이며, 여러분 모두 앞에서 하나님께로 올라갈 것이니라.'

127:31 그리고 예수님과 12사도는 바닷가 어떤 마을로 갔습니다.

CHAPTER 128

128: 예수님께서 밤중에 기도하기 위해 산으로 가심. 제자들과 마을 사람들이 그를 찾아가니 예수님께서 사흘 동안 그들을 가르치심. 4,000명의 사람을 먹이심. 그리스도인들이 가이사랴 빌립보에 가심. 그들

이 그리스도의 개성을 숙고. 베드로가 사도들의 지도자로 선택

128:1 한편 한밤중에 제자들이 잠든 사이에 보시오, 예수님께서 일어나 홀로 기도하기 위하여 6마일 떨어진 산속으로 들어가셨습니다.

128:2 아침이 되자, 12사도가 일어나 주님을 발견할 수 없어, 마을 사람 모두 주님을 찾아 나섰습니다. 해가 하늘 가장 높은 자리를 지나갈 때, 그들은 산길에서 그분을 발견했습니다.

128:3 많은 사람이 병자들을 데리고 왔으므로, 예수님께서는 가르치시고 병자들을 고치셨습니다.

128:4 밤이 되어도 사람들은 가려고 하지 않았습니다. 그들은 주님 가까이에 있고 싶어서 땅바닥 위에서 잠을 잤습니다.

128:5 사흘 밤낮으로 많은 사람이 남아 있었으나 아무도 먹을 것을 가지고 있지 않았습니다.

128:6 예수님께서 동정심으로 말씀하시기를 '만약 내가 이들을 보낸다면 그들은 집에 도착하지 못할는지도 모른다. 그들은 지쳐 혼몽하고 일부는 기나긴 길을 여행한 자도 있을 터이니'

128:7 그러자 그의 제자들이 말했습니다. '그들 모두를 먹일 수 있는 충분한 음식을 어디에서 구할 수 있습니까? 여인과 아이들을 제외하고도 4,000명이나 됩니다. (공통)

128:8 예수님께서 말씀하시기를 '얼마나 빵이 있는가?'

128:9 그들이 답하기를 '7개와 약간의 작은 물고기가 있습니다.'

128:10 그러자 예수님께서 말씀하시기를 '가서 저번에 모든 군중을 먹였을 때처럼 12조로 나누어 앉히도록 하라.'

128:11 사람들이 12조로 나누어 앉자, 빵과 물고기가 도착했습니다.

128:12 예수님께서 하늘을 보시고 말씀을 하셨습니다. 그리고 7개의 빵과 물고기를 작은 조각으로 부수었습니다.

128:13 그러자 모든 빵 조각은 덩어리가 되고 모든 물고기 조각은 물고기가 되었습니다.

128:14 12사도는 가서 모든 사람에게 나누어주었습니다. 사람들은 배불리

먹었습니다. 남은 조각을 다 거두니 일곱 바구니에 가득 찼더라.

128:15 사람들은 길을 떠나고, 12사도는 배를 타고 해변 가잘마나다로 왔습니다.

128:16 이곳에서 그들은 여러 날을 머물렀으며, 예수님께서는 12사도에게 실패할 수 없는 내적 빛에 대하여 말씀하셨습니다.

128:17 영혼 속에 있는 그리스도의 왕국과 신앙의 힘과 죽음으로부터 부활할 수 있는 비밀과 죽지 않는 생명 그리고 산 자가 죽은 자를 돕는 방법에 대하여 말씀하셨습니다.

128:18 그리고 그들은 배를 타고 갈릴리 북쪽 해안에 와서, 도마의 친척이 사는 골란에서, 배에서 떠나 여행을 계속했습니다.

128:19 그들이 메롬에 왔는데, 그곳 물이 수정같이 맑은 물이라 하늘 모습을 담아놓은 것 같고, 주 하느님의 영광을 반영하는 것 같았습니다.

128:20 이곳에서 그들은 며칠 동안 말없이 명상 속에서 보냈습니다.

128:21 그리고 나서 그들은 여행을 계속하여 가이사라 빌립보 땅에 왔습니다.

128:22 그들은 거닐면서 서로 이야기를 나누고 있었는데 대스승님께서 말씀하시기를 '사람들은 인간의 아들에 대하여 무어라고 하던가? 그들은 내가 누구라고 생각하는가?'

128:23 그러자 마태가 말하기를 '어떤 이들은 선생님께서 다윗으로 다시 온 분이라고 하고 어떤 이들은 선생님이 에녹, 솔로몬, 셀이라고 이야기합니다.'

128:24 그러자 안드레가 말하기를 '나는 유대 교회의 지도자가 선생님께서 예레미아가 기록한 대로 말씀하시므로 예레미아라고 말하는 것을 들었습니다.'

128:25 나다니엘이 말하기를 '한동안 같이 있었던 외국인 선생들은 예수님이 다시 환생한 고타마라고 말했습니다.

128:26 야고보가 말하기를 '저는 대부분의 유대 선생들은 선생님을 두고

엘리야가 다시 지구에 나타났다고 생각합니다.'

128:27 요한이 말하기를 '우리가 예루살렘에 있었을 때 어떤 선각자가 말하기를 이 예수는 약 2,000년 전에 살았으며 다시 올 것이라고 말하는 평화의 왕이었던 멜기세덱 바로 그분이라고 말하는 것을 들었습니다.'

128:28 도마가 말하기를 '영주인 헤롯은 선생님을 죽음에서 부활한 요한이라고 생각하고 있습니다.

128:29 그러나 그때 그의 양심이 그를 괴롭혀, 살해당한 요한의 영혼이 그의 꿈속에서 나타나 밤의 유령처럼 그를 따라다닙니다.'

128:30 예수님께서 물으시기를 '그대는 내가 누구라고 생각하는가?'

128:31 베드로가 대답하기를 '선생님은 그리스도이십니다. 하느님의 사랑이 사람들에게 나타남입니다(You are the Christ, the love of God made manifest to men.) .'(공통)

128:32 예수님께서 말씀하시기를 '큰 축복이 그대에게 있노라. 요나의 아들 시몬이여. 그대는 하느님께서 그대에게 주신 진리를 이야기했구나.

128:33 그대는 반석이며, 만군의 주 성전의 한 기둥이 되리라.

128:34 그대의 고백은 신앙의 주춧돌이자 힘의 반석이니라. 이 반석 위에 그리스도의 교회가 세워지리라.

128:35 그것에 대항하여, 모든 단계와 죽음의 힘도 이길 수 없으니라.

128:36 보라! 내가 그대들에게 사람의 아들들을 위한 안전문을 열 수 있는 열쇠를 주리라.

128:37 성령이 그대와 열 사람에게 와서 예루살렘에서 땅의 나라들 앞에 서서, 사람들과 같이 하느님의 약속을 선언하리라.

128:38 그리고 그대들은 성령의 말씀을 말할 것이며, 하느님께서 그리스도에 대한 열렬한 신앙이 요구하는 것이 무엇이든지 사람들이 알 수 있도록 알려주어야 하느니라.'

128:39 그리고 12사도를 보며 말씀하시기를 '오늘 들은 이야기는 어느 사람에게도 말하지 않도록 하라.'

128:40 예수님과 12사도는 나갔고 여러날 수쟌나의 손님으로 머물렸습니다.

CHAPTER 129

129: 예수님께서 사람들을 가르치심. 베드로, 야고보, 요한을 데리고 높은 산에 올라가셔서 그들 앞에서 모습을 바꿈.

129:1 예수님과 12사도가 왔다는 소문이 곧 퍼지자. 많은 사람이 보러 왔습니다.

129:2 예수님께서 말씀하시기를 '보시오, 그대들은 나를 보기 위해 왔지만, 그것은 아무런 의미가 없습니다. 만약 그대들이 그리스도의 축복을 받고 싶다면 그대들의 십자가를 지고 나를 따르십시오. (공통)

129:3 만약 그대들이 이기적인 자아를 위해서 그대들의 삶을 바치면, 그대들은 자신의 삶을 잃게 될 것입니다.

129:4 만약 그대들이 그대들을 따르는 사람을 섬기(service)는 데 그대의 삶을 바친다면 그대들의 삶을 구할 수 있을 것입니다.

129:5 이 생명은 단지 순간적인 것(a span)이며, 오늘의 거품이지만 순간 스쳐 지나가지 않는 생명이 있습니다.

129:6 만약 그대가 세상을 얻고도 그대의 영혼을 잃는다면 어디에 그대의 이익이 있겠습니까? 그대 영혼에 대한 보상으로 무엇을 그대는 얻을 수 있겠습니까? (공통)

129:7 만약 그대들이 하느님 속에서 영적인 생명, 인간의 생명을 찾고 싶다면, 그대들은 반드시 좁은 길을 걷고 좁은 문을 통하여 들어가야만 합니다. (공통)

129:8 그 길은 그리스도이고 그 문은 그리스도입니다. 그러므로 그대는 반드시 그리스도의 길을 걸어야만 합니다. 어떤 사람도 그리스도에 의하지 않고서는 하느님께 갈 수 없습니다. (No man comes unto God but by the Christ.)

129:9 그리스도의 왕국이 올 것입니다. 네. 지금 나의 말을 듣고 있는 그

대들 가운데는 하늘 왕국이 와서 힘을 얻을 때까지 죽음의 문을 통과하지 않는 사람도 있을 것입니다.'

129:10 7일 동안 예수님과 12사도는 케사리아 빌립보에 있었습니다.

129:11 예수님께서는 베드로, 야고보, 요한을 데리고 기도하기 위하여 산으로 올라갔습니다.

129:12 그분이 기도할 때 찬란한 빛이 나타나, 그의 형체는 마치 귀한 보석처럼 빛났습니다.

129:13 그의 얼굴은 태양같이 빛났으며, 그의 옷은 눈같이 희었습니다. 사람의 아들은 하느님의 아들이 되었습니다.

129:14 그는 땅의 사람들에게 사람의 가능성을 보여 주기 위해 몸을 변형시켰습니다.

129:15 처음 영광이 나타났을 때 세 제자는 잠자고 있었습니다. 대스승님께서 와서 그들의 눈을 건드리며 말했습니다. '일어나 주의 영광을 보라.'

129:16 그들은 깨어나서 주의 영광을 보았습니다. 나아가 그들은 깨어나서 천상세계의 영광도 보았습니다. 왜냐하면, 그들은 주님 앞에 옆에 서 있는 두 사람을 보았기 때문입니다.

129:17 베드로가 그들을 깨운 대스승님에게 물어보았습니다. '주님 옆에 서 있는 사람들은 누구입니까?'

129:18 대스승님이 말씀하시기를 '이들은 모세와 엘리야이니라. 그들은 하늘과 땅이 하나(one)이고 저기 하늘의 스승과 여기 땅의 스승이 하나라는 것을 그대가 알게 하려고 왔노라.

129:19 두 세계를 갈라놓은 베일은 단지 에테르의 베일이니라. 신앙에 의하여 마음을 순수하게 한 사람에게는 베일은 걷혀서, 죽음은 단지 환영(illusive)이라는 사실을 볼 수 있고 알 수 있으니라.'

129:20 그러자 베드로가 '하느님을 찬양하라!'라고 말했습니다. 그리고는 예수님께 다가와 말하기를 '나의 스승이시며 나의 주님. 이것은 하늘의 문입니다. 우리가 머무는 것이 좋겠습니다.'

129:21 저희가 내려가 세 개의 천막을 가지고 올까요? 하나는 선생님을 위하여 하나는 모세를 위하여 하나는 엘리야를 위하여서입니다.' 그러나 예수님께서는 대답하지 않으셨습니다. (공통)

129:22 모세와 엘리야는 예수님과 함께 산 위에서 대화를 나누었습니다. 그들은 앞으로 닥칠 주님의 시련에 관하여 대화했습니다.

129:23 그분의 죽음, 무덤 속에서의 휴식, 부활하는 아침의 경이로운 일들, 육신의 변모, 빛의 구름 위에서 그분의 승천에 대하여

129:24 그리고 모든 인간이 밟아야만 하는 행로의 상징적인 것들, 사람의 아들들이 하느님의 아들들이 되는 상징성

129:25 세 명의 제자들은 놀랐고, 갑자기 에테르가 노래로 넘쳐나고, 공기가 산 정상 주위를 이동하는 것처럼 가벼운 형태로 형성되었습니다.

129:26 그리고 그들은 저 위 세계의 영광으로부터 말하는 음성을 들었습니다.

129:27 '이는 사람의 아들이요, 사람들에게 그리스도를 나타내기 위하여 내가 선택한 자이니라. 온 세상은 그의 말을 듣도록 하라.'

129:28 제자들은 그 음성을 듣고 두려워, 땅에 엎드려 기도하고 있었습니다.

129:29 예수님께서 오셔서 그들을 만지면서 말씀하시기를 '일어나라, 두려워하지 마라. 보라. 내가 여기에 있노라.'

129:30 그들은 일어나 주위를 둘러보니 아무도 없었습니다. 사람들은 갔으며 단지 큰 스승님만이 그들과 같이 서 있었습니다.

129:31 예수님과 3명의 제자가 함께 산에서 내려오며 그 장면의 의미에 관하여 이야기를 하였습니다. 예수님께서는 그들에게 모든 것을 말씀해 주시고 말씀하시기를

129:32 '내가 죽음으로부터 살아날 때까지 그대들이 본 것은 어떤 사람에게도 이야기하지 말지니라.'

129:33 그러나 제자들은 '내가 죽음으로부터 살아날 때까지'란 말씀의 의미를 이해할 수 없었습니다.

129:34 그리고 나서 예수님께서는 그의 죽음, 무덤에서의 부활, 영광과 힘으로서 올 영혼의 왕국에 대하여 다시 한번 그들에게 말씀해 주셨습니다.

129:35 그러나 베드로가 말하기를 '율법학자들은 왕이 오기 전에 엘리야가 나타나야만 한다고 가르치고 있습니다.'

129:36 예수님께서 말씀하시기를 '엘리야는 이미 왔노라. 그러나 율법학자들과 바리새인들은 그를 받아주지 않았노라.

129:37 사람들은 그를 욕하고 묶어서 감옥에 넣고, 그가 죽는 것을 보고 악마 같은 기쁨으로 소리쳤노라.

129:38 사람들이 그에게 행한 일을 그들은 나에게도 행하리라.'

129:39 그제야 제자들은 예수님께서 헤롯이 죽인 요한 이야기를 하고 있음을 알았습니다.

CHAPTER 130

130: 예수님과 3명의 제자는 카사리아 빌립보로 돌아옴. 9명의 제자가 간질병 걸린 어린아이를 고치는 데 실패. 예수님께서 그 어린아이를 고치시고 제자들에게 하느님의 신앙 부족을 책망. 그리스도인들이 가버나움으로 돌아옴.

130:1 예수님과 베드로, 야고보, 요한이 성문에 이르자 군중들이 몰려들었습니다.

130:2 예수님과 함께 산에 가지 않았던 9사도 들은 악령 들린 간질병 어린 환자를 고치려다 실패했으므로 사람들은 주님 오시기를 기다리고 있었습니다.

130:3 예수님께서 오시자 아이의 아버지는 주 앞에 엎드려 주님의 도움을 간청했습니다.

130:4 그가 말하기를 '대스승님 저의 아들을 불쌍히 여겨 주십시오. 저의 하나밖에 없는 아들입니다. 아이가 간질병으로 심히 고통을 받고 있습니다. (공통)

130:5 때때로 그는 불 속에 떨어져 화상을 입기도 하고, 물에 빠져 익사할 뻔했으며, 하루에도 여러 번 넘어지고 이를 갈며 입에서 거품이 쏟아져 나오기도 합니다.

130:6 그래서 선생님의 제자들에게 아이를 데리고 왔으나, 구제에 실패했습니다.'

130:7 그가 말하고 있는 동안에 한 하인이 주님 앞에 그 아이를 데리고 왔는데, (그 아이는 벙어리였으므로 말을 하지 못했다) 갑자기 땅에 쓰러지며, 거품을 물고서는 고통스럽게 몸을 뒤틀었습니다.

130:8 예수님께서 말씀하시기를 '얼마나 오랫동안 이러한 고통을 받았는지요?'

130:9 아버지가 말하기를 '어려서부터입니다. 우리는 도움받으러 많은 땅을 찾았지만, 방법을 발견하지 못했습니다. 그러나 저는 선생님이 거룩한 말씀을 하실 수 있고 제 아들은 고칠 수 있다고 믿습니다.'

130:10 예수님께서 말씀하시기를 '신앙은 하느님의 힘입니다. 마음으로 믿는 사람에게는 모든 일이 가능합니다.'

130:11 그 아버지는 울면서 눈물로 호소했습니다. '주님, 저는 믿습니다. 저의 불신을 도와주소서.'

130:12 예수님께서 거룩하신 말씀을 하자 간질병 걸린 어린애는 졸도하고 말았습니다. 아이가 숨도 쉬지 않았으므로 모든 사람이 그 아이가 죽었다고 말했습니다.

130:13 그러나 예수님께서 그의 손을 잡으시고 말씀하시기를 '일어나라' 그 아이는 일어나 말을 했습니다.

130:14 사람들은 깜짝 놀라서 말했습니다. 많은 사람은 말했습니다. '이 사람은 분명히 하느님의 사람이다. 왜냐하면, 지금까지 그러한 힘이 인간에게 주어진 적이 없었기 때문에

130:15 그리고 예수님과 12사도는 집으로 돌아왔습니다. 그들은 음식을 먹었고 기운을 회복하였습니다. 9 제자들은 말했습니다.

130:16 '주님, 왜 우리는 이 아이를 치료하지 못했습니까? 우리도 권능의

말씀을 했는데 그것조차 무력했습니다.

130:17 예수님께서 말씀하시기를 그대들의 저번 일들의 큰 성공이 그대들을 부주의하게 만들었노라. 그리고 그대들이 하느님의 힘을 인식하는 것을 잊어버렸기 때문이니라.

130:18 말씀에 영혼(spirit)이 없으면, 말씀은 게으른 이야기와 같으니라. 또한, 그대들은 기도(pray)하는 것을 잊었느니라.

130:19 기도 없는 신앙은 없느니라. 신앙은 기도의 날개지만, 날개는 홀로 날지 못하는 것이니라.

130:20 기도와 신앙에 의하여 그대는 산봉우리를 낮출 수 있고, 그것들을 바닷속으로 던질 수 있느니라. 작은 언덕들은 그대들의 명령대로 어린 양들처럼 뛰어다니게 되리라. (공통)

130:21 이러한 실패는 그대들에게 좋을 것이니라. 인생에서 배우는 가장 큰 교훈은 이미 겪은 실패에서 오느니라.' (The great lessons that are learned in life come through the failures that are made.)

130:22 제자들이 사려 깊은 명상 속에 잠겨 앉아 있을 때, 예수님께서 '이러한 말들은 그대들 가슴속에 깊이 새겨 두라.'라고 말씀하셨습니다.

130:23 '그대들은 짐을 홀로 져야만 할 때가 가까워졌도다. 즉, 육신으로서 나의 존재가 없음을 말 하니라.

130:24 왜냐하면, 나는 사악한 자들의 손에 빠져, 그들은 뱃새다 벽 너머의 산에서 나를 죽일 것이기 때문이다.

130:25 사람들은 나의 몸을 무덤 속에 눕힐 것이고, 나의 몸은 거룩하신 말씀으로 사흘 동안 지켜지고 보호를 받으리라. 그리고 나서 나는 부활할 것이니라.'

130:26 12사도는 슬펐습니다. 그들은 이해하지 못했지만, 그분 말씀의 의미를 묻기도 두려워했습니다.

130:27 다음날, 그리스도 대스승과 12사도는 귀로에 올라 곧 가버나움에 도착했습니다.

131: 예수님과 베드로가 반세겔의 세금을 내니라. 제자들이 서로 우위를 다트니라. 예수님께서 그들을 책망하시리라. 그들에게 많은 실제적인 교훈을 가르치기니라. 선한 목자의 비유

131:1 예수님과 12사도가 집에서 쉬고 있는 동안에 세금 징수자가 베드로에게 와서 말하기를 '예수와 그대는 반세겔의 세금을 냈는가?'

131:2 베드로가 말하기를 '우리는 무엇이든 부과된 세금은 냅니다.'

131:3 예수님께서 말씀하시기를 '누구에게서 관리들은 이 특별세를 거두는 것입니까? 외국인 아니면 원주민들입니까?'

131:4 베드로가 말하기를 '외국인만 이 세금을 부과되게 되어있습니다.'

131:5 예수님께서 말씀하시기를 '우리는 모두 이 고장 사람이므로 세금을 낼 필요는 없소. 그러나 분쟁하지 않으려고 우리는 세금을 낼 것이오. 그러나 우리는 모두 세금을 지급할 세겔이 없소.'

131:6 예수님께서 말씀하시기를 '바다로 가서 바늘을 던지도록 하라. 그리하여 물고기가 잡히면, 물고기 내부에 한 세겔을 발견할 수 있을 터이니, 그 속에 한 세겔이 들어 있을 것이며, 그 돈으로 당신과 나를 위해 세금을 내도록 하라.'(공통)

131:7 그리하여 베드로는 예수님께서 말씀하신 대로 세겔을 찾아서 세금을 냈습니다.

131:8 한편, 예수님께서는 12사도가 그들 사이에 논쟁하는 것을 들으셨습니다. 그들의 마음속에서는 육신의 자아가 움직여, 하느님과 인간의 시각에서 볼 때 그들 중의 누가 가장 큰가를 가지고 의견 다툼이 있었습니다.

131:9 예수님께서 말씀하시기를 '그대들 부끄럽구나! 가장 위대한 사람은 나머지 다른 사람의 종(servant)이니라.' 그리고 작은 아이를 부르시고 그를 팔에 안고 말씀하셨습니다.

131:10 '가장 위대한 사람은 어린이(child)니라. 만일 그대들이 모든 것에서 가장 위대해지고 싶다면, 이 어린이처럼 순진(innocence)하고

진실(truth)하고 삶에 있어 순수(purity)해야만 하느니라. (공통)

131:11 위대한 사람은 지상의 작은 것들을 얕보지 않느니라. 이와 같은 어린이를 귀히 여기고 존중하는 자는 나를 귀히 여기고 존중하는 자요, 어린이를 경멸하는 자는 나를 경멸하는 자이니라.

131:12 만약 그대들이 하느님의 왕국 문으로 들어가기를 원한다면, 그대들은 이 작은 어린애와 같이 겸손(humble)해야만 하느니라.

131:13 그대들 내 말을 들을지니라. 모든 다른 아이들과 같이 이 아이는 하느님의 옥좌 앞에서 자신의 대의명분(cause)을 탄원할 사람을 데리고 있느니라.

131:14 너희가 아이를 경멸하면 위험을 각오해야 할 것이다. 보라, 내가 말하노니 아이들의 상대방은 매일 매 순간 하느님의 얼굴을 보고 있느니라. (its counterpart beholds the face of God at every moment, every day.)

131:15 다시 한번 내 말을 들을지어다. 아이를 비틀거리게 쓰러지게 원인을 만든 자는, 표적이 되어 저주를 받게 되느니라. 그것보다 스스로 물에 빠져 죽는 것이 더 나으리라.

131:16 보라, 죄는 모든 곳에 있느니라. 사람들은 죄를 짓고 넘어졌을 때 일어섬(rising)으로써 더욱 강해지느니라.

131:17 다른 사람을 쓰러지게 한 자는 화가 있을 것이니라.

131:18 조심(beware)하라. 그대들 하느님의 사람들이여, 다른 사람들을 쓰러뜨리지 않도록(lest) 조심하라. 그대는 스스로 죄의 길로 빠지지 않도록(lest) 조심할지니라.

131:19 만약 그대들의 손이 그대들이 죄를 짓게 만든다면, 그대는 손을 잘라 버리는 것이 더 나을 것이니라. 왜냐하면, 영혼을 잃고서 그대들이 완전한 모습으로 있는 것보다는, 하느님과 사람들 앞에서 죄가 없고 손이 없는 편이 훨씬 나을 것이니라. (공통)

131:20 만약 그대들의 발이 죄를 짓게 만든다면, 그대는 차라리 발을 잘라버리는 것이 나을 것이니라. 왜냐하면, 저주 밑으로 떨어지는

것보다는 발이 없이 생명으로 들어가는 것이 훨씬 나을 것이니라. (공통)

131:21 만일 그대들의 눈, 귀가 죄를 짓게 만든다면, 그대의 영혼을 잃느니보다는 그것들을 잃는 것이 더 나을 것이니라.

131:22 그대들의 생각과 행동은 불(fire)에 의해 시험당하리라.

131:23 그대들은 세상의 소금(salt)이라는 것을 기억하라. 그러나 만일 그대들이 소금의 역할을 잃는다면 그대들은 하느님이 보시기에 폐물에 지나지 않느니라. (공통)

131:24 생명의 소금의 미덕을 항상 간직하고 마음을 평온케 하고 있을지니라.

131:25 세상에는 그들 속에 생명의 소금이 없는 사람들로 가득 차 있느니라. 그들은 길을 잃고 헤매고 있느니라. 나는 길잃은 자들을 찾아 구원하기 위해 왔노라.

131:26 어떻게 그대들은 생각하는가? 만약 100마리의 양을 가진 한 양치기가 그들 중의 한 마리가 길을 잃어버렸다면, 그는 99마리의 양을 남겨두지 않겠는가? (공통)

131:27 그러곤 길을 잃은 한 마리를 찾아 사막과 산꼭대기로 가지 않겠는가? (공통)

131:28 그렇다. 그대들도 이를 알듯이, 만약 그가 헤매던 한 마리(one)의 양을 발견한다면 보라. 길을 잃지 않은 99마리의 양들보다 훨씬 더 기뻐할 것이니라.

131:29 그렇게 죄의 길로 갔던 한 사람이 발견되어 우리로 다시 돌아온다면, 하늘 성전에서는 큰 기쁨이 있느니라.

131:30 그렇다. 즐거움이 있도다. 지금까지 길을 잃지 않고 올바른 길을 가던 모든 사람보다 더 큰 즐거움이 있느니라.'

131:31 요한이 말하기를 '주님, 누가 길을 잃고 헤매는 자를 찾고 구원합니까? 그리고 누가 병자를 고쳐주고 귀신 들린 자의 악마를 쫓아냅니까?

131:32 우리가 길 위에 있을 때, 우리는 우리 중 한 명이 아닌 사람이 악마를 쫓고 병자를 고치는 것을 보았습니다.

131:33 그는 말씀과 그리스도의 이름으로 그것을 행했는지요? 그러나 우리는 그가 우리와 같이 걷고 있지 않았기에 그에게 못하게 금했습니다.'

131:34 예수님께서 말씀하시기를 '그대들 인간의 아들들이여, 그대들은 하느님의 힘을 가지고 있다고 생각하는가?

131:35 또한, 세상이 그대들이 하느님의 일을 해 줄 때까지 기다려야 한다고 생각하는가?

131:36 하느님은 어떤 사람에게만 특별한 보살핌과 특별한 재능을 주시는 분이 아니시니라.

131:37 하느님의 일을 하는 어떤 사람이든 이를 금해서는 안 되니라. (공통)

131:38 하느님의 자녀가 아닌 이상, 그 누구도 거룩한 말을 하고 그리스도의 이름으로 병자를 고치고 불결한 영혼을 쫓을 수는 없느니라.

131:39 그대들이 말하고 있는 그 사람은, 우리와 하나이니라. 하늘의 낟알을 모으는 자는 누구라 할지라도 우리와 하나이니라.

131:40 그리스도의 이름으로 한 잔의 물을 주는 사람은 누구라 할지라도 우리와 하나이니라. 그렇게 하느님께서 판결하시리라.'

CHAPTER 132

132: 예수님께서 빵을 훔쳐서 판결받는 한 사나이를 방어. 판결이 바뀜. 그 사나이는 자유로이 되어, 사람들은 굶주리는 그의 가족에 필요한 것들을 제공.

132:1 군중들이 거리에 운집했습니다. 관리들은 빵을 훔쳐서 고소당한 사람을, 법정으로 데리고 가는 도중이었습니다.

132:2 잠시 후 그 사람은 혐의에 답하려고 재판관 앞에 데려왔습니다.

132:3 예수님과 12사도도 그곳에 있었습니다. 그 사람의 얼굴과 손에는 노역과 가난으로 인한 딱딱하고 파인 선들이 있었습니다.

132:4 그 사나이를 고발한 부유하게 차려입은 부인이 앞으로 나와 말했습

니다. '내가 직접 이 사람을 잡았습니다. 그 사람은 어제 빵을 구걸하러 왔으므로, 나는 그 사람을 아주 잘 알고 있습니다.

132:5 내가 그를 문밖으로 쫓아냈을 때, 그는 제가 그와 같은 사람을 머물게 하지 않는다는 사실을 알았을 것입니다. 그런데 오늘 또 와서 빵을 집은 것입니다.

132:6 그는 도둑이기에 감옥에 보낼 것을 요구합니다.'

132:7 하인들도 또한 그에게 불리한 증언을 도왔으므로, 그는 도둑으로 판정되어 관리들이 그를 끌고 갔습니다.

132:8 그러나 앞에 서 계시던 예수님께서 소리쳤습니다. '그대들 관리들과 재판관들이여, 서둘러 이 사람을 데리고 가지 마시오.

132:9 이곳이 정의와 올바름의 땅입니까? 그들이 그들 자신을 변호하기 전에, 어떤 죄로 그를 고소하여 벌할 수 있는단 말입니까?

132:10 로마법은 올바름에 대한 그러한 엉터리 모방극을 허용하지 않을 것입니다. 그러므로 나는 이 사람에게 말할 시간을 주도록 요청하는 바입니다.'

132:11 그러자 재판관은 그 사람을 다시 불러 말했습니다. '그대에게 말할 이야기가 있으면 해보시오,'

132:12 눈물을 흘리면서 사나이는 서서 말했습니다. 제게는 빵이 없어서 죽어가는 처와 자식들이 있습니다. 그래서 저는 자주 제 사정을 이야기하고, 빵을 구걸했으나, 아무도 제 말을 들으려고 하지 않았습니다.

132:13 오늘 아침, 내가 일자리를 찾기 위해서 음울한 움막을 나올 때, 나의 아이들이 빵 때문에 울었습니다. 그래서 나는 그들에게 빵을 먹여주든지 죽든지 결심했습니다.

132:14 저는 빵을 집으면서 하느님께 호소했습니다. '이것이 죄입니까?'

132:15 이 여인은 빵을 빼앗아 그것을 개에게 던져 주었습니다. 그리고 관리들을 불렀으므로 저는 이곳에 있습니다.

132:16 선량하신 여러분, 저야 여러분의 무엇을 하시든 상관없지만, 제

처와 어린 것들을 죽음으로부터 구해 주십시오.'

132:17 그러자 예수님께서 말씀하셨습니다. '이럴 때, 누가 죄인입니까?

132:18 나는 하느님의 관점에서 이 부인을 중죄인으로 고발합니다.

132:19 나는 인권의 법정 앞에서 이 재판관을 죄인으로 고발합니다.

132:20 나는 이들 하인과 관리들을 죄의 공범자로 고발합니다.

132:21 나는 가버나움의 시민들을 잔인함과 절도죄로 고발하는 바입니다. 왜냐하면, 그들은 가난과 궁핍의 소리에 주의하지 않으며, 의지할 곳 없는 사람들을 그대로 내버려 두고 있소.

132:22 여기 있는 방청객 여러분에게 호소합니다. 나의 고소가 올바름과 진리라는 근거가 있지 않습니까?'

132:23 모든 사람은 말했습니다. '예'

132:24 고소한 부인은 부끄러워 얼굴을 붉어졌습니다. 재판관들은 두려워 몸을 움츠리고, 관리들은 사나이에게서 수갑을 풀어주고는 달아났습니다.

132:25 예수님께서 말씀하셨습니다. '이 사나이에게 필요한 것을 주고, 갈 수 있도록 해서, 그의 처와 어린아이들을 먹이도록 하시오.'

132:26 사람들은 충분히 주었으며, 그 사나이는 그의 길을 갔습니다.

132:27 예수님께서 말씀하시기를 '범죄를 판정할 만한 표준법은 없습니다. 어느 경우에 대한 판결이 선고되기 전에 사실들이 모두 제시되어야만 합니다.

132:28 그대들 마음을 가진 사람들이여, 가서 이 사람이 서 있던 곳에 서서, 그대들이라면 어떻게 할지, 나에게 대답해 보시오.

132:29 도둑은 모든 다른 사람들을 도둑으로 생각하여, 그를 그와 같이 판결합니다. (The thief thinks every other man a thief and judges him accordingly.)

132:30 가혹하게 판결을 내리는 사람은 자신의 마음이 범죄로 가득 차 있는 사람입니다. (The man who judges harshly is the man whose heart is full of crime.)

132:31 자기의 사악함을 감추고 있는 창녀는, 있는 그대로를 주장하는 정직한 창녀에게 하나의 동정심도 가지고 있지 않습니다.

132:32 내가 그대들에게 이르노니, 사람들이여, 만약 그대들이 죄로부터 자유로워질 때까지 비난하지 않으려고 하면, 세상은 곧 고소라는 단어의 의미를 잊어버리게 될 것입니다.'

CHAPTER 133

133: 12사도는 예루살렘의 축제에 가고, 예수님께서는 가버나움에 남으심 70명의 제자를 뽑아, 가르치고 병 치료를 위해 그들을 보냄. 그분은 홀로 축제에 가시다 도중에 10명의 나병 환자를 고치심. 성전에서 가르치심.

133:1 추수감사절이 가까이 다가오자, 12사도는 예루살렘을 갔지만, 예수님께서는 그들과 함께 가시지 않고 가버나움에 머물렀습니다.

133:2 그분을 따라왔던 군중 중에 많은 사람은 축제에 가지 않았습니다. 그들은 유대인이 아니었습니다.

133:3 예수님께서 이들 중 70명을 불러서 말씀하시기를 '그리스도 왕국은 유대인만의 것이 아니라 모든 사람의 것이니라.'

133:4 보라, 나는 먼저 유대인에게 설교하기 위하여 12명을 택했는바 그들은 유대인이노라.

133:5 12는 유대인의 수, 7은 모든 사람을 포함하는 만인의 수이니라.

133:6 하느님은 10이시며, 거룩한 요오드(註.열번째 자음)이시다.

133:7 하느님과 사람의 수를 곱하면 70인바, 인간 동포의 수가 되니라.

133:8 이제 나는 그대들을 두 사람씩 보내니라. 유대인만 아니라. 하늘 아래의 모든 나라, 그리스인과 아시리아인, 사마리아인, 바다 넘어 여러 민족, 모든 사람에게 보내노라.

133:9 그대들은 멀리 갈 필요가 없으니, 이는 모든 땅의 사람들이 여기에도 있고 사마리아에도 있기 때문이니라.

133:10 일어나 출발하도록 하라. 단지 신앙으로 갈지어다. 지갑 속에 금

은을 가지고 있지 말고 여분의 겉옷과 신발도 가져가지 말아라. (공통)

133:11 성스러운 이름으로 가고, 하느님과 너 자신을 믿으면 절대 부족하지 않으리라

133:12 그대는 어느 곳에서나 이렇게 인사하도록 할지니라. '모든 이에게 평화, 모든 이에게 선의!'

133:13 만일 평화의 아들이 그 집 안에 있다면, 문은 넓게 열리고 그대는 들어갈 것이다. 그러면 성스러운 평화가 그 집에 깃들게 되리라.'

133:14 70명은 두 사람씩 떠났습니다. 그들은 사마리아로 가서 말했습니다. '모든 이에게 평화, 모든 이에게 선의!

133:15 회개하고 죄에서 벗어나시오. 그리고 집을 정리하시오. 왜냐하면, 그리스도의 모습을 지닌 사람의 아들이 올 것이며, 그대들은 그분의 얼굴을 보게 될 것입니다.'

133:16 그들은 사마리아의 모든 마을로 갔습니다. 바닷가의 두로와 시돈에서 설교 했습니다. 약간은 크레타로, 다른 이들은 그리스으로, 또 다른 이들은 길레아드로 가서 가르쳤습니다.

133:17 예수님께서 혼자 사마리아를 지나 축제에 가셨습니다. 도중에 수가를 지날 때 문둥병 환자들이 그분을 보았고, 열 명의 문둥병 환자들이 예수님을 멀리서 부르며 말했습니다.

133:18 '주님. 예수님이시여, 머물러서 성스러운 말씀을 하시어, 우리를 깨끗하게 하여 주소서.'

133:19 예수님께서 말씀하시기를 '가서 사제들에게 그대들의 몸을 보여주도록 하라.'

133:20 그들은 갔고, 도착했을 때 문둥병은 나았습니다. 열 명 중 한 사마리아 사람이 돌아와서 예수님께 감사드리고 주님을 찬양했습니다.

133:21 그러자 예수님께서 그에게 말씀하시기를 '보라, 열 사람이 깨끗해 졌노라. 아홉 사람은 어디에 있는가? 일어나서 갈 길을 가라. 그대의 믿음이 그대를 온전하게 했노라.

133:22 그대는 그대의 진심을 보여 주었고 하느님의 힘을 받을 가치가 있음을 보여 주었느니라. 보라, 아홉 사람은 다시(again) 문둥병을 앓는 손발이 되리라.'

133:23 예수님께서는 길을 떠나 축제가 행해지고 있는 동안에 예루살렘 성전으로 들어갔습니다.

133:24 예수님께서 율법학자와 바리새인과 사제와 율법 박사들의 위선과 이기주의에 대해 책망하였습니다.

133:25 보통사람들은 매우 놀라서 말하기를 '어디에서부터 이 사람의 지혜가 온 것일까? 그는 마치 성자처럼 말하는구나!'

133:26 예수님께서 말씀하시기를 '나는 인간의 학교에서 성스러운 하느님의 지혜를 배운 것이 아닙니다. 나의 가르침은 내 것이 아닙니다. 나는 그분의 뜻을 행하도록 나를 여기에 보내신 그분의 말씀을 하고 있습니다.

133:27 만약 어떤 사람이 내가 말하는 바를 알고 싶거든, 반드시 하느님의 뜻을 행해야(do) 합니다. 어떤 사람도 하느님의 뜻을 행하지 않는다면 알지 못할 것입니다.

133:28 모세는 율법을 주었습니다. 그러나 당신들 가운데 누구도 이 법을 지키지 않았습니다. 어떻게 당신들이 어떤 사람의 가치를 판단할 수 있겠습니까?

133:29 한때, 이 성전에서 나는 안식일에 한 사람의 병자를 고쳤습니다. 그러자 당신들은 격노하여 나를 죽이려고 했습니다. 그리고 지금은 내가 진리를 말하고 있으므로, 다시 내 생명을 빼앗으려 하고 있습니다.'

133:30 한 율법학자가 말했습니다. '어리석은 자여, 당신은 귀신 들렸구나. 누가 그대의 생명을 빼앗으려고 한단 말인가?

133:31 보통사람들이 말하기를 '이 사람은 오랫동안 지도자들이 죽이려고 찾고 있던 예수가 아닌가? 그가 지금 와서 성전 뜰에서 가르치고 있다.

133:32 만약 그가 그런 무서운 죄를 범하고 있다면, 왜 그들은 쇠사슬에 묶어가지 않는 것인가?'

133:33 예수님께서 말씀하시기를 '그대들 모두는 나를 알고 있으며, 내가 어디에서부터 온 것도 알고 있습니다. 그러나 그대들은 나를 이곳에 보내신 하느님을 알지는 못합니다. 나는 하느님의 말씀을 하고 있습니다.'

133:34 군중들은 다시 나서서 그를 변호하여 말했습니다. '만약 이 사람이 하느님께서 사람들에게 보여 주려고 약속하신 그리스도가 아니라면, 이 사람이 하는 그것보다 누가 와서 더 큰 일을 할 것인가?'

133:35 바리새인과 사제 장들은 노하여, 그가 떠나기 전에 체포하려고 그들의 관리를 보냈습니다. 관리들은 두려움에 가득 차 그를 체포하지 못했습니다.

133:36 예수님께서 말씀하시기를 '보시오, 나는 여기 있지만 조금 후에 나는 그의 뜻을 행하기 위해서 여기에 나를 보내신 그분께 갑니다.

133:37 그대들은 지금 나를 찾고, 지금 나를 찾아낼 수 있지만, 언젠가는 나를 찾아도 찾을 수 없을 때가 올 것입니다. 왜냐하면, 내가 가는 곳에 그대들은 올 수 없기 때문입니다.'

133:38 사람들은 말했습니다. '사람들이 찾을 수 없는 곳에 가다니 어디로 가는 것일까? 그리스에 가는 것인가? 이집트나 아시리아에 가서 가르치는 것인가?'

133:39 그러나 예수님께서는 대답하지 않으시고 사람들이 모르는 사이에 성전에서 떠났습니다.

CHAPTER 134

134: 예수님께서 성전에서 가르침. 그의 말씀이 관리들을 노하게 함. 니고데모가 예수님을 변호. 예수님께서 올리브 산에서 기도하시며 밤을 보내심. 다음날 또 성전에서 가르침. 한 매춘부가 판단을 받기 위하여 예수님 앞에 끌려 옴

134:1 한편, 축제의 마지막 날에 군중들이 성전 길목에 있을 때 예수님께서 말씀하시기를

134:2 '누구든지 목마른 자는 내게로 와서 마시시오. (공통)

134:3 나를 믿고 하느님께서 보내신 그리스도를 믿는 자는, 생명의 잔을 마시도록 하시오. 그러면 그의 내부에서부터 생명의 물이 흐를 것입니다. (from his inner parts shall streams of living waters flow.)

134:4 성령이 그를 감싸고, 그는 성령의 숨을 쉬고, 말씀하고, 생명으로 살아갈 것입니다.'

134:5 사람들은 예수님에 대한 그들의 의견이 나누어져서, 어떤 이들은 예수님을 살아있는 하느님의 선지자라고 말했습니다.

134:6 그리고 다른 이들은 선지자들이 앞으로 오리라고 말했던 메시아라고 말했습니다.

134:7 그리고 또 다른 이들은 그가 갈릴리에서 왔으므로 그리스도일 수가 없으며, 그리스도는 다윗이 살았던 베들레헴에서 오셔야만 한다고 말했습니다.

134:8 또 사제들과 바리새인들은 예수님의 생활에 대한 대답을 듣기 위하여 그를 법정으로 데려오도록 관리들을 보냈습니다. 그러나 관리들은 되돌아갈 뿐 그를 데리고 오지 못했습니다.

134:9 지도자들은 노하여 말했습니다. 왜 이 사나이를 잡아서 법정으로 끌어오지 못했는가?'

134:10 관리들이 대답하기를 '우리는 결코 이 사람이 말한 것처럼 말하는 사람을 본 적이 없습니다.'

134:11 격노한 바리새인들은 앞에 나서서 말하기를 '너희들은 미쳤느냐? 길을 잃었느냐? 이 사람의 제자냐?

134:12 지도자들과 바리새인 누가 그를 믿었던 것이냐? 보통사람들은 그를 믿을 수도 있다. 그들은 저주받을 것을 것이고 그들은 아무것도 모른다.'

134:13 그러나 니고데모는 지도자들 앞에 나와 말하기를 '유대의 재판관은 변명을 듣기도 전에 재판하고 선고할 수 있는 것입니까? 예수를 이 법정에 세우고 증언을 들어봅시다.'

134:14 관리들은 말했습니다. '이 예수는 교활한 사람이다. 만일 말을 시키면, 바로 앞에서 우리를 비난할 것이다. 그러면 군중들은 웃고 그를 방어하는 편에 서게 되리라.

134:15 또한, 우리는 물론 당신들도 알다시피, 선지자는 갈릴리에서 나오지 않는다.'

134:16 지도자들은 관리들과 니고데모가 한 말에 위력을 느껴 더는 아무 말도 하지 않았습니다.

134:17 사람들은 각기 집으로 돌아갔고, 예수님은 올리브 산에 올라 기도하며 밤을 보냈습니다.

134:18 그러나 태양이 뜨는 이른 아침에, 예수님께서 또다시 왔습니다. 그러자 많은 사람이 그분을 보러 성전 마당으로 왔으며, 예수님은 앉아서 그들을 가르쳤습니다.

134:19 바리새인들과 율법학자들은 예수님이 하는 말에서 그를 비난할 대의명분을 찾으려고 애썼습니다.

134:20 관리들은 매춘행위를 하는 한 여자를 현행범으로 잡았습니다. 예수님이 가르치고 있을 때 그들은 이 여자를 데리고 가서 한가운데 놓고 말했습니다.

134:21 '선생, 이 사악한 여인은 간음하다가 잡혔습니다. 모세의 율법에 따르면 이런 경우에 그녀를 죽여야 하며, 돌로 쳐 죽이라고 되어 있습니다. 당신은 그녀의 처벌에 대하여 무엇을 말하겠소?'

134:22 예수님께서 몸을 굽혀 땅에 어떤 모양을 만드시고, 그 안에 영혼의 숫자를 써넣고, 고요한 생각에 잠겨 앉아 있었습니다.

134:23 사제들이 그분의 대답을 요구하자 말씀하셨습니다. '죄 없는(no sin) 자가 앞에 가서 먼저 그녀에게 돌을 던지시오.' (공통)

134:24 그리고 예수님은 눈을 감고 한마디도 하지 않으셨습니다. 그분은

일어서 홀로 있는 여인을 보고 말씀하시기를

134:25 '당신을 이곳에 데려와 고발한 사람들은 어디에 있습니까?'

134:26 그녀가 말하기를 '그들은 모두 가 버렸습니다. 저를 책하는 사람은 아무도 없습니다.'

134:27 예수님께서 말씀하시기를 '나도 당신을 책하지 않습니다. 평화로이 갈 길을 가시오. 그리고 더 이상 죄를 범하지 마시오.'

CHAPTER 135

135: 예수님께서 성전에서 가르침. 그리스도 사직의 더 깊은 뜻을 밝힘. 관리들은 크게 격분하고, 돌을 던지려 하나 예수님께서 사라지심

135:1 축제가 끝나고 예수님과 베드로, 야고보와 요한은 성전의 헌금 상자 옆에 앉아 있었습니다.

135:2 아홉 제자는 가버나움에 돌아가 있었습니다.

135:3 사람들은 성전 뜰에 모여들었고 예수님께서 말씀하시기를

135:4 '나는 등불이요, 그리스도는 생명의 기름이요, 성령은 불입니다. 그 빛을 보시오. 나를 따르는 사람은 어둠 속을 거닐지 않습니다. 그는 생명의 빛을 가질 것입니다.'

135:5 한 율법학자가 말했습니다. '당신은 당신 자신을 위하여 증언하고 있으므로, 당신의 증언은 진실이 아닙니다.'

135:6 예수님께서 말씀하시기를 '만약 내가 나를 밝히더라도, 이것은 진실입니다. 왜냐하면, 나는 내가 어디서 와서 어디로 가는지 알기 (know) 때문입니다.

135:7 또한, 어떠한 육의 인간도 나를 위해 증언할 수 없습니다. 왜냐하면, 누구도 내가 어디로 와서 어디로 가는지 모르기 때문입니다.

135:8 내가 한 일들(works)은 내가 말하는 진리를 증언할 것입니다. 인간으로서의 나는 성령의 말들을 할 수 없으며 나의 아버지께서 나를 위해 증언하십니다.'

135:9 한 율법학자가 말하기를 '어디에 당신의 아버지가 살고 있습니까?'

135:10 예수님께서 말씀하시기를 '그대들은 나를 모르거나 나의 아버지를 모릅니다. 만약 그대가 아버지를 안다면 아들을 알 것입니다. 아버지와 아들은 하나이기 때문입니다.

135:11 나는 나의 길을 가려니와 그대들은 나를 찾지 못할 것입니다. 내가 가는 곳에 그대들은 올 수 없기 때문입니다. 그대들은 길을 모르기 때문입니다.

135:12 그대들은 그 길을 발견할 수 없습니다. 그대들의 마음은 역겹고, 귀는 둔하고, 눈은 감겨 있기 때문입니다.

135:13 생명의 빛은 그대들의 마음 둘레에 그려진 흐린 장막을 통해서는 비칠 수가 없습니다.

135:14 그대들은 그리스도를 알지 못합니다. 만일 그리스도가 마음속에 없다면 빛은 없습니다.

135:15 나는 사람들에게 그리스도를 보여 주기 위해 왔지만, 그대들은 나를 받아들이지 않습니다. 그리고 그대들은 나의 말을 믿을 때까지 어둠 속에서 살고 무덤의 그림자 속에서 살 것입니다.

135:16 그대들은 사람의 아들을 모욕하고, 그를 높이 매달고 그가 죽는 것을 보고 웃을 것입니다.

135:17 하지만 그때 작은 빛이 나타나서, 그대들은 내가 누구인지 알게 될 것입니다.'

135:18 사람들은 그 말한 말의 의미를 이해하지 못했습니다.

135:19 예수님께서 자신을 믿는 사람들에게 말씀하시기를. '만일 그대가 그리스도 안에 거하고, 그리스도가 그대 안에 거하고, 또한, 마음속에서 나의 말을 지킨다면

135:20 그대들은 길이며, 길 안의 사도이며, 진리가 무엇인지 알게 되고, 진리는 당신들을 자유롭게 할 것입니다.' (공통)

135:21 아직도 사람들은 이해하지 못하여 말하기를 '우리는 아브라함의 자손으로 이미 자유롭습니다. 우리는 결코 어떤 사람의 노예도 아닙니다. 왜 우리가 자유롭게 되리라고 말하는 것입니까?'

135:22 예수님께서 말씀하시기를 '죄를 범하는 모든 사람은 죄의 굴레 속에 거주하는 죄의 노예(slave of sin)인 것을 그대는 알지 못합니까? (공통)

135:23 만약 그대들이 죄가 아니라면 그때는 그대들은 자유롭습니다. 그러나 만약 그대들이 사상이나 언어 혹은 행위로 죄를 범한다면, 그대들은 노예입니다. 진리 외에 그대들을 자유롭게 할 수 있는 것은 아무것도 없습니다. 만약 그대들이 그리스도를 통해 자유롭게 된다면, 그대들은 참으로 자유롭습니다.

135:24 그대들은 아브라함의 자손입니다. 그러나 내가 아브라함에 대한 진리를 말하기 때문에 그대들은 나를 죽이기 위하여 찾고 있습니다.

135:25 그대들은 아브라함의 육의 자손이지만, 보시오. 당신들이 알지 못하는 영의 아브라함이 있습니다.

135:26 영에서는 그대들은 그대들 아버지의 자녀이고, 그대들의 아버지는 디아볼로입니다. 그대들은 그의 말에 매달리고 그의 뜻을 행하고 있습니다.

135:27 그는 처음부터 살인자였으므로, 그는 진리를 말할 수 없습니다. 그가 거짓말을 할 때 그는 그 자신을 말하고 있습니다. 그는 자기 자신이 거짓말입니다.그는 그 자신의 아버지입니다.

135:28 만약 그대들이 나의 아버지 하느님의 자녀라면, 하느님의 말씀을 들을 수 있습니다. 나는 하느님의 말씀을 말합니다. 그러나 그대들은 그것들을 들을 수가 없습니다.' (공통)

135:29 한 바리새인이 앞에 서서 말하기를 '이 사람은 우리 중 하나가 아닙니다. 그는 껍데기 사마리아인이며 귀신 들려 있습니다.'

135:30 그러나 예수님께서는 바리새인이나 율법학자들이 말에 주의하지 않았습니다. 그분은 모든 사람이 그가 유대인임을 알고 있다고 알고 있었기 때문입니다.

135:31 예수님께서 말씀하시기를 '누구든지 내 말을 지키는(keep) 사람은 절대 죽지 않을 것입니다.' (공통)

135:32 한 율법학자가 말하기를 '인제 보니 그가 귀신들려 있음을 알겠습니다. 우리의 아버지 아브라함은 죽었습니다. 선각자는 모두 죽었습니다. 그러나 이 사람은 자기의 말을 지키는 자는 절대 죽지 않는다고 말합니다.

135:33 이 사람이 우리의 아버지 아브라함보다도 더 위대합니까? 선각자들보다 더 뛰어나단 말입니까? 그들은 모두 죽었습니다.'

135:34 예수님께서 말씀하시기를 '당신들의 아버지 아브라함은 나의 날을 보고 기뻐하였습니다. 그는 그것을 보고 기뻐하였습니다.'

135:35 율법학자는 말했습니다. '당신은 단순하군요. 당신은 50살도 되지 않았는데, 아브라함을 본 적 있습니까?'

135:36 예수님께서 말씀하셨습니다. '아브라함(註.BC2166?~BC1991?)의 시대 전에 나는 존재하고 있었습니다.' (공통)

135:37 또다시 율법학자와 바리새인은 격분했습니다. 그들은 그분에게 던지기 위해 돌을 집어 들었습니다. 그러나 그분은 마치 밤의 허깨비처럼 사라졌고, 사람들은 아무도 그분이 어디로 갔는지 알지 못했습니다.

CHAPTER 136

136: 예수님께서 성전에서 가르치심. 착한 사마리아인의 비유. 베다니로 가서 나사로의 집에서 가르치심. 마르다가 이 세상일에 대해 근심하는 것을 책망

136:1 예수님께서는 다시 성전의 뜰에 서서 가르치셨습니다.

136:2 한 율법 선생이 예수님의 비난할 대의명분을 찾아 죄로 고소하려고 질문하기 위하여 왔습니다.

136:3 그는 말했습니다. '주여, 영원한 생명을 얻으려면 무엇을 해야 하는지 말씀해 주십시오.'

136:4 예수님께서 말씀하시기를 '그대는 율법을 알고 있습니다. 율법은 무엇이라고 말하고 있습니까?' (공통)

136:5 율법학자는 말했습니다. '그대는 그대의 가슴과 영혼과 힘과 마음을 다하여 주 너희 하나님을 사랑하고, 그대 자신처럼 그대 이웃을 사랑하라.'

136:6 예수님께서 말씀하시기를 '보시오, 그대는 잘 대답했습니다. 이것을 행한다면 그대는 살 수 있을 것입니다.'

136:7 율법학자가 말하기를 '내 이웃, 누가 이웃인가요?'

136:8 예수님께서 말씀하시기를 '어떤 사람이 예루살렘에서 예리코로 가는 중에 그는 강도를 만나 두들겨 맞고, 물건을 빼앗기고, 길가에 피 흘리면서 남겨져 있습니다.

136:9 한 바리새인이 그 길을 내려가다가, 부상 당한 그 사람을 보았지만, 시간이 없다면서 건너 쪽으로 지나갔습니다.

136:10 한 레비인이 와서 그 사람을 보았지만, 그는 자기의 제사장 예복을 더럽히고 싶지 않아서 그냥 지나쳤습니다.

136:11 예리코로 가던 한 율법가가 죽어가고 있는 이 사람을 보고 말하기를 '만약 내가 1세켈이라도 받을 수 있다면, 이 사람을 도와줄 수도 있다. 그러나 이 사람은 줄 게 아무것도 없다. 나는 자비를 베풀 시간이 없다.' 그리고는 그냥 지나쳤습니다.

136:12 낯선 한 사마리아인이 이 부상자를 보고 불쌍히 여겨 멈추고 그의 말에서 내렸습니다.

136:13 그를 소생시키고, 그의 말에 태워 여관으로 데려가, 여관주인에게 그의 힘이 돌아올 수 있도록 간호해주길 부탁했습니다.

136:14 그는 그가 가진 돈 모두를 주인에게 주면서 말하기를 '당신 비용은 이 돈보다 많을 것입니다. 하지만 이 불쌍한 사람을 보살펴 주시면, 내가 다시 돌아와 그 모두를 지급(pay)하겠습니다.' 그리고 그는 자기 길을 갔습니다.

136:15 율법 선생이여, 이들 넷 중 어느 쪽이 강도에게 쓰러진 사람의 이웃입니까?'

136:16 율법학자가 말하기를, '그에게 자비를 보여 준 사람, 그를 보살펴

준 사람입니다.'

136:17 예수님께서 말씀하시기를 '가서 그와 비슷하게 하십시오. 그러면 당신은 살 것입니다.'

136:18 예수님과 베드로와 야고보와 요한은 나사로가 사는 베다니로 갔습니다.

136:19 마르다가 준비하는 동안, 마리아는 예수님의 발 근처에 앉아서 그분이 생명의 말씀을 하는 것을 듣고 있었습니다.

136:20 마르다가 불러도, 마리아는 그녀를 도와주기 위하여 주님 옆을 떠나지 않았습니다.

136:21 마르다가 예수님께 말했습니다. '마리아가 종일 내게 대접하는 부담을 맡기고 있는데, 왜 신경 쓰지 않으십니까? 그녀에게 도와주라고 해 주시길 청합니다.'

136:22 예수님께서 말씀하시길 '마르다 여, 그대는 그대 손님들에게 너무 신경 쓰는구려. 그대는 세상의 일들에 대하여 그렇게 곤란을 겪을 필요가 없느니라.

136:23 그대는 작은 일에 관한 관심으로 지쳐버려, 무엇보다 필요(need)한 한 가지 일을 소홀히 하고 있느니라.

136:24 여기 그대의 동생은 어느 사람도 빼앗아 갈 수 없는 부분, 훨씬 더 좋은 쪽을 택했느니라.'

CHAPTER 137

137: 예수님과 제자들은 기도하기 위하여 조용한 곳으로 감. 예수님께서 나사로에게 기도하는 법을 가르치심. 모범적인 기도. 끈질긴 기도의 가치. 끈덕진 주부의 비유

137:1 저녁에 예수님과 베드로와 야고보와 요한은 나사로와 함께 기도하기 위하여 마을 문을 넘어 나갔습니다. 나사로는 기도하는 방법을 가르쳐 달라고 말하였습니다.

137:2 예수님께서 말씀하시기를 '내가 갈릴리에 있을 때 12명에게 가르

쳐 준 기도는 하느님께서 받아들일 수 있는 기도였노라. 그대들은 기도할 때 단지 이렇게 말하여라.

137:3 하늘에 계신 우리 아버지 하느님, 그 이름은 거룩합니다. 그 나라가 오셔서 뜻이 하늘에서 이루어진 것과 같이 땅 위에서도 이루어질 것입니다. (Our Father-God who art in heaven; holy is thy name; thy kingdom come; they will be done on earth as it is done in heaven;)

137:4 우리에게 일용할 양식을 주옵시고(Give us this day our needed bread;)

137:5 우리가 우리에게 죄지은 자의 빚을 잊은 것 같이 우리의 빚이 사해지도록 도와주소서. (Help us forget the debts that other people owe to us, that all our debts may be discharged;)

137:6 우리를 견디기 어려운 유혹의 시험에서 지켜주소서. (And shield us from the tempter's snares that are too great for us to bear;)

137:7 시험이 왔을 때 이를 극복할 수 있는 힘을 주시옵소서(And when they come, give us the strength to overcome.)'

137:8 예수님께서 말씀하시기를 '그대들의 기도에 대한 응답은 짧은 시간 안에 충분히 나타나지 않느니라.

137:9 실망하지 말고, 다시 기도하고 또다시 기도하면(pray again and again), 하느님께서는 들어주시느니라.'

137:10 그리고 그분은 한 가지 비유를 들어 말씀하시기를 '한밤중에 어떤 주부가 홀로 있을 때 보라, 손님이 도착했는데 그들은 종일 먹지 못해서 배가 고팠다.

137:11 주부의 집에는 빵이 없었고 한밤중에 그녀는 친구에게 가서 친구를 불러 말하기를 '빵 3개만 빌려주시오. 왜냐하면, 손님들이 왔는데 먹일 게 아무것도 없습니다.'

137:12 친구가 대답하기를 '왜 이 한밤중에 나를 괴롭히나요. 내 문은 닫

히고 나의 아이들과 나는 잠자리에 들었으니, 나는 빵을 주기 위해 일어날 수가 없어요. 내일 받을 수 있을 것입니다.'

137:13 그 주부는 다시 부탁하고, 다시 부탁하여 간청했기 때문에, 친구는 거절할 수가 없어서 일어나 빵을 주었다.

137:14 보라, 내가 그대들에게 말하노니, 확실히 구하라(Ask), 그러면 그대는 받을 것이요, 믿고 찾으라(seek), 그러면 그대는 찾을 것이요. 열심히 두드리라(knock), 그러면 문은 열릴 것이니라.

137:15 모든 것이 그대의 것이니라. (All things are yours.) 구할 때는 거지가 구하듯 구하지 말고, 어린아이와 같이 구하면 그대는 만족하리라.

137:16 아들이 그의 아버지에게 빵을 구하면, 아버지는 그에게 돌을 주지 않느니라.

137:17 아들이 아버지에게 생선을 구하는데 아버지가 게를 주지는 않으며, 아들이 달걀을 구하는데 아버지가 냇가의 자갈을 주지 않느니라.

137:18 보라, 육의 사람이 육의 아들에게 충분히 주는 방법을 아는데, 그대의 하늘에 계신 아버지께서 그대들이 기도할 때 그대에게 충분히 주지 않겠느냐?'

CHAPTER 138

138: 예루살렘의 그리스도인들, 선천적인 장님을 만남. 예수님께서는 병과 재난의 원인에 대한 교훈을 가르치심. 장님을 고치심

138:1 주님께서는 베드로, 야고보, 요한과 함께 예루살렘에 계셨습니다. 그 날은 안식일이었습니다.

138:2 그들은 길을 걷다가 볼 수 없는 사람을 만났습니다. 그는 태어날 때부터 장님이었습니다.

138:3 베드로가 말하기를 '주님, 만약 병이나 몸의 결함은 모두 죄 때문이라면, 누가 이 경우에 있어 죄인입니까? 부모님입니까 아니면 그 사람 본인입니까?'

138:4 예수님께서 말씀하시기를 '모든 재해는 만들어졌던 빚 일부를 지급하는 것이거나 빚들을 지급하는 것입니다. (Afflictions all are partial payments on a debt, or debts that have been made)

138:5 인과응보의 법칙은 절대 실패하지 않습니다. 그것은 생명의 진실법을 요약한 것입니다. (Recompense that never fails, and it is summarized in that true rule of life)

138:6 사람이 어느 다른 사람에게 한 행위는 무엇이든, 다른 누군가가 그에게 할 것입니다. (Whatsoever man shall do to any other man some other man will do to him.) (공통)

138:7 이것을 통해 우리는 이에는 이로, 생명에는 생명으로라는 간결하게 표현된 유대의 율법의 뜻을 알 수 있습니다.

138:8 생각이나 말이나 행위로 누군가를 상처 입힌 자는 율법의 채무자로 심판받고, 누군가가 마찬가지로 생각이나 말이나 행위로 그에게 상처를 입힐 것입니다.

138:9 어느 사람의 피를 흘리게 자는 자신의 피도 누군가에 의해 흘리게 되는 시간이 올 것입니다. (And he who sheds the blood of any man will come upon the time when his blood shall be shed by man.)

138:10 재난이란 빚을 진 사람이, 그의 주인이 빚을 갚을 더 좋은 기회를 주기 위해 그를 놓아주지 않는 한, 그 빚을 다 갚을 때까지 머물러야만 하는 감옥입니다.

138:11 재난은 사람이 지급해야 할 빚을 가지고 있다는 하나의 어떤 상징입니다. (Affliction is a certain sign that one has debts to pay.)

138:12 이 사람을 보라. 한때 그는 다른 생에서 잔인한 사람이었고, 한 동료의 눈을 잔혹한 방법으로 멀게 했습니다.

138:13 이 사람의 부모는 언젠가 장님과 무력한 사람을 외면하고, 문밖으로 내쫓은 일이 있습니다.'

138:14 베드로가 묻기를 '저희가 성스러운 말씀으로 사람을 고쳐주고, 악한 영을 내쫓고, 혹은 어떤 쓰라린 괴로움에서 구해 주면, 다른 사람의 빚을 갚아주는 것이 되는 것입니까?'

138:15 예수님께서 말씀하시기를 '우리는 어떤 사람의 빚을 갚을 수 없습니다. (We cannot pay the debts of any man.) 그러나 성스러운 말씀으로 재난과 불행에서 사람들을 구해 줄 수 있을 것입니다.

138:16 그를 자유롭게 하여, 그가 사람들과 다른 생명을 위하여 기꺼이 희생하는 삶을 살아갈 수 있게 함으로써, 그는 그 자신의 빚을 갚을 수 있을 것입니다.

138:17 보시오, 우리는 이 사람이 더욱더 인류를 섬기고, 자신의 빚을 갚을 수 있도록 자유롭게 해 줄 수 있습니다.'

138:18 예수님께서는 그 사람을 불러서 말씀하셨습니다. '당신은 자유롭게 되고 싶소? 시력을 되찾고 싶습니까?'

138:19 그 사람은 대답했습니다. '만약 제가 볼 수 있다면 제가 가진 모든 것을 전부 다 드리겠습니다.

138:20 예수님께서는 침과 약간의 진흙으로 덩어리를 빚어 장님의 눈에 붙이셨습니다.

138:21 그분은 성스러운 말씀을 하시고 나서 말씀하시기를, '실로암에 가서 씻으시오, 그때 Jahhevahe라고 말하면서 씻으시오. 이것을 일곱 번 하면 당신은 볼 수 있을 것이오.' (공통)

138:22 그는 실로암까지 안내돼서, 그는 눈을 씻고 그 단어를 말했습니다. 즉시 그의 눈을 열렸고 보았습니다.

138:23 여러 해 동안 이 사나이가 길가에 앉아 구걸하던 것을 보았던 사람들은 그가 앞을 보게 된 것에 대하여 매우 놀랐습니다.

138:24 그들은 말하기를 '이 자는 태어나면서부터 장님으로, 길가에 앉아 구걸하던 욥이 아닌가?'

138:25 사람들이 서로 말하고 있는 것을 듣고 그는 말했습니다. '예, 제가 바로 그요'

138:26 사람들은 묻기를 '어떻게 고쳤는가? 누가 당신의 눈을 뜨게 해 주었나?'

138:27 그는 말하기를 '예수라는 사람이 진흙을 빚어서 나의 눈에 붙이고 무슨 말을 말하면서 실로암에 가서 일곱 번을 씻으라고 명하셨습니다. 제가 그분 시키는 대로 하니 지금 보입니다.'

138:28 어느 지나가던 율법학자 한 사람이 예수님께서 성스러운 말씀으로 눈을 뜨게 해 주었다는 그의 말을 들었습니다.

138:29 그래서 그는 이 사람을 회당으로 데리고 가서, 사제들에게 그 이야기했더니, 사제들은 이 기적에 관하여 물었습니다.138:30 그는 대답하기를 '나는 오늘까지 전혀 빛을 볼 수 없었습니다. 태어나면서부터 장님이었습니다.

138:31 오늘 아침 실로암 옆에 앉아 있었는데, 모르는 분이 진흙으로 만들었다고 하는 고약을 내 눈에 발라주었습니다. 그분은 무슨 말을 외우면서 일곱 번 내 눈을 물로 씻으라고 명하셨습니다. 그분이 명한 대로 하니 눈이 떠졌습니다.'

138:32 한 율법학자가 그에게 묻기를 '누가 당신의 눈을 뜨게 해 주었나?'

138:33 그는 대답했습니다. '어떤 사람들은 그분 이름이 예수이며 갈릴리에서 왔다고들 하고, 다른 사람들은 그분은 하느님의 아들이라 말했습니다.'

138:34 한 바리새인이 와서 말하기를 '오늘은 안식일이요, 이와 같은 일을 하는 자는 안식일을 소중히 여기지 않으므로 하느님에서 온 자가 아니요.'

138:35 약간의 사제들은 매우 놀라서 말했습니다. '악인은 결코 이 같은 기적을 행할 수 없다. 그는 틀림없이 하느님의 힘을 가지고 있다.' 그래서 그들 사이에 분쟁하는 말이 많았습니다.

138:36 그들은 이 사나이에게 묻기를 ' 무슨 생각이 드는가. 이 갈릴리 사람에 대하여?'

138:37 그가 말하기를 '그분은 하느님께서 보내신 선지자입니다.'

138:38 한편 많은 유대 사람들은 이 사나이가 태어날 때부터 장님이었다고는 믿지 않았습니다. 그들은 말했습니다.' 태어날 때부터의 장님을 볼 수 있게 하는 힘이란 없다.'

138:39 사람들은 바리새인 앞에 이 사나이의 부모를 데리고 와 증명하고자 했습니다.

138:40 부모가 말하기를 '이 애는 태어날 때부터 장님인 우리 아들입니다. 우리는 어떻게 그가 앞을 보게 되었는지 모릅니다. 그는 성인이고 스스로 말 할 줄을 아니까 그에게 물어보십시오.'

138:41 부모는 자신들이 믿었던 대로, 예수님을 하느님의 힘을 나타내기 위하여 온 그리스도라고 말한다면, 사제들을 노하게 만들어 회당에서 쫓겨날까 봐 두려워했습니다.

138:42 지도자들은 또다시 말하기를 '이 예수라는 자는 악인이다.' 치료된 사람이 다시 말하기를

138:43 '이 예수라는 분이 악인인지 성인인지 모르지만 저는 한 가지만은 알고 있습니다. 저는 장님이었는데 지금은 볼 수 있습니다.'

138:44 율법학자와 바리새인들은 그 사나이를 욕하면서 말하기를 '너는 이 갈릴리에서 온 그 사람의 추종자구나. 우리는 모세를 따라간다. 우리는 그를 모르고 어디서 왔는지도 모른다.'

138:45 그 사람은 대답하기를 '당신들이 이 분이 어디서 왔는지를 모른다는 것은 신기합니다. 그러나 그분은 나의 눈을 뜨게 해 주었습니다.

138:46 당신들은 하느님의 힘 이외의 그 어떤 것도 그런 일을 할 수 없다는 것을 알고 있습니다.

138:47 하느님은 죄인의 기도를 들어 주시지 않습니다. 당신들은 하느님의 힘을 쓸 수 있는 그분은 악인이 아니라는 것을 알아야 합니다.'

138:48 바리새인들은 대답했습니다. '이놈아, 너는 죄 속에서 태어났으면서, 지금 우리에게 율법을 가르치려고 노력하는구나.' 그리고는 그를 회당에서 쫓아냈습니다.

139: 예수님께서 장님이었던 사람을 만나서 가르침. 하느님 나라의 비밀을 말씀. 양의 우리. 스스로 양을 치는 목자라고 선언. 마 쌀 리 안의 집에 가시어 며칠을 보내심

139:1 예수님은 자신이 치료해준 장님이 회당에서 쫓겨났다는 말을 듣고 그 사나이를 찾아 말씀하시길

139:2 '그대는 하느님과 하느님의 아들을 믿습니까?'

139:3 그가 대답하기를. '저는 하느님을 믿습니다. 그런데 당신이 말하는 하느님의 아들이란 누구입니까?'

139:4 예수님께서 말씀하시기를, '하느님의 아들은 그대에게 말하고 있는 사람입니다.'

139:5 그러자 그 사람은 물었습니다. '왜 당신이 하느님의 아들이라고 말씀하십니까? 하느님의 아들은 한 명뿐입니까?'

139:6 예수님께서 말씀하시기를, '모든 사람은 태어나면서부터 하느님의 아들입니다. 하느님은 인류의 아버지이십니다. 그러나 신앙으로는 모두가 하느님의 아들은 아닙니다. (but all are not the sons of God by faith.)

139:7 자아를 극복한 사람은 신앙에 있어서 하느님의 아들입니다. 그리고 그대에게 말하고 있는 사람은, 자아를 이겨서 하느님의 아들이라고 불립니다. 왜냐하면, 그는 사람의 아들들에 대한 모범이기 때문입니다.

139:8 하느님의 뜻을 믿고 행하는 자는 신앙에 있어 하느님의 아들입니다.'

139:9 그 사람은 기뻐하면서 외쳤습니다. '주여, 저는 하느님과 하느님의 아들을 믿습니다.'

139:10 예수님께서 말씀하시기를, '나는 감옥의 문을 열고, 장님을 볼 수 있도록 하러 왔습니다. 그러나 바리새인은 나면서부터 장님입니다.

139:11 내가 그들의 눈에 진리의 말씀을 놓아 '가서 씻으시오. 성스러운 말씀을 하시오.'라고 시켜도 그들은 행하지 않고 어둠을 사랑하고 있습니다.'

139:12 군중들이 주님의 주변에 몰려 왔습니다. 그분은 일어나서 말씀하시기를

139:13 '이스라엘 사람들이여, 내가 그대들에게 말하노니 하느님의 울타리는 큽니다. 그 벽은 튼튼하고 입구는 동쪽에 있습니다. 문을 통하여 울타리로 들어가는 가지 않고, 다른 방법으로 울타리로 넘어오는 자는 도둑이고 강도입니다.

139:14 양치는 목자가 문 옆에 서서 암호의 신호를 보내면서 문을 두드리면, 문지기가 문을 열 것입니다.

139:15 양치는 목자가 자기 양의 이름을 부르면 양들은 그의 목소리를 듣고 따라갑니다. 양들은 문을 통하여 울타리로 들어갑니다.

139:16 양은 낯선 사람의 목소리를 알지 못하므로 따라가지 않고 도망갑니다.'

139:17 사람들은 예수님께서 말씀하시는 비유를 이해하지 못하였으므로, 예수님께서 말씀하시기를

139:18 '그리스도는 울타리의 입구이며, 나는 양치는 목자입니다. 그리스도를 통하여 나에게로 오는 사람은 생명의 물이 흐르고 풍부한 초원이 있는 울타리로 들어갈 것입니다. (공통)

139:19 거짓 선지자가 오고 가면서 그들은 양치는 목자라고 하면 그들은 길은 알지만, 힘의 말씀을 모르며, 문지기는 문을 열어주지 않습니다. 양은 그 부르는 소리에 응답하지 않습니다.

139:20 양치는 목자는 양을 구하기 위해 그의 삶을 줄 것입니다.

139:21 고용인은 늑대가 울타리에 들끓으면 자신의 생명을 구하려고 도망치며, 온순한 새끼 양은 빼앗기고 양들은 모든 곳으로 흩어지게 됩니다.

139:22 나는 양치는 목자입니다. 나는 하느님의 양을 알고 있습니다. 하느님이 나를 아시고, 내가 하느님을 알듯이, 그들은 내 음성을 알고 있습니다. (공통)

139:23 아버지는 죽지 않는 사랑으로 나를 사랑하십니다. 왜냐하면, 내가

양을 위해 내 삶을 내려놓았기 때문입니다.

139:24 나는 내가 원할 때 나의 생명을 내려놓지만, 다시 이를 되찾을 수 있습니다. 왜냐하면, 신앙에서 모든 하느님의 아들은, 자기의 육체를 옆에 놓았다가 다시 이를 찾을 힘이 있기 때문입니다. 이러한 말씀은 내가 하느님에게 받은 말씀입니다.'

139:25 사람들 사이에 말이 많았습니다. 그리스도에 대한 의견이 나누어졌습니다. 그들은 예수님께서 하신 말씀의 뜻을 이해할 수 없었습니다.

139:26 어떤 사람은 또다시 그를 귀신에 사로잡힌 자다고 하며, 미쳤다고 하며, 왜 그의 말을 듣느냐고 했으며

139:27 다른 사람은 '그의 말은 귀신들린 자의 말이 아니다. 악령이 선천적인 장님의 눈을 뜨게 할 수 있는가?'라고 말했습니다.

139:28 예수님께서는 예루살렘을 떠나 마쌀리안과 함께 며칠을 보냈습니다.

CHAPTER 140

140: 예수님께서 세 사람의 제자와 함께 가버나움으로 돌아가심. 칠십 명의 보고를 받으심. 제자들과 함께 신도들을 격려하며 갈릴리를 두루 순례. 여인을 고치심. 작은 씨앗과 큰 나무의 비유

140:1 예수님께서 설교하러 외국에 보냈던 70명이 돌아올 때가 되었습니다.

140:2 그래서 예수님과 베드로 야고보와 요한은 갈릴리로 돌아가기 위한 여행을 시작했습니다.

140:3 그들은 사마리아를 지나갔고, 그들이 마을과 고을을 지나가면, 어느 곳이든 사람들은 70명이 언급한 사람을 보기 위해 모여들었습니다. 그리고 예수님께서는 그들을 가르치고 환자를 고치셨습니다.

140:4 그들이 가버나움에 도착하자 70명이 이미 그곳에 있었고, 그들은 기쁨에 충만하여 말하기를

140:5 '하느님이 항상 우리와 함께 있어서, 우리는 항상 충만해 있었습니다.

140:6 성스러운 권능 말씀의 힘이 우리에게 나타나, 우리는 아픈 사람들을 고치고, 앉은뱅이를 걷게 하고, 귀머거리를 듣게 하며, 장님을

보게 하였습니다.

140:7 악마도 우리가 권능의 말씀을 할 때는 떨었고 그들은 우리에게 굴복했습니다.'

140:8 예수님께서 말씀하시기를, '그대들이 떠나자 하늘은 빛으로 빛났으며, 땅도 빛났으며, 하늘과 땅이 만나 하나 된 듯이 보였노라. 그리고 나는 사탄이 하늘에서 번개처럼 떨어지는 것을 보았노라.

140:9 보라. 그대들에게는 뱀이나 전갈을 밟아 버릴 힘이 있도다. 이들은 인간의 적을 상징하리라. 그대들은 올바름의 길에서 보호받을 것이며, 아무것도 그대들을 해할 수 없느니라.

140:10 그대들이 떠날 때, 나는 어느 스승이 '잘 이루어졌다'라고 말하는 소리를 들었노라.

140:11 그러나 그대들이 성스러운 말씀으로 병자를 치료하고 악마를 떨게 만들 힘을 가졌다고 기뻐해서는 안 되느니라. 왜냐하면, 그와 같은 기쁨은 육적 자아에서 오는 것이니라.

140:12 그대들은 지상의 나라들이 성스러운 말씀을 듣는 귀(ears)를 가지고 있으며, 주님의 영광을 볼 수 있는 눈(eyes)을 가지고 있으며, 성령의 내적인 숨결을 느낄 수 있는 마음(hearts)을 가지고 있으므로 기뻐해야(rejoice) 하느니라.'

140:13 그대는 그대들의 이름들이 생명책에 쓰여 있으므로 기뻐하는 것은 좋은 것이니라.

140:14 예수님께서는 하늘을 보며 말씀하시기를 '하늘과 땅의 아버지 주님, 당신께 감사하나이다. 당신께서는 어린아이(baby)에게 나타나시고, 어린아이들에게 길을 밝히는 방법과 어린아이들에게 현명한 사람을 당신에게로 인도하는 방법을 가르쳐주셨습니다.

140:15 당신께서 제게 주신 것을, 보소서. 저는 그들에게 받았습니다. 그리고 성스러운 말씀을 통하여 제가 어린아이들을 이해하는 마음을 부여받았습니다.

140:16 어린아이들은 전에도 있었고 지금도 있고 앞으로도 영원히 존재

하실 그리스도를 통하여 당신을 알고 경배합니다.'

140:17 그리고 예수님께서는 70명과 12사도에게 따로 말씀하셨습니다. '그대들은 그대가 보는 일들을 보기에, 그대의 눈(eye)은 가장 축복 되도다.

140:18 그대들의 귀는 들을 것을 들으니, 그대의 귀(ear)는 축복 되도다.

140:19 그대의 마음(heart)은 이해할 수 있으니, 그대의 마음은 축복 되도다.

140:20 옛날·이젠 돌아가신 세상의 현인, 선각자, 선지자, 왕들은 그대들이 이미 듣고 보고 아는 것을, 듣고 보고 또 알기를 원했지만, 그들은 얻을 수 없었고 듣고, 보고, 알 수 없었느니라.'

140:21 예수님께서 다시 말씀하시기를 보라, 몇 개월 전 나는 그대들 앞에 갔을 때, 나는 그대들에게 하늘나라의 빵과 생명의 잔을 주었노라.

140:22 나는 그대들의 방패이며 머문 장소이었노라. 그러나 지금 그대들은 길을 배웠고 홀로 일어설 힘이 있으니. 보라, 나는 나의 몸을 밑에 놓아두고 전능하신 분께로 가노라.

140:23 사십 일이 지나면 우리는 예루살렘으로 향할 것이고, 그곳에서 나는 주님의 제단을 찾을 것이고, 사람들을 위한 기꺼이 희생되어 나의 생명을 바치리라.

140:24 우리 일어나 갈릴리의 해변으로 가서, 신앙으로 모든 하느님의 아들들에게 즐겁게 인사합시다.'

140:25 그리하여 그들은 떠났습니다. 그들은 해변에 있는 모든 마을과 촌락으로 들어가서 모든 곳에서 '그리스도의 축복이 영원히 그대들에게 있으라'고 말했습니다.

140:26 한편, 그들은 안식일 날 어떤 마을의 회당으로 갔고 예수님께서는 가르치셨습니다.

140:27 그분께서 말씀하고 계실 때, 두 사람이 병으로 거의 반쯤 몸이 구부러진 여인을 침대 위에 싣고 왔습니다. 그녀는 18년 동안 남의 도움 없이는 자리에서 일어날 수 없었습니다. (공통)

140:28 예수님께서 그녀에게 손을 얹고 말씀하시기를 '일어나라, 그대의

병에서 자유롭게 되어라.'

140:29 예수님께서 권능의 말씀을 하시자 여인은 몸이 곧고 건강해졌음을 알고, 그녀는 일어나서 걷고 하느님께 경배하였습니다.

140:30 회당의 사제장은 안식일에 병자를 고쳤으므로 매우 노했습니다.

140:31 그는 면접에서 직접 예수님을 비난하지는 않았지만, 사람들을 향하여 말했습니다.

140:32 '갈릴리인이여, 당신은 어찌하여 하느님의 율법을 어기는가? 당신이 일할 수 있는 때가 매주 엿새 있으므로, 그때 고통받는 자를 데리고 와서 고쳐라.

140:33 오늘은 사람들이 일하지 않는 하느님께서 축복하신 안식일이다.'

140:34 예수님께서 말씀하셨습니다. '일관되지 못한 율법학자와 바리새인들이여, 안식일에도 그대들은 짐승을 울타리에서 끌어내어, 먹이고 마시게 하는데 이것은 일이 아닙니까?

140:35 십팔 년 동안 몸이 묶여 있었던 그대들의 아버지 아브라함의 딸이 신앙으로 자유로이 되었습니다.

140:36 지금 말해 보시오, 사람들이여, 안식일 날 그녀의 속박을 풀어 자유롭게 해주는 것이 죄입니까?'

140:37 사제장은 더 이상 말하지 못했고, 사람들은 모두 기뻐하면서 '그리스도를 보라'고 말했습니다.

140:38 예수님께서 비유를 들어 말씀하셨습니다. '그리스도 왕국은 사람이 땅에 심은 작은 씨앗과 같은 것입니다. (공통)

140:39 그것은 자라서 몇 년 뒤 큰 나무가 되어, 많은 사람이 그 그늘에서 쉬고, 새가 둥지를 틀고, 잎 많은 가지 속에서 새끼를 키웁니다.'

CHAPTER 141

141: 예수님께서 격려의 말씀을 하심. 위세를 부리는 바리새인을 책망. 결혼 축하연에 참석. 수종 걸린 사람을 고치심. 윗자리를 요구하는 손님들을 책망. 혼인 잔치의 비유

141:1 예수님께서 해변가의 또 다른 마을에 가시어, 자신을 따르는 사람들에게 즐겁고 좋은 말씀을 하셨습니다.

141:2 한 사람이 일어나서 말했습니다. '주여, 생명으로 들어가는 사람은 거의 없는 것입니까?'

141:3 예수님께서 말씀하시기를 '생명으로 들어가는 문은 험난합니다. 문은 좁고 잘 지켜지고 있습니다. 그러나 신앙으로 찾는 사람은 모두 그 길을 발견할 수 있고, 성스러운 말씀을 아는 사람은 들어갈 수 있습니다.

141:4 그러나 많은 사람이 이기적인 이익을 위한 방법을 찾고 생명의 문을 두드립니다. 그러나 그 문은 단단히 잠겨져 있습니다.

141:5 문지기가 작은 탑 위에서 말하니 '나는 당신들을 모른다. 당신들의 말은 아슈도드의 말이고 당신의 옷은 죄인의 옷이다. 그러므로 네 길로 가라.'

141:6 그들은 울며 이를 갈며 떠날 것입니다.

141:7 그리고 그들의 아버지 아브라함이 이삭과 야곱과 선각자들과 함께, 그리스도의 왕국에서 쉬고 있는 것을 보고, 그들만 금해지고 있음을 보고 격노할 것입니다.

141:8 그리고 사람들은 동서남북 먼 땅에서 올 것이고 생명의식에서 나와 함께 자리에 앉을 것입니다.

141:9 보시오! 내가 말하노니 마지막 사람이 첫 번째 사람이 될 것이고, 첫 번째 사람이 마지막 사람이 될 것입니다. (공통)

141:10 모든 사람은 그리스도 왕국에 초대를 받았지만 선택받은 사람은 거의 없습니다. 마음이 깨끗한 사람만이 왕을 뵐 수 있기 때문입니다.' (공통)

141:11 그분이 말씀하고 계실 때, 한 바리새인이 와서 말했습니다. '갈릴리 사람이여, 만약 당신이 목숨을 구하고 싶다면, 여기 있지 말고 즉시 도망가시오. 왜냐하면, 헤롯이 당신의 생명을 빼앗겠다고 맹세하고, 지금도 그의 관리들이 당신을 찾고 있습니다.'

141:12 예수님께서는 왜 바리새인이 내 생명에 대하여 걱정하느냐고 말씀하시고 그 사람에게 말씀하셨습니다.

141:13 '가서 저 교활한 여우에게 말씀하시오. 보시오, 나는 오늘내일 또 그다음 날도 아픈 사람을 치료하고, 깨끗하지 못한 영을 내쫓을 것입니다. 그리고 나는 이룰 것입니다.

141:14 가서 그에게 말씀하시오. 나는 갈릴리에서는 무서워할 필요가 없습니다. 왜냐하면, 나는 예루살렘에서 사람들의 잔인한 격노를 만나야만 하기 때문입니다.'

141:15 그들이 아직 그 장소에 머물고 있을 때, 한 바리새인이 예수님과 그를 따라온 약간의 사람들을 그 아들의 결혼 축하차, 안식일 날 식사에 초대하였습니다.

141:16 손님들 가운데에는 수종병으로 고생하는 사람이 있었습니다.

141:17 예수님께서는 자신이 하는 말 중에 어떤 꼬투리를 잡아 기소하려고 보내진 사람들에게 말씀하셨습니다.

141:18 '그대 율법학자, 바리새인들은 그대들은 안식일 날에 병 고치는 것이 무엇이 율법에 어긋난다고 말하고 있습니까? 여기 그대들 중 한 사람이 몹시 고통받고 있습니다.

141:19 내가 병 치유의 말씀으로 이 사람을 치료할까요?'

141:20 율법학자들과 바리새인들은 벙어리처럼 대답하지 않았습니다.

141:21 예수님께서는 병 치유의 말씀을 하고, 그 사람은 나았고 그 사람은 기뻐하며 그의 길을 갔습니다.

141:22 예수님은 율법학자와 바리새인들에게 또다시 말씀하셨습니다. '그대들 중 한 사람이 말이나 소를 가지고 있는데, 만약 안식일에 그것이 웅덩이에 빠진다면, 도와달라고 그의 친구들을 불러서, 함께 그것을 끌어올리지 않겠습니까?'

141:23 한 사람도 ' 여기 나 있소'라고 대답하는 사람이 없었습니다.

141:24 예수님께서 혼인 잔치에 초대받은 손님들을 위로 바라보고는, 윗자리를 차지하려고 모여 있는 사람들을 보고 말씀하시기를

141:25 '그대들 이기적인 사람들이여, 왜 그대들은 초대받은 사람에 불과하면서 가장 윗자리를 차지하려고 노력합니까? 그대들은 주인에게 공손함을 보여 주지 않고 있습니다.

141:26 사람이 혼인 잔치에 초대를 받으면, 그들은 주인의 생각대로 손님의 자리를 지정해 줄 때까지 가장 낮은 자리에 앉아 있어야 합니다.

141:27 그대들은 지정해 주지 않았는데도 높은 좌석에 앉을는지도 모릅니다. 그러나 그때, 더 가치 있는 손님을 귀하게 여기려고, 주인이 그대들에게 일어나 더 낮은 좌석에 앉아달라고 부탁하면, 그대들은 스스로 수치심으로 얼굴을 붉히지 않을 수 없을 것입니다.

141:28 그러나 만약 그대가 가장 낮은 좌석에 앉아 있다가 주인에 의해 존경받을 손님으로 여겨져 더 높은 좌석에 앉으라고 권해지면, 그대들은 존경받을 손님으로 여겨질 것입니다.

141:29 이런 일에서 우리는 생명의 원칙에 유의해야 합니다. 즉 자신을 스스로 높이는 자는 낮아질 것이며, 스스로 겸손하여 낮추는 자는 높아질 것입니다.'

141:30 예수님께서 모든 손님에게 말씀하시기를 '그대들 가운데 누가 잔치를 한다면, 친구나 친인척 또는 부자를 위한 것이어서는 안됩니다.

141:31 왜냐하면 그들은 그러한 호의를 빚진 것으로 생각하여 빚에 대한 대가로 나중 그들은 더 큰 잔치가 필요하다고 느낄 것이기 때문입니다.

141:32 그러나 잔치를 베풀 경우, 가난한 사람, 절름발이, 봉사들을 부를 때에는 당신들에게 축복이 기다리고 있습니다. 그대도 잘 알다시피, 그대는 되돌아오는 것이 없다는 사실을 잘 알고 있기 때문입니다. 그러나 필요(need)로 하는 사람들을 도와주었다는 생각으로 그대들은 보상을 받게 될 것입니다.'

141:33 그리고 예수님께서는 비유를 들어서 말씀하시기를 '어느 부자가 잔치를 준비하여 하인을 보내 그가 선택한 사람들을 오도록 했으나, 그들은 가고 싶지가 않아서 그들 생각으로 주인이 만족할 만

한 갖가지 변명을 만들었습니다.

141:34 한 사람이 말하기를 '나는 땅을 구입해서 소유권 등기를 해야 하므로 이해 바랍니다.

141:35 다른 사람이 말하기를 '나는 구매한 양에 대해 소유권을 확인해야 하므로 내려가 봐야만 합니다. 이해 바랍니다.

141:36 또 다른 사람이 말하기를 나는 이제 결혼한 지 얼마 되지 않아서 갈 수 없으니 이해 바랍니다.

141:37 하인들은 기다리고 있는 주인에게 가서, 초대받은 사람들은 오지 않을 것이라고 말했습니다.

141:38 주인은 비통해졌습니다. 그러자 주인은 하인들을 거리와 골목에 가서 가난한 사람, 절름발이, 맹인들을 데리고 오도록 보냈습니다.

141:39 하인들은 멀리 나가서 가난한 자, 절름발이, 맹인들을 찾아 데리고 왔습니다. 그러나 자리는 아직 많이 남아 있었습니다.

141:40 주인은 그의 심복인 사람들을 보내어 사람들을 강제로 잔치에 참석하게 했습니다. 그리하여 그 집은 손님으로 가득 차게 되었습니다.

141:41 하느님께서 사람들을 위해서 잔치를 하였습니다. 오래전부터 잘난 사람들에게 그의 하인을 보냈으나 그들은 그분의 부름을 듣지 않고 잔치에 가지 않았습니다.

141:42 하느님께서는 모르는 사람이나 군중들에게 그의 하인들을 보내니 그들은 왔습니다. 그러나 아직 자리는 많이 남아 있습니다.

141:43 보시오, 하느님은 천사를 보내어 큰 나팔을 불게 하시니, 사람들은 잔치에 참석하지 않을 수 없을 것입니다.'

CHAPTER 142

142: 제자의 길과 그 어려움. 십자가와 그 의미. 재물의 위험. 그리스도보다 재물을 사랑한 청년, 부자와 나사로의 비유

142:1 예수님과 12사도는 다른 마을에 들어가서 말했습니다. '모든 이에게 평화! 모든 이에게 선의!'

142:2 군중들이 따라왔으므로 주님께서는 그들에게 말씀하셨습니다. '보시오, 그대들은 이기적인 이익 때문에 따라오는 사람들입니다.

142:3 만일 그대들이 사랑으로서 나를 따라오고, 성령의 제자가 되어, 마침내 생명의 관을 얻으려거든, 뒤에 육적인 삶의 모든 것을 버려야만 합니다.

142:4 속지 마시오. 여러분, 잠시 머물러서 비용을 계산(count the cost)하십시오. (공통)

142:5 만일 탑이나 집을 지으려거든, 먼저 앉아서 완성될 때까지 충분한 돈이 있나를 확인하여 비용을 계산해야 합니다. (공통)

142:6 그렇지 않고 만약 그 사업이 실패한다면, 그는 재산을 잃고 조롱거리가 될 것이기 때문입니다.

142:7 만일 어떤 왕이 다른 왕국을 정복하기를 바란다면, 그는 신임하는 사람을 불러, 자국의 전력을 평가할 것입니다. 대적할 수 없는 강한 힘을 가진 나라와는 무기를 견주어보지 않을 것입니다.

142:8 그대는 나를 따르기 전에 먼저 비용을 잘 계산해 보시오, 그것은 삶과 그대가 가진 모든 것을 포기하는 것을 의미합니다.

142:9 만약 그대가 그리스도를 사랑하는 것보다 부모, 자식, 자녀를 더 사랑한다면, 그대는 나를 따를 수 없습니다.

142:10 만일 그대가 그리스도를 사랑하는 것보다 부와 명예를 더욱 사랑한다면 그대는 나를 따를 수 없습니다.

142:11 육적인 길은 산 정상으로 달리는 것이 아니라, 산 주변만 둥글게 달리는 것입니다. 만약 그대들이 곧바로 인식의 상단 문으로 직진하여 간다면, 그대는 육적의 길을 넘어가게 되는 것이고 이는 느리게 걷는 것이 아닙니다.

142:12 이것은 사람이 십자가를 지는 방법입니다. 어떤 사람도 다른 사람의 십자가를 질 수는 없습니다.

142:13 그대의 십자가를 지고, 그리스도를 통하여 참된 제자로서의 길로 나를 따르시오. 이것이 생명으로 인도하는 길입니다.

142:14 생명의 이 길은 가장 비싼 진주로 불립니다. 그것을 발견한 사람은 그가 가진 모든 것을 그의 발밑에 놓아야만 합니다.

142:15 보시오, 어떤 사람이 들판에서 놀랄 정도의 금 광산 밭을 발견했습니다. 그는 나가서 그의 집과 모든 것을 팔아 그 들판을 사서 부유 속에서 기뻐하였습니다.' (공통)

142:16 그러나 그곳에 있던 사람들은 돈이나 증권, 토지를 사랑하는 데 눈이 밝은 율법학자나 바리새인들이었습니다. 그들은 예수님께서 하신 말씀을 경멸하기 위하여 크게 웃었습니다.

142:17 예수님께서 그들에게 말씀하시기를 '그대들은 사람의 시각에서 그대 자신을 정당화시키고 있습니다. 하느님께서는 그대들의 사악한 마음을 알고 계십니다.

142:18 오 사람들이여, 그대들은 알아야만 합니다. 무엇이든 육적인 마음에 의하여 존중되고 칭송되는 것은 하느님 관점에서는 혐오스러운 것입니다.'

142:19 예수님께서 떠나자, 한 젊은이가 달려와 그의 발에 무릎을 꿇고 말하기를 '훌륭하신 대스승님, 제가 영생을 얻으려면 무엇을 해야 하는지 저에게 말씀 좀 해 주십시오.'

142:20 예수님께서 말씀하시기를 '왜 그대는 나를 훌륭하다고 부르나요? 하느님 외에는 어떤 사람도 진정으로 훌륭한 이는 없습니다. (No one is truly good but God himself) (공통)

142:21 하느님께서는 만약 그대가 생명으로 들어가려 한다면, 율법의 십계명을 지키라고 말씀하셨습니다.'

142:22 젊은이가 묻기를 '어떤 계명을 그분이 언급하셨습니까?'

142:23 예수님께서 말씀하시기를 '살인하지 말라, 도적질하지 말라, 간음하지 말라, 거짓 증거하지 말라.

142:24 또한 온 마음을 다하여 하느님을 사랑하고, 네 이웃을 네 몸처럼 사랑하라.' (공통)

142:25 그 사람은 대답하기를 '그러한 것들은 어릴 적부터 지키고 있었던

것입니다. 무엇이 제가 아직 부족한 것입니까?

142:26 예수님께서 말씀하시기를 '그대에게 부족한 것이 하나 있노니, 그대의 마음은 지상의 일들로 고정되어 있습니다. 그대는 자유롭지 못합니다.

142:27 가서 그대가 가진 모든 것을 팔고, 그 돈을 가난한 사람들에게 나누어 준 다음, 와서 나를 따르시오. 그러면 영생을 얻을 것입니다.'

142:28 그 젊은이는 대스승님이 하신 말씀을 듣고 슬픔에 잠겼습니다. 왜냐하면, 그는 부자였기 때문이었습니다. 그는 얼굴을 숨기고, 슬픔에 잠겨서 그곳을 떠났습니다.

142:29 예수님께서 이 슬퍼하는 젊은이를 보고 말씀하시기를 '부자가 영혼의 왕국으로 들어가는 문을 통과하기가 그렇게 어려운 일입니다.'

142:30 제자들은 그가 하신 말씀을 듣고 몹시 놀랐습니다.

142:31 그분께서 그들에게 대답하여 말씀하시기를 '내가 그대들에게 이르노니, 부를 믿는 사람은 하느님을 믿을 수가 없으며, 영혼의 왕국에 들어갈 수 없느니라.

142:32 네. 부자가 생명의 길을 찾아내기보다는, 낙타가 바늘구멍으로 들어가는 것이 더 쉬우니라.'(공통) 제자들이 말하기를 '누가 그러면 그 길을 발견할 수 있으며 구원받을 수 있겠습니까?'

142:33 예수님께서 말씀하시기를 '부자가 그의 황금을 줄 수 있고(may), 높은 사람이 먼지에 입을 맞추는 것(kiss the dust)이니라.'

142:34 예수님께서 그들에게 다음과 같은 비유를 말씀하셨습니다.

142:35 '어떤 부자가 호화스러운 상황 속에서 살고 있었습니다. 그는 사람이 만들 수 있는 최고로 좋은 옷을 입고 있었으며, 식탁에는 그 나라에서 가장 비싼 요리로 가득하였습니다. (공통)

142:36 나사로라고 이름의 장님이며 절름발이인 거지가 있었습니다. 부자의 식탁에서 나온 쓰레기를 개와 같이 먹으려고, 이 집의 황폐한 문 옆에 앉아 있는 것이 그의 버릇이었습니다.

142:37 나사로가 죽었고, 천사들은 그를 우리의 조상 아브라함의 가슴으

로 옮겼습니다.

142:38 부자도 또한 죽어서 좋은 무덤에 묻혔습니다. 하지만 그는 자기 영혼을 정제시키는 속죄의 불길 속에서 불만족스럽게 눈을 떴습니다.

142:39 그가 바라보니 그 거지는 그의 아버지 아브라함의 품속에서 편히 쉬고 있는 것이었습니다. 그리하여 그는 영혼의 통한으로 소리쳤습니다.

142:40 '내 아버지 아브라함이시여, 당신의 아들을 자비로이 내려보소서. 저는 이러한 불길 속에서 고통받고 있나이다.

142:41 제가 간구 하오니 나사로를 보내셔서 저의 마른 혀를 차게 하는 물 한 모금만 주소서.'

142:42 그러나 아브라함은 대답했습니다. '내 아들아, 너는 죽을 수밖에 없는 지상에서 가장 좋은 것을 가졌었고, 나사로는 가장 나쁜 것을 가졌었느니라. 그리고 너는 그에게 물 한 잔 주지(give) 않고, 그를 문밖으로 내어 쫓아내었느니라.

142:43 율법은 반드시 이루어져야만 하노니, 나사로는 지금 위안을 받는 중이며, 지금 너는 네가 가진 것을 지불 중이니라.

142:44 그 외 네가 있는 곳과 내가 있는 곳 사이에는 커다란 구렁텅이가 있어, 내가 나사로를 보내고자 하여도 네게 나사로를 보낼 수가 없도다. 그리고 너도 네가 진 빚을 갚을 때까지는 우리에게 올 수가 없도다.

142:45 고뇌 속 부자는 말했습니다. 오 아버지 아브라함이시여, 제가 기도합니다. 나사로를 지상으로 돌려보내어 저희 아버지의 집으로 보내주십시오. 그는 아직 살아있는 5명, 나의 5형제에게 이곳의 참상을 말해 줄 것입니다. 그래서 그들이 당신이 아닌 저에게 오지 않도록 해주십시오.

142:46 아브라함은 대답하기를 '그들은 모세와 선지자께서 말씀하시니 그들은 그 말씀을 듣도록 내버려 둘 것이니라.

142:47 부자는 대답하기를. '그들은 기록된 말씀에는 귀를 기울이지 않겠

지만 만약 무덤에서 살아난 사람이 말한다면 믿을 것입니다.'

142:48 그러나 아브라함은 대답하기를 '만일 그들이 모세나 선지자의 말을 듣지 않는다면, 그들은 죽은 한 사람이 그들의 가운데 서 있을 지라도(even though) 설득되지 않으리라.'

142:49 베드로가 말하기를. '주님, 저희는 주님을 따르기 위해 저희의 모든 것을 버렸습니다. 무엇이 저희의 보상입니까?'

142:50 예수님께서 말씀하시기를 '내가 가장 진실로 그대들에게 말하노니, 나를 따르기 위해 모든 것을 버린 그대는, 하느님 안에서 그리스도와 함께, 깊이 감추어진 새로운 생명으로 들어가게 되리라.

142:51 그리고 그대는 나와 함께 힘의 옥좌에 앉아 나와 같이 이스라엘 부족들을 심판하리라.

142:52 또한 육의 자아를 정복하고, 그리스도를 통하여 나를 따르는 사람은, 지상에서는 부의 백 배(a hundred fold)를 얻고, 내세에서는 영생(eternal life)을 얻으리라.' (공통)

CHAPTER 143

143: 보상의 올바름. 예수님께서 농부와 일꾼에 대한 비유를 말씀. 이혼의 신성한 율법을 알도록 해주심. 결혼의 신비

143:1 주님께서는 바닷가에 서 계시고, 군중 가운데 한 사람이 앞으로 나서서 말하기를

143:2 '하느님께서는 행한 것에 대하여 사람이 보수를 주듯이 보수를 주십니까?'

143:3 예수님께서 말씀하시기를 '사람은 결코 다른 사람이 무엇을 했는지 알 수 없습니다. 이 삶은 겉으로 그럴싸하게 보이는 삶입니다.

143:4 한 사람은 대단한 일을 하는 것처럼 보일 수도 있고, 사람들로부터 큰 보상을 받을 가치가 있다고 평가받을 수도 있습니다.

143:5 또 다른 사람은 인생의 추수 밭에서의 실패한 것처럼 보여서, 사람 앞에서 불명예스럽게 보이기도 합니다.

143:6 사람은 사람들의 마음을 알지 못합니다. 하느님만이 사람의 마음을 아십니다. (God only knows the hearts of men.) 하루가 끝나면, 하느님께서는 그 날 하루의 무거운 짐을 진 사람에게 생명의 힘으로 보답하시고, 사람들 마음속에 있는 우상을 쫓아내어 버립니다.'

143:7 예수님께서는 한가지 비유를 들어 말씀 하기기를 '영혼의 왕국은 광대한 땅을 가지고 있는 사람과 같습니다.

143:8 아침 시간에 그는 곡식을 거두어들일 사람들을 찾으러 시장에 내려 갔습니다.

143:9 그는 3사람을 발견하고는 하루 삯으로 각각 일 페니씩 주는 데 동의하고 그들을 들판으로 보냈습니다.

143:10 다시 그는 시장으로 내려가서 3시에 5사람이 기다리고 있는걸 발견하고는 말하기를 '내 밭으로 내려가서 일하시오. 내가 바르게 지급 해 드리겠소' 그리고 그들은 내려가 일했습니다.

143:11 그가 다시 갔고. 6시였는데. 7사람이 기다리고 있었으므로 그들도 밭으로 보내 일하게 했습니다.

143:12 11시에 그는 다시 나가서 게으르게 보이는 서 있는 열두 명의 사람에게 '왜 종일 게으르게 여기 서 있소?'라고 말합니다.

143:13 그들은 '누구도 우리를 고용해 주지 않아 우리는 할 일이 없습니다.'

143:14 그는 그들은 그의 밭으로 보내 일하게 했습니다.

143:15 저녁때 그는 감독에게 사람들을 밭에서 불러, 일한 각자의 대가를 지급하라고 했고, 모두 품삯을 지급하였습니다. 모든 사람은 각자 고용의 대가로 1페니씩 받았습니다.

143:16 그런데 11시부터 일한 12사람이 그들의 품삯으로 각각 1페니씩 받았으므로, 최초에 온 3사람은 몹시 억울해 말하기를

143:17 '열두 명은 단지 짧은 시간 동안 일하였는데, 낮의 찌는 시간 속에서 일했던 우리와 같은 품삯을 받으니, 우리는 최소 2펜스를 가져야 하지 않겠습니까?'

143:18 그 사람은 대답하기를 ' 나의 친구들이여, 나는 그대들에 대하여

아무런 잘못을 하지 않았소. 우리는 그대들이 일하러 나갈 때 확실한 계약을 하지 않았나요? 나는 전부 지급하지 않았습니까?

143:19 만약 내가 조금 지급하든 많이 지급하든 무엇이 그대와 무슨 상관이 있소? 그대들은 그대들 자신의 몫이나 받으시오. 왜냐하면, 나는 3명, 5명, 7명에게 줄 금액을 12명에게도 줄 것이오.

143:20 그들은 그들의 최선을 다했고, 그대들도 그대들의 최선을 다했습니다.

143:21 사람의 고용은 마음가짐(intent, 의도)에 기반을 두고 있습니다.'

143:22 예수님께서 가르치고 계실 때, 한 바리새인이 와서 말하기를 '주님 사람이 자기 아내를 내쫓는 것이 율법에 합당합니까?'

143:23 예수님께서 말씀하시기를 '당신은 그것을 알아야 합니다. 율법은 무엇이라고 말합니까?'

143:24 바리새인이 대답하기를 '율법에는 남자는 이혼할 수 있고, 그의 아내를 버려도 된다고 규정되어 있습니다.'

143:25 예수님께서 말씀하시기를 '사람 마음의 엄격함이 율법을 만든 사람에게 그런 규정을 만들도록 유도했지만, 처음부터 그것은 그렇지가 않았습니다.

143:26 하느님께서는 남자를 위하여 여자를 만드셨으며, 그들은 하나였습니다. (God made a woman for a man, and they were one)' 이어서 말씀하시기를 '남자는 부모를 떠나 그의 아내와 굳게 결합하여, 그들은 더 이상 나누어지지 않고, 하나이고 한 몸입니다.

143:27 하느님께서 맺어주신 것은 아무도 갈라놓을 수가 없습니다.'

143:28 그들이 집으로 갔을 때, 한 사람이 이혼 문제에 대하여 다시 스스럼없이 물었습니다.

143:29 예수님께서 또다시 바리새인에게 그가 말씀하신 대로 대답하시고, 결혼 생활에 대한 보다 높은 율법에 대해 답했습니다.

143:30 '누구든 그 아내를 내쫓고, 창녀를 제외한 다른 부인을 가져오는

자는 간음을 범하는 것입니다. (공통)

143:31 남자가 방탕하고 간통하는 남자가 아닌 이상, 여인이 본 남자를 떠나 다른 남자의 아내가 되면, 간음을 범하는 것입니다.' (공통)

143:32 도마가 말했습니다. '간음이란 무엇입니까?'

143:33 예수님께서 말씀하시기를 '색정적인 생각을 가지고, 자신의 아내가 아닌 여인을 탐내는 남자는 간부(姦夫)입니다.

143:34 색정적인 생각을 가지고, 그녀와 결혼하지 않은 어떤 남자를 탐내는 아내는, 창녀입니다.

143:35 사람은 두 개의 마음을 묶는 하나의 율법을 만들 수 없습니다.

143:36 두 사람이 사랑으로 묶어지면, 그들은 색정이란 생각은 가지지 않습니다. 여인은 남자와 떠날 수 없으며, 남자는 그의 부인을 쫓아내기를 원하지 않습니다.

143:37 남자, 여자가 색정적인 생각을 가지고, 다른 사람의 육체를 탐낼 때, 그들은 하나가 아니며, 하느님에 의하여 결합한 것도 아닙니다.'

143:38 빌립이 말했습니다. '주님, 하느님께서 신성한 결혼계약으로 맺어준 사람은 거의 없는 것입니까?'

143:39 예수님께서 말씀하시기를 '하느님께서는 마음이 순결한 사람을 아십니다. 색정적인 남녀는 단지 색정적인 자아의 피조물에 불과합니다. 그들은 하나가 될 수 없고 그들은 하느님과 하나가 될 수도 없습니다.'

143:40 나다니엘이 말하기를 '모든 사람은 그들 스스로 결혼에 대한 서약을 금지하면 좋지 않겠습니까?'

143:41 그러자 예수님께서 말씀하셨습니다. '사람은 그가 결혼하지 않은 사람들이란 이유로 순수하다는 것은 아닙니다. 색정적인 사람은 그가 아내가 있든 없든 간부입니다.

143:42 예수님께서는 모든 사람에게 말씀하셨습니다. '어떤 것들은 들음으로써 알고, 반면 다른 것들은 그들이 의식의 문이 그들에게 열릴 때까지 알 수 없습니다.

143:43 나는 지금 그대들이 이해할 수 없는 수수께끼를 말하고 있지만, 그대들은 언젠가 이해하게 될 것입니다.

143:44 내시(eunuch, 고자)란 색정을 일으키지 않는 사람입니다. 어떤 사람은 선천적으로 내시이며, 어떤 사람은 인위적으로 내시가 된 사람도 있으며, 또 어떤 사람은 그리스도를 통하여 하느님 안에서 그들 자신을 자유롭게(makes them free) 만든 내시도 있습니다.

143:45 내가 말하는 진리를 받아들일 수 있는 사람은, 받아들이도록 하십시오.'

CHAPTER 144

144: 그리스도인들 티베리우스에 도착. 예수님께서 내적인 생명에 대하여 말씀. 방탕한 자식에 대한 비유. 장남의 분개

144:1 주님과 그 제자들은 갈릴리 땅의 여러 고을과 마을들을 두루 지나 여행하였으며 티베리우스에 왔습니다. 여기에서 그들은 그리스도의 이름을 사랑하는 여러 명을 만났습니다.

144:2 예수님께서 그들에게 내적인 생명에 대하여 많은 것들을 말씀하셨으나, 군중들이 몰려오자, 그분은 한 가지 비유를 말씀했습니다. (공통)

144:3 큰 재산을 가진 어떤 사람에게 두 명의 아들이 있었습니다. 동생이 집에서의 생활에 피곤을 느끼며 말했습니다.

144:4 '아버지, 부디 재산을 나누어서, 저에게 저의 몫을 주지 않으시렵니까? 다른 땅에 가서 저의 행운을 찾고자 합니다.'

144:5 아버지는 그가 바라는 대로 해주었고, 청년은 그의 재산을 들고 외국으로 갔습니다.

144:6 그는 방탕한 자여서, 곧 죄의 길로 빠져서 모든 재산을 탕진했습니다.

144:7 그에게 아무것도 남아 있지 않았을 때, 그는 들에서 돼지 기르는 일거리를 찾았습니다.

144:8 그가 굶주리고 있어도 어떤 사람도 그에게 먹을 것을 주는 사람이

없었으므로, 그는 돼지에게 먹이고 있던 콩깍지를 먹었습니다.

144:9 많은 날이 지나자, 그는 그 자신을 발견하고는 자신에게 말했습니다. '나의 아버지는 재산가이기에, 20여 명의 하인을 배불리 먹이고 있는데, 아들인 나는 들에서 돼지와 함께 굶주리고 있구나.

144:10 나는 다시 아들로서 받아들여지기를 희망하지는 않는다. 그러나 나는 일어나 바로 나의 아버지 집으로 달려갈 것이다. 그리고 나는 나의 고집을 고백하리라.

144:11 그리고 나는 말하리라. 나의 아버님, 제가 다시 왔습니다. 저는 난봉꾼이었습니다. 재산은 죄를 범해서 모두 탕진했습니다. 그리하여 저는 아버지 자식으로 불릴만한 가치가 없습니다.

144:12 저는 다시 아들로 받아들이는 것을 요구하지 않습니다. 아버지 하인들 사이에 자리를 주시어, 비바람 피난처만 마련해 주시고, 먹을 것만 충분히 주십시오.

144:13 그는 일어나 아버지의 집을 찾았습니다. 그가 올 때 그의 어머니는 아직 멀리 떨어져 있었음에도, 그를 알아보았습니다.

144:14 어머니의 마음은 방황하는 아이의 갈망을 희미하게나마 느낄 수 있었습니다.

144:15 아버지께서 오셔서 그들은 손에 손잡고, 아들을 만나기 위해 거리를 내려왔습니다. 그리고 매우 기뻐하였습니다.

144:16 아들은 자비를 간구하였고 하인의 위치에 있게 해 달라고 부탁했습니다. 그러나 사랑이 너무 커서 그 부탁 정도는 들리지도 않았습니다.

144:17 문은 이미 활짝 열렸습니다. 그는 어머니의 마음속에서 아버지의 마음속에서 환대받고 있음을 알았습니다.

144:18 아버지께서는 하인들을 불러, 그에게 가장 좋은 옷과 그의 발에 맞는 가장 멋진 신발과 그가 낄 수 있는 순금반지를 가져오도록 명했습니다.

144:19 아버지께서 말씀하셨습니다. '우리의 기쁨을 위하여 가서 살찐 송

아지를 잡아, 잔치를 준비하라.

144:20 우리 생각에 죽은 줄로만 알았던 우리의 아들이 여기 살아 돌아왔으므로, 우리 생각에 잃어버렸다고 생각한 보물을 찾은 것이다.'

144:21 잔치는 곧 준비되었고 모두 기뻐하고 있는 동안에 먼 들에서 일하느라고 동생이 돌아온 줄 모르는 장남이 돌아왔습니다.

144:22 그는 모든 즐거움의 원인을 알자, 화가 나서 집으로 들어가려고 하지 않았습니다.

144:23 부모님은 함께 작은아들의 고집과 바보스러움을 눈감아 달라고 눈물로 큰아들에게 호소했습니다.

144:24 '보십시오, 저는 몇 년 동안 집에 남아서, 매일 일 열심히 하고, 아버님의 가혹한 명령에도 결코 어긴 적이 없었습니다.

144:25 그러나 부모님께서는 저를 위해 결코 새끼 양 한 마리 잡아 준 일이 없으며, 저를 위해 친구들과 함께 즐겁게 지낼 수 있는 간단한 잔치 한번 마련해 주지 않았습니다.

144:26 그러나 부모님의 아들, 이 낭비한 아들이 집을 나가 죄짓는 길로서 아버지 재산의 반을 탕진하고, 아무 다른 것도 할 수 없게 되어 집으로 들어오자 아버지께서는 그를 위해 살찐 송아지를 잡고 엄청난 잔치를 열고 있습니다.'

144:27 아버지께서 말했습니다. '나의 아들아, 내가 가진 모든 재산은 너의 것이며, 너는 우리와 함께 우리들의 기쁨 속에서 늘 기쁨을 나누지 않았느냐?

144:28 죽었다고 생각했던 네 동생이 살아서 돌아왔으니, 지극히 가깝고 사랑하는 네 동생을 반갑게 맞이하는 것은 좋은 것이다.

144:29 그는 난봉꾼으로 창녀나 도적 같은 건달들과 함께 어울렸을지도 모르지만, 그런데도 아직 네 동생이며 우리의 아들이 아니냐?

144:30 예수님께서는 모든 사람이 들을 수 있도록 말씀하셨습니다.' 들을 수 있는 귀 가진 사람과 이해할 수 있는 마음을 가진 자는 이 비유의 의미를 이해하실 것입니다.'

144:31 그리고 예수님과 12사도는 가버나움으로 갔습니다.

CHAPTER 145

145: 예수님께서 그리스도인의 왕국 건설과 주의 재림을 말씀하심. 신앙 심에 대하여 독려. 불공정한 재판관의 비유. 바리새인과 세무원의 비유

145:1 한 무리의 바리새인들이 예수님과 대화를 나누기 위해 와서 말하기 를 '선생님, 우리는 선생님께서 왕국이 가까이 있도다고 하는 말씀 을 들었습니다.

145:2 우리는 하늘의 하느님이 왕국을 건설하신다고 다니엘서에서 읽었 습니다. 묻건대, 선생님이 말씀하시는 하느님의 왕국이 바로 이것 인가요? 만일 그렇다면 그것은 언제 오나요?'

145:3 예수님께서 말씀하시기를 '모든 선지자는 하느님의 왕국에 대하여 말했습니다. 그것은 바로 가까이에 있으나, 사람들은 결코 그것이 오는 것을 볼 수가 없습니다.

145:4 그것은 결코 육체의 눈으로 볼 수가 없습니다. 그것은 마음속에 존 재하는 것입니다. (It never can be seen with carnal eyes; it is within.) (공통)

145:5 보시오, 내가 이미 말했거니와 지금 다시 말하노니, 마음이 순결 (pure)한 사람을 제외하고는 누구도 왕을 볼 수가 없습니다. 그리 고 마음이 순결한 사람은 모두 왕의 신하입니다.

145:6 회개(reform)하시오. 죄에서 벗어나시오. 자기 자신을 준비 (prepare)하시오. 오 준비하시오! 하나님의 왕국은 가까이 있습니 다. (the kingdom is at hand).' (공통)

145:7 그리고 나서 예수님께서는 제자들에게 말씀하셨습니다. 사람의 아 들 시기는 지났노라.

145:8 무엇보다도 먼저 그대들은 이러한 날들을 다시 보려고 원할 때가 오겠지만, 그대들은 그것을 볼 수가 없으리라.

145:9 많은 사람은. 보라, 여기가 그리스도다. 보라, 저기가 그리스도라고 말하겠지만 속아서는 안 되나라. 그들의 길로 가지 마라. (공통)

145:10 그것은 인간이 아들이 다시 올 때 어떤 사람도 그 길을 밝힐 필요가 없음은, 번개가 하늘을 비추는 것처럼, 인간의 아들이 천지를 비추기 때문이니라

145:11 그러나. 보라, 내가 말하노니, 인간의 아들이 힘을 가지고 올 때까지는 많은 세대가 오고 가야 할 것이니라. 그가 오실 때는 어떤 사람도 '보라 여기에 그리스도다'라고 말하지 않으리라.

145:12 하지만 그때는 노아의 홍수전처럼 사람들은 먹고, 마시고, 즐기고, 유쾌하게 노래 부르리라.

145:13 노아의 방주가 다 만들어져서 노아가 그 안에 들어갈 때까지 그들은 운명을 알지 못했지만, 대 홍수가 와서 그들은 모두 휩쓸려 갔노라.

145:14 롯의 때도 마찬가지였다. 사람들은 먹고, 마시고, 사고팔고, 심고 거두고, 죄의 길로 가면서도 개의치 않았느니라.

145:15 그러나 정의로운 롯이 성문으로부터 빠져나오자, 도시 밑의 땅은 요동을 쳤으며 유황불이 하늘에서 떨어졌노라.

145:16 땅이 갈라져 그들의 집과 재산을 삼켜 버렸으며, 그들은 더 이상 일어나지를 못했었노라.

145:17 권능의 사람의 아들이 올 때도 그와 같으리라.

145:18 그때 내가 명할 것과 같이, 내가 그대에게 명하노니, 재산을 구하려 하지 말지어다. 그렇지 않으면 그대들은 생명을 잃을 것이니라. 죄로 부서지는 벽을 돌아보지 말지니라. 롯의 아내를 잊지 말라.

145:19 누구든지 자신의 삶을 구하려고 노력하는 자는 잃을 것이고, 누구든지 섬기는 삶(serving life)으로 그 자신의 삶을 아낌없이 주는 자는 자기의 삶을 구하리라.

145:20 채찔하여 걸러낼 때가 오리라. 두 사람이 침대에 있으면, 한 사람은 불릴 것이고 다른 사람은 남으리라. 두 여인이 나란히 일하고

있으면 한 사람은 붙잡혀 나갈 것이고 다른 사람은 남으리라.'

145:21 제자들이 말하기를 '이 비유를 설명해주십시오. 그렇지 않으면 그것은 비유가 아니잖습니까?'

145:22 예수님께서 말씀하시기를 '현명한 사람은 이해할 것이니라. 하늘 빵이 있는 곳에서는 그대는 마음이 순수한 자를 찾아볼 수 있을 것이며, 동물의 사체가 있는 곳에서는 모든 맹금류가 모여들 것이니라.

145:23 그러나 보라, 내가 말하노니 이러한 날이 오기 전에, 사람의 아들은 그대들 중 한 사람에게 배신당하여, 사악한 사람들의 손에 넘겨져, 그는 그대들과 모든 세상을 위하여(for) 그의 생명을 줄 것이니라.

145:24 나아가 성령이 권능으로 와서, 그대들을 정의의 지혜로 충만케 하리라.

145:25 그대들은 유대, 사마리아, 지상의 저 먼 땅에 놀라운 이야기할 것이니라.

145:26 그리고 사람들이 기도하고 절대 낙심하지 말기를 가르쳤습니다. 그분은 다음과 같은 비유를 들어 말씀하셨습니다.

145:27 '하느님을 두려워하지 않고, 사람을 개의치 않는 재판관이 있었느니라.'

145:28 한 과부가 있어 재판관에게 자주 그녀에게 잘못되어진 것을 바르게 해달라고 간청하면서, 그녀의 적에게 복수해 달라고 했느니라.

145:29 처음에는 재판관이 그녀의 말을 듣지 않았으나, 많은 날이 지난 후에 그는 말했노라.

145:30 '나는 하느님을 두려워하지 않고 사람을 개의치 않으나, 이 과부가 날마다 애원함(pleading every day)에, 내가 이 과부 때문에 기진맥진하지 않기 위하여, 내가 그녀의 원수에게 복수할 것이다.'(공통)

145:31 제자들이 이 비유의 뜻을 묻자, 주님께서 대답하시기를 '현명한 자들은 이해할 수 있을 것이며, 어리석은 자는 알 필요가 없느니라.'

145:32 그분은 자신을 따르는 사람들과 자신들이 다른 사람보다 더 경건하다고 여기고 있는 사람들에게, 다음과 같이 교훈을 가르쳤습니다. (공통)

145:33 '두 사람이 기도하기 위해 회당으로 갔는데, 한 사람은 바리새인이었으며 또 다른 사람은 세리이었느니라.

145:34 바리새인은 앞으로 일어서서 혼자 이렇게 기도했느니라. '오 하느님, 저는 다른 사람처럼 착취하거나 정의롭지 못하거나 간음하는 사람이 아닙니다.

145:35 이 세리와 같지 않으며 저는 일주일에 두 번 단식하고, 제가 얻은 모든 것 중 십일조를 바치고 있습니다.'

145:36 세리는 가까이 가지 않고, 하늘을 향해 그의 눈을 들지도 않고, 그의 가슴을 치면서 말했느니라.

145:37 '오, 주님. 저에게 자비를 베푸소서, 저는 당신이 보기에 죄인입니다. 아무것도 한 것이 없습니다.'

145:38 이제 내가 그대들에게 이르노니 세리는 기도하는 방법(how to pray)을 알았고 그는 바르게 되었노라.

145:39 바리새인은 말하는 방법을 알고 있었으나 벌을 받고 떠났느니라.

145:40 보라, 자기 자신을 높이는 모든 사람은 비천하게 될 것이며, 자기 자신을 칭송하지 않는 사람은 하느님 관점에서는 칭송받으리라.'

CHAPTER 146

146: 예수님께서 제자들과 갈릴리에서 마지막 모임에 가심. 미리암이 찬송가를 부름. 그 노래. 그리스도인들이 예루살렘으로 여행길에 오름. 에논의 샘터에서 휴식. 야고보와 요한의 어머니의 이기적인 요구, 그리스도인들이 예루살렘에 도착.

146:1 갈릴리의 지방에서 예수님의 임무가 끝났으므로 그가 소식을 보내자, 많은 사람이 그에게 직접 축복을 받으려고 갈릴리의 여러 마을로부터 왔습니다.

146:2 군중들 사이에는 안티옥으로부터 온 시리아 사람인 누가가 있었습니다. 그는 학식이 높은 내과 의사로 청렴하고 성격이 강직한 사람이었습니다.

146:3 그리스의 상원의원으로서 캐사르궁전의 대신인 테오필루스와 그 밖의 많은 명사들과 영예로운 인사들도 있었습니다.

146:4 미리암이 축가를 불렀습니다. '모두 하늘 높이 떠 있는 샛별 만세!

146:5 예전에도 계셨으며, 현재에도 계시고, 앞으로도 영원히 계실 그리스도여 만세!

146:6 어두운 그림자의 암흑을 맞이하자! 우리 모두 다 함께 지상에 평화의 새벽을 축하하자! 사람들에게는 선의!

146:7 죽음의 폭군과 싸워 이겨서, 사람들에게 영생의 빛을 가져온 승리의 왕 만세!

146:8 부러진 십자가, 부러진 창 만세!

146:9 영혼의 승리 만세! 텅 빈 무덤 만세!

146:10 사람들에게 멸시당하고, 군중들에게 거부당한 사람 만세! 이유인즉, 그가 권력의 옥좌에 앉았기 때문이니라. 만세!

146:11 모두 만세! 그는 모든 나라의 마음이 순결한 사람을 권능의 왕좌에 앉히기 위해 불러주셨네.

146:12 찢긴 장막을 맞이하자. 하느님의 가장 높은 궁전으로 이르는 길이 사람의 아들들에게 개방되었노라. 만세!

146:13 기뻐하라. 지상의 인간들이여, 기뻐하라. 크게 기뻐하라!

146:14 하아프를 가져와 제일 높은 줄을 만져라. 피리를 가져와 가장 달콤한 가락으로 소리 내어라!

146:15 낮은 자는 높이 올려질 것이며, 어둠 속을 거닐고 사망의 골짜기를 헤매는 자는 일어나, 하느님과 인간은 영원히 하나가 되리라.

146:16 할렐루야! 영원히 주님을 찬양하라. 아멘.'

146:17 그러자 예수님께서 눈을 하늘로 들어 말씀하셨습니다.

146:18 '나의 아버지 하느님. 이제 당신 사랑의 축복, 자비하심의 축복,

진리의 축복이 이들에게 머물게 하소서.

146:19 등불이 그들의 중심에서부터 꺼져가고 있습니다. 만약 내적인 빛이 불타오르지 않으면 보시오, 그들은 암흑과 사망의 길을 걸어야만 합니다.'

146:20 그리고 예수님께서는 모든 사람에게 작별을 고했습니다.

146:21 그 뒤, 예수님과 그 어머니, 12사도, 미리암과 마리아, 야고보와 요한의 어머니,

146:22 그 밖에 그리스도를 사랑하는 많은 충실한 영혼들은 유대 축제를 축하하기 위해 예루살렘으로 갔습니다.

146:23 그리하여 그들은 여행 중 선구자가 한번 가르침을 베푼 바 있는, 싸알림 가까이에 있는 에논 샘터에 갔습니다.

146:24 그들이 샘 근처에서 쉬고 있으려니까 세베대의 아내이며 두 사도 야고보와 요한의 어머니인 마리아가 주님께 와서 말했습니다.

146:25 '주님, 저는 하느님의 왕국이 곧 오리라는 것을 알고 있습니다. 저의 부탁은 나의 아들들이 옥좌 위에 주님과 같이 앉아, 한 명은 오른쪽에 다른 한 명은 왼쪽에 앉도록 명하여 주소서.' (공통)

146:26 그러자 예수님께서 그녀에게 말씀하시기를, 그대는 그대가 요구하는 것을 모르고 있습니다.

146:27 예수님께서 야고보와 요한을 향하여 말씀하셨습니다. '그대들은 준비가 되어있는가? 또한, 그대들은 내가 마실 잔을 마실만큼 충분히 강한가?'

146:28 그들은 대답하기를 '예, 대스승님, 저희는 주님께서 가는 곳을 따라갈 만큼 충분히 강합니다.'

146:29 예수님께서 말씀하시기를 '너희들은 진정으로 나의 잔을 마실 것이리라. 하지만 나는 누가 내 오른쪽과 왼쪽에 앉힐 것인가를 심판하는 재판관이 아니니라.

146:30 생명에 살고 신앙을 지키는 사람들은 힘의 옥좌에 앉게 될 것이니라.'

146:31 한편, 사도들은 어머니가 자식들을 위하여 주님께 부탁했다는 말

과 야고보와 요한이 주님으로부터 특별한 호의를 바라고 있음을 알자, 그들은 분개하여 말했습니다.

146:32 '우리는 야고보와 요한이 이기적인 자아를 초월한 줄 알았다. 누가 사람의 아들들을 믿을 수 있겠는가?'

146:33 예수님께서 열 사람을 따로 불러서 그들에게 말씀하시기를 '사람이 영혼의 왕국에 대한 속성을 안다는 것은 얼마나 어려운 일이겠는가!

146:34 이들 두 제자는 하늘의 지배권은 지상의 그것과 같지 않다는 것을 알고 있지 않은 것 같으니라.

146:35 세상의 모든 왕국에서의 권력자는 그들 자신을 높여 그들의 권위를 나타내고 철과 같은 법률로 지배하고 있느니라.

146:36 그러나 빛의 자녀들을 지배하는 그대들은, 어떠한 지상의 권력도 찾지 않는 사람들이며, 사람들을 위하여 기꺼이 희생(willing sacrifice)하는데 자신의 삶을 주는 자임을 반드시 알아야만 하느니라.

146:37 누구든지 위대하게 되려는 자는 모든 사람의 봉사자가 되어야 하느니라. 천상에서 가장 높은 자리는 지상에서 가장 낮은 사람의 발밑에 있느니라. (The highest seat in heaven is at the feet of him who is the lowest man of earth.)

146:38 나는 세상이 만들어지기 전에 우리 아버지 하느님과 영광을 함께하고 있었지만, 아직도 나는 인류를 섬기기(serve) 위해 왔으며, 사람들에의 봉사자가 되어 사람들을 위하여(for) 나의 삶을 주기 위해서(give my life) 왔노라.'

146:39 이윽고 그리스도인들은 여행을 계속하여 예루살렘에 도착했습니다.

CHAPTER 147

147: 예수님께서 메시아에 대하여 성전에서 사람들에게 말씀하심. 유대인들의 배반을 꾸짖음. 유대인들이 주님에게 돌을 던지려고 했으나

요셉에 의하여 제지당함. 그리스도인들은 예리코로 가서 다시 베다바라로 감.

147:1 갈릴리, 유대, 사마리아에서 온 많은 유대인이 예루살렘으로 와서 축제에 참석했습니다.

147:2 솔로몬의 입구는 학자, 바리새인, 율법학자들로 가득하였으며 주 예수그리스도께서는 그들과 함께 걷고 있었습니다.

147:3 한 율법학자가 예수님께 다가와서 말하기를 '선생, 당신은 어째서 사람들을 이렇게 기다리게 만듭니까? 만일 당신이 선지자들이 오리라고 말씀했던 메시아라면, 지금 우리에게 말씀해 주시지 않겠소?'

147:4 예수님께서 말씀하시기를 '보시오. 내가 지금까지 그대들에게 여러 번 말했으나, 그대들은 나를 믿지 않았습니다.

147:5 어떤 사람도 (No man) 내가 행한 업적을 이룰 수 없으며, 내가 하느님에게서 가져온 진리만큼의 진리를 인간들에게 가져올 수는 없습니다.

147:6 내가 행한 것들과 내가 한 말이 나에 대한 증언입니다.

147:7 하느님께서 부르시고 하늘이 하는 소리에 맞출 수 있는 귀를 가진 사람은, 그 부름의 소리를 듣고 나를 믿었습니다. 이는 하느님께서 나를 증언하고 계시기 때문입니다.

147:8 그대들이 하느님의 소리를 들을 수가 없는 것은, 그대들의 귀가 막혀 있기 때문입니다. 그대들은 또한 하느님께서 일들을 이해할 수가 없는 것은, 그대의 마음이 낮은 자아로 팽배해 있기 때문입니다.

147:9 그대들은 참견하기 좋아하는 사람들이며, 이간질하기 좋아하는 사람들이며, 위선자들입니다. 그대들은 하느님께서 나에게 보내신 사람들을 데려다가 그대들의 소굴에다 집어넣고, 궤변과 거짓말로 그들을 독살시키려 하고, 하느님의 우리에서부터 그들을 빼앗으려 하고 있습니다.

147:10 내가 그대들에게 말하노니, 사람들이여, 그 사람들은 시련을 받고 있지만, 그대들은 그들 중에서 한 사람도 빼앗아 가지 못할 것입

니다.

147:11 그들을 나에게 보내신 나의 아버지께서는 그대들 모두보다도 위대하며, 그분과 나는 하나입니다.'(My Father who has given them to me is greater than you all, and he and I are one.)

147:12 그러자 유대인들이 돌을 집어서 그에게 던지려고 하면서 외쳤습니다. 우리는 충분히 들었다. 그를 쫓아내라. 돌로 쳐 죽이자.

147:13 그러나 그때, 유대인의 큰 산헤림의 구성원인 요셉이 현관에 있다가 앞에 나서서 말했습니다.

147:14 '그대들 이스라엘 사람들이여, 성급한 행동을 하지 마세요. 그 돌들을 내려놓으시오. 이런 경우 그대들의 이성은 감정보다 훨씬 나은 지침이 될 것이오.

147:15 당신들은 비난하는 것이 진실임을 알지 못하는 것 같소. 만약 이 사람이 스스로 그리스도임을 증명하였음에도 당신들이 그의 생명을 빼앗는다면, 하느님의 노여움이 영원히 그대들에게 임할 것입니다.'

147:16 예수님께서 그들에게 말씀하셨습니다. '보라, 나는 그대들의 병자들을 고쳐주었으며, 소경의 눈을 뜨게 하였고, 귀머거리를 듣게 하고, 절름발이를 걷게 하고, 그대들의 친구로부터 깨끗하지 못한 영들을 내쫓아 주었소.

147:17 그대들은 이러한 위대한 일 중 어떤 것으로 나의 생명을 빼앗으려고 합니까?'

147:18 유대인들은 대답했습니다. '우리는 그대의 은혜로운 일로 인하여 돌로 치려는 것이 아니었소. 단지 당신의 야비하고 하느님을 모독하는 말 때문이오. 그대는 단지 사람에 불과하면서 자기가 하느님이라고 말하고 있소.'

147:19 예수님께서 말씀하시기를 '당신들의 선각자는 사람의 아들에게 '보라, 너희들은 하느님이다! (Lo, you are gods!)'라고 말했습니다.

147:20 자, 들으시오. 그대 사람들이여, 그가 단지 하느님의 말씀을 들은 사람들에게 그렇게 말할 수 있었다면, 내가 하느님의 아들이라고 하는 것으로 어찌 내가 하나님의 이름을 모독한다고 생각합니까?

147:21 만약 그대들이 내가 말(say)하는 것을 믿지 않는다면, 그대들은 내가 행(do)한 것을 믿어야 합니다. 그대들은 이러한 행한 일들 속에서 하느님을 볼 수 있어야 하며, 내가 하느님 속에 거하고, 하느님이 내 속에 거하고 계심을 알아야만 할 것입니다.'

147:22 그리자 또다시 유대인들이 돌을 가져다가 성전 뜰에서 그를 돌로 치려고 하였지만, 그는 시야에서 물러나 현관과 뜰을 떠나 자기 길로 갔습니다.

147:23 예수님께서는 12사도와 함께 예리코로 가서 며칠 후 요단강을 건너 베다바라에 와서 며칠간을 더 머무르셨습니다.

CHAPTER 148

148: 나사로가 죽어 예수님과 12사도는 베다니로 돌아옴. 나사로의 부활로 예루살렘의 지도자들이 크게 흥분. 그리스도인들이 에브라임 언덕으로 가서 머물다.

148:1 예수그리스도와 12사도가 아라바의 집에서 명상에 잠겨있던 어느 날, 한 사자가 와서 말했습니다.

148:2 '주님, 예수님, 들으소서! 베다니에 있는 선생님의 친구가 아파서 죽어가고 있습니다. 그의 누이께서 선생님이 서둘러서 오시기를 독촉하고 있습니다.'

148:3 그러자 대스승님께서는 12사도를 보고 말씀하셨습니다. '보라, 나사로가 잠들었도다. 내가 가서 그를 깨워야만 하느니라.'

148:4 제자들이 말하기를 '그가 잠들었다면 가야 할 필요가 무엇인지요? 그는 머지않아 깨어날 것입니다.'

148:5 예수님께서 말씀하시기를 '그것은 죽음의 잠이니라. 왜냐하면, 나사로는 이미 죽었느니라.'

148:6 그러나 예수님께서는 서둘러 떠나지 않으셨습니다. 주님께서 아라바의 집에 이틀간을 머무신 뒤에 말씀하셨습니다. '때가 왔으므로 우리는 베다니로 가야만 하느니라.'

148:7 그러나 제자들은 가지 않기를 종용했습니다. 그들이 말하기를 '유대인들은 주님의 생명을 노려, 주님께서 돌아오기를 기다리고 있습니다.'

148:8 예수님께서 말씀하시기를 '사람들은 내가 나의 생명을 그들에게 넘겨줄 때까지 나의 생명을 빼앗을 수 없느니라.

148:9 시간이 오면 나는 나의 생명을 나 스스로 버릴 것이니라. 그 시간이 가까이에 있다. 하느님께서 가장 잘 알고 계시니라. 나는 일어나 가야만 하느니라.'

148:10 도마가 말했습니다. '그렇다면 저희도 따라가겠습니다. 그렇습니다. 우리도 생명을 걸고 주님과 함께 죽겠습니다.' 그들은 일어나 떠났습니다.

148:11 마리아, 마르다, 룻, 그 밖의 많은 친구가 그들의 집에서 울고 있었는데 한 사람이 다가와서 말했습니다. '주님께서 오셨습니다.' 그러나 마리아는 그의 말을 듣지 못했습니다.

148:12 하지만 마르다와 룻은 그 말을 듣고, 일어나 주님을 만나기 위해 가보니 그분은 마을 문에서 기다리고 있었습니다.

148:13 그들이 주님을 만나자, 마르다가 말했습니다. '너무 늦었습니다. 나사로는 이미 죽었습니다. 만약 주님께서 우리와 함께 계셨더라면, 그는 죽지 않았으리라고 생각됩니다.

148:14 그러나 지금이라도 주님은 죽음을 이길 힘을 가지고 계시기에 성스러운 말씀을 통하여 죽은 자를 살릴 수 있을 거라고 알고 있습니다.'

148:15 예수님께서 말씀하시기를 '보라, 나사로는 다시 살아날 것이니라' (공통)

148:16 마르다가 말하기를 '모든 죽은 자가 살아날 때, 그가 다시 살아 일어나는 것으로 압니다.'

148:17 예수님께서 말씀하시기를 '나는 곧 부활이요, 생명이니라. 나를

믿는 신앙을 가진 사람은 설사 그가 죽어도 살 것이니라. (공통)

148:18 살아서 내 속에서 살아있는 신앙을 가진 자는 결코 죽지 않으리라. 그대는 내가 한 말을 믿느냐?' (공통)

148:19 마르다가 대답하기를 '주님, 저는 주님은 하느님의 그리스도를 나타내 보여 주기 위하여 오셨다는 것을 믿습니다.

148:20 예수님께서 말씀하시기를 '가서 그대의 자매와 나의 어머니 그리고 여자 선지자를 옆에 따로 불러서 내가 온 것을 말하고, 그들이 나에게 올 때까지 나는 여기 문 옆에서 기다리겠노라.'

148:21 그리하여 룻과 마르다는 예수님께서 명하신 대로 행하였습니다. 잠시 후에 마르다의 자매 마리아와 주님의 어머니 마리아 그리고 여자 선지자가 주님을 만났습니다.

148:22 마리아가 말했습니다. '어찌하여 이렇게 늦으셨습니까? 주님께서 우리의 형제와 함께 계셨더라면 그는 죽지 않았을 텐데요.'

148:23 이윽고 예수님께서는 집으로 들어가 모두 깊은 슬픔에 잠겨있는 것을 보시고, 슬픈 마음이 일어나 말씀하시기를 '어디에 그가 누워있는 무덤이 있는가?'

148:24 그들이 대답하기를 '주여, 오셔서 보세요.' 그러자 예수님께서는 우셨습니다.

148:25 사람들은 말했습니다. '예수님께서 이 사람을 얼마나 사랑하셨는지 보시오!'

148:26 다른 사람들이 말했습니다. '선천적인 장님의 눈을 뜨게 한 주님께서 이 사람을 죽음에서 구할 수가 없었습니까?'

148:27 곧 장례식에 참석한 조객들이 무덤 곁에 섰습니다. 바위를 뚫어서 만든 무덤은 큰 돌로 입구를 막고 있었습니다.

148:28 예수님께서 말씀하셨습니다. '그 돌을 치워라.'

148:29 마르다가 말했습니다. '주님, 괜찮을까요? 보세요 죽은 지 4일이나 되었습니다. 몸은 분명 부패했을 텐데요. 우리가 지금 볼 수 있겠습니까?'

148:30 주님께서 대답하시기를 '마르다 여, 그대는 내가 마을 문 앞에서 한 말을 잊었느냐? 그대가 주의 영광을 보리라고 내가 말하지 않았느냐?'

148:31 그리고서 그들은 돌을 굴려서 치웠습니다. 살은 부패하지 않았습니다. 예수님께서 하늘을 바라다보시고 말씀하시기를

148:32 '저의 기도를 항상 들어 주셨던 나의 하느님 아버지이시어, 지금 당신께 감사하나이다. 이 많은 사람이, 당신이 저를 보내셨으며, 제가 당신이고 당신이 저이며, 권능의 강력한 말씀을 알게 하옵소서.'

148:33 예수님께서는 영혼들이 이해할 수 있는 음성으로 말씀을 하셨습니다. '오, 나사로 여 깨어나라!'

148:34 그러자 나사로는 일어나서 무덤 밖으로 나왔습니다. 수의가 그를 단단히 둘러싸고 있었으므로 예수님께서 말씀하시기를

148:35 '수의를 풀어주어 그를 가게 하여라.'

148:36 사람들은 대단히 놀랐고 많은 사람은 그분에게 그들의 신앙을 고백하였습니다.

148:37 몇 사람은 예루살렘으로 가서 죽은 자의 이 부활에 대하여 바리새인들에게 말했습니다.

148:38 사제장들은 당황하여 말했습니다. '우리가 무엇을 할 수 있나? 이 사람은 많은 권능의 행위를 하고 있다. 만일 우리가 그의 일을 막지 않는다면, 모든 사람이 그를 왕으로 우러러볼 것이고, 로마인에 의하여 왕위에 오르게 되면, 우리는 모든 지위와 권력을 잃게 될 것이다.'

148:39 그리고 사제장들과 바리새인들은 회합하고 그를 죽일 계획을 찾았습니다.

148:40 가야바는 그때 당시 최고 제사장이었습니다. 그가 와서 말했습니다. '그대들, 이스라엘 사람들이여, 그대들은 율법을 알지 못하는가?'

148:41 그대들은 이 같은 경우에 우리나라와 율법을 구하기 위해 한 생명을 포기해야 하는 것을 모르는가?'

148:42 가야바는 그분이 선각자로 진리의 말을 하고 있다는 사실을 몰랐습니다.

148:43 그는 예수님께서 유대인과 그리스인 그리고 전 세계의 모든 사람을 위해 희생물로써 바쳐질 때가 온 것을 알지 못했습니다.

148:44 그 날부터 유대인들은 매일 모여서, 주님을 죽이기 위한 깊이 있는 계획을 의논했습니다.

148:45 한편, 예수님과 12사도는 베다니에 머무르지 않고, 사마리아의 경계에 있는 에브라임 언덕에서 집을 찾아 많은 날 그곳에서 지냈습니다.

CHAPTER 149

149: 유대인들이 축제에 참석하기 위해 예루살렘에 모임. 그리스도인들이 예리코로 감. 예수님께서 삭개오과 함께 식사. 주님께서 10명의 신하의 재능에 대한 비유를 말씀.

149:1 유대인들의 유월절 큰 축제, 봄의 축제는 모든 독실한 유대인들을 예루살렘에 불러들이고 있었습니다.

149:2 축제 10일 전 주님과 제자들은 에브라임 언덕을 떠나 요단길 옆으로 예리코로 내려갔습니다.

149:3 일행이 예리코로 들어가니 돈 많은 세무원이 주님을 보기 위해 나왔습니다. 그러나 그는 체구가 작고 군중들이 많아 주님을 볼 수 없었습니다.

149:4 길가에 한 그루의 무화과나무가 서 있었으므로, 나무 위로 올라가 가지 사이에 앉을 자리를 찾아냈습니다.

149:5 예수님께서 그를 보시고 말씀하시기를 '오. 삭개오야, 서둘러 내려오너라. 오늘은 그대의 집에 머물리라.'

149:6 삭개오는 내려와서 즐거이 주님을 맞이했습니다. 하지만 완고한 종파의 많은 사람은 소리쳐 말했습니다.

149:7 '부끄럽다! 그는 죄인이며 세리인 삭개오의 집으로 머무르러 간다.'

149:8 그러나 예수님께서는 그들이 말한 것에 개의치 않았습니다. 그는 신앙인 삭개오와 함께 갔습니다. 그들이 함께 걸어가는 동안 삭개오가 말했습니다.

149:9 '주님, 저는 지금까지 옳은 일을 하려고 노력하고 있습니다. 저는 제 재산의 반을 가난한 사람들에게 줍니다. 그리고 만약 어떻게 제가 사람들에게 잘못했다면, 저는 4배로 갚아줌으로써 잘못을 바로잡습니다.' (공통)

149:10 예수님께서 그에게 말씀하시기를 '그대의 생활과 신앙은 하느님에게 알려져 있느니라. 보라, 만군의 주님 축복이 그대와 모든 그대의 집에 머물리라.'

149:11 예수님께서는 모든 사람에게 비유로 말씀했습니다. '어떤 황제의 신하가 왕이 되어, 외국 땅으로 가서 자신의 권리를 주장하고 자신의 왕국을 받았습니다.

149:12 그는 가기 전에 10명의 믿는 신하들을 불러놓고 각자에게 1파운드를 주며 말했습니다. (공통)

149:13 '가서 기회가 있을 때 이 돈을 사용하라. 그 결과 그대들은 나를 위해 더 많은 재산으로 늘릴 수 있노라.' 그러곤 그는 떠났습니다.

149:14 많은 날이 지난 후 그는 다시 와서 열 명을 불러 보고하게 했습니다.

149:15 첫 번째 사람이 와서 말했습니다. '왕이시여, 저는 당신을 위해서 9파운드를 벌었습니다. 제게 1파운드를 주셨으니 여기 10파운드가 있습니다.'

149:16 왕이 대답하기를 '잘 했도다. 충실한 자여, 그대는 작은 일에도 충실하므로, 큰일에도 충실한 일꾼이 되리라 생각된다.

149:17 보라. 나는 그대에게 내 영지 가운데 9개의 중요한 고을의 지도자가 되도록 해주겠다.'

149:18 두 번째 사람이 와서 말하기를 '왕이시여, 저는 당신을 위해서 4파운드를 벌었습니다. 제게 1파운드를 주셨으니 여기 5파운드가 있습니다.'

149:19 왕이 대답하기를 '그대는 충실함을 증명했다. 보라. 나는 내 영지 가운데 중요한 고을 4개를 통치하게 해주겠다.'

149:20 다른 사람이 와서 말했느니라. '왕이시여, 저는 당신이 주신 돈으로 1파운드를 벌었습니다. 당신이 제게 1파운드를 주셨으므로 여기 2파운드가 있습니다.'

149:21 왕이 말하기를 '그대는 그대의 충실함을 증명했도다. 보라. 나는 내 영지 가운데 중요한 고을 1개를 통치하게끔 하겠다.'

149:22 다른 사람이 와서 말했습니다. '왕이시여, 여기 당신이 주신 돈이 있습니다. 저는 당신이 엄격하신 분으로 알고 있고, 당신은 심지 않은 곳에서 자주 거두었고, 나는 몹시 두려워서, 나는 당신이 주신 돈을 비밀장소에 숨겨두었습니다. 여기 그 돈이 있습니다.'

149:23 왕은 소리쳤습니다. '게으른 자여, 그대는 내가 바라던 것을 알고 있었다. 나는 모든 사람이 각자의 최선을 다하는 것을 기대하고 있었다.

149:24 만일 그대가 겁쟁이여서 시장에서 네 판단대로 하기가 두려웠다면, 왜 가서 돈에 이익이 붙도록 원금에 이자를 받도록 하지 않았는가?'

149:25 왕은 그의 재산을 관리하는 신하에게 돌아보며 말했습니다. '이 1파운드를 뺏어서 근면하게 일한 9파운드를 번 사람에게 주도록 하라.'

149:26 그러므로 내가 이르노니 자기가 가지고 얻은 것을 잘 사용하는 (uses what he has) 사람은 더욱 풍성하게 가질 수 있고, 자신의 재능을 땅속에 숨기고 있는 사람은 그가 가지고 있는 것도 몰수당할 것입니다.'

CHAPTER 150

150: 예수님께서 장님인 바디메오를 고치심. 12사도와 함께 베다니로 가심. 군중들은 그분을 환영하기 위하여 몰려오고 또한 나사로와 말하려고 함.

150:1 그리스도인들이 베다니로 향해 길을 출발하여, 아직 여리고가 아닌

그곳에서 길가에 앉아 있는 거지를 지나갔는데, 그는 장님 바디메오입니다. (공통)

150:2 거지는 군중들이 지나가는 소리를 듣고 지금 들리는 소리가 무엇이냐고 물었습니다.

150:3 사람들이 그에게 나사렛 예수가 지나가는 소리라고 말해주었습니다.

150:4 즉시 그 사나이는 외쳤습니다. '주 예수님, 다윗의 자손이시여, 길을 멈추시오! 불쌍한 장님 바디메오에게 자비를 베푸소서!'

150:5 사람들은 그에게 말했습니다. '조용히 하라. 진정하라.'

150:6 그러나 장님 바디메오는 또 다시 외쳤습니다. '그대 다윗의 자손이시여, 들어주소서!, 불쌍한 장님 바디메오에게 자비를 베푸소서.!'

150:7 그러자 예수님께서 걸음을 멈추시고 그를 데려오라고 말씀하셨습니다.

150:8 사람들은 장님을 주님께 데려왔습니다. 그들이 그를 데려왔을 때 사람들은 말했습니다. '이제 기뻐하라, 바디메오여, 주님께서 그대를 부르시고 계신다.'

150:9 그러자 그는 망토를 벗어 던지고, 길에서 기다리는 예수님께 달려갔습니다.

150:10 예수님께서 물으셨습니다. '바디메오여, 그대는 무엇을 가지려고 하는가?'

150:11 장님이 말하기를 '선생님, 제가 볼 수 있도록 제 눈을 뜨게 하여 주시옵소서.'

150:12 예수님께서 말씀하시기를 '바디메오여, 쳐다보라. 너의 시력을 받아라. 그대의 믿음이 그대를 온전케 했느니라.'

150:13 그리하여 그는 단번에 시력을 얻었으며, 그의 온 마음에서 우러나오는 말로 말하기를 '하느님을 찬양합니다.'

150:14 또한 모든 사람도 말하기를 '하느님을 찬양합니다.'

150:15 예수님과 12사도는 베다니로 갔습니다. 그 날은 축제가 벌어지기 엿새 전이었습니다.

150:16 사람들은 예수님께서 베다니에 계시다는 말을 듣고, 가까이서 멀리서 그분을 보고 그분의 말씀을 들으려고 왔습니다.

150:17 또한 사람들은 예수님이 죽음에서 살렸던 나사로와 이야기를 하고 싶어 안달이 났습니다.

150:18 한편, 예루살렘에서는 제사장들과 바리새인들은 모두 경계태세였습니다. 그들은 예수는 축제에 참여할 것이고, 우리는 그가 다시 빠져나가는 것을 절대 허용해서는 안 된다고 말했습니다.

150:19 그들은 모든 사람에게 경계하여 주님을 잡아 죽이는데 협조하라고 명령했습니다.

CHAPTER 151

151: 예수님께서 회당에서 가르치심. 예루살렘으로 당당히 들어오심. 군중들은 어린아이들과 함께 찬가를 부르며 '왕에게 호산나!'라고 말함. 그리스도인들이 베다니로 돌아옴.

151:1 예수님께서 베다니에 온 것은 유대인의 여덟 번째 날인 안식일 전날이었습니다.

151:2 안식일에 예수님께서는 회당으로 가셔서 가르치셨습니다.

151:3 일주일의 첫날 일요일 아침, 주님께서 12사도를 불러 말씀하시기를

151:4 '오늘 우리 예루살렘으로 가니 두려워하지 말 것이니 나의 시간은 아직 오지 않았느니라.

151:5 지금 그대들 중 두 사람은 벳바게 고을로 가도록 하라. 나무에 묶어 놓은 당나귀를 발견할 것이고 근처에 새끼 나귀를 보게 될 것이니라. (공통)

151:6 나귀를 풀어 나에게 데려오너라. 만약 어떤 사람이 나귀를 데려가는 이유를 물으면 단지 스승님이 나귀가 필요하다고 말하라. 그러면 주인도 그대들과 같이 올 것이니라.'

151:7 제자들은 예수님께서 명하신 대로 벳바게로 가보니, 열린 문 근처에서 당나귀와 그 새끼를 볼 수 있었습니다. 그들이 당나귀 고삐를

풀려고 하자, 주인이 말했습니다. '왜 당나귀를 데려가려 하시오.'

151:8 제자들은 말했습니다. '주님께서 이것을 필요로 하고 계십니다.' 그러자 주인은 '좋다.'고 했습니다.

151:9 제자들은 나귀를 데려와서, 그 등 위에 자기들의 겉옷을 걸쳤습니다. 그리하여 예수님께서 그 위에 올라앉아 예루살렘으로 향하였습니다.

151:10 군중들은 길에 나와 길이 꽉 찼습니다. 제자들은 주님을 찬양하면서 말했습니다.

151:11 '하느님의 이름으로 오신 왕에게 많은 축복 있어라! 모든 영광이 하느님께 있으며, 지상에는 평화, 사람들에게는 선의!'

151:12 많은 사람은 길에 그들의 옷을 깔았고, 어떤 사람들은 나뭇가지를 꺾어 길에 놓았습니다.

151:13 또한 많은 어린이는 향긋한 꽃 화환을 가지고 와서 주님께 바치거나 길 위에 놓으면서 말했습니다.' 왕 만세! 왕이여 장수하소서!

151:14 다윗의 옥좌가 다시 세워질 것이다! 만군의 주님에게 호산나!'

151:15 군중들 사이에는 바리새인들이 있어서, 예수님께서 그 앞을 지나갈 때 말했습니다. '이 시끄러운 군중들을 꾸짖으시오. 길거리에서 이처럼 떠드는 것은 수치스러운 일이다.'

151:16 주님께서 대답하시기를 '내가 그대들에게 이르노니, 사람들이여, 만약 이 사람들이 조용하면, 돌들이 크게 외치리라.' (공통)

151:17 그러자 바리새인들은 서로 의논하고 말했습니다. '우리의 위협도 소용없소. 보시오, 모든 세계가 그를 따라가고 있소.'

151:18 예수님께서 예루살렘에 가까이 이르자 잠시 쉬시고 눈물을 흘리시면서 말씀하시기를 '예루살렘이여, 예루살렘이여, 유대인들의 신성한 도시여! 주님의 영광이 그대의 것이었으나, 그대는 주님을 버렸도다. (공통)

151:19 그대의 눈은 감겨 왕을 볼 수가 없구나. 하늘과 땅의 주님의 왕국이 왔으나, 그대는 그것을 이해하지 못하구나.

151:20 보라, 멀리서 군대가 와서 그대길 주변에 진지를 만들 것이고, 그대를 둘러싸서 모든 방향에서 포위하리라.

151:21 그대를 땅 위에 쓰러뜨리고, 그대와 그대의 자식들을 거리에서 죽이리라. (공통)

151:22 또한 적은 그대들의 성전과 궁전과 벽의 돌 위에 돌은 남겨놓지 않으리라. 왜냐하면, 오늘 그대는 하늘의 하느님의 베푸심을 차버렸기 때문이니라.' (공통)

151:23 예수님과 군중들이 예루살렘에 당도하니 흥분의 열기가 더해져, 사람들은 이 사람이 누구냐고 물었습니다.

151:24 군중들이 대답했습니다. '이분은 왕이요, 선각자이시며, 하느님의 사제이며, 갈릴리에서 온 사람입니다.'

151:25 그러나 예수님께서는 지체하지 않으시고, 곧장 성전 정문으로 갔습니다. 그곳에도 왕을 보려고 몰려든 사람들로 정말 꽉 차 있었습니다.

151:26 병자, 앉은뱅이, 절름발이, 장님들이 그곳에 있었습니다. 예수님께서는 잠시 멈추시고 그들의 머리 위에 손을 얹히시고, 성스러운 말씀으로 그들을 고치셨습니다.

151:27 성전과 성전의 뜰은 하느님을 찬양하는 어린이로 가득했습니다. 그들은 '왕에게 호산나! 다윗의 아들은 왕이다! 왕 만세! 하느님을 찬양하라!'라고 말했습니다.

151:28 바리새인들은 어린아이들이 노래하는 소리를 듣고 분노로 가득 차 예수님께 말하기를 '당신은 아이들이 하는 말을 듣고 있나요?'

151:29 예수님께서 말씀하시기를 '듣고 있노라. 그러나 그대들은 다음과 같은 우리의 시인들이 한 말을 읽어 본 적이 없는가?

151:30 아기와 젖먹이의 입에서 당신은 찬양을 완전하게 하셨다.'

151:31 저녁이 되자 주님과 제자들은 다시 베다니로 돌아갔습니다.

152: 예수님께서 열매 없는 무화과나무를 책망. 성전에서 상인들을 몰아 냄. 사람들을 가르치심. 베다니로 돌아오심.

152:1 다음날 월요일, 대스승께서 12사도와 함께 예루살렘으로 갔습니다.

152:2 그들이 길을 걸어가다가 열매 하나 없이 잎만 무성한 무화과나무를 보았습니다.

152:3 예수님께서 나무를 향해 말씀하시기를 '그대 땅의 소용 없는 방해물이여, 그대 무화과나무는 보기에는 좋으나, 속이는 것이로다. (공통)

152:4 그대는 풍성한 나무가 가져야만 하는 영양분을 땅과 공기에서 빼앗고 있구나

152:5 너는 흙으로 돌아가 다른 나무가 먹어야 할 영양분이 되어라.'

152:6 예수님께서 나무에 그와 같이 말씀하시고 그의 길을 갔습니다.

152:7 이윽고 그가 성전에 도착하니, 보시오, 방에는 희생제물용으로 비둘기, 동물, 그 밖의 물건들을 팔고 있는 상인들로 가득 차서, 성전은 시장이었습니다.

152:8 예수님께서 이 광경에 분개하여 말씀하시기를 '그대들, 이스라엘 사람들은 부끄러운 줄을 아시오! 이 성전은 기도의 집으로 예정돼 있으나 지금은 도둑들의 소굴이로다. 이 약탈물을 이 성스러운 장소에서 치우시오.' (공통)

152:9 상인들은 단지 웃으면서 말했습니다. '우리는 관리인들에 의해 우리 장사는 보호받고 있소 우리는 떠나지 않을 것이오.'

152:10 그러자 예수님께서, 전에 한 번 했던 대로, 줄로 회초리를 만들어 상인들 사이로 들어가서, 그들이 가진 돈을 모두 바닥에다 던져 버렸습니다.

152:11 비둘기 상자를 던져버리고, 울고 있는 새끼 양을 잡아맨 줄을 끊어서 놓아주었습니다.

152:12 그리고 나서 그는 그곳에서 상인들을 몰아내고, 깨끗한 새 빗자루로 바닥을 청소했습니다.

152:13 제사장들과 바리새인들은 몹시 분노했으나, 군중들이 그를 옹호하고 있었으므로, 주님을 건드리거나 꾸짖지조차도 못하고, 다만 두려워할 뿐이었습니다.

152:14 또한 예수님께서는 온종일 사람들을 가르치시고 많은 병자를 고치셨습니다.

152:15 저녁 무렵이 되자 예수님께서 또다시 베다니로 돌아갔습니다.

CHAPTER 153

153: 그리스도인들이 예루살렘으로 감. 그들은 시든 무화과나무를 주목. 그 상징적인 의미. 예수님께서 성전에서 가르침을 베풂. 제사장들이 비난. 부잣집 잔치의 비유

153:1 화요일 날 아침 일찍이, 대스승님과 12사도는 예루살렘으로 가셨습니다.

153:2 가는 도중에 12사도는 주님께서 전날에 말씀하신 바 있는 무화과나무를 보았습니다. 보시오, 잎들은 모두 말라서 마치 불에 그을린 것 같았습니다.

153:3 베드로가 말했습니다. '주님, 나무를 보십시오. 그 잎사귀가 시들해져서 나무가 죽은 것 같습니다.'

153:4 예수님께서 말씀하시기를 '열매를 맺지 못하는 사람들도 그와 같이 되리라. 하느님께서 그들을 불러내었을 때, 보라, 그분은 잎에 숨결을 불어넣으실 것이고, 공허한 말들 그 잎들은 시들하여 썩게 될 것이니라.

153:5 하느님께서는 열매가 없는 생명의 나무는 땅을 방해하지 못하도록 그들을 모두 뽑아서 내던지시리라.

153:6 한편, 그대들은 하느님의 힘을 나타낼 수 있도다. 하느님 속에서 신앙을 가진다면 그대는 산에 떨어지라고 명할 수 있다. 그리고 산은 그대들 발밑에서 부서지리라.

153:7 그리고 그대들이 바람이나 파도에 말하면, 그들도 들을 것이고 그

대들의 명령한 것에 순종하리라.

153:8 하느님께서는 신앙의 기도를 들어주시며, 그대들이 신앙으로 간구할때 그대들은 받을 수 있으리라.

153:9 잘못되게 간구해서는 안 되니라. 하느님께서는 그의 손에 다른 사람의 피를 묻혀 와서 간구하는 사람의 기도는 그 어떤 사람도 들어주시지 않으리라.

153:10 시기하는 마음을 품고 동료를 사랑하지 않는 사람은, 하느님께 영원히 기도하더라도 그분은 듣지 않으리라.

153:11 하느님께서는 사람들이 다른 사람들에게 하려는 것 이상의 것은 하실 수 없느니라. (God can do nothing more for men than they would do for other men.)'

153:12 예수님께서 다시 성전 뜰 안을 걸었습니다.

153:13 제사장들과 율법학자들은 가야바와 힘 있는 다른 사람들이 모인 회의로 인하여 매우 대담해져서, 예수님께 와서 말하기를

153:14 '누가 당신에게 당신이 했던 일처럼 하라고 권한을 주었소? 당신은 어제 성전에서 왜 상인들을 내쫓았소?'

153:15 예수님께서 그들에게 대답하기를 '만약 그대들이 내가 묻는 말에 대답한다면, 내가 그대들에게 대답하겠습니다. 선구자 요한은 하나님의 사람인가요 선동적인 사람인가요?'

153:16 율법학자들과 바리새인들은 그에게 대답하기를 꺼려, 자기들끼리 논리를 도출하였습니다.

153:17 '만일 우리가 요한은 하느님께서 보내신 선지자라고 말한다면 그는 다음과 같이 말할 것이다.

153:18 요한은 내가 하느님의 아들이라고 입증했는데도 어찌하여 당신들은 그의 말을 믿지 않는가?

153:19 만일 우리가 요한은 대담하고 선동적인 사람이라고 말한다면 군중들은 몹시 노할 것이다. 왜냐하면, 군중들은 그를 살아있는 하느님의 선지자라고 생각하고 있기 때문이다.'

153:20 그리하여 그들은 예수님께 '모르겠소. 우리는 말할 수가 없소.'라고 대답했습니다.

153:21 예수님께서 말씀하시기를 '만약 그대들이 나에게 말해주지 않는다면, 나는 누가 나에게 하느님의 집에서 도적의 무리를 몰아낼 힘을 주셨는지 그대들에게 말하지 않겠습니다.'

153:22 그분은 그들에게 비유로 말씀하시기를 '어떤 사람이 하루는 잔치를 베풀어 그 땅의 모든 부자와 존경받는 사람들을 초청했습니다.

153:23 그러나 그들이 왔을 때, 그들은 연회장으로 들어가는 문이 낮아, 머리를 숙이고 무릎을 꿇지 않으면, 들어갈 수 없다는 것을 알았습니다.

153:24 이들은 머리를 숙이고 무릎을 꿇기가 싫어서 떠나가버리고 그들은 잔치에 가지 않았습니다.

153:25 그 사람은 전령을 보내어 일반 백성과 적은 재산을 가진 사람들을 오라 하여 그들과 같이 잔치를 하기로 하였습니다.

153:26 이들은 즐거이 와서 머리를 숙여 무릎을 꿇고 연회석으로 들어와 잔치 장소는 가득 찼고 모두 즐거워하였습니다.'

153:27 그리고 나서 대스승님이 말씀하시기를 '보라, 사제들, 율법학자, 바리새인들이여! 천지의 주님께서 호화로운 잔치를 마련하여 먼저 당신들을 초대했습니다.

153:28 그러나 그대들은 연회석상으로 들어가는 문이 낮아, 머리를 숙이고 무릎을 굽혀야만 하는 것을 알고는, 잔치를 벌인 왕을 경멸하고, 머리를 숙이고 무릎을 굽히기를 거절하고 떠나 버리고 말았습니다.

153:29 그러나 이제, 하느님께서는 사람들을 다시금 초대하셨습니다. 일반 백성들과 적은 재산을 가진 사람들이 많이 와서, 연회장에 들어갔고 모두 기뻐하였습니다.

153:30 내가 그대들에게 말하노니 사람들이여, 세리와 창녀는 문을 통과하여 하늘 하느님의 왕국으로 들어갔고, 그대들은 문밖에 있습니다.

153:31 요한이 올바름으로 와서 그대들에게 진리를 가지고 왔으나 그대들은 그를 믿지 않았습니다.

153:32 그러나 세리와 창녀는 믿고 세례를 받고 지금 잔치에 참석했습니다.

153:33 내가 여러 번 그대들에게 말했고 지금 다시 말하노니, 초대받은 자는 많으나, 선택 받은 자는 적을 것입니다.'(The many have been called, but chosen are the few.)

CHAPTER 154

154: 예수님께서 성전 뜰에서 가르치심. 집주인과 악한 농부의 비유. 혼인 잔치와 혼인 예복을 입지 않은 손님 비유

154:1 군중들은 예수님의 말씀을 듣기 위해, 성전 뜰에 단을 만들었습니다. 예수님께서는 그곳에 서서 가르쳤습니다. 그분이 비유로 말씀하시기를

154:2 '어떤 사람은 방대한 땅을 가지고 있어, 포도밭을 만들고 그 주위에 울타리를 만들고, 탑을 만들고, 포도주를 짜는 도구를 설치했습니다.

154:3 그는 농부들에게 포도밭을 맡기고 먼 땅으로 여행을 떠났습니다.

154:4 수확의 계절에 주인은 하인을 보내어 포도 수확에서 주인 몫을 받아오게 하였습니다.

154:5 농부들은 앞으로 나와 그 하인을 매질하고, 그의 등에 40대의 채찍질을 가하여 포도밭 문밖 너머로 내쫓았습니다.

154:6 주인은 다른 사람을 보내어, 그의 몫을 받으려 하였습니다. 농부들은 그를 잡아다가 심하게 상처를 입히고, 포도밭으로부터 그를 던지고, 길가에 반쯤 죽인 채로 버려두었습니다.

154:7 주인은 또 다른 사람을 보내어 그의 몫을 받으려 하였습니다. 농부들은 그를 잡아다가, 투창으로 심장을 찔러서, 울타리 너머에 그를 묻어버렸습니다.

154:8 주인은 무척 슬퍼했습니다. 그는 어떻게 해야 할지 혼자서 생각하고는 말하기를 '나의 유일한 아들이 여기에 있으니, 그를 농부에게

로 보내리라. (공통)

154:9 그들은 분명 내 아들을 공경하고 내 몫을 나에게 보내주리라.'

154:10 그는 자기의 아들을 보냈습니다. 농부들은 그들끼리 회의를 했습니다. '이 사람은 이 재산 전부를 물려받을 유일한 상속자이다. 만일 우리가 그의 목숨을 빼앗는다면, 방대한 유산은 우리 것이다.'

154:11 그들은 그의 생명을 빼앗고 포도밭 울타리 너머로 시체를 던져 버렸습니다.

154:12 때는 올 것입니다. 주인이 농부들과 계산하기 위하여 되돌아오게 되면, 주인은 그들 모두를 잡아다가, 이글거리는 뜨거운 불(fire) 속에 집어 던져, 그들이 진 빚(debts)을 갚을 때까지 그곳에 머물게 할 것입니다.

154:13 그리고 그는 포도밭을 정직한 사람이 돌보도록 맡길 것입니다.

154:14 예수님께서는 사제들과 율법학자들을 보고 말씀하시기를 그대들의 선각자가 말하지 않았던가요?

154:15 '집 짓다 버린 돌이 건물의 머릿돌이 되었다.'

154:16 그대들, 농부로서 하느님의 사람으로서 자칭하는 사람들이여, 보라! 그대들은 하느님의 전령, 선각자, 선지자를 돌로 쳐 죽이고, 이제 그의 아들을 살해하기 위하여 찾고 있습니다.

154:17 내가 그대들 사람들에게 고하노니 하느님의 왕국을 그대들에게서 뺏어서, 지금은 백성이라고 일컬을 수 없는 백성에게, 지금은 나라라고 일컬을 수 없는 그런 나라에 넘겨줄 것입니다.

154:18 그대들이 이해할 수 없는 말을 사용하는 사람들이, 산 자와 죽은 자들 사이에 서서, 생명의 길을 보여 줄 것입니다.'

154:19 사제장들과 바리새인들은 이 비유를 들었을 때 화가 많이 나서, 주님을 잡아서 해를 가하려고 하였습니다. 그러나 그들은 군중들을 몹시 두려워하였습니다.

154:20 예수님께서는 다른 비유를 말씀하셨기를 '하느님의 왕국은 자기 아들의 결혼을 축하하기 위해 잔치를 베푼 어떤 왕과 같습니다.

(공통)

154:21 그는 그 잔치에 초대된 사람들을 부르기 위해 그의 하인을 보냈습니다.

154:22 하인들이 불렀으나 그들은 오려고 하지 않았습니다.

154:23 왕은 다른 전령들을 멀리 보내어 말하기를' 보시오! 테이블에는 소와 살찐 가축들이 준비되어 펼쳐져 있습니다.

154:24 가장 잘 선택된 요리와 가장 좋은 포도주가 나의 식탁에 마련되었으니 결혼 잔치에 오십시오.

154:25 사람들은 비웃고 그의 초청을 부인하였습니다. 사람들은 그들의 길로 갔으며, 일부는 농장으로, 다른 사람들은 장사하러 갔습니다.

154:26 또 다른 사람은 왕의 하인을 잡아서 수치스럽게 학대하고, 그들 일부는 죽였습니다.

154:27 그러자 왕은 그의 군대를 보내어 살해자들을 죽이고 그들 마을을 불태웠습니다.

154:28 그리고 왕은 다른 하인들을 보내며 말하기를 '길모퉁이나 갈림길 그리고 시장에 가거라.

154:29 누구나 결혼 잔치에 올 수 있다고 말하라.

154:30 하인들이 가서 초청했더니 보시오, 연회석은 손님들로 가득 찼습니다.

154:31 그러나 왕이 손님을 보러 왔을 때, 그는 혼인 예복(wedding robes)을 입지 않은 한 사람을 보고, 그를 불러서 말하기를, (공통)

154:32 '친구여, 왜 그대는 혼인 예복 없이 여기에 있는가.? 그대는 내 아들을 불명예스럽게 하려고 그러는가?'

154:33 그 사람은 벙어리가 되어, 아무런 대답도 하지 않았습니다.

154:34 그러자 왕은 그의 경호원에게 말하기를 '이 사람을 잡아서 그의 손발을 묶어 밤의 어두움 속에 내쫓아라. (공통)

154:35 많은 사람이 초청받았으나, 혼인 예복을 입지 않은 사람은 아무도 손님으로 선택되지 않았습니다.

CHAPTER 155

155: 예수님께서 속세의 납세 제도가 정당함을 인정. 내세에서 가족관계에 대한 교훈. 계율 가운데 가장 큰 계명은 사랑. 예수님께서 제자들에게 율법학자들과 바리새인들의 위선에 대하여 경고

155:1 예수님께서 말씀하는 동안 바리새인들이 와서 질문하였는데, 그들은 예수님 말씀 위에 죄를 뒤집어씌우려고 생각했습니다.

155:2 한 엄격한 헤롯 사람이 말했습니다. '나의 주님이시여, 당신은 진실한 사람입니다. 당신은 하느님의 길을 보여 주시며, 사람의 인격을 중시하지 않습니다.

155:3 우리에게 당신의 생각을 말씀해 주세요. 아브라함의 씨앗인 우리가 시저에게 세금을 바쳐야 합니까? 아니면 바치지 말아야 합니까?'

155:4 예수께서는 그의 사악한 마음을 아시고 말씀하셨습니다.' 왜 그대는 그와 같이 나를 유혹하려 드는가요? 그대가 말한 그 세금 바칠 돈을 내게 보여주시오.'

155:5 그 사람은 형상이 새겨진 주화를 가지고 왔습니다.

155:6 예수님께서 말씀하시기를 '이 주화에는 누구의 형상과 이름이 적혀 있는가요?'

155:7 그 사람은 대답하기를 '시저의 형상과 이름입니다.'

155:8 예수님께서 말씀하시기를 '시저의 것은 시저에게 주시고 하느님의 것은 하느님에게 드리시오.' (공통)

155:9 이 말을 들은 사람들은 그의 대답이 옳다고 말했습니다.

155:10 그러자 이번에는 죽은 사람은 부활할 수 없다고 생각하는 한 사두개인이 와서 말했습니다. '선생님, 모세는, 만일 결혼한 사람이 죽고 자손이 없으면, 과부는 죽은 사람 동생의 아내가 되어야 한다고 기록했습니다.

155:11 한편, 여기에 일곱 형제가 있어서 맏형이 아내를 얻고 죽었는데 자식이 없었습니다. 동생이 그 과부를 아내로 맞았으나 역시 죽었습니다.

155:12 또한, 모든 동생도 모두 이 여인을 아내로 맞이했습니다. 세월이 흘러 이 여인도 죽었습니다.

155:13 부활의 날에는 누가 이 여인을 아내로 맞이하는 것인가요?'

155:14 예수님께서 말씀하시기를 '현생에서는 단지 이기적인 자아를 만족하게 하거나 종족을 영구히 지속하려는 이유에서 사람들은 결혼하지만, 오는 세상 또는 부활의 날에는, 사람들은 혼인계약을 하지 않습니다.

155:15 천사들과 하느님의 다른 자손들처럼, 그들은 자신의 쾌락을 위해서나 종족의 지속화를 위해 결혼하지는 않습니다.

155:16 죽음은 생명의 끝을 의미하지 않습니다. 땅이 씨앗의 목표가 아니듯이, 무덤은 인간의 목표가 아닙니다.

155:17 생명은 죽음의 결과입니다. 씨앗은 죽은 듯 보이지만, 씨앗의 무덤에서 나무가 자라서 생명이 됩니다.

155:18 그렇게 사람은 죽은 것처럼 보일지 모르지만, 그는 계속 살고, 무덤에서 생명으로 솟아오릅니다. (So man may seem to die, but he lives on, and from the grave he springs up into life.)

155:19 만일 그대들이 모세가 불타도 없어지지 않는 관목에 대하여 말한 것을 이해할 수 있다면, 죽음은 생명을 파괴할 수 없다는 것을 알 수 있을 것입니다.

155:20 그리고 모세는 하느님은 아브라함, 이삭, 이스라엘의 하느님이시라고 말했습니다.

155:21 하느님은 죽은 사람의 하느님이 아니요, 살아있는 사람의 하느님이십니다. (공통)

155:22 내가 그대들 사람들에게 말하노니, 사람은 죽어 무덤으로 들어가지만, 그는 다시 일어나 생명으로 나타납니다. (I tell you, men, man goes down to the grave, but he will rise again and manifest the life.)

155:23 왜냐하면 모든 생명은 하느님 속에서 그리스도와 같이 숨어있고,

사람은 하느님께서 살아 계시는 동안 살아갈 것이기 때문입니다. (For every life is hid with Christ in God, and man shall live while God shall live.)'

155:24 바리새인과 율법학자들은 주님께서 하신 말씀을 듣고 그분이 진리를 말한다고 소리쳤습니다. 그리하여 그들은 사두개인이 불편한 그것을 즐거워했습니다.

155:25 한 정직한 율법학자가 와서 예수님께 말하기를 '주님, 당신은 마치 하느님께서 보내신 사람처럼 말합니다. 제가 여쭈어보아도 되겠습니까?

155:26 율법 계명 중 가장 크고 첫 번째인 계명은 무엇입니까?'

155:27 예수님께서 대답하시기를 '오, 이스라엘 사람들이여, 들으시오. 첫 번째인 그것은 우리 주 하느님은 하나이니라. 그대들은 모든 그대의 가슴과 모든 그대의 마음과 모든 그대의 영혼과 모든 그대의 힘으로 주 너의 하느님을 사랑해야 한다는 것입니다. (공통)

155:28 그리고 그대가 그대 자신을 사랑하듯이 그대 이웃을 사랑해야 합니다. (공통)

155:29 이것들이 십계명 중에서 가장 큰 것(the greatest)이며 율법과 예언서와 시편이 여기에 달려 있습니다.'

155:30 율법학자들은 대답하기를 '나의 영혼은 당신이 진리의 말씀을 하신 것을 보았습니다. 사랑은 율법을 완성하고 번제와 희생 제물보다 훨씬 뛰어나기 때문입니다.'

155:31 예수님께서는 그에게 말씀하셨습니다. '보시오, 그대는 불가사의(mystery, 수수께끼)를 풀었습니다. 그대는 하느님의 왕국 안에 있으며, 하느님의 왕국은 그대 안에 있습니다. (you are within the kingdom and the kingdom is in you.)'

155:32 예수님께서는 제자들에게 말씀하셨으며, 모든 사람은 그분의 말씀을 들었습니다. 그분이 말씀하시기를 '율법학자들과 바리새인들을 조심하시오. 그들은 길고 부유하게 장식한 옷을 입는 것을

자랑하고

155:33 시장에서 절 받기를 즐기고, 연회석상에서는 가장 높은 자리를 찾고 있으며, 그들의 육적 자아를 만족하게 하려고 가난한 사람들이 힘들게 번 돈을 착취하고, 공공석상에서 오랫동안 큰 목소리로 기도하느니라

155:34 이들은 양처럼 보이게 자신에게 옷을 입힌 늑대들이니라.'

155:35 그리고 그분은 모든 사람에게 말씀하셨습니다. '율법학자들과 바리새인들은 모세 자리에 있는 율법이 지정한 자리에 앉아, 그 율법에 따라 율법을 해석할 것입니다.

155:36 그들이 그대에게 명하는 것은 해야 할 것입니다. 하지만 그들의 행위들은 모방하지 말아야 합니다.

155:37 그들은 모세가 가르친 것들을 말하지만, 악마가 가르친 것을 행합니다.

155:38 그들은 자비를 말하지만, 사람의 어깨 위에 참을 수 없는 무거운 짐을 묶어 놓습니다.

155:39 그들은 도와줌에 대하여 말하지만, 그들의 형제들에 털끝만치도 도움을 주지 않고 있습니다.

155:40 그들은 일하는 것처럼 보여 주지만, 실제로는 어떤 일도 하지 않으며, 단지 번지르르한 옷이나 커다란 성경함을 보여 주며, 사람들이 그들에게 존경하는 율법 선생님이라고 부르면 미소지어 보입니다.

155:41 그들은 뽐내며 주변을 걷고, 사람들이 그들을 아버지 또는 그러한 이름으로 부를 때 잘난 척합니다.

155:42 그대들 사람들이여, 지금 나의 말을 들으시오. 여기에서 어떤 사람에게도 아버지라고 부르지 마시오. 오로지 천지의 하느님만이 인류의 아버지입니다.

155:43 그리스도는 대제사장이시며, 사람들의 아들들이 칭송하는 대스승입니다.

155:44 만일 그대들이 높이 칭송받기를 원한다면, 대스승 발밑에 앉아서 섬겨야 합니다. 가장 잘 섬기는 사람이 가장 위대한 사람입니다. (He is the greatest man who serves the best.)'

CHAPTER 156

156: 율법학자들과 바리새인들이 화를 냄. 예수님께서 그들의 위선에 대하여 책망. 주님께서 예루살렘에 대하여 슬퍼하심. 과부의 적은 헌금, 예수님께서 성전에 있는 사람들에게 작별의 인사

156:1 율법학자들과 바리새인들은 격노하였습니다. 그리하여 예수님께서 말씀하시기를

156:2 '그대들 위선자, 율법학자와 바리새인들에게 화 있을진저! 그대들은 길 안에 서서, 문을 닫고, 그대는 하느님 나라로 들어가지 않고, 들어가고자 하는 순수한 마음을 가진 사람들을 못 들어가게 막고 있습니다.

156:3 '그대들 위선자, 율법학자와 바리새인들에게 화 있을진저! 그대들은 한 명의 개종자를 만들기 위하여 바다와 육지를 두루 다니나, 그가 개종하면 지옥의 아들이니, 당신들과 똑같습니다.

156:4 사람들의 안내자라고 자신을 부르는 그대들에게 화 있을진저! 그대들 안내인은 눈먼 안내인입니다.

156:5 왜냐하면 그대들은 수확한 농작물의 십일조는 바치고 있지만, 율법 중에서 더 중요한 문제인 판단, 정의, 신앙은 행하지 않고 있습니다.

156:6 그대들은 마시기 전에는 좀벌레도 걸러내지만, 낙타와 그 유사한 것들은 그대로 삼키고 있습니다.

156:7 그대들 위선자, 율법학자들과 바리새인들, 그대들에게 화 있을진저! 잔은 오물, 강요, 과잉으로 가득 찼으나, 잔의 겉 부분은 깨끗하게 문질러 닦습니다.

156:8 가서 잔의 안쪽을 깨끗이 하시오. 그러면 독기 서린 악취가 잔 밖으로 더럽혀지지 않을 것입니다.

156:9 그대들 위선자, 율법학자들과 바리새인들이여, 그대들에게 화 있을 진저! 그대들은 백색 칠한 무덤 같습니다. 그대들의 바깥옷은 아름 답지만 죽은 사람들의 뼈들로 가득 합니다.

156:10 그대들은 사람들에게 신성하게 보이는 듯하지만, 그들의 마음속 으로는 정욕과 위선과 사악한 부정을 기르고 있습니다. (공통)

156:11 그대들 위선자, 율법학자와 바리새인들이여, 그대들에게 화 있을 진저! 그대들은 옛 성인들의 무덤을 세우고 장식하고는 다음과 같 이 말합니다.

156:12 '만약 우리가 그들이 살았던 시대에 살았더라면, 우리는 그들을 보호했을 것이며, 우리 조상들처럼 그들을 나쁘게 취급하고 검으 로 다스리는 행동은 하지 않았을 것이오.'

156:13 그러나 그대들은 성인들을 살해한 자들의 자손이며, 그대들은 그 들보다 아주 조금이라도 더 정의롭지 않습니다.

156:14 앞으로 가서 죄악에 빠져 있었던 그대들의 조상 수준까지 가득 채 우시오.

156:15 그대들은 독사의 자손들입니다. 어찌 그대들이 먼지 속의 뱀 이외 의 것이 될 수 있겠습니까?

156:16 하느님께서 지금 다시 그대들에게 선각자, 선지자, 현인, 성자들 을 보내셨으나, 그대들은 회당에서 그들을 매질하고, 거리에서 돌 을 던지고, 십자가에 못 박을 것입니다.

156:17 그대들에게 화 있을진저! 그대들 머리 위에는 지상에서 살해된 모 든 성인의 피가 흐를 것입니다.

156:18 의인 아벨로부터 주의 제단 앞 성전에서 살해된 베레갸의 아들 스 가랴에 이르기까지

156:19 보시오, 내가 이르노니 이러한 모든 일이 이 나라와 예루살렘 사 람들에게 일어날 것입니다.'

156:20 예수님께서는 주위를 둘러보시고 말씀하시기를 '예루살렘이여, 예 루살렘이여, 잔인한 도시 예루살렘이여, 그대는 거리에서 선각자

를 살해하고, 하느님께서 그대에게 보내신 성인들을 죽이는구나.

156:21 보라. 나는 종종 마치 어린아이처럼 하느님의 울타리 안에 그대들을 모으려고 했지만, 그대들은 하려고 하지 않았도다.

156:22 그대들은 하느님을 거부하였노라. 이제 그대들의 집은 황폐하여 그대들이 다음과 같이 말할 수 있을 때까지 나를 다시 못 볼 것입니다.'

156:23 '하느님의 아들로서 오신 사람의 아들에게 큰 축복이 있을 것입니다.'

156:24 예수님께서는 헌금 상자 옆에 앉아 사람들이 십일조를 내는 것을 지켜보았습니다.

156:25 부자가 와서 풍성하게 바쳤고, 다음에는 가난하지만 충실한 과부가 와서 헌금함에 1파딩을 넣는 것을 보았습니다. (공통)

156:26 그때 그분은 서 있는 제자들에게 말씀하시기를 '보라 이 가난한 과부가 헌금함에 넣은 1파딩은 다른 사람들 모두의 돈보다 더 많으니라

156:27 그녀는 그녀가 가진 모든 돈을 주었고, 부자는 그들이 가진 것 중에 단지 작은 부분을 주었을 뿐이니라.'

156:28 다수의 그리스계 유대인들이 축제에 참석하여, 자신들과 대화가 되는 빌립을 만나서 말하기를 '선생님, 우리는 그리스도라고 불리는 예수라는 주를 보고 싶습니다.'

156:29 빌립은 그들을 안내하여, 그리스도에게 데리고 갔습니다.

156:30 예수님께서 말씀하시길 '시간이 왔습니다. 사람의 아들은 영광될 준비가 되어있습니다. 그것은 다른 방법으로는 할 수 없습니다.

156:31 한 알의 밀알이 땅에 떨어져서 죽지 않으면 한 알의 밀알은 단지 한 알의 밀알이지만, 만약 그것이 죽어 다시 살아난다면 그 무덤에서 백 알의 밀알이 올라옵니다.

156:32 나의 영혼을 지금 어려움에 부닥쳐 있습니다. 무엇을 내가 말씀드리겠습니까? 그리고 나서 예수님께서는 시선을 하늘에다 돌리고 말씀하셨습니다.

156:33 '저의 아버지 하느님이시여, 저는 제가 져야만 할 모든 짐을 덜어 주십사하고 간구하지 않을 것입니다. 저는 다만 무슨 짐이라도 질 수 있는 은혜와 힘을 주시기 원하옵나이다.

156:34 지금 시간은 제가 지상으로 왔을 때의 시간입니다. 오 아버지 시여 당신의 이름을 거룩하게 하소서!'

156:35 그러자 그곳은 대낮의 태양보다도 더 밝은 빛으로 빛났습니다. 사람들은 뒤로 물러서서 두려워하였습니다.

156:36 그때, 하늘로부터 들려오는 듯한 소리가 말했습니다.

156:37 '나는 나의 이름과 너의 이름을 모두 영광되게 하였도다. 또한 나는 거듭 우리의 이름을 영광되게 하리로다.'

156:38 사람들은 그 소리를 들었습니다. 일부 사람들은 '만약 먼 천둥소리를!'고 외쳤으며, 다른 사람들은 '천사가 그분에게 말한다'라고 말했습니다.

156:39 예수님께서는 '이 소리는 나를 위한 것이 아니라. 내가 하느님에게서 왔음을 그대들이 알도록 하기 위한, 그대들을 위한 소리입니다.'라고 말씀하셨습니다.

156:40 '이제 세상의 판결이 가까이 있습니다. 어둠의 왕자가 나타나 자신의 길로 갈 것입니다.

156:41 인간의 아들은 이제 지상에서 들려 올라갈 것입니다. 그리고 그는 모든 사람을 그 자신에게로 이끌 것입니다.'

156:42 사람들은 말했습니다. '율법에는 그리스도는 영원히 머문다고 했는데, 어찌하여 당신은 인간의 아들은 지금 들려 올라가리라고 말씀합니까? 사람의 아들은 누구입니까?'

156:43 예수님께서 그들에게 말씀하시기를 '빛이 지금 빛나고 있습니다. 그대들은 빛이 있는 동안, 빛 속을 걸어야 합니다.

156:44 어둠이 옵니다. 어둠 속에 걷는 자는 길을 발견할 수가 없습니다.

156:45 내가 다시 말하거니와 그대가 빛이 있는 동안은 빛 속에서 거닐어야 합니다. (Walk in the light) 그래야 사람들이 그대들이 빛의

아들들임을 알 수 있을 것입니다.'

156:46 예수님께서는 성전의 정문에 서서 군중들에게 마지막 호소를 하면서 말씀하시기를

156:47 '나를 믿는 사람은 그분의 뜻을 이루기 위해 나를 보내신 하느님을 믿습니다. 지금 나를 보는 자는 나의 아버지 하느님을 보고 있는 것입니다.

156:48 보시오! 나는 세상에 빛으로 왔습니다. 나를 믿는 사람은 빛 속, 생명의 빛 속에서 거닐 것입니다.

156:49 지금 내 말을 듣고 있는 사람들이여, 만약 그대들이 나를 믿지 않는다 하더라도 나는 그대들을 심판하지 않습니다.

156:50 나는 세상을 심판하기 위해서 온 것이 아니라 세상을 구하기 위해서 왔습니다.

156:51 하느님께서는 세상 사람들을 심판하는 유일한 분이십니다. 하지만 내가 말하고자 하는 것은 하느님이 세상을 심판하시는 날에 내가 한 말은 그대들에게 불리할 것입니다.

156:52 나는 나 자신으로부터 말하는 것이 아니고, 하느님께서 네게 주신 말씀을 말하고 있습니다.'

156:53 예수님께서 말씀하시기를 '예루살렘이여, 그대의 온갖 영광과 죄악과 함께, 안녕히.'

CHAPTER 157

157: 그리스도인들 올리브 산으로 오르심. 예수님께서 예루살렘의 파괴와 시대의 종말을 나타낼 끔찍한 재앙을 예언. 예수님께서 제자들에게 신앙을 독려.

157:1 그때 예수님께서는 12사도와 함께 바로 성문 너머에 있는 올리브 산에 오르시어 자리를 잡고 앉으셨습니다.

157:2 제자들이 말하기를 '예루살렘 도시의 경이로움을 보십시오! 집들은 모두 아름답군요! 그 안에 있는 성전과 신전은 그러한 장엄함으로

치장되어 있습니다.'

157:3 예수님께서 말씀하시기를 '그 도시는 나의 백성, 이스라엘의 영광이로다. 그러나, 보라, 모든 돌이 무너져 내려앉고, 지상의 모든 국가로부터 비난을 받고 놀림거리가 될 때가 오리라.' (공통)

157:4 제자들이 물었습니다. '언제 이런 재난이 오겠습니까?'

157:5 예수님께서 말씀하시기를 '이 인간의 삶의 순환은 정복자의 군대가 성문에 천둥을 울리고, 안으로 들어와, 피가 거리에 물처럼 흐를 때까지 끝나지 않으리라.

157:6 모든 귀한 비치된 성전, 정원, 궁전 등은 파괴되거나, 다른 왕들의 궁전과 정원을 장식하기 위하여 운반되리라.

157:7 보라, 그러한 날들은 가깝지 않노라. 재난이 오기 전에, 보라, 그대들은 율법학자나 바리새인들 그리고 높은 사제들이나 율법 박사들에게 학대받으리라.

157:8 원인도 모르고 그대들은 법정으로 끌려가서, 돌팔매질을 당할 것이고, 회당에서 매 맞을 것이고, 이 세상의 지도자들 앞에서 유죄로 서 있을 것이고, 통치자나 왕들은 그대들에게 사형을 선고할 것이니라.

157:9 그러나 그대들은 머뭇거리지 않고, 진리와 올바름을 위해 증언해야 할 것이니라.

157:10 그러한 시간에 너희가 말하는 것에 관하여 걱정하지 말지어다. 그대는 말해야 하는 것을 생각할 필요가 없느니라.

157:11 왜냐하면, 보라. 성령이 그대에게 임하여, 그대들이 해야 할 말을 줄 것이기 때문이니라.

157:12 그러나 그때 대학살이 올 것이고, 사람들은 그대들을 죽이는 것이 하느님을 즐겁게 하는 것이며, 멀고 가까운 여러 나라는 그리스도 때문에 당신들을 미워할 것이니라.

157:13 그리고 사람들은 네 친인척 가운데 악한 생각을 불러일으킬 것이며, 그들은 그대들을 미워하여 그대를 죽일 것이니라.

157:14 형제가 형제를 속이고, 아버지가 일어서서 자식을 반대하여 증언하고, 자녀들은 부모를 장례 지낼 장작더미로 몰고 갈 것이니라.

157:15 그대들은, 로마의 독수리가 하늘에서 소리치고, 떼 지어 평지 넘어 몰려오는 것을 보면, 예루살렘의 멸망이 가까이 왔음을 알지니라.

157:16 그러면 현명한 사람들은 기다리지 말고 도망쳐라. 집 위에 있는 사람은 재물을 챙기려 집으로 들어가지 말고 도망갈지니라.

157:17 들에서 일하고 있는 사람은 되돌아가서는 안 되느니라. 오히려 자신의 생명을 구하기 위하여 모든 것을 버릴지니라.

157:18 그 날 어린아이와 같이 있는 어머니에게 화 있을진저, 아무도 그 날의 겁을 피하지 못하리라.

157:19 그 날들의 재앙은 말로써 표현될 수가 없도다. 왜냐하면, 이러한 재앙은 하나님께서 지상에 인간을 창조하신 이래로 결코 없었기 때문이니라.

157:20 정복자는 많은 아브라함의 자손들을 포로로 외국 땅으로 잡아갈 것이며, 이스라엘의 하느님을 알지 못하는 자들은 반유대인의 시대가 끝날 때까지 예루살렘의 대로를 걸어 다닐 것이니라.

157:21 그러나 사람들은 자신들의 지은 죄에 대한 벌을 받게 되면, 재앙의 날들은 끝나리라. 그러나 모든 세상이 단지 피 흘리는 것을 위하여 싸우는 둥근 링 안의 검투사처럼 싸우는 시간이 올 것이니라.

157:22 또한 사람들은 학살, 황폐, 도적질에 이유도 없고 원인에 대하여 안 보고 보려는 관심도 없을 것이다. 사람들은 아군과 적군을 가리지 않고 싸울 것이기 때문이니라.

157:23 대기는 죽음의 연기로 가득할 것이며, 악성 전염병이 그러한 겁 뒤에 따라오리라.

157:24 또한 지금까지 사람들이 결코 본 일이 없는 징조들이, 천지에 있는 하늘, 달, 별들에 나타나리라.

157:25 사람들이 결코 이해할 수 없게 바다는 요동치고, 하늘로부터 소리가 들려오며 이러한 것들은 당혹스럽게도 여러 나라에 재난을 가

져오리라.

157:26 아무리 강한 심장을 가진 사람도 앞으로 더욱 끔찍한 일들이 지상에서 벌어지는 것을 예상되어 두려움에 혼몽해질 것이니라.

157:27 그러나 투쟁이 육지와 바다에서 날뛰고 있는 동안에도 평화의 님은 하늘의 구름 위에 서서 말하리라.

157:28 '평화, 땅 위에 평화, 사람들에게는 선의!' 모든 사람은 그의 칼을 던져버리고, 나라들은 이제 더 이상 전쟁을 배우지 않으리라.

157:29 그리고 그 항아리를 운반하는 사람은 하늘의 호를 가로질러 걸어갈 것이고, 사람의 아들 표시와 인장은 동쪽 하늘에 나타나리라.

157:30 현명한 사람은 그의 머리를 들어 세상의 구원이 임박해 왔음을 알리라.'

157:31 이러한 날들이 오기 전에 보라. 가짜 그리스도와 불쌍한 사기 선각자들이 많은 땅에서 일어나리라.

157:32 그들은 증거할 수 있는 표시를 제시하고 많은 권능 있는 일들을 행하여, 많은 현명치 못한 사람들에게 길을 잃게 이끌고, 많은 현명한 사람들도 속일 것이니라.

157:33 지금 다시 한번 말하노니, 그때 사람들이 그리스도가 광야에 있다고 말한다 하더라도 그대는 나가면 안 되니라.

157:34 만약 사람들이 그리스도께서 비밀장소에 계신다고 말하여도 그것을 믿지 말지니라. 왜냐하면, 세상은 그분이 올 때 그분이 왔다는 것을 알 것이기 때문이니라.

157:35 왜냐하면 아침 빛이 동쪽에서 떠서 서쪽으로 지듯이, 세대의 도래와 인간의 아들이 존재할 것이기 때문이니라.

157:36 지상의 사악한 사람들은 인간의 아들이 구름 위에 나타나서 권능으로 내려오는 것을 보고 눈물을 흘리리라.

157:37 그대들이여 조심하라. 오 조심하라. 그대들은 사람의 아들이 어느 시간, 어느 날에 올지 모르기 때문이니라.

157:38 그날이 왔지만, 그대가 준비되지 있지 않은 것이 없도록, 그대들

의 마음이 감각적인 것들이나 세상 잡사에 사로잡히지 않도록 해야 하느니라.

157:39 일 년 중 모든 계절에 늘 깨어 있으라. 그리고 슬픔이 아닌 즐거움(joy)으로 주님을 만날 수 있도록 기도하여야 하느니라.'

157:40 이러한 날이 오기 전에, 우리의 아버지 하느님께서는 세상의 일 모든 구석까지 그의 전령을 보내여 다음과 같이 말하게 하리라.

157:41 '준비할지니라, 그대들이여. 오 준비할지니라, 평화의 님이 오시는도다. 이제 하늘의 구름 위에서 오시는도다.'

157:42 예수님께서는 그와 같이 말씀하시고 제자들과 함께 베다니로 다시 갔습니다.

CHAPTER 158

158: 예수님과 12사도가 올리브 산에서 기도. 예수님께서 제자들에게 비밀 교리의 깊은 의미를 밝혀 주심. 사람들에게 가르쳐야 할 것에 대하여 말씀. 많은 비유. 베다니로 돌아옴

158:1 수요일 아침, 예수님께서 12사도와 함께 기도하기 위해 올리브 산으로 오르셨습니다. 그들은 7시간 동안 기도에 몰두했습니다.

158:2 예수님께서는 12사도를 그분의 곁에 가까이 불러 말했습니다. '오늘은 장막 부문이니라. 우리는 장막 저 너머 하느님의 비밀 법정으로 갈 것이니라.'

158:3 예수님께서는 숨겨진 길, 성령, 실패할 수 없는 빛의 의미를 그들에게 열어주었습니다.

158:4 예수님께서는 생명의 책, 하느님의 말씀이 담긴 두루마리, 하느님의 기억 책에 관한 모든 것을 그들에게 이야기해주었습니다. 그곳에는 사람들의 모든 생각과 단어들이 적혀 있었습니다.

158:5 그분은 그들에게 큰소리로 말씀하시지 않았습니다. 그분은 낮은 음조로 스승들의 비밀을 말씀하셨습니다. 그리고 그분께서 하느님의 이름으로 말씀하실 때, 하늘 법정에서는 30분 동안 고요가 있었습

니다. 천사들이 숨을 죽이고 말을 했기 때문이었습니다.

158:6 예수님께서 말씀하시기를 '이러한 것들을 크게 이야기해서는 안 되느니라. 그것들은 결코 기록되어서도 안 되느니라. 그것들은 명상의 땅에서 주는 복음들이니라. 그것들은 하느님의 내부의 마음의 숨결이니라.'

158:7 대스승님은 12사도에게 그들이 다른 사람들을 가르쳐야 할 교훈들을 가르쳤습니다. 그분은 종종 비유로써 가르쳤습니다. 그분이 말씀하시기를

158:8 '사람의 아들이 올 것이라는 내가 어제 한 말을 기억해보라. 이제 그대들은 내가 지금까지 그대들에게 한 말과 지금 하는 말들을 다른 사람들에게 가르쳐 줘야 하느니라.

158:9 기도를 하여 의식을 잃지 말 것을 가르칠 것이니라. 또한, 주님께서 언제 오실지 알지 못하므로, 하루의 모든 순간을 준비해야 한다는 것을 가르쳐야 하느니라.

158:10 어떤 사람이 먼 땅으로 갔는데, 집과 그의 모든 재산을 하인의 보호 아래 맡겼는데. 하인 가운데 다섯 명에게는 집의 경호를 다른 다섯 명에게는 곳간과 가축의 경호를 맡겼습니다.

158:11 하인들은 주인이 돌아오기를 오랫동안 기다렸으나 그가 오지 않아 점차 해이해져, 일부는 만취하여 시간을 보냈고 일부는 그들 근무 장소에서 잠을 자고 있었습니다.

158:12 그러자 밤마다 강도가 들어와 집과 곳간에서 재산을 가져갔으며, 좋은 가축들을 몰고 갔습니다.

158:13 그들은 경호하리라고 맡겨진 많은 재산이 도둑맞은 것을 알자, 그들이 말하기를

158:14 '우리는 비난받을 수 없다. 만약 우리가 주인이 돌아올 날과 시간을 알고 있었다면, 우리는 그의 재산을 경호했을 것이며 도둑맞는 고통도 당하지 않았을 것이다. 그가 우리에게 언제 오리라고 말해 주지 않았으니 이는 분명 주인의 잘못이다.'

158:15 많은 날이 지난 후 주인은 돌아왔습니다. 그리고 주인은 도둑이 그의 재산을 훔쳐간 것을 알자, 그는 하인들을 불러 말하기를

158:16 '그대들은 그대들에게 주어진 일을 하는 것을 무시하였기 때문에, 연회를 베풀고 잠으로 그대의 시간을 보냈으므로 그대들 모두는 나에 대한 채무자이다.

158:17 너희들이 무시하여 잃어버린 나의 재산은 너희들이 나에게 빚지고 있다.' 주인은 그들에게 무거운 업무를 주었고, 그들 때문에 잃어버린 주인의 재산을 갚을 때까지, 쇠사슬로 채워서 그들의 근무지에 묶어 놓았습니다.

158:18 또 다른 사람은 그의 재산을 잠그고 잠들었습니다. 밤중에 강도가 와서 자물쇠를 열고 경호원이 없음을 알고는, 안으로 들어가 재산을 실어 갔습니다.

158:19 그 사람이 깨어나 보니 문이 열려서 모든 그의 보물이 없어진 것을 알고, 만약 내가 도둑이 들어온 시간을 알았더라면 나는 잘 지켰을 터인데 잘 지키지 못했구나고 말했습니다.

158:20 조심하시오, 나의 친구들이여. 조심하시오. 모든 시간 준비(prepare)되어 있어야 합니다. 그리고 만약 그대의 주님이 한밤중에 오시든 새벽에 오시든 중요한 것이 아닙니다. 왜냐하면, 그분은 그대들이 맞이할 준비를 하고 있는지 알 수 있기 때문입니다.

158:21 그리고 보라 혼인 발표가 있었고, 그들 중 열 명의 처녀가 신랑을 만나기 위하여 각자 준비 중이었습니다. (공통)

158:22 처녀들은 예복을 입고 등불을 들고 문지기가 말할 때까지 앉아 기다리고 있었습니다. 보라, 신랑이 왔다.

158:23 다섯 명은 현명하여 등잔에 기름을 가득 채웠으나, 다른 다섯 명은 어리석게도 빈 등잔을 가지고 왔습니다.

158:24 신랑은 예정 시간에 오지 않았으므로 처녀들은 지키다 지쳐 잠이 들었습니다.

158:25 한밤중이 되자 보라 신랑이 왔다는 소리가 났습니다.

158:26 처녀들은 일어났고 현명한 처녀들은 재빨리 등불을 밝히고 신랑을 맞으러 나갔습니다.

158:27 어리석은 처녀들은 기름이 없어 불이 켜지지 않는다고 말했습니다.

158:28 그들은 현명한 처녀들에게 기름을 빌려달라고 했지만, 그들은 '우리는 남는 기름이 없으니, 상인에게 가서 기름을 사 넣고 신랑을 맞으시오.'라고 대답하고서는 신랑을 만나러 갔습니다.

158:29 그들이 기름을 사러 간 사이에 등불이 준비된 처녀들은 신랑과 함께 혼인 잔치에 참석했습니다.

158:30 어리석은 처녀들이 돌아왔을 때는 문이 닫혀 있어 문을 두드리고 크게 소리쳐 보았지만, 문은 열리지 않았습니다.

158:31 혼인 잔치의 주인이 소리치기를 '나는 너희들을 알지 못하노라.' 처녀들은 창피만 당하고 떠났습니다.

158:32 다시 내가 그대들에게 말하노니, 그대들을 따르는 사람들에게 말할지어다.

158:33 그대는 주님께서 언제 오실지 예측할 수 없으므로 밤과 낮의 모든 순간에 준비(ready)하여야 할 것입니다.

158:34 보시오. 그분이 빛의 모든 전령과 함께 올 때, 생각과 말과 행동이 적혀 있는 생명의 책(the Book of Life)이 펼쳐질 것입니다.

158:35 그리고 모든 사람은 자신이 기록한 기록 책을 읽을 수 있을 것입니다. 또한, 그는 재판관이 말하기 전에 자신의 운명을 알게 될 것이며, 이것은 선별하는 시간이 될 것입니다.

158:36 그들의 기록들에 따라 사람들은 그들 자신의 것을 발견하게 될 것입니다.

158:37 재판관은 모든 땅 위의 왕인 올바름 (Righteousness)이며, 목자가 양과 염소를 나누듯 군중들을 분리할 것입니다.

158:38 양들은 오른쪽에 염소들은 왼쪽에, 모든 사람은 그의 위치를 알게 될 것입니다.

158:39 재판관은 오른쪽(right) 사람들에게 말합니다. '그대들, 아버지 하

느님으로부터 축복받은 자들이여, 옛날부터 그대들을 위하여 준비된 유산을 받아라.

158:40 그대들은 인류의 종들이었노라. 내가 배고플 때 그대는 나에게 빵을 주었고, 목마를 때 나에게 마실 것을 주었고, 헐벗을 때 나에게 입을 것을 주었도다.

158:41 아플 때 병간호해 주셨으며, 옥에 갇혀 있을 때 너희가 와서 위로의 말을 해주었으며, 내가 나그네일 때 그대들의 집에서 편히 쉬었었노라.

158:42 올바른 사람들은 말하기를. '언제 우리가 배고프고 목마르고 병들고 옥에 갇혔을 때 보았으며 우리들의 문전에서 나그네가 되어 왔을 때 그대에게 잘해 주었습니까?'

158:43 재판관이 말하리라. '너희들은 사람들의 아들들을 섬겼고, 그대가 이들을 위해서 한 일이 무엇이든지 그대가 나에게 한 일이 되느니라.'

158:44 재판관은 왼쪽(left)에 있는 사람들에게 말하리라. '내게서 떠나라. 너희들은 사람들의 아들들을 섬기지 않았다.

158:45 내가 배고플 적에 너희들은 아무것도 먹을 것을 주지 않았고, 목이 마를 적에 아무 마실 것을 주지 않았고, 내가 나그네였을 적에 너희들은 나를 문에서 쫓아냈으며, 내가 감옥에서, 병들어 있을 적에 너희들은 나를 관리해주지 않았다.'

158:46 그러면 그들은 대답하기를 '저희가 언제 보살핌을 그렇게 무시했나요? 당신이 굶주리고 목마르고 아프고 나그네였을 때 투옥 중일 때 당신을 모시지 않았습니까?'

158:47 그러면 재판관은 이렇게 말하리라. '그대들의 생활은 자아로 가득 찼으며, 자신만을 생각하고 동료들을 섬기지 않았도다. 이들 중의 한 사람을 경시하는 것은 곧 나를 경시하고 무시하는 것이니라.'

158:48 그때 올바른 자는 하느님의 나라와 권능을 가질 것이며, 올바르지 못한 자는 가서 자신들의 빚을 갚고 다른 사람들이 그대들의 손에 의하여 고통을 당했듯이 고통을 당할 것입니다.

158:49 들을 수 있는 귀를 가진 자와 이해할 수 있는 마음을 소유한 자는 이러한 비유를 이해할 수 있을 것입니다.'

158:50 그분은 이상과 같은 비유를 마치시고 말씀하시기를 '이틀 후에 성대한 유월절 축제가 다가오고, 인간의 아들이 배신을 당하여 악한 자들의 손으로 넘겨질 것입니다.

158:51 그는 자신의 생명을 십자가에 바칠 것이며, 사람들은 사람의 아들이 하느님의 아들임을 알게 될 것입니다.'

158:52 그리고 예수님께서는 12사도와 함께 베다니로 돌아오셨습니다.

Section 18 :

배신과 예수님 체포되심

CHAPTER 159

159: 그리스도인들이 시문의 집에서 열리고 있는 연회에 참석. 마리아가 그분에게 비싼 향유를 발라드리자, 유다와 다른 비난자들이 그녀의 낭비를 비난. 예수님께서 그녀를 변호. 유대의 지도자들이 예수님을 체포하기 위해서 아나니아를 고용. 아나니아가 유다를 매수하여 그를 돕도록 함.

159:1 한때 나병 환자였다가 예수님의 거룩한 말씀 때문에 깨끗해진 바시몬은 베다니에 살고 있었습니다.

159:2 그리스도 주님을 위해 그는 연회를 베풀었고 나사로도 그 손님 중의 하나였습니다. 그리고 룻과 마르다가 시중을 들었습니다.

159:3 손님들이 탁자 주위에 둘러앉았을 때, 마리아가 값비싼 향유단지를 들고 와서 예수님의 머리와 발에 부었습니다. (공통)

159:4 그리고 그녀는 무릎을 꿇고 자신의 머리카락으로 그 발을 닦았습니다. 값비싼 향유의 향기는 온 방에 가득하였습니다.

159:5 그때 항상 이기적으로 삶을 바라보는 유다가 소리쳤습니다. '부끄럽지도 않소? 왜 그대는 그렇게 값비싼 향유를 낭비하는 것이오?

159:6 우리는 그것을 300펜스에 팔 수도 있고, 그 돈으로 우리가 필요로 하는 것을 사고 가난한 사람들을 먹일 수도 있을 거요.'

159:7 그때 유다는 그리스도인들 모임의 모든 돈을 관리하는 회계담당자였습니다.

159:8 그러자 다른 사람들이 말하기를 '마리아여, 무슨 낭비가 그리 심하오. 그대는 그렇게 값비싼 것을 뿌리면 안 됩니다.'

159:9 그러나 예수님께서 말씀하시기를 '그대들이여, 조용히 하라. 그녀를 내버려 두어라. 그대들은 그대들이 말하는 것을 모르고 있도다.

159:10 가난한 자들은 그대들과 항상 함께 있을 것이니라. 그대들은 어떤 시간에도 그들을 도울 수 있지만, 나는 그대들과 오랫동안 함께하지 못할 것이니라.

159:11 마리아는 다가오는 날의 슬픔을 알고, 나의 장례를 위하여 나에게 성유를 바르는 것이니라.

159:12 그리스도 복음은 모든 곳에 전파되리니 그리스도에 관한 이야기하는 자는 오늘 일을 이야기할 것이며, 이 시간 마리아에 의하여 행해진 일은 사람이 거하는 장소가 어디든지 그녀에 대한 따뜻한 기억이 되리라.'

159:13 연회가 끝나고 예수님께서는 나사로와 함께 그의 집으로 가셨습니다.

159:14 한편, 예루살렘에서는 사제들과 바리새인들이 주님을 잡아 죽일 계획에 바빴습니다.

159:15 대제사장이 가장 현명한 사람들을 모두 불러들여 자문하여 말하기를 '이 행동은 비밀스러운 방법으로 이루어져야 합니다.

159:16 그는 군중들이 가까이 없을 때 잡아야 합니다. 그렇지 않으면 큰 혼란이 야기될 수도 있습니다. 보통사람들은 그를 방어할 것이고, 이 성전은 인간들의 피로 오염될 것입니다.

159:17 그리고 우리는 이 일을 축제일 이전에 해치워야 합니다.'

159:18 그러자 아나니아가 말했습니다. '제가 성공할 수 있는 계획이 있습니다. 예수와 12사도는 매일 그들끼리 기도를 드리러 갑니다.

159:19 그리고 우리가 그들이 만나는 밀회 장소를 알아낸다면 군중들 모르게 그를 잡아 이곳에 데려올 수 있습니다.

159:20 나는 12사도 중에서 재물을 숭상하는 사람을 알고 있습니다. 약간의 사례만 한다면 그는 그들이 기도하려고 가는 길로 우리를 안내해줄 것입니다.

159:21 가야바가 말했습니다. '만약 당신이 계획대로 그자를 매수해서 비밀장소에서 예수를 잡을 수 있도록 도와준다면, 우리는 당신에게 당신의 고용 사례로 100냥을 주겠소.'

159:22 그러자 아나니아가 좋다고 말했습니다.

159:23 그리고 그는 베다니로 가서 시몬의 집에 머무리고 있는 열두제자를 찾았고 유다를 한쪽 구석으로 불러서 말했습니다.

159:24 만약 당신이 당신 자신을 위하여 돈을 벌고 싶다면 내 말을 들으시오.

159:25 예루살렘의 대제사장과 다른 지도자들이 예수 혼자만을 만나 이야기하고 싶다고 하오. 그들은 예수의 주장을 알고 싶다고 하오.

159:26 그리고 만약 예수가 그리스도임을 증명한다면. 보시오, 그들은 예수를 지지하는 쪽에 서 있을 것이오.

159:27 한편, 만약 당신이 내일 밤 당신의 주가 있는 곳을 안내해주기만 하면 그들은 당신의 주와 단독으로 이야기하는 한 명의 제사장을 보낼 것이요. 그리고 제사장은 당신에게 은 30냥을 줄 것이오.'

159:28 유다는 혼자서 분석하고서는 말했습니다. '주님이 완전히 혼자 계실 때 주님이 주장하시는 바를 제사장들에게 말할 기회를 드리는 것은 분명히 좋은 일이다.

159:29 그리고 만약 제사장들이 주님에게 해를 끼치려고 해도, 그분은 예전과 같이 사라져 떠나 버릴 힘을 가지고 있다. 그리고 30냥은 상

당한 금액이다.'

159:30 그리고 유다는 아나니아에게 말했습니다. '내가 길을 안내해 드리리라. 내가 인사로 입을 맞추는 사람이 주님이오.'

CHAPTER 160

160: 예수님께서 그의 12사도끼리 니고데모의 집에서 유월절 저녁. 예수님께서 제자들의 발을 씻어 줌. 유다가 식탁을 떠나 주님을 배신하러 감. 그분께서는 11명의 제자를 가르치심. 주의 만찬.

160:1 목요일 아침. 예수님께서 12사도를 불러서 말씀하셨습니다. '오늘은 하느님을 기억하는 날이니 우리끼리 유월절 저녁을 먹도록 하자.'

160:2 베드로, 야고보, 요한에게 말씀하시기를 '지금 예루살렘으로 가서 유월절 만찬을 준비하도록 하라.'

160:3 제자들이 말하기를 '어느 곳에서 우리가 만찬을 준비할 만한 장소를 찾을 수 있겠습니까?'

160:4 예수님께서 말씀하시기를 '샘터 문 옆에 가면 그대들은 손에 물 항아리를 들고 있는 사람을 볼 수 있을 것이니라. 가서 그에게 오늘이 무교절의 첫날이라고 말하라.

160:5 주님께서 당신의 연회장 한쪽에서 그의 마지막 유월절 만찬을 그의 12사도와 함께하고자 한다고 전하도록 하라. (공통)

160:6 두려워하지 말고 말하라. 그대들이 보게 될 사람은 유대인의 지배자인 니고데모인데 아직 하느님의 사람이니라.'

160:7 그리하여 제자들은 가서 예수님께서 말씀하신 사람을 만났고, 니고데모는 서둘러 자기 집으로 가서 연회장의 위쪽 방을 따로 마련하고 저녁준비를 했습니다.

160:8 오후에 주님과 제자들이 예루살렘으로 갔고 만찬은 준비되어 있었습니다.

160:9 만찬의 시간이 다가왔을 때, 12사도는 각기 좋은 자리를 차지하기 위해, 그들끼리 다투기 시작했습니다.

160:10 예수님께서 말씀하시기를 '나의 친구들이여! 그대들은 오늘 밤의 음울한 그림자가 다가오듯, 자아를 위하여 싸우려 하는가?'

160:11 하늘나라의 만찬에는 가장 낮은 자리를 겸손하게 차지하는 사람 이외에는 존중되는 자리가 없느니라.'

160:12 주님께서 일어나시어 물이 가득한 대야와 수건을 들고, 낮게 절하면서, 모든 12사도의 발을 씻어 주시고 수건으로 말려 주셨습니다.

160:13 그분은 그들에게 숨을 불어넣고 말씀하시기를 '이 다리들이 영원히 올바름(righteousness)의 길을 걷도록 하여 주소서.'

160:14 주님께서는 베드로에게 가서 그의 발을 막 씻으려고 하니 베드로가 말하기를 '주님, 제 발을 씻으렵니까?'

160:15 예수님께서 말씀하시기를 '그대는 내가 행하는 일의 의미를 이해하고 있지 못하고 있느니라. 그러나 이해하게 되리라.' (공통)

160:16 그러자 베드로가 말했습니다. '나의 대스승님. 안됩니다. 내 발을 씻기 위해서 허리를 굽혀서는 안 됩니다.'

160:17 예수님께서 말씀하시기를 '내 친구여, 내가 만약 그대의 발을 씻지 않는다면 그대는 나와 아무런 관계가 없느니라.' (공통)

160:18 그러자 베드로가 말했습니다. '오 나의 주님, 내 발과 손 그리고 머리 모두 씻어 주십시오.'

160:19 예수님께서 그에게 말씀하시기를 '먼저 목욕하여 깨끗한 사람은 발을 제외하고는 씻을 필요가 없느니라.

160:20 발은 진실로 인간의 이해 상징이므로 삶의 살아있는 흐름 속에서 마땅히 깨끗해져야 할 사람은 반드시 매일 그의 이해(understanding)를 잘 씻어야 하느니라.'

160:21 예수님께서 제자들과 함께 만찬 석상에 앉아 말씀하시기를, '보라. 이 시간의 교훈을

160:22 그대들은 나를 스승이라 부르며 나는 그러한 사람이니라. 그러면 만약 그대들의 주님이자 스승이 무릎 꿇고 그대들의 발을 씻어 준다면, 그대들도 각각 남의 발을 씻어 주어 섬기는 데 있어서 그대

들의 의지를 보여 주어야 하지 않겠는가? (공통)

160:23 그대들은 이러한 것들을 알고 있도다. 그리고 만약 그대들이 남에게 그렇게 한다면, 그대들에게 더 많은 축복이 있을 것이니라.'

160:24 그리고 그분은 말씀하시기를 '지금은 내가 하느님의 이름을 진실로 찬양할 수 있는 시간이니라. 왜냐하면, 내가 장막을 통과하기 전에, 내가 그대들과 함께하는 오늘 연회를 몹시 바라고 있었기 때문이니라.

160:25 왜냐하면 내가 우리 아버지 하느님의 왕국에서 그대들과 함께 새로이 식사하게 될 때까지는 식사를 못 하게 될 것이니라.'

160:26 그리고 그들은 유대인들이 연회 전에 부르는 찬양의 히브리 노래를 불렀습니다.

160:27 그들은 유월절 음식을 먹었습니다. 그들이 식사하는 도중에 주님께서 말씀하시기를 '보라, 그대들 중의 하나가 오늘 밤에 돌아서서 나를 배반하여 사악한 자의 손으로 나를 넘길 것이니라.'

160:28 제자들은 그분이 한 말씀에 깜짝 놀랐습니다. 그들은 놀라서 서로의 얼굴을 쳐다보았습니다. 그들 모두는 외쳤습니다. '주님, 그가 저입니까?'

160:29 베드로가 주님 곁에 앉아 있는 요한에게 말했습니다. '누구를 두고 하신 말씀일까?'

160:30 요한은 손을 뻗어 대스승님의 손을 잡고 말했습니다. '우리 중의 누가 그렇게 그의 주님을 배반할 만큼 타락했습니까?'

160:31 그러자 유다가 말하기를 '주님, 그 사람이 저입니까?' (공통)

160:32 예수님께서는 말씀하시기를 '그는 지금 그의 손을 내 손과 함께 접시 위에 둔 자이니라.' 그들이 바라보니 유다의 손이 예수님의 손과 같이 접시 안에 올려져 있었습니다. (공통)

160:33 예수님께서 말씀하시기를 '선지자는 틀리지 않노라. 사람의 아들은 반드시 배신을 당하느니라. 그러나 그의 주를 배반하는 자에게 화 있으리라.'

160:34 유다가 즉시 탁자에서 일어났습니다. 그의 시간이 이미 왔습니다.

160:35 그러자 예수님께서 그에게 말씀하기를 '네가 행하고자 하는 일을 신속히 하여라.' 그리고 유다는 그의 길을 갔습니다.

160:36 유월절 만찬이 끝났을 때 주님과 열한 제자들은 잠깐 조용한 생각 속에 앉아 있었습니다.

160:37 예수님께서는 부서지지 않은 빵 한 덩어리를 들고 말씀하시기를 '이 덩어리는 내 몸의 상징이니라. 그리고 이 빵은 생명의 빵의 상 징이니라.

160:38 그리고 내가 이 빵을 자르듯이, 나의 몸은 사람의 아들에 대한 유 형으로서 잘리리라. 왜냐하면, 사람은 마땅히 다른 사람을 위하여 기꺼이 희생해서, 그의 몸을 자유로이 줄 수 있어야만 하기 때문 이니라.

160:39 그대들은 이 빵을 먹듯이 그렇게 그대는 생명의 빵을 먹을 것이며 결코 죽지 않으리라.' 그리고 그분은 제자들에게 먹을 빵 한 조각 씩 주었습니다.

160:40 예수님께서는 한 컵의 포도주를 들고는 말씀하시기를 '피는 생명 이니라. 이것은 포도의 생명 피이니라. 이것은 사람을 위해 그의 생명을 바친 사람에 대한 생명의 상징이니라.

160:41 그대들이 이 포도주를 마실 때 경건한 믿음 속에서 마신다면, 그 대들은 곧 그리스도의 생명을 마시는 것이 되니라.'

160:42 예수님께서는 한 모금 마시고는 잔을 돌리셨습니다. 그리하여 사 도들은 포도주를 한 모금 마셨으며, 예수님께서 말씀하시기를 '이 것은 생명의 만찬이며, 사람의 아들의 훌륭한 유월절이며, 주의 만찬이니라. 그대들은 가끔 빵을 먹고 포도주를 마시게 되리라.

160:43 지금부터 이 빵은 기념 빵이라고 불릴 것이며, 이 포도주는 기념 포도주로 불릴 것이니라. 그대들이 이 빵을 먹고 이 포도주를 마 실 때마다 나를 기억하리라.'

161: 예수님께서 11 제자들을 가르치심. 그들 모두 그와의 사이가 멀어질 것과 베드로가 아침이 오기 전까지 그분을 3번 부인할 것을 말씀하심. 예수님께서 격려의 마지막 말씀을 하심. 성령을 약속하심

161:1 한편 유다가 주님을 배신하기 위하여 사제들의 특사를 만나러 간 뒤에

161:2 대스승님께서 말씀하시기를 '시간이 왔노라. 사람의 아들은 이제 영광을 받으리로다.

161:3 나의 어린 자녀들이여, 나는 아직 그대들과 잠깐 더 함께할 것이니라. 곧 그대들이 나를 찾게 될 것이고 나를 찾지 못할 것이니라. 내가 가는 곳으로 그대들은 올 수 없기 때문이니라.

161:4 내가 그대들에게 새로이 명하노니, 내가 그대들을 사랑하고 그대들에게 나의 생명을 바쳤듯이, 그대들도 세상을 사랑(love)해야만 하고, 세상을 구하기 위하여 그대의 삶을 바칠지니라.

161:5 그대가 그대 자신을 사랑하듯이 서로 사랑하라. 그리하면 세상은 그대들이 하느님의 자녀임을 알게 되고, 하느님이 영광을 주신 사람의 아들의 사도임을 알게 되리라.' (공통)

161:6 그러자 베드로가 말하기를 '주여, 제가 저의 주님에게 저의 삶을 내려놓았사오니, 주님이 가시는 곳이라면 어디든지 저도 따라가겠나이다.'

161:7 예수님께서 말씀하시기를 '나의 친구여, 용기를 자랑하지 마라. 그대는 오늘 밤 나를 따라올 만큼 충분히 강하지 않노라.

161:8 자, 베드로여 들어라! 그대는 내일 아침 닭이 울기 전까지 나를 세 번 부인하리라.' (공통)

161:9 그리고 열한 제자를 올려 보시며 말씀하시기를 '그대들 모두는 오늘 밤 나와 소원해지리라.

161:10 선각자가 말하기를 '보라, 그가 양치는 목자를 치리니 양 떼는 달아나 숨으리라.'

161:11 그러나 내가 죽음으로부터 부활한 뒤, 보라! 그대들은 또다시 올 것이며, 나는 그대들이 갈릴리로 가기 전에 내가 그곳에 갈 것이니라.'

161:12 그러자 베드로가 말했습니다. '나의 주님, 모든 다른 사람들이 주님을 저버린다 하더라도, 저는 그러지 않을 것입니다.'

161:13 예수님께서 말씀하시기를 '오 시몬 베드로여, 보라! 그대의 열성은 불굴의 용기보다 더 크도다! 보라, 사탄이 그대에게 밀을 넣은 채처럼 샅샅이 살필지라도, 그대의 믿음으로써 그대가 실패하지 아니하고, 시험이 지난 후에 더욱 굳건한 힘의 탑에 설 수 있도록 내가 기도하였느니라.'

161:14 그러자 모든 제자가 외쳤기를 '이 지상의 어떠한 힘도 우리 사이를 멀어지게 하거나, 우리가 우리의 주님을 부인할 수는 없습니다.'

161:15 그러자 예수님께서 말씀하시기를 '슬퍼하지 않도록 하라. 그대들 모두는 하느님을 믿으며, 나를 믿고 있지 않으냐.

161:16 보라, 나의 아버지의 나라에는 많은 저택이 있느니라. 만약 없다면, 내가 그대들에게 그렇게 말하지 않았을 것이니라. (공통)

161:17 나는 나의 아버지의 나라로 갈 것이고, 내가 있는 곳에 그대들도 있을 수 있는 장소를 준비할 것이니라. 그러나 지금 그대들은 나의 아버지의 나라로 들어가는 길을 알지 못하느니라.'

161:18 도마가 말하기를 '우리는 주님께서 어디로 가시려는지 알지 못하나이다. 어떻게 우리가 그 길을 알 수 있겠습니까?'

161:19 예수님께서 말씀하시기를 '나는 길이요. 진리요. 생명이니라. 나는 하느님의 그리스도가 현시(顯示, manifest)됨이라. 그리스도를 통하여 나와 같이 가는 것 외에는 어떤 사람도 나의 아버지의 나라에 갈 수가 없느니라. (공통)

161:20 그대들이 만약 나를 알았고 이해했었다면, 그대는 나의 아버지 하느님을 알 수 있을 것이니라.'

161:21 빌립이 말하기를 '저희에게 아버지를 보여 주소서 그러면 저희가

만족할 것입니다.'

161:22 예수님께서 말씀하시기를 '내가 지난 몇 년 동안 너희들과 같이 있었거늘 아직도 그대들은 나를 알지 못하느냐?

161:23 아들을 본 사람은 아버지를 보았노라. 왜냐하면, 아버지의 아들 속에서 하느님 자신이 나타남이라.

161:24 보라, 내가 말한 것과 내가 행한 것이 인간의 말들과 행동들이 아님을 그대들에게 여러 번 말하였도다.

161:25 그 말씀들은 하느님의 말씀이며, 하느님은 내 안에 살고 계시고, 나는 하느님 안에 살고 있느니라.

161:26 들어라. 그대 신앙 깊은 사람들이여, 나와 나의 아버지 하느님을 믿는 사람은 내가 이미 말했고 행했던 것을 말(say)해야만 하고 행동(do)해야만 할 것이니라.

161:27 그렇습니다. 나아가, 하느님은 일찍이 내가 지금까지 이룬 일보다 더 큰 일을 할 것이니라. 나는 우리가 하는 일들을 그분에게 가져가고, 나의 손을 내밀어 도움받을 수 있느니라.

161:28 그리고 내 이름 안에 있는 그리스도를 통하여, 그대들은 하느님께 청원할 수 있고 하느님께서도 그대들의 요구를 기꺼이 들어주시리라.

161:29 그대들은 내가 한 말들을 믿는가? 그렇다. 그대들은 나의 말을 믿는다. 만약 그대들이 그리스도를 사랑하고 나를 따른다면, 나의 말을 지킬 것이니라.

161:30 나는 포도나무이고 그대들은 포도나무의 가지들이며 나의 아버지는 농부이니라. (공통)

161:31 농부는 단지 잎사귀뿐이고 열매를 맺지 않는 쓸모없는 나뭇가지는 그 가지를 잘라낼 것이요 불 속에 던져 태워버릴 것이니라.

161:32 또한 농부는 가지치기하여 풍성한 열매가 맺도록 하나니라.

161:33 가지가 포도나무와 떨어져서는 열매를 맺지 못하듯이, 그대들도 나와 떨어져서는 열매를 맺을 수 없느니라.

161:34 내 안에 거하라. 나를 통하여 하느님이 그대에게 어떻게 행동할지 가르쳐주신 일들을 행하라. 그러면 그대들은 풍성한 열매를 맺게 되리라. 하느님이 나에게 영예를 주셨듯이 하느님은 그대들에게도 영예를 주실 것이니라.

161:35 그리고 이제 나는 나의 길로 가지만, 나는 나의 아버지 하느님께 기도하리니, 하느님께서는 그대들에게 그대들이 함께할 다른 성령을 보내주실 것이니라.

161:36 보라, 하느님의 큰 위로자 성령은 하느님과 하나이니라. 그러나 세상은 성령을 받아들이지 못하리니, 이는 그들이 성령을 볼 수도 없고 알 수도 없는 까닭이니라.

161:37 그러나 그대들은 성령을 알고 또한 알게 되리니, 이는 성령이 그대들의 영혼 속에 거하게 될 것이기 때문이니라.

161:38 나는 그대들을 버려지게 놓아두지 않으리라. 하느님의 사랑이 인간에게 현시된 그리스도 안에서, 나는 언제나 그대들과 함께할 것이니라.'

CHAPTER 162

162: 예수님께서 성령의 사명을 더욱 충분히 밝혀 주심. 그분의 제자들에게 자신이 곧 죽을 것임을 평이하게 말씀하시자 그들은 슬퍼함. 예수님께서 제자들과 세상의 모든 신도를 위하여 기도하심. 그들은 연회장을 떠남

162:1 한편 요한은 주님께서 나는 가고 내가 가는 곳에 그대들은 올 수 없다는 말씀에 몹시 슬퍼하였습니다.

162:2 그는 울면서 말했습니다. '주님, 저는 모든 시련을 뚫고, 죽어도 주님과 같이 갈 것입니다.'

162:3 예수님께서 말씀하시기를 '그대는 시련과 죽음으로 나를 따라오리라. 그러나 내가 가는 곳은 그대는 갈 수 없으니라. 그러나 그대도 곧 오게 되리라.'

162:4 예수님께서는 열한 제자들에게 다시 말씀하셨습니다. '내가 떠나감을 슬퍼하지 말지어다. 내가 떠나가야만 하는 것은 가장 좋은 일이니라. 만약 내가 떠나지 않으면, 그대들에게 성령이 오시지 않을 것이니라.

162:5 내가 살아있는 동안에 그대들과 더불어 내가 말한 그러한 것들은 성령이 힘을 얻게 될 때 보라, 성령이 그대들을 가르쳐 줄 것이며, 내가 그대들에게 말한 모든 말들을 기억나게 하리라.

162:6 아직도 말해져야 할 것들이 많이 있으나, 지금 이 시대는 그 말을 받아들이지 못하리니, 이는 사람들이 그 말을 이해할 수 없음이니라.

162:7 그러나 내가 말하노니 보라! 주의 큰 날이 오기 전에 성령은 모든 비밀을 알게 해 주리라.

162:8 영혼, 삶, 죽음 그리고 죽지 않음에 대한 비밀. 그리고 사람은 모든 다른 사람들과 같이 하느님과 같이 하나라는 사실을. (The oneness of a man with every other man and with his God.)

162:9 그러면 세상은 진리로 안내되고, 사람들은 진리가 되리라.

162:10 그리고 성령이 올 때, 성령은 죄악의 세상과 내가 이야기한 진실과 정의의 심판을 확신시켜주시리라. 그러면 그대들의 세속적 삶은 버려지게 되리라.

162:11 또한 성령께서 오실 때는 내가 그대들을 위하여 중재할 필요가 없으리라. 왜냐하면, 하느님께서 나를 아시듯이 그대들을 아시게 될 것이고 그대들은 인정받게 되리라.

162:12 내가 떠나감으로 그대들은 울 것이고 악한 자들이 기뻐할 시간이 왔지만, 나는 다시 올 것이며 모든 그대들의 슬픔은 기쁨으로 바뀔 것이니라.

162:13 그렇습니다. 참으로 그대들은 죽음으로부터 살아 돌아온 형제를 환영하는 사람처럼 기뻐할 것이니라.'

162:14 제자들이 말하기를 '주님, 더 이상 속담으로 말씀하지 마시고 우리에게 평이하게 말씀해 주십시오. 우리는 주님께서는 지혜로우

시고 모든 것들을 알고 계신다고 알고 있습니다.

162:15 주님께서 '나는 가려니와 나는 다시 오리라'는 말씀의 의미가 무엇입니까?'

162:16 예수님께서 말씀하시기를 '그대들이 모두 흩어지고 모든 사람이 두려워할 시간이 오고 있도다.

162:17 사람들은 그의 생명을 구하기 위해 도망가고 나를 홀로 남겨둘 것이나, 나는 완전히 홀로 되지 않을 것이니라. 나의 아버지 하느님께서 항상 나와 함께 계심이니라.

162:18 사악한 자들은 나를 사악한 자들의 판결석으로 데려가리라. 그리고 수많은 군중 앞에서 나는 사람 아들의 모범이 되어 나는 나의 생명을 포기하리라.

162:19 그러나 나는 다시 일어나 그대들에게 오리라.

162:20 지금 내가 말하고 있는 이러한 것들은 그대들이 믿음 속에서 굳건히 설 수 있도록 하기 위함이니라.

162:21 그리고 그대들은 사람들의 학대를 참을 것이며 내가 걸었던 가싯길을 따라오게 될 것이니라.

162:22 실망하지 말고 잘되고 즐겁게 되어야만 합니다. (Be of good cheer) 보라, 내가 세상을 이겨냈듯이 그대들도 세상을 이겨내야 (overcome) 합니다.'

162:23 그리고 나서 예수님께서는 하늘을 우러러보시며 말씀하셨습니다. '나의 아버지 하느님이시여, 시간이 왔습니다.

162:24 사람의 아들은 이제 지상에서 들리어져야 합니다. 그러니 온 세상이 희생의 힘을 알게 되도록 흔들리지 않게 하여 주소서.

162:25 제가 다른 사람을 위하여 삶을 바치듯이, 사람들도 다른 사람을 위하여 그들의 삶을 바쳐야 하기 때문입니다.

162:26 오, 하느님, 저는 당신의 뜻을 행하기 위하여 왔습니다. 그리고 당신의 성스러운 이름 안에서 그리스도는 영광을 받았습니다. 사람들은 그리스도를 생명으로 빛으로 사랑으로 진리로 바라봅니다.

162:27 그리스도를 통하여 그들 자신은 생명과 빛과 사랑과 진리가 됩니다.

162:28 저에게 보내주신 이들 사람으로 당신의 이름을 찬양하나이다. 그들은 당신을 찬양해 왔으며 앞으로도 찬양할 것이기 때문입니다.

162:29 육적 생명에 눈멀어 자기의 주를 팔아넘기기 위해 나간 자를 제외하고는 그들 중 누구도 잃어버려지지 않고 떠나지 않을 것입니다.

162:30 오 하느님, 그 사람을 용서(forgive)하소서. 그는 그가 행한 바를 모르고 있나이다.

162:31 지금, 오 하느님, 제가 당신에게 가오니, 저는 더 인간의 삶은 없습니다. 제가 당신의 지혜와 당신의 사랑을 가르친 이 사람들을 지켜주시옵소서.

162:32 그들이 나를 믿고 내가 한 말을 믿듯이, 온 세상이 그들을 믿고 그들이 한 말을 믿도록 하여 주시옵소서.

162:33 당신이 저를 이 세상에 보냈듯이, 그렇게 저는 그들을 내보냅니다. 당신이 저에게 영광을 주었듯이, 그들에게 영광을 주시기를 기도하옵니다.

162:34 당신이 그들을 이 세상에서 데려가도록 기도함이 아니라, 그들을 세상의 악으로부터 지켜주시어 견디기에 너무 큰 유혹들(temptations)에 굴복하지 않기를 기도하옵니다.

162:35 그들은 한때 세상의 것이었으나, 제가 더 세상의 것이 아닌 것처럼 그들도 이제 더 세상의 것이 아닙니다.

162:36 당신의 말은 진리입니다. 오 하느님, 당신의 말로써 그들을 신성하게 하옵소서.

162:37 저는 이들만을 위해 기도하지 않습니다. 오 하느님, 저는 또한 그들이 행동과 말을 통해 저를 믿는 모든 사람과 그리스도를 받아들이는 모든 사람을 위해 기도하옵니다. 그 결과 그들이 모두 하나가 되도록 하여 주옵소서.

162:38 내가 당신과 하나이고 당신이 나와 하나인 것처럼, 그들이 우리와 하나(one)가 되도록 하여 주소서.

162:39 온 세상이 당신의 뜻을 행하기 위하여 당신이 저를 보낸 것을 알게 하시옵고, 일찍이 당신이 저를 사랑하셨듯이 당신이 그들을 사랑함을 알게 해 주소서.'

162:40 예수님께서는 그렇게 말씀하시고, 그들은 유대의 찬양 노래를 부르고 일어나 그들의 길을 갔습니다.

CHAPTER 163

163: 예수님께서 빌라도를 방문. 빌라도는 예수님께 목숨을 건지기 위해 다른 나라로 피신할 것을 독려함. 예수님께서 그렇게 하기를 거절. 예수님께서 마쌀리안의 과수원에서 제자들과 만남. 겟세마네의 전경.유다에 의해 인도된 유대의 폭도 가까워졌음.

163:1 예수님과 11 제자들이 밖으로 나오자, 한 로마의 근위병이 다가와서 말하기를 ' 안녕하세요. 당신들 중 갈릴리에서 온 사람이 있습니까?'

163:2 베드로가 말하기를 '우리 모두 갈릴리에서 왔습니다. 누구를 찾고 있습니까?'

163:3 근위병이 대답하기를 '나는 그리스도라고 불리는 예수라는 사람을 찾습니다.'

163:4 예수님께서 대답하시기를 '여기 있습니다.'

163:5 근위병이 말하기를 '나는 공적인 일로 온 것이 아니오. 나는 총독의 메시지를 전하려고 왔습니다.

163:6 예루살렘에는 당신을 죽이려고 맹세한 악의에 찬 유대인들로 가득하오. 빌라도 총독께서 당신과 의논하고 싶어서 하오. 그는 당신을 즉시 데려오라고 했습니다.'

163:7 예수님께서 베드로와 나머지 제자들에게 말씀하시기를, '골짜기로 가라. 기드론 옆에서 나를 기다려라. 나는 혼자 가서 총독을 보리라.'

163:8 예수님께서는 근위병과 함께 궁전으로 갔습니다. 빌라도는 그를 문 앞에서 만나 말하기를

163:9 '젊은이여, 나는 당신에게 유리한 말이 있소. 나는 3년 이상이 그대

의 일들과 말들을 지켜보았소.

163:10 나는 그대의 동포들이 죄인으로서 그대에게 기꺼이 돌로 던지자고 할 때 그대를 방어하는 쪽에 가끔 서 있었소.

163:11 그러나 이제 사제들, 율법학자, 바리새인들이 보통사람들을 흥분시켜 광적인 무자비함과 잔인한 상태에까지 휘젓고 있소. 그리고 그들은 당신의 목숨을 빼앗으려고 하고 있소.

163:12 왜냐하면, 그들이 말하기를, 당신이 그들의 사원을 무너뜨리고, 모세의 율법을 고치며, 바리새인들과 사제들을 내쫓고, 스스로 왕위에 오르려고 맹세하였기 때문이라 하오.

163:13 그들은 당신이 로마와 완전히 결탁하고 있다고 단언하고 있소.

163:14 이 순간 모든 예루살렘 거리는 당신의 피를 흘리게 하려는 미친 군중들로 가득 차 있소.

163:15 도망가는 것 이외에 그대에게 안전한 길은 없소. 아침 해가 뜰 때까지 기다리지 마시오. 당신은 이 저주받은 땅의 경계에 도착하는 길을 알고 있을 것이오.

163:16 내게 약간의 잘 훈련된 무장 기병들이 있으니, 그들이 해를 끼치는 경계 너머로 그대를 데려다줄 것이오.

163:17 그대 젊은이여 여기에서 머물러서는 안 되오. 반드시 일어나 떠나야만 하오.'

163:18 예수님께서 말씀하시기를 '시저는 본디오 빌라도라는 훌륭한 신하를 가지고 있습니다. 육적 인간의 측면에서 볼 때 당신의 말씀은 현명한 사람의 말씀 그것입니다. 그러나 그리스도 측면에서 볼 때 그대의 말씀은 어리석음입니다.

163:19 겁쟁이는 위험이 오면 도망을 가지만 잃어버린 사람을 찾아 구하려고 오는 사람은 그를 위하여 기꺼이 그의 목숨을 희생해야만 합니다.

163:20 유월절이 끝나기 전에 이 나라는 죄 없는 사람이 흘린 피로 인하여 저주받을 것입니다. 지금도 살인자들이 문밖에 있습니다.'

163:21 그러자 빌라도가 말했습니다. '그것은 그럴 수 없습니다. 로마의 칼이 당신의 생명을 구하기 위하여 칼집에서 뽑힐 것이오.'

163:22 예수님께서 말씀하시기를 '아니오, 빌라도. 아니오, 이 세상에 나의 생명을 구해 줄 만한 큰 군대는 없습니다.'

163:23 예수님께서는 총독에게 작별인사를 하고 떠났습니다. 빌라도는 그의 목숨을 노리는 자들로부터 그를 보호하기 위하여 이중으로 편성된 근위병을 보냈습니다.

163:24 그러나 잠시 후 예수님께서는 사라지셨습니다. 근위병들은 그를 더 이상 볼 수 없었으며, 잠시 후에 그분은 11 제자들이 기다리고 있는 기드론 시냇가에 도착했습니다.

163:25 한편 시내 건너편에는 과수원과 마실리안 사람이 사는 집 한 채가 있었습니다. 그곳은 예수님께서도 가끔 찾아오셨던 곳입니다.

163:26 마실리아는 예수님의 친구였고 그는 예수가 유대의 선각자들이 오래전부터 오리라고 말해졌던 그리스도임을 믿었습니다.

163:27 한편 과수원 안에는 신성한 작은 언덕이 있어 마실리아는 그 장소를 겟세마네라 불렀습니다.

163:28 밤은 어두웠고 과수원 안은 더욱 어두웠으며 예수님께서는 여덟 제자를 시냇가에 머물도록 명하였습니다.

163:29 그들이 머무는 동안 예수님께서는 베드로, 야고보, 요한과 함께 기도하기 위하여 겟세마네 동산에 올라갔습니다.

163:30 그들은 올리브 나무 밑에 앉았습니다. 예수님께서 베드로, 야고보, 요한에게 생명의 신비를 공개하였습니다. 그분께서 말씀하시기를

163:31 '영원의 대령(大靈)은 하나이고 모습을 드러내지 않느니라. 하나 속에 아버지 하느님, 어머니 하느님, 아들 하느님이 있느니라.

163:32 하나가 현시화 되면 세 개가 되느니라. 성부는 전능(might)의 신이며 성모는 전지(omniscient)의 신 그리고 성자는 사랑(love)이니라.

163:33 성부 하느님은 하늘과 땅의 권능(power)이며, 성모 하느님은 성령으로서 하늘과 땅의 생각(thought)이며, 성자 하느님은 유일한

아들로서 그리스도이니라. 그리고 그리스도는 사랑(love)이니라.

163:34 나는 사람들에게 이러한 사랑을 나타내어주기 위하여 인간으로 왔노라.

163:35 인간으로서 나는 인류의 모든 시험과 유혹을 겪어 왔노라. 그러나 나는 모든 격정과 욕구를 가진 육체를 극복하였노라.

163:36 내가 이루었던 것은 모든 사람도 할 수 있노라.

163:37 나는 이제 인간의 힘으로 죽음을 정복할 수 있음을 보여 주려고 하노라. 왜냐하면, 모든 인간은 육체로 만들어진 신이기 때문이니라.

163:38 나는 나의 생명을 놓아버리고 다시 그것을 가져올 것이니, 그럼으로써 그대들은 삶의 여러 신비, 죽음의 여러 신비 그리고 죽은 자의 부활의 여러 신비를 알게 되리라.

163:39 나는 육체는 누워있지만, 영의 형태로 일어나 나 자신을 나타낼 힘을 가지고 사람들의 눈에 볼 수 있도록 할 것이니라.

163:40 그렇게 나는 3일 안에 삶의 모든 것, 죽음의 모든 것, 죽은 자의 부활의 의미를 보여 주리라.

163:41 내가 행하는 모든 일은 모든 사람도 할 수 있노라.

163:42 그리고 그리스도 교회의 내적 모임을 구성한 그대 세 사람은 사람들에게 모든 신의 속성을 보여 줄 것이니라.

163:43 베드로는 신의 권능을 알려주고, 야고보는 신의 생각을 보여 주고, 요한은 신의 사랑을 입증해 주도록 하라.

163:44 사람들을 두려워하지 말라. 왜냐하면, 그대들은 성부, 성모, 성자의 큰일을 하기 위해 보내졌기 때문이니라.

163:45 육적인 생명의 모든 힘은, 그대들이 일을 이룰 때까지 그대들의 생명을 해하지 못할 것이니라.

163:46 이제 나는 그대들을 떠나, 홀로 어두움 속에서 나아가 하느님과 이야기할 것이니라.

163:47 나는 슬픔에 휩싸였도다. 나는 이 자리에서 그대들에게서 떠나가노니 그대들은 여기에 남아 나를 지켜봐다오.'

163:48 그리고 나서 예수님께서는 동쪽으로 300큐빗 걸어가 고개를 땅에 숙이고 기도하였습니다. 그가 말하기를

163:49 '나의 하느님, 나의 하느님, 제가 다가올 시간의 공포에서 벗어날 방법은 있으신지요? 저의 인간 육신은 뒤로 움츠려 있사옵니다. 그러나 저의 영혼은 확고하오니, 제 뜻대로 마옵시고 오 하느님 뜻대로 이루어지시옵소서.'

163:50 고통 속에서 그는 기도하였습니다. 그의 육신의 고통은 굉장하여, 그의 핏줄은 산산이 터졌으며, 그의 이마는 피로 물들었습니다.

163:51 그리고 예수님께서 3명의 제자에게 돌아와 보니 그들 모두가 잠들어 있는 것을 보고는 말씀하시기를

163:52 '오, 시몬, 시몬 그대는 잠자고 있는가? 잠시라도 나를 지켜봐 줄 수 없었는가? 그대의 유혹이 그대가 감당할 수 없을 만큼 크지 않도록 경계하고 지켜보고 기도하십시오.

163:53 나의 영혼은 깨어나 의지 있으나 육체가 약함을 알고 있노라.'

163:54 그리고 주님께서는 다시 가서 기도했습니다. '오 아버지 하느님, 제가 이 쓴잔을 마셔야만 한다면 저의 영혼에 힘을 주옵소서. 내 뜻대로 마시옵고 아버지 뜻대로 하옵소서.'

163:55 그리고 다시 제자들에게로 돌아와 보니 보시오! 예수님께서는 그들이 아직도 잠자고 있음을 보고는 그들을 깨우고 야고보에게 말씀하시기를

163:56 '그대는 그대의 주가 인간 최대의 적과 겨루고 있는 순간에도 잠자고 있었는가.? 단 한 시간이라도 나를 지켜보아 줄 수 없었는가?'

163:57 그리고 예수님께서는 또다시 가서 기도하셨습니다. '오 하나님, 저는 당신에게 복종하겠나이다. 당신의 뜻대로 이루어지도록 하소서.'

163:58 그리고 나서 제자들에게로 세 번째 돌아와 보니 아직도 그들은 자고 있어 요한에게 말씀하시기를

163:59 '나를 위하여 그대가 가진 모든 사랑으로 단 한 시간이라도 나를 지켜보아 줄 수는 없었는가?'

163:60 그리고 말씀하시기를 '이제 충분하다. 시간은 왔고 나의 배신자가 가까이 있노라. 일어나 함께 가자꾸나.'

163:61 그들이 또다시 키드론에 도착했을 때 보시오, 여덟 제자도 모두 자고 있었습니다. 그리하여 예수님께서 말씀하시기를 '그대들이여, 깨어나라. 보라, 사람의 아들의 배신자가 오고 있노라.'

CHAPTER 164

164: 유다가 그의 주님께 입맞춤으로써 배신. 예수님께서 폭도들에게 붙잡히시고 제자들은 생명을 구하기 위해 도망. 예수님께서는 예루살렘으로 끌려가시고 베드로와 요한이 폭도들을 따라감

164:1 주님이 11 제자들과 함께 마살리안의 과수원에 있었는데, 그들이 이야기하고 있을 때 그들은 한 무리가 횃불, 칼과 몽둥이를 들고 그들에게 다가오고 있는 것을 보았습니다.

164:2 예수님께서 말씀하시기를 '악한 자들의 밀사를 보라! 유다가 길을 인도하고 있도다.'

164:3 제자들이 말하기를 '주님, 우리는 우리들의 목숨을 구하기 위해서 도망갈 수 있게 하소서.'

164:4 주님께서 말씀하시기를 '선지자와 예언자의 말들이 성취되는 때 왜 우리가 목숨을 구하기 위해 도망가야 하나?'

164:5 그리고는 예수님께서 홀로 그들을 만나러 갔습니다. 그들이 다가오자 그분께서 말씀하시기를 '당신들은 왜 여기에 있소? 누구를 찾고 있소?'

164:6 그들이 답하기를 '우리는 갈릴리에서 온 사람을 찾고 있소. 우리는 자신을 그리스도라고 부르는 예수라는 사람을 찾고 있소.'

164:7 예수님께서 대답하시기를 '여기 있는 나요.'

164:8 예수님께서는 두 손을 들어 강력한 생각으로 에테르를 빛의 상태로 이르게 하였습니다. 그러자 온 과수원이 환하게 밝아졌습니다.

164:9 광분한 군중들은 뒤로 물러나고 많은 사람은 예루살렘까지 쉬지 않

고 도망갔습니다. 그리고 다른 사람들은 고개를 땅으로 숙였습니다.

164:10 가장 용감하고 강한 마음을 가진 자들만이 남아 있었습니다. 빛이 엷어지자 주님께서 다시 묻기를 '누구를 찾고 있소?'

164:11 아나니아가 말하기를 '우리는 갈릴리에서 온 사람을 찾고 있소. 우리는 자신을 그리스도라고 칭하는 예수를 찾고 있소.

164:12 그러자 예수님께서 그에게 대답하여 말씀하시기를 '조금 전에 말한 대로 내가 그요.'

164:13 아나니아 옆에 유다가 서 있었습니다. 그러나 잠시 후에 그는 주님의 뒤로 걸어 올라가 말하기를 '나의 주님' 그리고서 그는 그들이 찾고 있는 예수라는 표시로 주님께 입을 맞추었습니다.

164:14 예수님께서 말씀하시기를 '그대는 입맞춤으로써 그대 가룟은 스승을 배반하려는가? (공통)

164:15 이 일은 반드시 이루어질 필요가 있지만, 그의 주를 배신하는 자에게는 화가 있을 것이니라.

164:16 그대의 육적 탐욕이 그대의 양심을 마비시켜서, 그대는 무엇을 하고 있는지 모르고 있도다. 그러나 머지않아 그대의 양심은 눈을 뜨고 후회하리라. 보라, 그대는 생명을 단축하여 자신의 목숨을 끊으리라.'

164:17 그러자 11 제자들이 와서 유다를 잡고 해를 가하려고 하였지만, 예수님께서 말씀하시기를

164:18 '그대들은 이 자를 절대 해쳐서는 안 되니라. 그대들은 이 자를 심판할 권리가 없느니라. 그의 양심이 그의 재판관이니, 그를 선고하여 그 스스로 처형하리라.'

164:19 폭도들은 가야바의 하인인 말고에게 인도되어, 예수님을 잡아 쇠사슬로 묶으려고 하였습니다.

164:20 예수님께서 말씀하시기를 '그대들은 어찌하여 한밤중에 이 신성한 장소에서 칼과 곤봉으로 나를 잡으려고 왔는가?

164:21 내가 예루살렘의 공공장소에서 이미 말하지 않았는가? 내가 그대

들의 아픈 사람들을 고쳐주고, 눈먼 자에게 눈뜨게 하고, 다리 저
는 사람을 걷게 해주고, 귀머거리를 듣게 해주지 않았던가? 그대
들은 어느 날이든 나를 찾을 수가 있었노라.

164:22 그대들은 지금 나를 쇠사슬로 묶으려고 하고 있도다. '무엇이 쇠
사슬인가? 이는 단지 갈대의 연결이니라.' 그리고 그분이 양손을
들어 올리자, 쇠사슬은 부수어져서 땅에 떨어졌습니다.

164:23 말고는 주님께서 그의 목숨을 구하기 위해 도망가는 것으로 생각
하여, 곤봉으로 주님의 얼굴을 때리려고 하였습니다.

164:24 그러자 베드로는 칼이 있어 그에게 달려들어 쳐서 상처를 입혔습
니다.

164:25 예수님께서 말씀하시기를 '멈추어라. 베드로여, 멈추어라. 칼
을 거두어라. 그대는 칼과 몽둥이로 싸우기 위해 부름을 받은 것
이 아니니라. 누구든지 칼을 휘두르는 자는 칼에 의해 사라지리라.
(Whoever wields the sword shall perish by the sword.) (공통)

164:26 나는 사람의 아들들에 의하여 보호받을 필요가 없느니라. 왜냐하
면, 나는 지금이라도 큰 부대 하느님 사자의 열두 군데라도 와서
나를 방어할 수 있기 때문이니라. 그러나 그것은 좋은 일은 아니
니라.'

164:27 예수님께서 말고에게 말씀하시기를 '내가 그대에게 해를 입히고
싶지는 않았노라.' 그리고 나서 주님께서 베드로가 만든 상처에
손을 올려놓자, 그 상처는 나았습니다.

164:28 예수님께서 말씀하시기를 '내가 내 생명을 구하기 위하여 도망가
지 않을까 걱정할 필요가 없느니라. 나는 생명을 구하고자 하는
바람이 없으니 그대들 뜻대로 나에게 행할지니라.'

164:29 그러자 폭도들이 달려들어 재판정에서 예수의 유죄에 대한 조력
자로 재판정에 세우기 위해 11 제자를 붙잡으려 달려들었습니다.

164:30 그러자 제자들 모두 예수님을 버리고 저마다 살기 위해 도망쳤습
니다.

164:31 마지막으로 도망친 자가 요한이었는데, 폭도들은 그를 잡아 옷을 갈기갈기 찢어서 그는 벌거벗은 채로 도망갔습니다.

164:32 마살리안이 그를 보고 집으로 데려가 다른 옷을 주었습니다. 그러고 나서 요한은 주님을 끌고 간 사람들의 뒤를 따라갔습니다.

164:33 그리고 베드로는 자신이 나약한 겁쟁이인 사실을 부끄럽게 여기고, 다시 정신이 들자, 요한과 같이 폭도들 뒤를 바짝 따라갔고, 예루살렘에 도착했습니다.

Section 19 :

예수님의 재판과 처형

CHAPTER 165

165: 가야바 앞에 서 계시는 예수님. 베드로가 그의 주님을 세 번 부인. 7명의 유대인 지도자 서명이 날인된 기소장. 100명의 증인이 고소 사실을 증언

165:1 가야바는 유대인의 대사제로서 폭도들은 예수님을 그의 궁전 홀로 끌고 갔습니다.

165:2 법정은 이미 소집되어 있었고, 주님에 반대되는 증인으로서 맹세한 율법학자들과 바리새인들로 방청석은 꽉 차 있었습니다.

165:3 관저의 입구를 지키고 있던 여인은 요한과 이 제자를 서로 아는 사이였고 그와 요한이 홀 입장이 허락되는가를 물었습니다.

165:4 여인은 그들이 들어오는 것을 허락해 주었고 요한은 안으로 들어갔으나 베드로는 두려워하여 법정 밖에 있었습니다.

165:5 베드로가 문 옆에 서 있는 때 한 여자가 물었습니다. '당신은 이 갈릴리에서 온 이 사람의 추종자 아닌가요?'

165:6 그러자 베드로가 말하기를 '아니오, 나는 아닙니다.'

165:7 예수님을 재판정 안으로 데려갔던 사람들이 법정 밖에서 불 옆에 앉아 있었습니다. 밤이 추웠으므로 베드로도 그들 곁에 앉았습니다.

165:8 관저에서 기다리던 또 다른 여자가 베드로를 보고 말했습니다. '당신은 분명히 갈릴리 사람이군요. 당신의 말투는 갈릴리 사람의 말투입니다. 당신은 이 사람의 추종자군요.'

165:9 그러자 베드로가 말하기를 '나는 무엇을 당신이 말하는지 모르겠습니다. 나는 이 사람을 알지 못합니다.'

165:10 그때 가야바의 하인으로서 주님을 잡아 법정으로 데려온 자가 베드로를 보고 말했습니다.

165:11 '내가 당신을 이 선동적인 나사렛사람과 함께 마쌀리안의 과수원에서 보지 않았소? 내가 확신하는데 당신은 그를 따르는 무리 중의 한 명이오.'

165:12 그러자 베드로는 일어나서 바닥에 발을 둥둥 굴리며, 모든 신성한 것들을 걸어 맹세하며 그는 그 죄인을 모른다고 하였습니다.

165:13 한편 그 근처에 서 있는 요한은, 베드로가 그의 주를 부정하는 소리를 듣고 몹시 놀라 그를 쳐다보았습니다.

165:14 바로 그때 닭이 법정 아래에서 소리 높이 울었습니다. 그러자 베드로는 주님께서 하신 말씀이 생각났습니다.

165:15 '내일 아침 닭이 울기 전에 그대는 세 번 나를 부정하리라.'

165:16 그리하여 베드로는 양심의 가책을 깊이 느끼고는 어둠 속에서 울었습니다.

165:17 가야바는 공적인 자리에 앉아 있었으며, 그 앞에는 갈릴리 출신의 그분이 서 계셨습니다.

165:18 가야바가 말하기를 '당신 예루살렘 사람들아, 누가 당신들이 고소한 사람인가?'

165:19 그들이 대답하기를 '모든 충성스러운 유대인의 이름으로, 우리는 자기가 우리들의 왕이라고 자처하는 갈릴리의 이 사람을, 하느님과 인간의 적으로 고소합니다.'

165:20 가야바가 예수님께 말하기를 '당신은 지금 당신의 정강이나 주장에 대하여 말해도 좋다고 허용되어 있다.'

165:21 그러자 예수님께서 말씀하시기를 '세속 인간의 사제여, 왜 그대는 나의 말과 일들에 관하여 물어보시오?

165:22 보라, 나는 많은 공공장소에서 많은 군중을 가르쳤습니다. 나는 병자를 고쳐주었으며, 귀머거리를 듣게 했으며, 절름발이를 걷게 하고, 죽은 자를 다시 살렸습니다.

165:23 나의 일들은 비밀장소에서 행해진 것이 아니고, 공중 장소나 대로에서 행해진 것입니다.

165:24 가서 내 말들과 일들에 대하여, 황금이나 번쩍이는 약속으로 매수되지 않은 사람들에게 물어보십시오.'

165:25 예수님께서 이처럼 말씀하시자 한 유대인 근위병이 다가와서 그의 얼굴을 때리면서 말했습니다. '어찌 감히 당신은 유대의 대제사장에게 이렇게 말하는가?'

165:26 예수님께서 말씀하시기를 '내가 만약 거짓말을 했다면 내 말에 대한 목격자를 내세우시오. 내가 만약 진실을 말했다면 어찌하여 당신은 나를 이렇게 때리나요?'

165:27 가야바가 말했습니다. '당신이 무엇을 하든 법적인 방법으로 해야 한다. 우리는 우리가 행하고 말하는 모든 것을 고등법정에서 답변해야 하기 때문이다.

165:28 이 사람을 제소한 자들은 법적 고소장을 제출하라.'

165:29 그러자 가야바의 서기가 일어서서 말했습니다. '여기 법적 고소장이 있습니다. 이것은 율법학자들과 제사장 그리고 바리새인들에 의해 만들어졌고 서명된 것입니다.'

165:30 가야바가 말하기를 '조용히 하시오. 여러분들, 서기가 읽는 것을 들어봅시다.' 서기는 두루마리를 들고 읽었습니다.

165:31 '유대의 산헤드린 법원과 가장 존경하옵는 대제사장 가야바에게.

165:32 사람이 그의 조국과 자기 자신을 위하여서 할 수 있는 최고의 의

무는 그들을 그들의 적으로부터 지키는 일이옵니다.

165:33 지금 예루살렘의 백성들은 강한 한 명의 적이 그들의 바로 중심부에 있음을 인식하고 있습니다.

165:34 예수라 불리는 자가 와서, 자신이 다윗의 왕위 상속자임을 주장하고 있습니다.

165:35 사기꾼으로서 그는 우리의 적입니다. 모든 충성스러운 유대인의 이름으로 우리는 여기에 충분히 증명할 수 있는 조항을 들어 제출하는 바입니다.

165:36 첫째, 그는 하느님을 모독하였습니다. 그는 자신이 하느님의 아들이며 하느님과 그는 하나라고 말하고 있습니다.

165:37 또한 그는 안식일에 병을 고치고, 다른 일을 함으로써 우리들의 성스러운 날을 더럽혔습니다.

165:38 그는 우리의 다윗과 솔로몬의 계승자로서 자신을 왕이라 주장했습니다.

165:39 그리고 그는 선언하기를 우리의 성전을 부수고, 단 3일 만에 더 영광스러운 형태로 세우겠다고 하였습니다.

165:40 또한 그는 선언하기를 그가 성전 뜰에서 상인들을 내쫓았듯이, 사람들을 예루살렘으로부터 내쫓고, 하느님을 모르는 부족들을 데려와 우리의 성스러운 언덕을 차지할 것이라고 하였습니다.

165:41 그리고 그는 모든 박사, 율법학자, 바리새인, 사두개인들을 추방하여 영원히 돌아오지 못하게 할 것이라고 주장했습니다.

165:42 이상의 고소 내용에 대하여 우리는 모두 서명 날인합니다. 안나, 시몬, 아비나답, 아나니아, 조아시, 아쟈니아, 히스가야

165:43 한편, 서기가 고소장을 다 읽고 나자 모든 사람은 사형을 요구했습니다. 그들은 저런 악당은 돌로 쳐 죽여야 한다. 그를 십자가에 매달라고 요구했습니다.

165:44 가야바가 말했습니다. '당신네 이스라엘 사람들, 당신들은 이 사람들의 고소를 받아들이는가?'

165:45 이미 뇌물을 받은 백 명의 사람들이 일어서서 증언했습니다. 그들은 모든 고소가 사실이라고 서약했습니다.

165:46 가야바가 예수님께 말했습니다. '그대는 하고 싶은 말이 있는가? 당신은 하느님의 아들인가?'

165:47 예수님께서 말씀하시기를 '당신이 말한 그대로요' 그리고 그분은 더 이상 말씀하지 않으셨습니다.

CHAPTER 166

166: 최고 법정 앞에 서 계신 예수님. 니고데모가 정의를 위해 변호 그가 증인들의 불충분함을 제시. 회의는 예수님을 유죄로 하는 데 실패하나 의장인 가야바가 유죄를 선언. 폭도들은 주님을 학대하고 빌라도의 법정으로 끌고 감.

166:1 예수님께서 입을 열려고 하지 않자 가야바는 폭도들 앞에 서서 말했습니다.

166:2 '죄인을 단단히 묶도록 하라. 그는 자기 삶을 답하기 위하여 유대의 위대한 산헤드린 법정 앞에 가야 한다.

166:3 우리는 우리의 판결이 이 유대의 최고 법정에서 입증될 때까지는 죄인을 처형할 수가 없다.'

166:4 날이 밝자마자 군중 최고 회의가 열리고, 주님과 기소자들이 법정에 섰습니다.

166:5 가야바가 의장이었으므로 일어나서 말했습니다. '이 갈릴리 사람을 고소한 사람들은 고소장과 그 증거를 제출하라.'

166:6 가야바의 서기가 일어나서 고소장과 갈릴리 사람을 고소한 사람들의 이름을 읽었습니다.

166:7 그리고 모든 증인은 일어났고 유대의 법정 앞에서 증언하기로 되어 있습니다.

166:8 그리하여 율법학자들은 증거를 살펴보았고, 니고데모는 변호하려는 사람 중에 서 있었습니다.

166:9 니고데모는 그의 손을 들고 말했습니다. '비록 모든 율법학자와 바리새인 그리고 사제들과 사두개인들이 고소된 예수와 같이 거짓으로 판명되는 한이 있더라도, 지금은 정의가 이루어져야 합니다.

166:10 만약 우리가 이 예수가 우리의 율법과 땅에 대하여 적이고 반역자임을 증명할 수 있다면, 그를 범인으로 판결하여 그를 죄로 고통받게 해야 합니다.

166:11 만약 증언한 사람들이 하느님과 인간 앞에서 위증자임이 밝혀진다면, 이 갈릴리인은 석방되어야 합니다.'

166:12 그리고 나서 니고데모는 재판관들 앞에 증인들의 증거를 제출하였습니다. 그들 중 2개는 채택되지 않았습니다. 사람들이 흥분하였거나 이익을 얻기위하여 증언된 것이었습니다.

166:13 공판정은 기꺼이 예수에게 유죄를 선언하여 사형을 선고할 생각이었으나, 모든 상황에 비추어 볼 때 그렇게 선고하기가 두려웠습니다.

166:14 그러자 가야바가 말했습니다. '갈릴리에서 온 당신, 살아 계신 하나님 앞에서 나는 지금 당신에게 대답할 것을 명하노니, 당신은 하느님의 아들 그리스도인가?'

166:15 예수님께서 말씀하시기를 '내가 만약 그렇다고 대답해도, 당신들은 들으려 하지도 않을 것이고 믿지도 않을 것입니다.

166:16 만약 내가 아니라고 대답한다면 나도 또한 그대들의 증인들과 같이 사람과 하느님 시각에서는 거짓말쟁이가 될 것입니다. 하지만 나는 이렇게 말합니다.

166:17 '그대들은 힘의 왕관을 쓰고 하늘의 구름 속에서 오는 사람의 아들을 볼 시간이 올 것이니라.'

166:18 그러자 가야바는 그분의 옷을 찢으며 말했습니다. '당신들은 충분히 듣지 않았나? 그의 비열하고 신성모독적인 말을 듣지 않았나? 무슨 더 이상의 증인이 필요한가? 무엇을 우리는 그에게 해야겠나?' (공통)

166:19 사람들은 그를 사형에 처하라고 말했습니다. 그리고 나서 폭도들은 그에게 달려들어 그분의 얼굴에 침을 뱉고 손으로 때렸습니다.

166:20 그리고 그들은 그분의 눈을 천으로 가리고 얼굴을 때리면서 말했습니다. '당신은 선각자이다. 누가 당신 얼굴을 때린 사람인지 말하여 보라.'

166:21 예수님께서 대답하지 않으셨습니다. 그리고 털 깎는 사람 앞의 새끼 양처럼 갈릴리 사람은 저항하지 않았습니다.

166:22 가야바가 말하기를 '우리는 로마 지도자가 이 법정의 선고를 확인할 때까지 그를 사형시킬 수 없다.

166:23 그러므로 이 죄인을 데리고 가라. 그러면 빌라도가 우리가 했던 것을 추인할 것이다.'

166:24 그리고 나서 예수님께서는 로마 총독의 궁전으로 끌려갔습니다.

CHAPTER 167

167: 예수님께서 빌라도 앞에서 유죄 아님을 선고받음. 헤롯 앞에서 예수님은 고문당하고 빌라도에게 되돌려 보내짐. 빌라도는 다시금 그를 무죄로 선고 하나 유대인들이 그의 죽음을 요구. 빌라도의 아내가 빌라도에게 예수를 처벌하지 말라고 강력 권고. 빌라도가 울다.

167:1 유대인들은 로마 총독궁전에 들어가게 되면 부정이 타서 축제에 참여할 자격이 없어질까 봐 예수를 궁전 법정으로 데려갔습니다. 빌라도는 그곳에서 그들을 만났습니다.

167:2 빌라도가 말하기를 '왜 이른 시간에 이 소란인가? 무엇을 그대들은 바라나?'

167:3 유대인들이 대답하기를 '우리는 악하고 선동적인 자를 당신 앞에 데리고 왔습니다.

167:4 그는 유대의 최고 회의에서 재판받아, 우리의 율법과 국가 그리고 로마 정부에 대한 반역자임이 밝혀졌습니다.

167:5 우리는 당신께서 이 자를 십자가에서 사형 선고하시기를 간청합니다.'

167:6 그러자 빌라도가 대답하기를 '어찌하여 그를 나에게 데리고 왔는가? 가서 당신들이 그를 재판하라.

167:7 당신들에게는 로마법의 재가를 받은 법률이 있다. 당신들은 재판하고 처형할 권리를 가지고 있다.'

167:8 유대인들이 대답하기를 '우리에게는 사람을 십자가에 매달아 처형하는 권리가 없습니다. 이 자는 티베리우스에 대한 반역자이므로 우리들의 고문들은 그가 가장 치욕적인 죽음인 십자가에 매다는 형에 처해야 한다고 믿습니다.'

167:9 그러나 빌라도가 말했습니다. '로마법에서는 모든 증거가 갖추어지고 고소된 자가 자신을 방어하기 전까지는 유죄를 선고할 수 없게 되어있다.

167:10 그러므로 내가 그대들이 가진 증거물과 함께 고소장을 받아 로마법에 따라 재판하리라.'

167:11 유대인들은 로마 법률 용어로 쓰인 고소장 사본을 만들었으며 그곳에 다음과 같이 추가하였습니다.

167:12 '우리는 예수를 로마의 적으로서 고소하는 바입니다. 그는 티베리우스에게 공물을 바쳐서는 안 된다고 주장했습니다.'

167:13 그리하여 빌라도는 고소장을 받고 그의 위병들은 예수님을 궁전 안으로 데리고 갔습니다.

167:14 예수님께서는 로마 총독 앞에 섰고 빌라도는 그에게 유대인의 고소장을 읽어주고는 말하기를

167:15 '무엇이 이 고소장에 대한 당신의 답변인가? 그 사람들의 이 고소장은 사실인가 거짓말인가?'

67:16 예수님께서 말씀하시기를 '왜 내가 지상의 법정 앞에서 간청해야 하오? 그 기소장은 거짓 증언자들에 의해 확인된 것인데, 내가 말할 필요가 있겠습니까?

167:17 그렇습니다. 나는 왕입니다. 그러나 육적인 인간은 왕을 볼 수 없으며 하느님의 왕국을 볼 수도 없습니다. 그것은 내 안에 있는 것

입니다. (It is within.)

167:18 만약 내가 육적인 인간의 왕이었다면 나의 신하들이 나를 방어했을 것이며, 나는 유대 율법의 앞잡이들에게 기꺼이 굴복하지 않았을 것입니다.

167:19 나는 사람의 아들들로부터 아무 증거도 가지고 있지 않소. 하느님이 나의 증인이요 나의 말과 행동이 진리를 증거할 것입니다.

167:20 진실을 이해하는 모든 사람은 나의 말을 듣고 그의 영혼이 나를 증거해 줄 것입니다.'

167:21 빌라도가 말하기를 '무엇이 진리요?'

167:22 예수님께서 말씀하시기를 '진리란 아시는 하느님입니다. 하느님은 변하지 않는 하나입니다. 성령은 진리이며, 그녀는 변하지 않고 사라질 수 없습니다.'

167:23 빌라도는 유대인들에게 다시 가서 말하기를 '이 사람은 유죄가 아니므로 나는 그에게 사형을 선고할 수가 없소.'

167:24 그러자 유대인들은 소란을 피우더니 큰소리로 외쳐 말했습니다. '우리 법정이 확실히 알고 있습니다. 전국에 있는 가장 현명한 사람들이 그의 수많은 범죄가 유죄임을 발견했습니다.

167:25 그는 유대 나라를 그릇된 길로 이끌고, 로마의 지배를 전복하고, 스스로 왕이 되려고 하였습니다. 그는 갈릴리 출신의 범죄인으로 마땅히 십자가에 처형되어야만 합니다.'

167:26 빌라도가 말하기를 '만약 예수가 갈릴리 출신이라면 그는 갈릴리 총독의 권한 아래 있으므로, 그가 재판해야 할 것이오.'

167:27 헤롯은 그의 수행원들과 함께 갈릴리에서 와서 예루살렘에 있었습니다.

167:28 그리하여 빌라도는 그분을 쇠사슬로 묶어 헤롯에게 보냈습니다. 그는 유대인의 고소장 사본과 유대인의 증거 서류도 보내면서 이 사건에 대한 판결을 요구했습니다. (공통)

167:29 헤롯이 말하기를 '이 사람에 관한 이야기는 많이 들었다. 나는 내

법정에서 그를 만나 보는 것이 즐거울 것 같다.'

167:30 그리고 나서 그는 주님께 그의 주장, 교리 그리고 목표에 대하여 물었습니다.

167:31 그러나 예수님께서는 한마디도 하지 않으셨습니다. 헤롯은 화가 나서 말하기를 '그대는 대답하지 않음으로써 이 나라의 지도자를 모욕하려 하는가?'

167:32 그리고 그의 근위병을 불러서 말하기를 '이 자를 데려가서 나에게 대답할 때까지 고문하라.'

167:33 근위병들은 예수님을 데려다가 때리고, 조롱하고, 왕의 옷을 둘러 싸고, 머리 위에 가시관을 만들어 씌우고, 그의 손에는 부러진 갈대를 쥐여주었습니다.

167:34 그리고 나서 그들은 비웃으며 말하기를' 임금님 나리! 당신의 신하와 친구들은 어디에 있나?'

167:35 그러나 예수님께서는 한 마디도 말씀하시지 않았습니다. 그러자 헤롯은 다음과 같은 정중한 편지와 더불어 그를 빌라도에게 돌려보냈습니다.

167:36 '로마의 가장 가치 있는 총독에게, 저는 총독께서 이 선동적인 갈릴리인에 관하여 저에게 보내주신 고소장과 증거물을 잘 조사해 보았습니다. 그리고 고소된 대로 유죄를 선고하는 대신

167:37 저는 총독에게 저의 판결할 권리를 양보합니다. 왜냐하면, 총독께서는 저보다 더 높은 권한을 가지고 있기 때문입니다. 또한, 저는 총독께서 이 사건에 대하여 내리시는 어떠한 판결에도 동의할 것입니다.'

167:38 원래 빌라도와 영주는 원수 사이였으나 이 사건으로 인하여 불화가 해소되고 그 후 친구 사이가 되었습니다.

167:39 예수님께서 다시 빌라도의 법정으로 보내졌을 때, 이 로마 총독은 주님의 제소자 앞에 서서 말했습니다.

167:40 '나는 이 나사렛인이 고소당한 대로 범죄자라는 것을 발견할 수가

없었다. 그가 사형당해야 할 아무런 증거가 없다. 그러므로 나는 그를 잘 채찍질하고 풀어주려고 한다.'

167:41 유대인들은 화가 나서 소리쳤습니다. '그렇게 위험한 인물을 살려 준다는 것은 이치에 맞지 않습니다. 그는 십자가에 처형되어야만 합니다.'

167:42 빌라도는 잠시 기다려 달라고 명하고는, 안쪽 방에 들어가 조용한 생각 속에 앉아 있었습니다.

167:43 그가 깊은 생각에 잠겨있을 때, 갈리아에서 선발된 믿음이 두터운 그의 아내가 들어와 말하기를

167:44 '제발 간청합니다, 빌라도, 제 말을 들어주세요. 이 시간 당신이 하는 일에 조심하세요. 갈릴리에서 온 이 사람을 건드리지 마세요. 그는 경건한 사람입니다. (공통)

167:45 만약 당신이 이 사람을 처벌한다면, 당신은 하느님의 아들을 처벌 하는 것입니다. 어젯밤 나는 꿈이라고 하기에는 너무도 생생한 장 면을 모두 보았습니다.

167:46 저는 이 사람이 바다 위를 걷고 있는 것을 보았습니다. 나는 그가 말하니 격한 폭풍우가 조용해지는 것을 들었습니다. 또한, 그가 빛의 날개로 나는 것을 보았습니다.

167:47 저는 핏속의 예루살렘을 보았습니다. 시저 동상이 무너져 내리고 태양 앞에 있는 장막과 낮이 밤처럼 어두워진 것을 보았습니다.

167:48 제가 서 있던 땅이 바람 앞의 갈대처럼 흔들렸습니다. 빌라도, 내 가 말합니다. 만약 당신이 이 사람의 피로 당신의 손을 씻는다면, 당신은 티베리우스 황제의 얼굴 찡그림과 로마 원로원의 저주를 두려워해야 할 것입니다.'

167:49 그리고 그녀는 물러나고 빌라도는 울었습니다.

CHAPTER 168

168: 예수님을 석방하려는 빌라도의 마지막 노력이 실패. 그는 자신의 가

장된 결백으로 그의 손을 씻음. 주를 처형하도록 유대인에게 넘겨짐. 유대 병사들이 주님을 캘버리로 데려감

168:1 유대인들은 미신을 믿는 사람들이었습니다. 그들은 딴 나라의 우상 숭배자들로부터 빌려 온 신앙이 있었습니다. 그것은 매년 말

168:2 어떤 사람의 머리 위에 그들의 모든 죄를 쌓아놓으면 그들의 죄가 없어진다고 믿는 풍습입니다.

168:3 그 사람은 다수를 위한 속죄양이 되고 그들은 그를 황야로 내보내거나 외국으로 추방하면 그들의 죄가 사하여진다고 믿었습니다.

168:4 그리하여 매년 축제 전 봄에 그 땅의 죄수 중 한 사람을 뽑아, 그들 자신만의 양식으로 그가 그들의 죄를 지도록 하였습니다.

168:5 예루살렘에 있는 유대인 죄수 중에는 악랄하고 선동적인 단체의 지도자 3명이 있었습니다. 그들은 도둑질, 살인, 강탈 등을 저질러 십자가에 처형되기로 되었습니다.

168:6 바라바는 사형수에 속해 있었습니다. 그러나 그는 부자였기에 사제를 매수하여 다가올 축제에 사람의 속죄양이 되는 은혜를 입게 되었으며, 그는 다가오는 시간을 애타게 기다렸습니다.

168:7 한편 빌라도는 주님을 구하기 위해서 이 미신을 이용하기로 하였습니다. 그래서 그는 다시 유대인들 앞에 가서 말했습니다. (공통)

168:8 그대 이스라엘 사람들이여, 나는 오늘 우리들의 관습에 따라 당신들의 죄를 가지고 떠날 죄수를 석방할 것이다.

168:9 당신들은 그를 황야나 외국으로 추방할 것이다. 당신들은 많은 사람을 죽여 유죄로 증명된 바라바를 놓아 달라고 하였다.

168:10 자, 당신들은 내 말을 들어라. 예수를 석방하고 바라바를 십자가에 매달아 그의 죗값을 치르도록 하자. 그러면 당신들은 예수를 황야로 내쫓아 더 이상 그의 말을 듣지 않을 수 있을 것이다.'

168:11 총독의 말에 유대인들은 격분하였고, 그들은 로마 궁전을 부수고 빌라도와 그의 식구들 그리고 그의 위병들을 추방하는 계획을 세웠습니다.

168:12 빌라도는 그가 만약 군중들의 바람을 들어주지 않으면 내란이 일 어날 것으로 확신하고서는, 한 그릇의 물을 떠 놓고 사람들 앞에 서 손을 씻으며 말했습니다. (공통)

168:13 '당신들이 고소한 이 사람은 가장 신성한 하느님의 아들입니다. 그래서 나는 나의 결백을 주장하는 바이오.

168:14 만약 당신들이 그의 피를 흘린다면 그의 피는 내 손이 아닌 그대 들의 손으로 흘린 피다.'

168:15 그러자 유대인들이 외쳤습니다. '그의 피가 우리와 우리의 자손의 손 위에 있도록 해주시오.'

168:16 그러자 빌라도는 두려워 나뭇잎처럼 떨었습니다. 그는 바라바스 를 석방했습니다. 그리고 주님이 폭도들 앞에 서자 총독이 말했습 니다. ' 왕을 보라. 당신들은 당신들의 왕을 죽이려는가?'

168:17 유대인들이 대답하기를 '그는 왕이 아니오. 우리는 위대한 티베리 우스 외에는 왕이 없소.'

168:18 빌라도는 로마 군인이 죄 없는 자의 피를 손에 물들이도록 하는 데 동의하지 않았습니다. 그래서 제사장들과 바리새인들은 그리 스도라 불리는 예수와 관련된 것들에 대해 회의를 열었습니다.

168:19 가야바가 말하기를 '우리는 이 사람을 십자가에 매달 수 없습니다. 그는 마땅히 돌로 쳐 죽여야 하오. 그 이상은 아무것도 없습니다.'

168:20 그러자 폭도들이 말하기를 '서두르자. 그를 돌로 쳐 죽이자.' 그리 고 나서 그들은 주님을 도시문 밖 언덕으로 데리고 갔습니다. 그 곳은 죄인들의 처형장이었습니다.

168:21 폭도들은 골고다 언덕에 도착할 때까지 기다릴 수가 없었습니다. 그들은 그 도시의 성문을 통과하자마자, 그분에게 달려들어 손으 로 때리고 침을 뱉고 돌로 쳤습니다. 그리하여 그분은 땅에 쓰러 졌습니다.

168:22 그러자 어떤 하느님의 한사람이 앞에 나서서 말하기를 '이사야가 말하기를 그는 우리 죄로 인해 상처받고 그의 상처로 인해 우리는

치유되리라 하였습니다.'

168:23 예수님께서 온몸이 멍들고 심하게 짓이겨져, 땅 위에 누워있을 때 한 바리새인이 소리쳐 외쳤습니다. '기다려라! 여러분, 기다려라. 헤롯의 근위병이 오고 있습니다. 그들이 이 사람을 십자가에 매달 것이오.'

168:24 도시의 문 옆에 그들은 바라바를 위한 십자가를 발견했습니다. 그러자 흥분한 폭도들은 그를 십자가에 매달라고 외쳤습니다.

168:25 가야바와 다른 유대인 지도자들이 와서 이에 승낙했습니다.

168:26 그러고는 그들은 주님을 땅으로부터 일으켜 칼끝으로 밀었습니다.

168:27 주님의 친구인 구레네의 시몬이라는 사람이 그 곁에 있었습니다. 예수님께서는 멍들고 상처로 십자가를 질 수가 없었으므로, 그들은 시몬의 어깨에 십자가를 매어주어 갈보리로 운반하도록 했습니다. (공통)

CHAPTER 169

169: 유다는 깊이 후회하여 급히 사원으로 달려가 제사장 발치에 은 30냥을 던짐. 제사장은 그 돈으로 옹기장이 땅을 구매. 유다는 목매어 자살하고 그의 시체는 옹기장이 땅에 묻힘. (공통)

169:1 한편 그의 주를 배신한 유다는 폭도들과 같이 있었습니다. 그는 언제나 예수님께서 그의 힘을 발휘하여, 그가 소유한 하느님의 힘을 증명하고 악마 같은 군중들을 땅 위에 때려눕히고, 스스로 자유롭게 되리라고 생각했습니다.

169:2 그러나 그는 자기 스승이 땅 위에 쓰러져서 수많은 상처에서 피를 흐르고 있는 것을 보고 말했습니다.

169:3 '오 하느님, 무슨 일을 제가 한 것입니까? 저는 하느님의 아들을 배반하였습니다. 하느님의 저주가 내 영혼에 내릴 것입니다.'

169:4 그리고 나서 그는 돌아서 급히 사원 문으로 달렸습니다. 그는 그에게 주님을 배신하도록 은 30냥을 준 사제를 발견하고는 말하기를

169:5 '당신 뇌물을 도로 가져가시오. 그것은 내 영혼에 대한 대가요. 나는 하느님의 아들을 배신했소'

169:6 그 사제가 대답하기를 '그것은 우리와 아무런 상관이 없는 일이요.'

169:7 그러자 유다는 마루에 은전을 던지고는 슬프게 인사하고 떠났습니다. 그리고 도시 벽 넘어 난간에 목을 매달아 자살했습니다.

169:8 시간이 지나자, 단단히 묶인 줄이 풀어져 그의 시체는 힌논 골짜기에 떨어졌으며 많은 날이 지난 후 사람들은 그곳에서 형체도 알아볼 수 없는 시체를 발견했습니다.

169:9 지도자들은 피의 대가를 국고로 받을 수가 없었으므로 은 30냥으로 도공의 땅을 샀습니다.

169:10 그곳에다 그들은 신성한 땅에 묻힐 권리가 없는 자들을 묻기로 했습니다.

169:11 그곳에다 그들은 그의 주님을 팔아 버린 자의 시체를 묻었습니다.

CHAPTER 170

170: 십자가의 처형. 예수님께서 그의 살인자들을 위해 기도. 빌라도가 십자가 위에 비문을 걸다. 예수님께서 회개한 도둑에게 격려의 말씀. 요한에게 그의 어머니와 미리암을 부탁. 병사들이 그의 옷을 나누어 가짐.

170:1 유대인 폭도들이 갈보리를 향해 몰려들었습니다. 그들이 가고 있는 동안, 마리아와 미리암 그리고 많은 여인이 주님 가까이에 있었습니다.

170:2 그들은 큰 소리로 울었습니다. 예수님께서 그들이 울고 슬퍼하는 것을 보시고 말씀하기를

170:3 '나를 위해 울지 마시오. 비록 내가 십자가의 문을 통해 떠난다 하더라도 내일 아침 해 뜰 무렵에는 정신을 차리시오. 왜냐하면, 무덤에서 다시 그대들을 만나게 될 것이기 때문이오.'

170:4 거대한 행렬이 갈보리에 도착했습니다. 로마 병정들은 이미 두 명

의 국사범을 십자가에 매달았습니다.

170:5 (그들은 못 박히지 않고 단지 줄에 묶여 있을 뿐이었습니다.)

170:6 헤롯이 갈릴리로부터 데려온 4명의 로마 병정들이 법원의 명령을 집행하게 되어있었습니다

170:7 그들은 예수님을 고문하고 그의 유죄 자백을 얻어내도록 별도로 구성된 자들이었습니다.

170:8 또한 그들은 그에게 심한 고통을 주고, 머리에 가시관을 씌우고 부러진 갈대를 손에 들려주고, 왕의 옷을 입혀 왕이라고 비웃고, 놀림으로 왕이라고 그 앞에 절을 하던 자들이었습니다.

170:9 그들 병사는 주님을 붙잡아 옷을 벗기고 십자가 위에 눕히고 밧줄로 묶었습니다. 그러나 이것으로 충분하지 않았습니다.

170:10 잔인한 유대인들이 망치와 못을 들고 가까이 있었는데 그들은 '밧줄이 아니라 못이다. 그를 십자가에 매어 단단히 못질하라.'라고 소리쳤습니다.

170:11 병사들은 못을 받아서 그의 발과 손에 관통하도록 박았습니다.

170:12 그들은 예수님께 진정제로서 한 모금의 식초와 몰약을 마시라고 제공했으나 예수님께서는 거절했습니다. (공통)

170:13 병사들은 다른 두 범죄자 사이에 바라바의 십자가를 세울 장소를 준비하였고 그곳에 그리스도라 불리는 예수의 십자가를 세웠습니다.

170:14 그 후 병사들과 폭도들은 그가 죽는 것을 지켜보기 위해 바닥에 앉았습니다.

170:15 예수님께서 말씀하기를 '아버지 하느님, 이들을 용서(forgive)하소서. 그들은 무엇을 하고 있는지 알고 있지 않나이다.' (공통)

170:16 한편, 빌라도는 십자가 위에 걸기 위한 판을 준비하였는데 그곳에는 히브리어, 라틴어, 그리스어로 '예수그리스도, 유대인의 왕'이라는 진리의 말이 적혀 있었습니다. (공통)

170:17 이 판은 십자가 위에 걸렸습니다. 제사장들은 십자가 위에 걸린 판의 글귀를 읽고는 분노했습니다.

170:18 그들은 빌라도에게 '그는 그리스도, 유대인의 왕'이라고 하지 말고, '그는 그리스도, 유대인의 왕이라 주장하다'로 고쳐 달라고 간청했습니다.

170:19 그러나 빌라도는 말하기를 '내가 쓴 것은 내가 쓴 것이다. 그대로 두어라.'

170:20 주님께서 십자가에 매달려 있는 것을 본 유대 군중들은 크게 기뻐하면서 말하기를 '만세. 가짜 왕!'

170:21 '성전을 허물고 3일 만에 다시 짓겠다고 하는 사람이 왜 자기 자신을 구하지 못하는 거요?

170:22 만약 당신이 하느님의 아들 그리스도라면 십자가에서 내려오시오. 그러면 모든 사람이 당신을 믿을 것이오.'

170:23 제사장들과 율법학자 그리고 바리새인들은 그 광경을 보고 비웃으면서 말했습니다. '그는 다른 사람은 무덤에서 구원했는데 왜 자신은 구하지 않는가?'(공통)

170:24 유대 병사들과 갈릴리에서 온 로마 근위병들도 큰 소리로 비웃고 조롱하였습니다.

170:25 십자가에 매달려 있는 다른 한 명도 비웃음에 가담하여 말하기를 '만약 당신이 그리스도라면 당신은 힘이 있을 것이요. 말하시오. 당신과 나를 구해보시오.'

170:26 십자가에 매달려 있는 또 다른 한 명이 그를 나무라며 말했습니다. '이 몹쓸 사람아! 당신은 하느님이 두렵지도 않은가?

170:27 당신과 나는 유죄이고 우리가 빚진 빚을 갚고 있지만, 이 분은 어떤 죄에서도 결백한 분이시다.'

170:28 그리고 그는 예수님께 말하였습니다. '주님, 저는 세상이 결코 이해할 수 없는 주님의 왕국이 오리라는 것을 알고 있습니다.

170:29 당신께서 하늘의 구름을 타고 오실 때 저를 기억하여 주소서.' (공통)

170:30 예수님께서 말씀하셨습니다. '보라! 오늘 나는 영혼의 나라에서 그대를 만나리라.'

170:31 십자가 근처에는 유대와 갈릴리에서 온 많은 여인이 서 있었습니다. 그들 가운데는 주님의 어머니와 미리암도 있었습니다.

170:32 그리고 두 제자인 야고보와 요한의 어머니 마리아와 막달라 마리아, 마르다, 룻과 마리아 그리고 살로메가 있었습니다.

170:33 예수님께서 그의 어머니와 노래하는 미리암이 십자가 옆에 가까이 서 있고 요한이 역시 가까이 있는 것을 보시고, 요한에게 말씀하시기를

170:34 '가장 부드러운 보살핌으로. 나는 내 어머니와 내 여동생 미리암을 남겨두노니'

170:35 그러자 요한이 대답했습니다. '두 사람이 우리 집에 계시는 동안 우리 집은 많이 축복받은 어머니와 여동생 미리암의 집이 될 것입니다.'

170:36 유대의 관습에 의하면 범죄인의 옷은 형 집행자와 범죄인의 생명을 빼앗은 자의 소유가 되었습니다.

170:37 그래서 예수님께서 십자가에 매달렸을 때 로마 병정들은 주님의 옷을 그들끼리 나누어 가졌습니다.

170:38 그들이 주님의 옷이 이음매 없는 매우 귀한 것임을 알자

170:39 제비를 뽑아 누가 그 상을 차지할 것인가를 결정했습니다. (공통)

170:40 이것으로 '그들은 서로 내 옷을 나누어 가지려고 제비 뽑도다'라는 성경의 말씀이 이루어졌습니다.

CHAPTER 171

171: 처형의 마지막 광경. 요셉과 니고데모가 빌라도의 허락을 얻어 주님의 시신을 십자가에서 내려 이를 요셉의 무덤에 장사 지냄. 백 명의 유대 병정들이 무덤 주변에 배치.

171:1 한편 아침 9시가 되어서 해가 아직도 높이 떠 있는데도 불구하고 날은 마치 밤처럼 어두워졌습니다.

171:2 사람들은 등불을 찾았으며 그들이 볼 수 있도록 언덕 위에 불을 지

폈습니다

171:3 태양은 더 이상 빛나려 하지 않고 어둠이 찾아오자 주님께서 외쳤습니다. 'Heloi! Heloi!lama sabachthani (태양이여, 태양이여, 왜 저를 버리시나이까?)'

171:4 사람들은 그가 하는 말을 이해하지 못하였으므로 엘리야 이름을 부른 줄 알았습니다. 그들이 말하기를

171:5 '그는 지금 도움이 필요하여 엘리야를 부르고 있다. 만약 그가 온다면 우리도 보게 될 것이다.'

171:6 그러자 예수님께서 목마르다고 말씀하셨습니다. 한 로마 병정이 해면에 식초와 몰약을 담가 주님의 입술에 대주었습니다.

171:7 정오에 땅이 흔들리기 시작했습니다. 해가 없는 대낮의 어두움 속에서 황금빛 물결이 십자가 위에 나타났습니다.

171:8 그리고 그 빛 속에서 '보라! 이루어졌도다.'라는 목소리가 들려왔습니다.

171:9 그러자 예수님께서 말씀하셨습니다. '나의 아버지 하느님이시여, 당신의 손에 내 영혼을 맡기나이다.'

171:10 한 로마 병정이 가엾게 여겨 말했습니다. '이 고통은 너무나 큰 것이다. 안정이 와야겠다.' 그리고는 그의 창으로 주님의 심장을 찔렀습니다. 그리하여 그것으로 끝났습니다. 사람의 아들은 죽었습니다. (공통)

171:11 그리고 나서 땅은 다시 흔들리고 예루살렘의 도시가 앞뒤가 흔들리고 언덕은 갈라졌으며 무덤은 열렸습니다. (공통)

171:12 사람들은 죽은 자가 살아나서 거리를 걸어 다니는 것을 보았다고 생각했습니다. (공통)

171:13 성전이 흔들렸으며 성소와 성소 사이의 휘장이 둘로 찢어졌으며 놀라운 일이 곳곳에서 일어났습니다. (공통)

171:14 십자가 위의 시체를 지켜 바라보고 있던 로마 병정이 외쳤습니다. '죽은 이 사람은 하느님의 아들이 분명하다.'

171:15 그리고 나서 사람들은 서둘러 갈보리 언덕에서 내려왔습니다. 제사장들과 바리새인 그리고 율법학자들은 두려움에 가득 찼습니다.

171:16 그들은 회당과 집 은신처를 찾으며 말했습니다. '보라! 하나님의 진노이시다.'

171:17 유대의 유월절 축제가 가까워져 오고 있었으므로 유대인은 율법에 따라 안식일에 죄인을 십자가에 매달아 놓을 수가 없었습니다.

171:18 그래서 그들은 빌라도에게 십자가형을 당한 사람들의 사체들을 치워 달라고 간청했습니다.

171:19 빌라도는 그의 위병들을 갈보리로 보내어 십자가에 매달린 모든 사람이 죽었는지 확인하게 하였습니다.

171:20 위병들이 떠나간 뒤, 나이든 유대인 두 명이 총독을 만나러 궁전에 왔습니다. 그들은 유대인 최고 회의 구성원이었습니다.

171:21 그때까지도 그들은 예수님이 하느님께서 보내신 선지자임을 믿었습니다.

171:22 한 사람은 아리마데의 고문인 랍비 요셉으로, 공정하고 하나님의 율법을 사랑하고 있었습니다.

171:23 다른 한 사람은 니로데모였습니다.

171:24 그 사람들은 빌라도의 발아래에 엎드려 그들이 나사렛사람의 시신을 거두어 무덤에 묻을 수 있도록 간청했습니다. (공통)

171:25 빌라도는 허락했습니다.

171:26 한편 요셉은 값비싼 혼합물을 준비했습니다. 주님의 시체에 방부 처리를 하려고 약 백 근의 알로에와 몰약을 가지고 서둘러 갈보리로 갔습니다.

171:27 곧이어 위병들이 돌아와서 말했습니다. '나사렛인은 죽고 죄인들은 살아있습니다.' (공통)

171:28 그러자 빌라도는 위병들에게 명하여 살아있는 자들을 죽여 그 시체를 불태우고, 나사렛인의 시체는 그것을 요구하는 랍비들에게 주도록 하였습니다.

171:29 병사들은 빌라도가 명한 대로 행하였습니다.

171:30 랍비들이 와서 주님의 몸을 거두어 갔습니다. 그리고 그들은 미리 가지고 온 향료로 그를 잘 처리하고는

171:31 요셉을 위하여 단단한 바위 속에 준비된 새로 만든 무덤에 주님의 시신을 안치했습니다. (공통)

171:32 그리고 그들은 무덤 입구에 큰 돌을 굴러다 놓았습니다.

171:33 사제들은 예수님의 친구들이 밤에 와서 나사렛인의 시체를 가져가서 그가 말 한대로 그가 죽음에서 부활했다고 소문을 낼까 봐 두려워했습니다.

171:34 그리하여 그들은 총독에게 병사들을 무덤으로 보내어 시체를 지켜달라고 요청했습니다.

171:35 그러나 빌라도는 말했습니다. '나는 로마 근위병을 보내지 않을 것이다. 그러나 당신들은 유대 병사를 가지고 있으므로 무덤을 지키기 위해 백부장의 100명의 군사를 보낼 수도 있을 것이다'

171:36 그러자 그들은 무덤을 지키기 위해 100명의 군사를 보냈습니다.

Section 20 :

예수님의 부활

CHAPTER 172

172: 빌라도가 무덤 돌문 위에 봉인을 붙임. 한밤중에 고요인류애단 무리가 무덤주위를 행진. 병사들 깜짝 놀람. 예수님께서 투옥 중인 영들에 설교. 그분은 일요일 이른 아침 무덤으로부터 부활. 사제들은 병사들에게 뇌물을 주어 제자들이 그의 시체를 훔쳐갔다고 말하도록 함.

172:1 주님의 시신을 안치시킨 무덤은 실로암이라고 부르는 아름다운 꽃이 만발한 정원 안에 있었습니다. 그리고 요셉의 집도 근처에 있었

습니다.

172:2 감시가 시작되기 전에 가야바는 한 무리의 사제들을 실로암 정원으로 보내어 예수의 시신이 무덤 안에 있는지 확인하도록 했습니다.

172:3 그들은 돌을 굴려냈습니다. 그들은 거기에 있는 시신을 보고 다시 문 앞에 돌을 놓았습니다.

172:4 빌라도는 그의 관리를 보내 돌에다 로마의 봉인을 붙이도록 하여 누구든지 돌을 움직이면 봉인이 찢어지도록 하였습니다.

172:5 이 로마의 봉인을 찢는다는 것은 봉인을 찢는 자에게 죽음을 의미합니다.

172:6 유대 병사들은 모두 성실히 근무에 임할 것을 맹세하고 보초근무를 시작했습니다.

172:7 한밤중까지 모든 것은 순조로웠으나 갑자기 무덤이 찬란한 불빛으로 변하더니, 정원 아래에서 흰옷 입은 병사들이 한 줄로 행진해 왔습니다.

172:8 그들은 무덤 입구까지 올라오더니만 문 앞에서 또다시 뒤로 돌아 행진했습니다.

172:9 유대 병사들은 경계태세였습니다. 그들은 친구들이 나사렛인의 시체를 훔치러 왔다고 생각했습니다. 그리하여 보초장이 돌격 소리를 쳤습니다.

172:10 그들은 돌격했습니다. 그러나 흰 옷 입은 병사들은 한 사람도 쓰러지지 않았습니다. 그들은 멈춤조차 없었고 놀란 보초병들 사이를 앞뒤로 행군하는 것이었습니다.

172:11 그들은 로마의 봉인 앞에 섰습니다. 그들은 말하지 않았습니다. 칼을 뽑지도 않았습니다. 그들은 고요인류애단이었습니다.

172:12 유대 병사들은 놀라 도망치거나 땅 위에 엎드렸습니다.

172:13 그들은 흰옷의 군인들이 행진해 사라질 때까지 떨어져 서 있었습니다. 그러자 무덤주위의 빛도 점차 희미해졌습니다.

172:14 병사들이 제자리에 돌아와 보니 입구의 돌은 그 자리에 있었고 봉

인도 이상이 없었습니다. 그들은 경계를 재개했습니다.

172:15 한편, 예수님께서는 무덤 안에 잠들어 있지 않았습니다. 육체는 영혼이 형상화된 것이지만 영혼은 아무런 형상화 없이도 영혼입니다.

172:16 그리고 주님께서는 형상화되지 않은 영혼의 세계로 가셔서 가르치고 있었습니다.

172:17 그분은 감옥의 문을 열고 죄수들을 석방했습니다.

172:18 그분은 붙잡힌 영혼들의 사슬을 끊어주고 포로들을 빛으로 안내했습니다.

172:19 그분은 옛 시대 조상들과 선지자들과 함께 회의하는 곳에 앉아 있었습니다.

172:20 그분은 모든 시대와 모든 나라의 스승들과 만났습니다. 큰 모임에서 그분은 나가 서서 지상에서의 그의 삶에 관한 이야기와 인간을 위한 희생으로서의 자기 죽음에 대하여 말했습니다.

172:21 또한 그분이 다시 육체의 옷을 입고 그분의 제자들과 함께 거닐기로 한 약속은 인간의 가능성을 증명하기 위한 것이며

172:22 그들에게 삶, 죽음 그리고 죽은 자의 부활에 대한 비밀을 주기 위함입니다.

172:23 회의 석상에서 모든 스승은 다가오는 시대의 계시에 대하여 앉아 토론하였습니다.

172:24 성령이 지상과 공기 중에 충만할 때에는, 인간에게 완성과 영생으로 가는 길을 열어줄 것입니다.

172:25 안식일 날 실로암의 정원은 조용하였습니다. 유대 병사들이 감시하고 있었으므로 묘지 근처로 접근하는 사람은 아무도 없었습니다. 그러나 다음날 밤 상황은 바뀠습니다.

172:26 한밤중에 모든 유대 병사들이 *Adon Mashich Cumi* 라고 말하는 소리를 들었습니다. 그 말은 주 그리스도께서 일어나신다는 의미였습니다.

172:27 그들은 다시 주님의 친구들이 주의 시체를 가져가기 위하여 오고 있는 것으로 추측하였습니다.

172:28 병사들은 재빨리 칼을 뽑아 들고 경계하였습니다. 그러자 그들은 또다시 그 말을 들었습니다.

172:29 그 목소리는 마치 모든 곳에서 들려오는 것 같았으나 그들은 어떤 사람도 볼 수 없었습니다.

172:30 병사들은 두려움으로 창백해졌으나, 도망은 겁쟁이로 죽음을 의미했기에 계속 서서 지켜보았습니다.

172:31 해가 떠오르기 직전, 하늘은 또다시 찬란한 빛으로 번쩍거렸습니다. 먼 천둥소리는 다가오는 폭풍을 예고하는 것 같았습니다.

172:32 그리고 나서 땅이 흔들리기 시작했으며 그들은 빛의 광선 속에서 어떤 형체가 하늘로부터 내려오는 것을 보았습니다. 그들은 '보라! 천사가 내려오고 있다.'라고 말했습니다.

172:33 그리고 그들은 또다시 *'Adon Mashich Cumi'* 고 말하는 소리를 들었습니다.

172:34 그러자 그 흰옷 입은 형체는 로마의 봉인 앞으로 걸어가 그것을 갈기갈기 찢고, 큰 바위를 마치 시냇가의 조약돌처럼 손으로 가볍게 들어 옆으로 던졌습니다.

172:35 그리고 예수님께서 눈을 뜨시고 말씀하셨습니다. '모두 떠오르는 태양을 즐거이 맞이하라. 올바름(righteousness)의 날이 왔도다.!'

172:36 그리고는 예수님께서는 수의와 머리띠 그리고 그의 시신을 감았던 천을 개어서 옆에다 놓았습니다.

172:37 그분은 일어나서 잠깐 흰옷 입은 형체 옆에 서 있었습니다.

172:38 약한 병사들은 땅 위에 엎드려 손으로 그들의 얼굴을 가렸고 강한 병사들은 서서 지켜보았습니다.

172:39 그들은 나사렛인의 몸이 바뀌는 것을 보았습니다. 그들은 그것이 죽은 몸에서 죽지 않은 형태로 변하는 것을 보았습니다. 그리고 나서 그것은 사라졌습니다.

172:40 병사들은 어디선가 들려오는 소리를 들었습니다. 네, 그것은 모든 곳에서 들려오는 소리였습니다. 그것이 말하기를

172:41 '평화, 지상 위에는 평화! 인간에게는 선의!'

172:42 그들은 보았습니다. 무덤은 비었으며 주님께서는 자신이 말씀하신 대로 부활하셨습니다.

172:43 병사들은 예루살렘 사제들에게 급히 가서 말했습니다.

172:44 '보시오 나사렛 인은 그가 말했듯이 살아났습니다. 무덤은 비어있고 사람의 몸은 어디론가 우리가 알지 못하는 곳으로 갔습니다.' 그리고는 그들은 그날 밤의 경이한 현상에 대하여 말했습니다.

172:45 가야바는 유대인 공회를 소집하여 말하기를 '예수가 죽음에서 살아났다는 소식은 절대 퍼져서는 아니 된다.

172:46 왜냐하면 만약 이것이 알려지면 모든 사람은 그는 하느님의 아들이고 모든 우리들의 증언은 거짓으로 밝혀질 것이다'

172:47 그리고는 그들은 100명의 군인을 소집하여 그들에게 말했습니다.

172:48 '너희는 어디에 나사렛 인의 몸이 있는지 모른다. 만약 너희가 예수 제자들이 와서 너희가 잠든 사이 그의 몸을 훔쳐갔다고 말한다면,

172:49 각자에게 은 한량씩 주겠다. 그러면 빌라도에게 로마 봉인이 찢어진 이유도 설명될 것이다.' (공통)

172:50 병사들은 그 돈을 지불받았고 또 그렇게 했습니다. (공통)

Section 21 :

예수님 영체의 육적 형상화

CHAPTER 173

173: 예수님께서 완전히 형상화하여 그의 어머니, 미리암, 막달라 마리아, 그리고 베드로, 야고보, 요한에게 나타나심.

173:1 랍비가 주님의 시체를 거두어 무덤에 안장했을 때 주님의 어머니와 막달라 마리아 그리고 미리암이 그곳에 있었습니다.

173:2 시체를 안장하고 나서 그들은 요셉의 집에 가서 머물렀습니다.

173:3 그들은 유대 병사들이 무덤을 지키기 위해 보내졌으며, 무덤 입구의 돌 위에 로마 봉인이 붙여졌다는 사실을 알지 못했습니다.

173:4 그래서 그 주 첫날 아침에 그들은 주님에게 향로를 더 바르기 위해 서둘러 무덤으로 갔습니다.

173:5 그러나 그들이 무덤에 도착했을 때 그들은 공포에 질려 미친 듯이 주변을 뛰어다니는 병사들을 보았습니다

173:6 그 여인들은 원인을 몰랐습니다. 빈 무덤을 발견하고는 놀라웠고 괴로워하였습니다.

173:7 병사들은 무슨 일이 일어났는지를 알지 못했습니다. 그들은 누가 주님의 몸을 치웠는지 알지 못했습니다.

173:8 막달라 마리아는 이 소식을 베드로와 나머지 사람들에게 말하기 위하여 예루살렘으로 급히 달려갔습니다. (공통)

173:9 그녀는 성문 바로 옆에서 베드로와 야고보와 요한을 만나서 말했습니다. '누군가가 무덤 입구의 돌을 굴려버리고 주님의 몸을 가져갔습니다.'

173:10 세 제자는 무덤 쪽으로 달려갔습니다. 요한의 발이 가장 빨라 먼저 무덤에 도착하니 무덤은 비어있었으며, 주님의 몸은 없었습니다.

173:11 베드로가 도착하여 무덤 안으로 들어가 보니 수의가 단정하게 개어져 옆에 놓여있었습니다.

173:12 제자들은 이러한 광경을 이해하지 못했습니다. 그들은 주님이 죽기 직전에 그들에게 이 주의 첫날 죽음으로부터 살아나리라고 그분이 전해준 말씀의 의미를 알지 못했습니다.

173:13 세 제자는 예루살렘으로 돌아갔습니다. 주님의 어머니와 미리암은 돌아가지 않았습니다.

173:14 마리아가 무덤 안을 들여다보니 거기에는 두 스승이 앉아 있었습

니다. 그들이 말했습니다. '왜 우시오?'

173:15 마리아가 대답했습니다. '제 주님이 없어졌기 때문입니다. 누군가가 주님의 몸을 가져갔습니다. 어디에 있는지 알 수가 없습니다.'

173:16 그녀는 일어나 주위를 둘러보았습니다. 그때 한 사람이 가까이 서 있다가 말했습니다. '왜 우시오? 누구를 찾고 있소?'

173:17 그러자 마리아는 그를 정원사로 생각하고 말했습니다. '당신이 만약 나의 주님의 몸을 옮겼다면, 제가 그분을 신성한 묘지에 모실 수 있도록 어디에 있는지 제발 가르쳐 주세요.'

173:18 그러자 그 사람은 가까이 다가와 말하기를 '나의 어머니!' 마리아는 말했습니다. '나의 주님!' (공통)

173:19 미리암은 눈을 번쩍 뜨고 주님을 바라보았습니다.

173:20 예수님께서 말씀하시기를 '제가 십자가로 걸을 때, 이번 주 첫째 날에 무덤에서 다시 만날 것이라고 하지 않았습니까?'

173:21 막달라 마리아는 그렇게 멀리 떨어지지 않는 곳에 앉아 있었습니다. 예수님께서는 그녀에게 가서 말씀하시기를

173:22 '왜 살아있는 자를 죽은 자 속에서 찾습니까? 그대의 주는 자신이 말한 대로 살아났습니다. 지금, 마리아여, 보십시오. 내 얼굴을 보십시오!'

173:23 마리아는 그가 죽음에서부터 살아난 주님임을 알았습니다.

173:24 그리고 살로메, 마리아, 야고보, 요한 두 제자의 어머니, 요안나, 이 밖에 무덤에 온 다른 여인들이 예수님을 보았으며 그들은 그분과 서로 대화를 나누었습니다.

173:25 막달라 마리아는 기쁨에 넘쳤고 다시 베드로, 야고보, 요한을 찾아가 말하기를

173:26 '보세요, 저는 주님을 보았습니다. 미리암도 주님을 보았고, 주님의 어머니도 주님을 보았습니다. 그리고 더 많은 사람도 그의 얼굴을 보았습니다. 왜냐하면, 그분은 죽음에서 살아났기 때문입니다.'

173:27 그러나 제자들은 그녀가 다만 주님을 환상으로써 본 것으로 생각

하였고 그분이 죽음에서 살아났다고는 생각하지 않았습니다.

173:28 마리아는 모임의 다른 사람들을 보고 부활하신 주님에 관한 모든 것을 말해주었으나 아무도 믿지 않았습니다.

173:29 한편, 베드로와 야고보와 요한은 실로암의 정원에서 낮에 일어난 것에 관하여 정원사와 이야기를 나누고 있을 때, 요한은 한 낯선 사람이 걸어오고 있는 것을 보았습니다.

173:30 그 낯선 사람은 손을 들고서 말하기를 '나이니라' 그때 제자들은 그분이 주님인 것을 알았습니다.

173:31 예수님께서 말씀하시기를 '보라, 인간의 육체는 더 높은 형태로 바뀔 수 있느니라. 더 높은 형태는 사물들 현시의 최고로서, 의지에 따라, 어떠한 형태도 취할 수가 있느니라.

173:32 그래서 나는 그대들에게 친근한 형태로 온 것이니라.

173:33 가서 도마와 그 밖에 내가 사도가 되라고 말한 사람들에게 말하여라.

173:34 유대인과 로마인들이 죽었다고 생각한 사람이 실로암 정원에서 거닐고 있다는 것을

173:35 그는 예루살렘의 성전 안에서 사제들과 바리새인들 앞에 다시 설 것이며

173:36 또한 세상의 현인들에게 나타날 것이라고 말하여라.

173:37 내가 그들보다 먼저 갈릴리로 갈 것이라고 말하여라.'

173:38 베드로, 야고보, 요한은 형제들을 찾아 말하기를 '보시오, 주님이 죽음에서 살아났습니다. 우리가 그의 얼굴을 직접 보았습니다.'

173:39 형제들은 세 명의 제자들의 말에 매우 놀랐지만, 여전히 헛된 말로 여기고 믿지 않았습니다.

CHAPTER 174

174: 예수님께서 완전히 형상화되어 엠마오로 여행하고 있는 삭개오와 글로바에게 나타남. 그러나 그들은 주님을 알아보지 못함. 주님께서 그들에게 그리스도에 대해 많은 이야기를 해 주심. 주님께서는 그들

과 같이 저녁을 먹고 그 자신을 그들에게 나타내어주심. 그들은 예루살렘으로 가서 이 소식을 말함.

174:1 부활의 날 저녁 즈음에 예수님의 두 친구인 엠마오의 삭개오와 글로바는 7마일쯤 떨어진 그들의 집으로 가고 있었습니다.

174:2 그들이 그 일에 관하여 이야기를 하며 걷고 있을 때, 한 낯선 사람이 그들과 합류하게 되었습니다.

174:3 그가 말하기를 '나의 친구여, 그대들은 낙담하고 슬퍼 보이는 데 그대에게 무슨 큰 슬픈 일이라도 있습니까?'

174:4 글로바가 말하기를 '당신은 유대 땅이 처음인가요? 이곳에서 일어난 놀라운 사건에 대하여 모르십니까?'

174:5 낯선 사람이 말하기를. '무슨 일입니까? 무엇을 말씀하시는 것입니까?'

174:6 글로바가 말했습니다. '언행 모두 선각자의 권능이 있는 갈릴리 사람에 대하여 들어본 적이 있습니까?

174:7 많은 사람은 그가 유대 왕국을 다시 설립하고, 예루살렘에서 로마인들을 내쫓고, 그 자신이 왕이라고 생각했죠.

174:8 그 낯선 사람이 말하기를 '그 사람에 대하여 말씀 좀 해주시죠'

174:9 글로바가 말하기를 '그의 이름은 예수였으며 베들레헴에서 태어났고 그의 집은 갈릴리에 있었으며, 그는 그 자신을 사랑한 것처럼 사람들을 사랑했습니다.

174:10 그는 비할 데 없는 힘을 가지고 있었으므로 사실 하느님께서 보내신 스승이었습니다. 그는 병자를 고쳤으며 귀머거리를 듣게 하고 장님을 보게 하고 절름발이를 걷게 했습니다. 죽은 사람조차도 살려냈습니다.

174:11 유대 학자들과 바리새인들은 그의 명성과 힘을 질투하여, 그를 체포하고, 거짓 증언자들에 의하여 많은 죄목으로 유죄로 판정되었습니다.

174:12 그래서 지난 금요일 그는 해골 장소로 끌려가 십자가형을 당했습니다.

174:13 그는 죽었으며 실로암의 정원의 한 부자의 무덤에 묻혔습니다.

174:14 그리고 바로 오늘 아침 그의 친구들이 무덤으로 가보니, 그들은 무덤이 빈 것을 알았고 주님의 몸은 없었습니다.

174:15 지금 그가 죽음에서 살아났다는 소식이 퍼졌습니다.'

174:16 낯선 사람이 말하기를 '네. 나도 이 사람에 대하여 들어본 적이 있습니다. 그러나 정작 이상한 일은 유대의 선각자들이 오래전부터 그에 관하여 예언해 왔는데도, 그가 왔을 때 사람들이 그를 모른다는 사실입니다.

174:17 그 사람은 사람들에게 그리스도를 보여 주기 위해서 태어났습니다. 예수가 그리스도라는 사실은 분명 말씀드릴 수 있습니다.

174:18 말씀에 의하면 이 예수는 사람들의 손에 고통받고 사람 아들들의 모범으로서 자신의 삶을 바치기 위해서 온 것입니다.

174:19 또한 죽음으로부터의 부활은 사람들이 죽음으로부터 부활하는 방법을 알려주기 위함입니다.'

174:20 그리고 그 낯선 사람은 그 두 명의 사도에게 율법, 선각자, 시편에 관한 모든 것을 말하였고, 이 갈릴리인에 대하여 쓰여 있는 많은 일을 읽어주었습니다.

174:21 한편 그 사람이 그들의 집에 도착하자, 밤이 다가와, 그들은 낯선 사람에게 그들과 함께 거주하기를 간청했습니다.

174:22 그는 그들과 같이 안으로 들어갔으며, 그들이 저녁 식사차 식탁에 둘러앉았을 때, 그는 빵 한 조각을 들고는 그리스도의 이름으로 그것을 축복하였습니다.

174:23 갑자기 그들의 눈은 열렸고. 그들은 그 낯선 사람이 죽음으로부터 부활하신 갈릴리 출신의 사람, 주님임을 알았습니다. 그러자 예수님의 형체는 사라졌습니다. (공통)

174:24 그분이 사라지자 두 사도는 깜짝 놀라 말하기를 '그가 우리에게 길에서, 율법과 선각자와 시편의 증거들을 공개하는 동안, 우리의 가슴은 기쁨으로 타오르지 않았던가?'

174:25 그리고 삭개오와 글로바는 예루살렘으로 되돌아가서, 그들이 갔던 모든 곳에서 말하기를 '보시오, 우리는 주님을 보았습니다.

174:26 그는 우리와 같이 엠마오로 걸었습니다. 그분은 우리와 함께 저녁 식사를 같이했으며 우리에게 생명의 빵을 주셨습니다.

CHAPTER 175

175: 예수님께서 완전히 형상화되어 시몬의 집에 있는 열 명의 사도들에게 나타나심. 나사로와 그의 누이들에게도 나타나심

175:1 부활의 날 저녁이 다가오고, 열 명의 사도들의 베다니에 있는 시몬의 집에 있었습니다. 법률가인 도마는 그 곳에 없었습니다.

175:2 문은 잠겨있었습니다. 왜냐하면, 유대인들이 갈릴리인들을 그 땅에서 모두 내쫓겠다고 말했기 때문이었습니다.

175:3 그들이 이야기하고 있을 때 보시오, 예수님께서 오셔서 그들 중앙에 서서 말씀하셨습니다. '평화! 평화!'

175:4 제자들은 두려움으로 몸을 움츠렸습니다. 그들이 본 것은 유령이라고 그들은 생각했습니다.

175:5 그러자 예수님께서 말씀하시기를 '왜 곤란스러워하는가? 왜 두려워하는가? 나는 유령이 아니니라. 나는 그대들의 주이니라. 나는 죽음에서 부활하였노라. (공통)

175:6 나는 자주 내가 부활하리라고 말해 왔지만, 그대들은 믿지 않았도다. 지금 여기 와서 보라. 유령은 나처럼 살과 뼈와 근육을 가지고 있지 않노라. (공통)

175:7 지금 와서, 내 손을 쥐어보고 다리를 만져보라. 그리고 내 머리 위에 그대들의 손을 얹어보아라.'

175:8 모두 사람들은 와서 그분의 손을 쥐어보고, 그분의 다리를 만져보고, 그분의 머리 위에 손을 얹어보았습니다.

175:9 예수님께서 말씀하시기를 '여기에 먹을 것이 있느냐?'

175:10 그들은 생선 한 조각을 가져왔으며, 그분께서는 그들 앞에서 그것

을 먹어 치우자 열 명의 사도는 더욱 믿었습니다.

175:11 나다니엘이 말하기를 '지금 우리는 그분께서 죽음에서 살아나신 것을 알겠소. 그분은 죽은 자의 부활에 대한 확실함을 보여 주었소.' 그리고는 예수님께서는 사라지셨습니다.

175:12 한편, 마리아, 마르다, 룻과 나사로는 그들의 집에 있었고, 주님께서 죽음으로부터 부활하셨다는 소문을 들었습니다. 마르다가 말하기를

175:13 '그것은 존재할 수가 없습니다. 왜냐하면, 세상이 시작된 이후 그와 같은 일은 절대 일어나지 않았습니다.

175:14 그러나 마리아는 말하기를 '주님께서는 우리 오빠를 살리지 않으셨습니까? 그는 분명 자신을 다시 살릴 수 있을 거예요.'

175:15 그들이 그렇게 말하고 있을 때, 주님께서 그들 한가운데 서서 말씀하시기를

175:16 '모두 만세! 나는 죽음에서 부활하였노라. 무덤에서의 첫 결실이니라!'

175:17 마르다는 달려가서 주님께서 지금까지 즐거이 앉았던 의자를 가져왔습니다. 예수님께서는 의자에 앉으셨습니다.

175:18 그리고 아주 오랫동안 그들은 그들이 겪은 시련과 갈보리와 실로암 정원에 있었던 일에 대하여 말했습니다.

175:19 예수님께서 말씀하시기를 '두려워하지 말라. 내가 항상 그대의 다정한 동반자가 될 것이니라.' 그리고는 그분은 사라지셨습니다.

CHAPTER 176

176: 예수님께서 완전히 형상화되어 인도의 라반나 왕자의 궁전에 모인 동양의 성자들에게 나타나심. 페르시아의 마기 사제들에게 나타나심. 세 명의 현인들이 나사렛 인의 인격을 찬양하심.

176:1 인도의 왕자 라반나는 향연을 베풀었습니다. 오릿싸에 있는 그의 궁전은 모든 동방에서 온 사상가들이 자주 모인 장소였습니다.

176:2 라반나는 여러 해 전 어린 예수를 인도로 데려왔던 왕자였습니다.

176:3 향연은 동방의 현인들을 위하여 준비되었습니다.

176:4 손님들 가운데에는 멘구스테, 비댜파티, 라마아스도 있었습니다.

176:5 현인들은 탁자에 둘러앉아 인도와 세계가 필요로 하는 것에 대하여 말했습니다.

176:6 연회장 문은 동쪽에 있었고 빈 의자 하나가 동쪽 식탁 앞에 놓여있었습니다.

176:7 현인들이 말하고 있을 때, 예고 없었던 낯선 사람이 들어와, 축복으로서 손을 들고 '모두 안녕?'이라고 말했습니다.

176:8 그의 머리에는 후광이 있었고 햇빛과는 다른 빛이 온 방을 가득 채웠습니다.

176:9 현인들은 일어나 머리 숙여 인사하며 말했습니다. '반갑습니다.'

176:10 예수님께서 빈 의자에 앉자, 현인들은 그가 옛날에 왔었던 히브리의 선각자임을 알아차렸습니다.

176:11 예수님께서 말씀하셨습니다. '보시오, 나는 죽음에서 살아났습니다. 보시오, 나의 손과 발 그리고 내 옆구리를

176:12 로마 병정들이 내 손과 발에 못을 박았습니다. 그리고 한 병사는 내 심장을 찔렀습니다.

176:13 그들이 나를 무덤에 넣었고 그러고 나는 인간의 정복자와 싸웠습니다. 나는 죽음을 정복하여 그를 무찌르고 일어났습니다.

176:14 사람의 아들들을 위하여 불멸의 빛을 가져오고, 시간의 벽에 무지개를 그렸습니다. 그리고 내가 했던 것은, 모든 사람이 하게 될 것입니다.

176:15 죽은 자의 부활에 대한 이 복음은 유대인과 그리스인에게만 한정된 것이 아닙니다. 그것은 모든 시간과 모든 장소의 모든 사람의 유산이며, 나는 여기에서 인간의 능력을 입증했습니다.'

176:16 그분은 일어나 모든 사람과 주인 손을 잡고 말씀하기를

176:17 '보시오, 나는 떠도는 바람이 만든 신화가 아닙니다. 왜냐하면, 나

는 살과 뼈와 근육을 가지고 있지만 내 마음대로 국경을 넘어 다닐 수 있습니다.'

176:18 그들은 상당히 오랜 시간 동안 그곳에서 이야기를 나누었습니다. 이윽고 예수님께서 말씀하시기를

176:19 '나는 나의 길을 떠나지만, 그대들은 온 세상으로 가서 인간의 전능함, 진리의 힘, 죽은 자의 부활에 대한 복음을 전파하십시오.

176:20 사람의 아들의 복음을 믿는 자는 결코 죽지 않을 것이며 죽은 자는 다시 살아날 것입니다.'

176:21 그리고는 예수님께서는 사라지셨습니다. 그러나 주님께서는 씨를 뿌리고 갔습니다. 생명의 이 말씀들은 오릿싸와 인도 전역에 알려졌습니다.

176:22 페르세폴리스에서 마기 사제들은 고요를 통한 수행을 하고 있었는데 카스파와 베들레헴의 양치기 집에서 약속의 아기를 처음으로 영접한 마기 스승들도 그들과 함께 있었습니다.

176:23 그때 예수님께서 오셔서 그들과 자리를 함께하셨습니다. 빛의 왕관이 그분의 머리 위에 있었습니다.

176:24 명상이 끝나자 카스파가 말했습니다. '고요인류애단 최고 회의에서 오신 스승님이 여기 계십니다. 다 같이 찬양합시다.'

176:25 그러자 모든 사제와 스승들이 일어나 말하기를 '만세! 고귀한 회의에 어떤 소식을 가지고 오셨습니까?'

176:26 예수님께서 말씀하시기를 '고요인류애단 나의 형제들이여, 평화, 땅 위에 평화, 사람들에게 선의!

176:27 오랜 세월에 걸친 문제는 풀렸습니다. 사람의 아들은 죽음에서 살아나 인간의 육체가 신성의 육체로 변할 수 있음을 보여 주었습니다.

176:28 사람들의 눈앞에서, 내가 그대에게 온 이 육체는, 인간의 육체에서부터 빛의 속도로 변화된 것입니다. 내가 그대들에게 가지고 온 소식은 바로 나 자신입니다.

176:29 나는 천지창조 이전(Am,anno mundi 혹은 ante mortem 생전

에)의 모습으로 변할 모든 인류 가운데 최초로 그대들에게 온 것입니다.

176:30 내가 했던 것은 모든 사람이 할 것이요, 나의 존재처럼 모든 사람은 될 것입니다.'

176:31 하지만 예수님께서는 더 이상 말씀하지 않으셨습니다. 그분은 사람의 아들들에게 그의 임무에 관한 이야기를 짧게 말씀하시고서는 사라지셨습니다.

176:32 마기 사제가 말했습니다. '얼마 전에 우리는 지금은 이루어진 이 약속에 대하여 천상의 눈금판에서 읽었습니다.

176:33 그리고 나서 우리는 인간의 육신과 피로부터 하느님의 몸으로 변하는 인간의 능력을 증명해 준 이 분을 베들레헴에서 아기였을 때 보았소.

176:34 그리고 몇 년 뒤에 그분은 이 숲속에서 우리와 자리를 함께하였소.

176:35 그분은 그의 인간으로 사는 삶, 시련, 시린 유혹과 진통과 고뇌에 관해 이야기했었소.

176:36 그분은 인생의 가시밭길을 걸어서 마침내 죽음으로부터 부활하였고, 하느님과 인간의 가장 강력한 적을 쓰러뜨리기에 이르렀소. 그리고 그분은 지금 육신이 신성한 육신으로 변한 인류의 유일한 스승입니다.

176:37 그분은 오늘은 신인(God-Man,神人)입니다. 하지만 지상의 모든 사람도 극복할 수 있으며 그분과 같이 하느님의 아들이 될 수 있습니다.'

CHAPTER 177

177: 예수님께서는 완전히 형상화하여 예루살렘의 성전에 나타남. 유대인 지도자들에게 그들의 위선을 책망. 그들에게 그분의 모습을 나타내자 두려움에 뒤로 물러남. 그분께서 시몬의 집에 있는 제자들에게 모습을 나타냄. 도마가 확신.

177:1 안식일 날 많은 사제와 율법학자, 바리새인들이 예루살렘의 성전에 있었습니다. 가야바와 안나스 그리고 다른 유대 지도자들도 그곳에 있었습니다.

177:2 어부 옷차림의 한 낯선 사람이 들어와 물었습니다. '그리스도라고 불리는 예수라는 사람은 어찌 되었습니까? 그는 지금 성전에서 가르치고 있지 않습니까?'

177:3 유대인들은 대답했습니다. '그 갈릴리인은 위험하고 사악하고 선동적인 인물이어서 일주일 전 십자가에서 처형당했습니다.'

177:4 그 낯선 사람은 물었습니다. '그 갈릴리인의 시신은 어디에다 두었습니까? 어디에 그의 무덤이 있습니까?'

177:5 유대인들이 대답했습니다. '우리는 모르오. 그의 추종자들이 밤에 와서 무덤에서 그의 시체를 꺼내 가지고 갔습니다. 그러고는 그들은 그가 죽음에서 살아났다고 말하고 있소'

177:6 낯선 사람은 물었습니다. '그대들은 그의 제자들이 무덤에서 시체를 훔친 것을 어떻게 알았습니까? 어느 사람이 도둑질의 목격자인가요?'

177:7 유대인들이 대답하기를 '우리는 그곳에 100명의 병사를 배치했는데 그들 모두가 그의 제자들이 시체를 훔쳐갔다고 말하고 있습니다.

177:8 낯선 사람이 다시 물었습니다. '그들 백 명의 병사 중에서 한사람이라도 앞으로 나서서 내가 무덤에서 시체가 도난당했다는 것을 보았다고 말할 수 있겠소?'

177:9 유대인들은 대답하기를 '우리는 모르오. 그들은 진실한 사람들이오. 우리는 그들의 말을 의심할 수가 없습니다.'

177:10 낯선 사람이 말하기를 '그대들 제사장, 율법학자, 바리새인들이여, 나는 그 사실의 목격자입니다. 나는 실로암의 정원에서 당신들의 백 명의 병사들 사이에 서 있었소.

177:11 나는 그 백 명의 병사들 가운데 한 사람도 자기가 무덤에서 시신이 도적 맞는 것을 보았다고 증언할 사람이 없다는 것을 잘 알고

있소.

177:12 나는 천지의 하느님 앞에서 증언하겠소. 시체는 도난당하지 않았으며 그 갈릴리인은 죽음으로부터 부활하였소.'

177:13 사제들과 율법학자 그리고 바리새인들은 그 사람을 붙잡아 내쫓으려 하였습니다.

177:14 그러나 즉시 어부는 빛을 발하는 형체로 변하였으므로 그들은 엄청난 두려움으로 뒤로 물러났습니다. 그들은 갈릴리인을 보았습니다.

177:15 예수님께서는 놀란 사람들을 보면서 말씀하셨습니다. '이 몸은 그대들이 성문에서 돌을 던지고 갈보리에서 십자가에서 처형되었던 몸입니다.

177:16 내 손과 발 그리고 옆구리를 보라. 병사들이 만든 상처들을 보십시오.

177:17 만약 그대들이 내가 공기로 만들어진 유령이라고 믿어진다면, 다가와서 나를 만져보시오. 유령은 살과 뼈로 되어있지 않습니다.

177:18 나는 죽음에서의 부활을 증명하기 위해서 지상으로 왔으며, 육체 인간의 몸이 신성한 사람의 몸으로 바뀔 수 있다는 사실을 증명하기 위해 왔습니다.'

177:19 예수님께서는 그의 손을 들어 말씀하셨습니다. '그대들 모두에게 평화, 모든 인류에게 선의 있을지어다.' 그리고 나서 그분은 사라지셨습니다.

177:20 한편, 도마는 예수님께서 죽음에서 살아나신 뒤로 그를 못 보았습니다. 그리하여 열 제자가 그에게 주님을 만나 보고 같이 이야기하였다고 말하자 그가 말했습니다.

177:21 '내가 그의 손과 발에 있는 못이나 옆구리에 창으로 찔린 상처를 보고, 내가 전에 그분과 대화했듯이 그분과 대화하기 전까지는, 그분이 죽음으로부터 부활했다는 것을 믿을 이유가 없다.'

177:22 베다니에 있는 시몬의 집에서 갈릴리인들은 만났습니다. 일주일의 첫째 날 저녁이었는데 내일이면 모두 집으로 갈 예정이었습니다.

177:23 11 제자 모두 그곳에 있었습니다. 문은 잠겨있었으나 예수님께서 오셔서 말씀하셨습니다. '모든 사람에게 평화 있을지어다!'

177:24 그리고 그분은 도마에 말씀하셨습니다. '친구 도마여, 그대는 내가 죽음으로부터 살아났음을 알지 못하고 있구나. 이제 그대가 알아야 할 때가 왔노라. (공통)

177:25 여기 와서 내 손에 있는 못 자국과 옆구리에 있는 창 자국을 보고, 예전에 자주 나와 이야기 나눈 것처럼 나와 같이 이야기해 보자꾸나.'

177:26 그리하여 도마가 다가와 보고는 외쳤습니다. '나의 대스승님 나의 주님! 믿을 수가 없습니다. 저는 주님께서 죽음에서 부활하셨음을 알겠습니다.'

177:27 예수님께서 말씀하시기를 '그대는 나를 보고 믿었구나! 그대의 눈에 축복이 있을지어다.

177:28 그러나 나를 안 보고도 믿는 자들은 더 많은 축복이 있을지니라.'

177:29 그리고 예수님께서는 그들의 시야에서 사라졌습니다. 하지만 제자들은 그들 신앙이 확실해졌습니다.

CHAPTER 178

178: 예수님께서 완전히 형태화하여 그리스에 있는 아폴로와 고요인류애단 앞에 나타나심. 로마 근처의 티베르강에서 클라우디아와 줄리엣에게 나타나심. 헬리오폴리스의 이집트 사원의 사제들에게 나타나심.

178:1 아폴로는 그리스의 고요인류애단 일원들과 함께 델피의 숲속에 앉아 있었습니다. 신탁은 오랫동안 큰 소리로 말했습니다.

178:2 사제들은 성소 안에 있었으며, 그들은 신탁이 빛의 광휘가 되는 것을 보았습니다. 그것은 마치 불이 되어 모두 타버릴 것 같았습니다.

178:3 사제들은 공포에 질려 말하기를 '큰 재앙이 오고 있다. 우리의 신들은 미쳐 우리의 신탁을 파괴했다.'

178:4 그러나 불꽃이 타버리자 신탁의 받침대 위에서 한 사람이 서서 말했습니다.

178:5 '하느님께서는 나무나 황금의 신탁이 아니라 사람의 목소리로 사람들에게 말씀하십니다.

178:6 신들은 그리스인들과 그 친인척 부족들에게 인간이 만든 형상들을 통하여 말했습니다. 그러나 이제 과거에도 있었고 현재에도 있으며 미래에도 영원히 있을 하나이신 하느님께서는 유일한 아들 그리스도를 통하여 사람들에게 말씀하십니다.

178:7 이 신탁은 실패할 것이나 살아계신 유일하신 하느님의 신탁은 결코 실패하지 않을 것입니다.'

178:8 아폴로는 누가 말하는지 알았습니다. 그는 그가 한때 아크로폴리스에서 현인들을 가르쳤고, 아테네 해변에서 우상 숭배자들을 책망했던 나사렛인 임을 알았습니다.

178:9 잠시 후에 예수님께서는 아폴로와 고요인류애단 앞에 서서 말씀하시기를

178:10 '보시오, 나는 인간들을 위한 선물을 가지고 죽음에서 부활했습니다. 나는 그대들에게 그대들의 광대한 재산에 대한 증서를 가져왔습니다.

178:11 하늘과 땅 안의 모든 권력은 나의 것입니다. 나는 그대들에게 하늘과 땅의 모든 권력을 주겠습니다.

178:12 지상의 모든 나라에 가서, 죽은 자의 부활의 복음과 인간에게 나타나신 하느님의 사랑이신 그리스도를 통한 영생의 복음을 가르치시오.'

178:13 예수님께서는 아폴로의 손을 잡고 말씀하셨습니다. '나의 육체는 신성한 사랑에 의해 더 높은 형태로 바뀌었습니다. 나는 내 의지대로 육체나 더 높은 차원의 생명으로 나타낼 수 있습니다.

178:14 내가 할 수 있는 것은 모든 사람도 할 수 있습니다. 가서 인간 전능의 복음을 전하시오.'

178:15 그리고 예수님은 사라지셨습니다. 그러나 그리스와 크레타 그리고 모든 나라는 그 복음을 들었습니다.

178:16 클라우디아와 그의 아내 줄리엣은 로마의 팔라틴에 살고 있었습니다. 그들은 티베리우스의 하인이었으나 갈릴리에서 산 적이 있었습니다.

178:17 그들은 예수님과 함께 바닷가를 걷고, 그의 말씀을 들었으며 그의 힘을 보았습니다. 그들은 그분이 현시된 그리스임을 믿었습니다.

178:18 한편 클라우디아와 그의 아내는 티베레강에서 조그마한 배를 타고 있었습니다. 바다에서 폭풍이 불어와 배는 난파되었고 클라우다스와 그의 아내는 물에 빠져 죽게 되었습니다.

178:19 그때 예수님께서 오셔서 그들을 손으로 잡으시고 말씀하셨습니다. '클라우다스 그리고 줄리엣, 일어나 나와 같이 파도 위를 걷자꾸나.'

178:20 그들은 일어나서 그분과 같이 파도 위를 걸었습니다.

178:21 1,000명의 사람이 세 사람이 파도 위를 걸어서 땅에 도달하는 것을 보았고 그들은 정말 깜짝 놀랐습니다.

178:22 예수님께서 말씀하시기를 '그대 로마인들이여, 나는 부활이요 생명입니다. 죽은 자는 살 것이며, 살고자 하는 많은 사람은 결코 죽지 않을 것입니다.

178:23 신들과 반신반인의 입을 통하여 하느님께서는 오래전부터 그대의 선조들에게 말했으나, 이제 그분께서는 완전한 인간을 통해서 그대들에게 말합니다.

178:24 하느님은 세상을 구하시기 위하여 그의 아들 그리스도를 인간의 몸으로 보냈습니다. 내가 마치 이 티베리우스의 많은 하인을 익사에서 건져 올려 구해 주었듯이

178:25 그리스도께서는 인류의 아들딸 제 각자 모두에게, 어둠과 육적의 무덤으로부터 빛과 영생으로 인도할 것입니다.

178:26 나는 죽음에서 부활한 사랑의 표현입니다. 육의 사람들이 찌른 나의 손과 발 그리고 옆구리를 보십시오.

178:27 내가 죽음에서 구한 클라우디아와 줄리엣은 로마에 보내는 나의 사절입니다.

178:28 그들은 길을 안내하며 성령의 복음과 죽은 자의 부활에 대한 복음을 전할 것입니다.'

178:29 그것이 그가 말한 전부였으나 로마와 이탈리아 사람들 모두 그 말을 들었습니다.

178:3 헬리오폴리스의 성전에 있던 사제들은 그들의 형제 나사렛인의 죽음에서의 부활을 축하하기 위해서 모였습니다. 그들은 그분이 죽음에서 부활하심을 알고 있었습니다.

178:31 나사렛인이 나타나 지금까지 아무도 서 본 적이 없는 신성한 단위에 섰습니다.

178:32 이는 죽은 자의 부활을 처음으로 보여 주신 그분을 위하여 처음으로 마련된 영예였습니다.

178:33 예수님은 모든 인류 중 첫 번째로 죽은 자의 부활을 보여 주셨습니다.

178:34 예수님께서 신성한 단 위에 서자, 스승들이 일어서서 '만세!'라고 인사했습니다. 성전의 거대한 종은 울렸고 온 성전은 빛으로 빛났습니다.

178:35 예수님께서 말씀하시기를 '이 태양 성전에 계시는 모든 스승에게 경의를 표합니다.

178:36 인간의 육체 속(in)에는 죽은 자의 부활에 대한 진수가 담겨 있습니다. (In flesh of man there is the essence of the resurrection of the dead.) 성령(the Holy Breath)에 의해 활기를 띠는 이 진수는 육체의 모든 구성 물질을 보다 높은 차원으로 올릴 것이며

178:37 인간의 육안으로는 보이지 않는 보다 높은 단계의 몸의 물질 같은 것을 만들 것입니다.

178:38 죽음 속에는 신성한 임무가 있습니다. 몸의 진수는 그 고정된 것이 융해되기까지는 성령에 의해 소생될 수 없습니다. 육체는 반드시 분해되어야만 하며 이것이 바로 죽음입니다.

178:39 하느님께서는 마치 그가 천지가 형성될 때 깊은 혼돈 위에 성령의 숨결을 불어넣었듯이, 그러한 유연한 물체 속에 성령의 숨결을 불어넣었습니다(breath).

178:40 생명은 죽음 속에서 솟아오르고, 육적 형태는 신성의 형태로 바뀌게 됩니다.

178:41 인간의 의지가 성령의 활동을 가능하게 만듭니다. 인간의 의지와 하느님의 의지가 하나가 되었을 때, 부활은 사실이 됩니다.

178:42 이 속에서 우리는 죽을 수밖에 없는 생명의 화학적 성질, 죽음의 사명, 신의 생명의 신비가 있습니다.

178:43 나의 인간으로 사는 삶은 전적으로 나의 의지를 신의 의지와 조화시키는 데 있었습니다. 이것이 성취되었을 때 나의 지상과제도 모두 이루어진 것입니다.

178:44 그대 나의 형제들이여, 그대들은 내가 만난 적들을 잘 알고 있습니다. 그대는 겟세마네에서의 나의 승리, 인간의 법정에서의 나의 시련들, 십자가에서의 나의 죽음에 대하여 알고 있습니다.

178:45 그대들은 나의 모든 삶은 사람의 아들들을 위한 한편의 웅장한 드라마이며 모범이었음을 알고 있습니다. 나는 인간의 가능성을 보여 주기 위해 살았습니다.

178:46 내가 이룬 일은 모든 사람이 할 수 있으며, 나와 같이 모든 사람은 할 것입니다. (What I have done all men can do, and what I am all men shall be.)'

178:47 스승들은 신성한 단상 위의 형체는 사라졌으나 성전의 모든 사제와 모든 살아있는 창조물들은 하느님을 찬양하라고 말했습니다.

CHAPTER 179

179: 예수님께서 완전히 형상화하여 갈릴리의 바닷가에 있는 사도들에게 나타나심. 군중들에게 나타나심. 그분의 사도들에게 예루살렘으로 다시 돌아가라고 말했으며 거기에서 만날 것이라 하심.

179:1 사도들은 갈릴리에 있는 집에 있었습니다. 여인들은 오순절까지 유대에 머무르고 있었습니다

179:2 베드로, 야고보, 요한, 안드레, 빌립 그리고 나다니엘은 가버나움에 있었는데 그들은 요나와 세베데와 함께 배를 타고 고기잡이에 나섰습니다.

179:3 그들은 밤새 고생했지만, 아침이 될 때까지 한 마리도 잡지 못했습니다.

179:4 그들이 해변에 다다르자 한 사람이 바닷가에 서서 말했습니다. '얼마나 많은 고기를 잡았나?'

179:5 베드로는 한 마리도 잡지 못했다고 대답했습니다.

179:6 다시 그 사람은 소리쳐 말하기를. '지금 많은 물고기가 배 오른쪽으로 지나고 있으니, 그곳에 그물을 던져라.'

179:7 그들은 그물을 던졌으며 그물은 물고기로 가득 찼습니다. 그때 요한이 소리쳤습니다. '저 해변에 서 계신 분은 주님이시다'

179:8 그러자 베드로는 바다에 뛰어들어 해변으로 헤엄쳐갔습니다. 다른 사람들은 그물을 걷어 올렸습니다. 그 안에는 153마리의 물고기가 잡혔으나 그물은 찢어지지 않았습니다.

179:9 그러자 예수님께서 말씀하시기를 '나의 아이들이여, 여기서 같이 아침 식사를 하자.'

179:10 그들은 바닷가에서 숯불을 찾았으며 베드로가 물고기를 가지고 와서 요리를 만들었습니다. 그리고 약간의 빵도 준비했습니다.

179:11 식사는 준비되었고 그들은 아침을 먹었습니다. 예수님께서도 생선과 빵 둘 다 드셨습니다.

179:12 한편, 아침 식사 후에 모든 사람은 해변에 앉아 있었습니다. 예수님께서 베드로에게 말씀하시기를 '그대는 그대의 주 너의 하느님을 모든 너의 가슴으로 사랑하는가? 그리고 그대가 그대 자신을 사랑하듯이 그대의 이웃을 사랑하는가?'

179:13 그러자 베드로가 말했습니다. '예, 주님, 저는 온 가슴을 다하여

저의 주 하느님을 사랑하며 제가 저 자신을 사랑하듯 제 이웃을 사랑합니다.

179:14 그러자 예수님께서 말씀하시기를 '그러면 나의 양들을 길러다오.'

179:15 그리고 나서 그분은 야고보에게 말씀하셨습니다. '그대는 온 가슴을 다하여 성령을 사랑하는가? 또한, 그대가 그대를 사랑하듯 그대의 이웃을 사랑하는가?'

179:16 야고보가 대답하기를 '예, 주님 저는 온 가슴으로 성령을 사랑하고, 제가 저 자신을 사랑하듯이 제 이웃을 사랑합니다.'

179:17 그러자 예수님께서는 말씀하셨습니다. '나의 양들을 지켜다오.'

179:18 그리고 요한에게 말씀하셨습니다. '그대는 온 가슴을 다하여 사랑 신의 화신인 그리스도를 사랑하는가? 또한, 그대는 그대가 그대 자신을 사랑하는 것처럼 그대의 이웃을 사랑하는가?'

179:19 요한이 대답하기를 '예, 주님, 저는 온 가슴을 다하여 그리스도를 사랑하며 제가 자신을 사랑하는 것과 같이 제 이웃을 사랑합니다.

179:20 그러자 예수님께서 말씀하시기를 '그러면 나의 양들을 길러다오.'

179:21 예수님께서 일어나셔서 베드로에게 말씀하셨습니다. '나를 따라 오너라.' 그리하여 베드로는 그분을 따라갔습니다.

179:22 베드로는 요한도 그분에게 따라오는 것을 보고 예수님께 말했습니다. '주님, 보십시오. 요한도 주님을 따라오고 있습니다. 그가 무엇을 하면 되겠습니까?'

179:23 한편, 베드로는 대스승님이 요한에게 '그러면 나의 양들을 길러다오'라는 말씀을 할 때 듣지 못했습니다.

179:24 예수님께서 베드로에게 말씀하셨습니다. '요한이 무엇을 하든 그대와 아무 관계가 없느니라. 설령 내가 다시 올 때까지 그가 남아있기를 내가 바란다 해도 마찬가지니라.

179:25 다만 그대는 그대의 의무를 다하라. 나를 따라오너라.' (Just do your duty; follow me.)

179:26 그리고는 예수님께서는 어디론가 가버렸는데 그들은 그가 간 곳

을 몰랐습니다.

179:27 예수님께서 죽음에서 살아나셔서 제자들과 함께 해변을 거닐었으며, 아침 식사를 같이했다는 소식이 곧 가버나움 전체에 퍼졌습니다. 군중들은 그분을 보기 위해 왔습니다.

179:28 베드로, 야고보, 요한은 주님의 다른 사도들과 함께 가버나움 근교의 산으로 기도하러 갔습니다.

179:29 그들이 기도하고 있을 때 대스승님께서 오셨습니다. 그들은 그분을 보았으며 그분과 함께 이야기를 나누었습니다.

179:30 그분은 그들에게 말씀하시기를 '오순절이 다가왔으므로 예루살렘으로 가도록 하라. 그곳에서 그대들을 다시 보리라.'

179:31 주님께서 이야기하고 있을 때 군중들이 와서 주님을 보고 말했습니다.

179:32 '보라, 지금 우리는 그를 직접 보았으므로, 나사렛인이 죽음에서 부활했음을 알았노라.'

CHAPTER 180

180: 예수님께서 완전히 형상화하여 예루살렘에서 사도들에게 나타남. 그들에게 가르침을 주심. 오순절에 그들의 일을 위하여 특별한 기부를 약속. 올리브 산으로 가셔서 많은 제자가 지켜보는 가운데 하늘로 승천. 제자들이 예루살렘으로 돌아감.

180:1 주님의 11 사도는 주님이 명하신 대로 예루살렘으로 가서 그들이 택한 넓은 방 안에 있었습니다.

180:2 그들이 기도하고 있을 때 주님께서 그들에게 나타나셔서 말씀하셨습니다.

180:3 '모두에게 평화! 모든 살아있는 것들에게 선의가 있을지니라.' 그리고 주님께서는 상당히 오랫동안 그들과 이야기를 나누었습니다.

180:4 제자들이 묻기를 '이제 주님께서는 이스라엘에 왕국을 회복하시렵니까?'

180:5 예수님께서 말씀하시기를 '인간의 정부(governments)에 관하여 관심을 가지지 말 것이니라. 스승들이 인도할 것이니라.

180:6 그대들은 그대가 행하도록 주어진 일을 하며, 기다리고, 불평하지 말지어다. (Do that which has been given you to do, and wait and murmur not.)

180:7 하늘과 땅의 모든 권능이 나에게 주어졌노라. 지금 나는, 그대들에게 전 세계로 나가서 그리스도, 인간과 하느님의 결합, 죽은 자의 부활, 영원한 생명에 대한 복음을 전파하기를 명하노라.

180:8 그대들이 가서 전파할 때, 그리스도의 이름으로 사람들에게 세례를 주어라.

180:9 믿고 세례를 받는 사람들은 그리스도 생명의 새로움 속에서 일어날 것이고, 믿지 않는 자들은 그리스도 생명의 새로움 속에서 일어나지 못할 것이니라.

180:10 그대들은 내가 그대들에게 준 힘을 사람들에게 주어야 할 것이니라.

180:11 믿고 세례받은 자들은 병자를 고치고, 장님을 보게 하며, 귀머거리를 듣게 하고, 절름발이를 걷게 하여라.

180:12 귀신 들린 사람으로부터 깨끗하지 못한 영을 내쫓고, 치명적인 뱀을 밟아도 해 입지 않으며, 불길 속을 걸어도 타지 않고, 만약 그들이 독이 있는 물 한 모금을 마신다 해도 죽지 않으리라.

180:13 그대들은 힘의 말씀인 신성한 말씀을 알고 있도다.

180:14 내가 그대들에게 말해준 비밀을 지금 세상에 알려지면 안 되니라. 그대들은 이것을 믿음이 강한 사람들에게 알려져, 차례로 다른 믿음이 강한 사람들에게 나타내어져야 할지니라.

180:15 모든 세상이 진리와 힘의 말씀을 듣고 이해할 때가 올 때까지

180:16 나는 이제 하느님께 올라가려고 하니 그것처럼 그대들과 온 세상도 하느님께로 올라가게 되리라.

180:17 보라, 오순절에 그대들은 저 높은 곳으로부터 힘을 부여받게 될 것이니라.

180:18 그러나 그때까지는 경건한 생각과 기도 속에서 이곳에 있어야 하니라.'

180:19 그리고 예수님께서는 올리브 산으로 가셨으며 그분의 제자들도 뒤를 따랐습니다. 베다니에서 그다지 멀리 떨어지지 않은 곳에서 예수님은 마리아와 살로메를 만났습니다.

180:20 마르다, 룻과 미리암도 만났습니다. 또한, 나사로와 갈릴리에서 온 다른 사람들도 만났습니다.

180:21 예수님께서 떨어져 서서 손을 들어 올리며 말씀하시기를.

180:22 '하나이신 하느님의 축복이, 전능하신 하느님의 축복이, 성령의 축복이, 하느님의 사랑 그리스도의 축복이

180:23 그대들이 일어나 나와 같이 힘의 옥좌에 앉을 때까지, 그대들의 모든 길 위에 머물 것입니다.'

180:24 그때 그들은 예수님께서 빛의 날개 위에 오르는 것을 보았습니다. 빛의 화환이 그분을 둘러싸자 그들은 더 이상 주님을 볼 수가 없었습니다.

180:25 그들이 하늘을 바라보고 있을 때, 흰옷을 입은 두 사람이 나타나서 말했습니다.

180:26 '그대들 갈릴리 사람들이여, 그대들은 어찌하여 승천하시는 주님을 그렇게 근심스럽게 쳐다보나요? 보라, 그대들이 그분이 승천하는 것을 본 것처럼, 다시 하늘에서 올 것입니다.'

180:27 11사도 들과 나사로 그리고 다른 갈릴리인들, 신앙심 깊은 많은 여인과 함께 예루살렘으로 돌아가 그곳에서 머물렀습니다.

180:28 그리고 그들은 꾸준히 기도와 경건한 생각으로 지냈습니다. 그들은 성령과 높은 곳에서부터의 약속된 힘이 오기를 바라면서 기다렸습니다.

그리스도 교회의 설립

CHAPTER 181

181: 열 한 명의 사도들은 유다의 결함으로 인하여 생긴 빈자리를 메꾸기 위해 맛디아를 뽑음. 그리스도인들이 기뻐함. 미리암 찬양의 노래. 사도들의 명단.

181:1 예수님께서 죽음에서 부활하셨다는 사실은 유대의 많은 지도자도 부인하지 않았습니다.

181:2 또한 빌라도는 자기 영지 안의 어느 곳에서도 나사렛인 추종자들의 예배가 훼방 되지 않도록 명령을 내렸습니다.

181:3 오순절이 다가오자 모든 사람은 하느님의 권능이 나타나심을 기대하고 있었습니다.

181:4 한편 예루살렘에서는 주님을 배신한 유다의 자리를 채울 한 사람을 뽑기 위해 열한 제자들이 모였습니다.

181:5 베드로가 말했습니다. '주님께서는 그리스도 성전을 세울 열두 초석으로서 열두 사람을 불렀습니다.

181:6 자신의 주님을 배신한 유다는 장막 넘어 그의 길로 갔습니다.

181:7 선지자는 그에 대해서 이렇게 기록했었습니다. '그의 집은 황폐하게 되리라. 아무도 그 안에 거주치 못하게 될 것이며 그의 임무를 다른 사람에게 주리라.'

181:8 선구자가 세례를 주던 길갈에서 오늘까지, 우리와 함께 있던 사람 중 죄로 떨어진 우리 형제에게서 생긴 자리를 메우기 위하여, 12명의 숫자를 채우기 위하여, 한사람이 선택되어야 하오.'

181:9 그리고 나서 열 한 제자들은 아주 오랫동안 기도를 하였고 제비를 뽑아 나일강 계곡 출신의 맛디아를 선정했습니다.

181:10 맛디아는 진정한 이스라엘인이었으며, 이집트의 여러 학교의 모든 지혜를 배웠고, 예리코에서 미즈라임의 비밀을 가르쳤습니다.

181:11 그는 선구자를 처음으로 영접한 사람 중의 하나였으며, 또한 나사렛인을 하느님의 아들 그리스도라고 처음으로 인정한 사람 중 한 명이었습니다.

181:12 그는 그리스도인 모임과 함께 갈릴리, 유대 그리고 사마리아 지방을 여행하였습니다.

181:13 전령이 가서 맛디아를 찾았습니다. 맛디아는 와서 열한 명의 사도들과 함께 합류하였으며 잠깐 12명은 고요의 기도를 드렸습니다.

181:14 갈릴리와 유대의 여러 지방에서 온 약 120여 명의 사람이 그곳에 있었습니다. 베드로는 그들에게 맛디아를 소개하고 그가 어떻게 하여 주의 사도로 뽑히게 되었는가를 설명했습니다.

181:15 그리스도인들은 모두 기뻐했으며 하느님의 이름을 찬양했습니다. 또한, 미리암은 찬양의 노래를 불렀습니다.

181:16 주님의 사도들의 명단입니다. 베드로, 요한, 세베대의 아들, 야고보, 빌립, 안드레, 나다니엘,

181:17 도마, 알패오의 아들 야고보, 열심당 시몬, 마태, 알패오의 아들 유다, 그리고 맛디아

CHAPTER 182

182: 오순절에 일어난 일. 사도 부여. 그리스도 교회 창립. 베드로의 소개하는 설교. 3,000명의 군중 세례를 받고 교회의 일원이 됨.

182:1 오순절 예루살렘은 신앙심이 독실한 유대인들과 많은 땅에서 온 개종자들로 가득 찼습니다.

182:2 모든 그리스도인은 만나 완벽한 조화 속에 있었습니다.

182:3 그들이 고요 기도를 드리며 앉아 있을 때 그들은 멀리서 폭풍이 오는듯 한 소리를 들었습니다.

182:4 소리는 천둥 치는 소리같이 점점 커졌고 사도들이 앉아 있는 방안을 가득 채웠습니다.

182:5 찬란한 빛이 나타났고 많은 사람은 건물이 불타고 있다고 생각했습

니다.

182:6 열두 개의 불덩이 공 같은 것이 하늘에서 떨어졌습니다. 그것은 하늘 궤도의 12궁의 덩어리로서 사도들 각자의 머리 위에 타오르는 불덩어리 공이 되어 나타났습니다.

182:7 그리고 모든 공은 일곱 개의 불의 혀를 하늘을 향해 보내고, 각 사도는 지상의 일곱 가지 방언을 말했습니다.

182:8 모르는 자들은 그들이 보고 들은 것을 경박하게 다루어 말하기를 '이들은 술에 취해서 무슨 말을 자신들이 하고 있는지 모르고 있다.'

182:9 그러나 배운 자들은 놀라서 말하기를 '이들 말하고 있는 사람들은 모두 유대인이 아닌가? 어떻게 그들이 지상의 모든 언어로 말할 수 있는가?'

182:10 그러자 베드로가 말하기를 '그대들 예루살렘의 백성들과 도시문 넘어 사는 모든 백성과 모든 인류에게 평화 있어라.

182:11 지금은 바로 옛 성현들이 보기를 바랐던 시간입니다. 신앙에 의하여 그들은 이 시간을 보았으며, 지금 그들은 우리와 함께 황홀 속에 서 있습니다.

182:12 옛 선지자 요엘은 지금 그대들이 보고 듣고 있는 것들에 대하여 말했습니다. 성령이 그의 입으로 말했습니다.

182:13 '머지않아 내가 인간의 아들들에게 숨을 불어넣어, 그들을 경건한 축복으로 가득 차게 할 것이다.

182:14 그대들의 아들과 딸들은 일어나서 예언할 것이며 젊은이들은 예언자가 될 것이며 연장자들은 꿈을 꿀 것이다.

182:15 또한 나는 위로는 하늘의 경이로움과 지상의 놀라운 징조를 보여주겠다.

182:16 소리는 하늘에서 오나, 인간들이 이해하지 못하는 소리가 들릴 것이다.

182:17 태양은 빛을 잃고, 달은 주님의 위대한 날이 오기 전에는 피로 물들 것이다.

182:18 신앙으로 하느님의 이름을 부르는 자는 속죄함을 받아 통과할 것이다.'

182:19 오늘은 그리스도인의 힘의 날이요, 갈릴리인은 영광된 날입니다.

182:20 그분은 베들레헴에서 아기로 오셨고, 그분이 탄생하는 날로부터 지상의 왕들은 그를 죽이려고 하였습니다.

182:21 하느님께서는 그분의 손으로 그를 잡고 계십니다.

182:22 사람들은 그를 예수라 불렀으며 그것은 아주 적절한 이름이었습니다. 이는 그분이 길을 잃은 자들을 찾고 구원하기 위해 보내졌기 때문입니다.

182:23 그리고 예수는 어른이 되어서 사람 아들들의 시험과 유혹을 견뎌 내야만 했습니다. 그 결과 그분은 인간들이 참아야 할 짐이 무엇인가를 알고, 그들을 구할 수 있는 길을 알았습니다.

182:24 그분은 먼 땅에서도 살았고, 거룩한 말씀으로 병자들을 고치고, 감옥의 문을 열어 죄수들을 석방하고, 모든 곳에서 임마누엘이라고 불렸습니다.

182:25 그러나 사악한 자들이 그분을 경멸하고 거부하여, 뇌물 받은 사람들에 의하여, 그들은 그분에게 많은 죄를 유죄로 증명되게 하였습니다.

182:26 그리고 지금 나의 말을 듣고 있는 군중들 앞에서, 그들은 그분을 십자가에 못 박았습니다.

182:27 그들은 사망의 봉인을 그분에게 붙였으나, 죽음은 그분을 무덤 안에 잡아두기에는 너무나 나약했습니다. 불멸의 대스승님은 *Adon Mashich Cumi* 라고 말씀하시면서 죽음의 속박을 부수고 다시 살아 일어났습니다.

182:28 그분은 예루살렘의 지도자들뿐만 아니라, 지상의 먼 곳에서 많은 사람에게 자신이 살아있음을 보여 주셨습니다.

182:29 그분은 지금 내가 하는 말을 듣고 있는 많은 사람의 눈앞에서, 천사 세계의 전령들이 옆에 있는 가운데, 하느님의 옥좌로 올라가셨습니다.

182:30 그분께서는 더 높은 곳에 올려져, 성령의 숨결을 깊이 쉬시고는, 우리에게 다시 그 숨을 불어넣어, 지금 그대들이 보고 듣는 것에 쏟아내고 계십니다.

182:31 이스라엘 사람들이여, 그대들이 욕하고 십자가에 매단 이 갈릴리 사람은 하느님께서 주님이시자 그리스도로 만들었음을 알아야 합니다.'

182:32 사람들이 말했습니다. '무엇을 우리가 해야 하나요?'

182:33 베드로가 말했습니다. '그리스도 주님은 우리를 새벽의 문을 열도록 보내셨습니다. 그리스도를 통하여 모든 사람은 빛과 생명 속으로 들어갈 수 있습니다.

182:34 그리스도 교회는 예수님은 하느님의 사랑이 형상화되어 나타난 것이며, 사랑은 사람의 아들들의 구세주라는 가정 위에 서 있습니다.

182:35 이 그리스도 교회는 영혼 속에 있는 하느님 왕국이 단지 형상화된 것입니다.

182:36 오늘 그리스도 교회는 열려 있습니다. 누구든지 들어와서 그리스도의 한량없는 은총 속에서 구원받을 수 있습니다.'

182:37 다시 사람들이 말했습니다. '어떻게 하면 우리가 그곳에 들어가, 그리스도의 한없는 은총을 함께 할 수 있겠습니까?'

182:38 베드로가 대답하기를 '회개하고 세례를 받으시오. 죄에서 벗어나서 그리스도와 함께 하느님 속에 깊이 숨겨진 삶을 찾으시오. 그러면 그대는 그 속으로 들어갈 것이고 속죄함을 받을 것입니다.'

182:39 3,000명의 군중이 죄에서 벗어났고, 세례받았으며, 그리스도와 함께 하느님 속에 깊이 숨겨진 삶을 찾았습니다.

182:40 하루아침에 그리스도 교회는 강력한 힘이 되었으며, 그리스도는 여러 땅에서 군중들을 전율(thrill,감동)케 한 강력한 단어가 되었습니다.

〈끝〉

예수 그리스도의 보병궁 성경

1판 1쇄 발행 2024년 12월 20일

번역 박정부

편집 김다인　**마케팅·지원** 김혜지

펴낸곳 (주)하움출판사　**펴낸이** 문현광

이메일 haum1000@naver.com　**홈페이지** haum.kr
블로그 blog.naver.com/haum1000　**인스타그램** @haum1007

ISBN 979-11-94276-46-3(03230)

좋은 책을 만들겠습니다.
하움출판사는 독자 여러분의 의견에 항상 귀 기울이고 있습니다.
파본은 구입처에서 교환해 드립니다.